西方人文论丛
Collection of Western Humanities

Being towards Beauty
向美而生的人

怀特海有机哲学的人学内涵
A Study on the Hominology of Alfred North Whitehead's
Organic Philosophy

曾永成◎著

四川大学出版社
SICHUAN UNIVERSITY PRESS

图书在版编目（CIP）数据

向美而生的人：怀特海有机哲学的人学内涵 / 曾永成著. — 2版. — 成都：四川大学出版社，2024.4
（西方人文论丛）
ISBN 978-7-5690-6602-9

Ⅰ. ①向… Ⅱ. ①曾… Ⅲ. ①怀特海（Whitehead, Alfred North 1861-1947）－哲学思想－研究 Ⅳ. ① B561.52

中国国家版本馆CIP数据核字（2024）第051610号

书　　　名：	向美而生的人：怀特海有机哲学的人学内涵
	Xiangmei'ersheng de Ren: Huaitehai Youji Zhexue de Renxue Neihan
著　　　者：	曾永成
丛　书　名：	西方人文论丛
出 版 人：	侯宏虹
总 策 划：	张宏辉
丛书策划：	侯宏虹　张宏辉　余　芳
选题策划：	王　静
责任编辑：	王　静
责任校对：	刘慧敏
装帧设计：	墨创文化
责任印制：	王　炜
出 版 发 行：	四川大学出版社有限责任公司
地址：	成都市一环路南一段24号（610065）
电话：	（028）85408311（发行部）、85400276（总编室）
电子邮箱：	scupress@vip.163.com
网址：	https://press.scu.edu.cn
印前制作：	四川胜翔数码印务设计有限公司
印刷装订：	成都金阳印务有限责任公司
成品尺寸：	170mm×240mm
印　　张：	17
插　　页：	2
字　　数：	330千字
版　　次：	2021年10月 第1版
	2024年 4 月 第2版
印　　次：	2024年 4 月 第1次印刷
定　　价：	78.00元

本社图书如有印装质量问题，请联系发行部调换

版权所有　◆　侵权必究

扫码获取数字资源

四川大学出版社
微信公众号

前　言

1844年，26岁的马克思写出了《巴黎手稿》（《1844年经济学哲学手稿》，以下简称《手稿》），以"自然向人生成"（又译"自然界生成为人"）为核心命题概略地阐述了他的以生成本体论为基础的自然史观，明确肯定"人是自然界的一部分"，首先是"自然生成物"和"自然存在物"，并在此基础上成为以实践为本质的"社会存在物"。

1859年，马克思明确论述了自己的唯物史观。就在这一年，达尔文阐述进化论学说的重要著作《物种起源》出版。马克思读了之后对恩格斯说："它为我们的观点提供了自然史的基础。"

也是1859年，后来被称为"美国的黑格尔和马克思"的杜威出生。比杜威稍晚，怀特海于1861年来到这个世界。

直接受到达尔文影响的杜威，在"人的问题"上首先面对的就是人与自然之间的关系。杜威指出："我们需要根据一种时间上的连续体来形成一种自然论和一种关于人在自然中的联系（而不是人对自然的联系）的理论。"[①] 这种"人在自然中"的理论，就是杜威经验自然主义人论最重要的观点。同对自然的认识一样，杜威对人的认识也是植根于那个时代的科学成就之上的。他说："仅仅在近一百年的时间内（事实上比这还少一些），生物学、文化人类学和历史，特别是关于'物种'方面的历史这类科学已经发展到了这样一个阶段，把人类和他的业绩完完全全置于自然界以内了。"[②] 把人看作自然界的一部分，把人"完完全全置于自然界以内"，这就是杜威经验自然主义人论的根本点。

在杜威的经验自然主义哲学中，人不是与自然相分隔和对立的存在。而现代哲学"不幸地""建立了一个能知的中心和主体以与作为所知的'自然'相对抗。所以'能知者'实际上变成了自然以外的东西……这种在自然之外的能知'主体'，与作为'客体'的自然世界相对抗"[③]。对这种二元分隔对立的流

[①] 约翰·杜威：《人的问题》，傅统先、邱椿译，上海人民出版社，1985年，第161页。
[②] 约翰·杜威：《人的问题》，傅统先、邱椿译，上海人民出版社，1985年，第250页。
[③] 约翰·杜威：《人的问题》，傅统先、邱椿译，上海人民出版社，1985年，第241页。

行哲学进行消解和廓清，把人从超然于自然之上的绝对主体拉回自然的大地上来，还人以生态存在的本性，乃是杜威人论的根本精神所在。

杜威说自己的哲学是"自然主义的人本主义"，明确地把落脚点放到自然的人上。它对自然与人的关系和人的本质的揭示，都是从人同自然环境之间"做"与"受"的交互作用生成的"经验"出发的。然而，在怀特海的有机哲学中，"经验"不再为人所专有，而是一切现实存在的事物、一切现实实有都具有的机能，是表示现实存在的事物相互作用的活动事态。杜威从经验与自然界的连续性出发，揭示人与自然的内在联系，而怀特海则径直在宇宙视域中展开他的思辨，直接从宇宙的自然发生说起，揭示其通过漫长的向美而生的过程创造出人的真实。杜威有专题文集《人的问题》，而怀特海没有这样的专门著作，但是他几乎所有的哲学著作，特别是后期的《观念的冒险》《思维方式》和《教育的目的》等，却都具有十分深刻而独特的人学内涵。怀特海的人学思想与杜威的思想有很多共同之处，不过怀特海的人论主要存在于独标自然主义的有机哲学之中。尽管如此，正如马克思所说："彻底的自然主义或人道主义，既不同于唯心主义，也不同于唯物主义，同时又是这二者结合的真理。我们同时也看到，只有自然主义能够理解世界历史的行动。"[①] 他还说："社会是人同自然界的完成了的本质的统一，是自然界的真正复活，是人的实现了的自然主义和自然界的实现了的人道主义。"[②] 而怀特海的自然主义，正是这种"彻底的"和"实现了的"自然主义。他独标自然主义，无非是要在自然主义的路上追寻得更加深入、更加彻底，直至人类和文明的生成。

怀特海心仪的实用主义哲学家威廉·詹姆士在《多元的宇宙》中说："在像哲学这样的一种学科里，不和人性的原野联系起来，而且只按行规的传统来思考，确实是致命的。"[③] 怀特海避免了这个致命的脱离，把他的哲学与人性的原野密切联系起来了。

怀特海集中系统阐述其有机宇宙论的代表作《过程与实在》中没有专门的章节论述人的问题，然而最终却都归结到人的存在，因为宇宙自我生成迄今的最高成果就是人。他用来描述宇宙生成过程的不少关键性术语，如作为存在本质的"创造性"，揭示现实实有特殊性质的"主体－超体"，作为肯定性包容的"感觉"，作为事物相互作用事态的"经验"，包容合生中的"私自性事实"与

---

① 马克思：《1844年经济学哲学手稿》，中共中央马克思恩格斯列宁斯大林著作编译局译，人民出版社，1985年，第124页。
② 马克思：《1844年经济学哲学手稿》，中共中央马克思恩格斯列宁斯大林著作编译局译，人民出版社，1985年，第79页。
③ 威廉·詹姆士：《多元的宇宙》，吴棠译，商务印书馆，1999年，第9页。

前　言

"公共性事实",具有情绪和意识等精神性特征的"主体形式",还有与物质极对应并生的"精神极",以及社群结构理论等,都使人想起人的生命特征和机能。人们称怀特海的哲学是"泛经验主义"或"泛心理主义"的,他把主体性归于一切现实事物,表现出"泛主体论"的特色。这些,实际上都赋予自然界乃至整个宇宙以生命性质,把自然界和宇宙看作孕育了各种个体性生命形态的生命整体存在,而他晚年的《思维方式》一书确实是把自然界看作整体的生命存在的。这使人不禁想起马克思在《手稿》中说的"自然界的**人的**本质"。马克思说:"人体解剖对于猴体解剖是一把钥匙。反过来说,低等动物身上表露的高等动物的征兆,只有在高等动物本身已被认识之后才能理解。"[①] 应该说,怀特海正是出于其对人的深刻认识,才理解了宇宙中表露的人的征兆。

再看怀特海的其他著作,比如《科学与近代世界》《宗教的形成》《符号的意义和效果》《观念的冒险》和《教育的目的》等,它们直接论述的都是人类存在和活动的某一方面。这些著作,既肯定了人性生成中的创造和进步,也揭示了这个生成过程中的种种局限、偏颇和危险。特别是晚年具有哲学遗嘱性质的《思维方式》,把有机宇宙论的基本学理转化为认识和理解世界的思维方式,深刻地阐发了文明的人所应有的"最高的理智"和"终极的良知",直接就是一部作为创造者的人所应有的创造思维论著作。在怀特海看来,意识和心灵是人类存在的特征。因此,他对这种思维方式的论述,实际上具有极为重要的人学意义。

笔者在写作《向美而生的世界》一书时,原本设置了关于有机哲学的人学一章。后来发现,怀特海的美学并不把人作为世界审美生成的出发点和根源;相反,人本来就是宇宙和自然界向美而生的产物。从人出发去确认美和审美的发生这个学术界流行的思路,在怀特海那里是不存在的。他像中国古代的庄子一样主张"原天地之美以达万物之理",这"理"包括人之所生和人的本质的道理。从他对美和审美的论述中可以看到人的本质的表现,但是这并不意味着人是美的发生根源。在宇宙向美而生的自我生成过程中,是美和审美经验创造了人。人作为"宇宙的产儿",本来就是宇宙审美生成迄今最高的成果。在自然界的母胎和家园中生成的人,只是因为最具灵性地承续了宇宙审美生成的创造性本质,而成了自觉的创造者,也使宇宙成为"文明的宇宙"。由美而生的人类,通过艺术活动而成为自觉的美的创造者。因此,在阐述有机哲学的美学

[①] 中共中央马克思恩格斯列宁斯大林著作编译局:《马克思恩格斯选集》第2卷,人民出版社,1995年,第23页。

底蕴时，没有必要也不应该设置人学一章横亘其间。如果按照有机哲学的自身逻辑而将其放到最后，又会因为相关内容太多而造成累赘。于是，我把原来拟定的书名"向美而生"改为"向美而生的世界"，为专门论述"向美而生的人"留下必要的空间。由于人是宇宙审美生成的创造物，对人的论述也是对其美学的重要延伸和补充，便有了这本书。

怀特海说的宇宙自我生成的过程，可以说就是马克思说的"自然向人生成"过程的扩展和深化。在他们看来，人是由自然界生成的，人与自然界有机地融合在一起，因此，决不能离开宇宙和自然界去抽象地认识人。有机哲学的人学内涵也这样存在于对世界生成过程的自然主义的阐发中，而这正是怀特海人学思想的独特和深刻之处。这样的人学思想，在今天追求生态文明的历史潮流中，应该具有十分重要的独特意义。它说明，不只是人类需要自然界，自然界也需要人类，这启示我们深入认识人类对于自然界的重要意义。

在人类思想史上，人在自然界和宇宙中地位的问题一再地凸显在哲学思想的前沿。在近代，康德的哲学人类学把人置于哲学思想的中心，到舍勒直接提出了"人在宇宙中的位置"的论题。自20世纪中期全球生态危机出现以来，这个问题更从形而上的思想变成了严峻的现实实践课题。是"人为自然立法"，还是"自然为人确立行为尺度"？对于这个世界、这个地球，人类应该和能够做什么？应该怎样自处和作为？对这些问题的回答，都有待于对"人在宇宙中的位置"这个终极问题的科学深入理解。近年来，量子物理学家再三告诫人类要清醒地认识自己与宇宙的关系，提醒人们要对宇宙报以虔诚的敬畏。生态学家针对"拯救地球"的观念，提醒人们不是地球需要人类，而是人类需要地球。这个观点虽然忽视了人类对于地球的意义，却也说明亟待拯救的是变得狂妄愚蠢的人类自己。写作了畅销书《宇宙》的萨根，更明确指出21世纪人类的前途决定于对宇宙的理解。这些都说明，从自然界和宇宙来认识人的这个自然主义的维度，具有特别重要的意义。即使从人和人的实践、人的生命存在出发，也必须把人学的思维扩展到自然界和宇宙的视域，把人置于宇宙自我生成的过程之中，只有这样才能正确认识人，认识人的来路和去向，认识人立于宇宙之中所应承担的责任。

对于主要从事美学研究的我来说，怀特海人学思想之所以特别重要，主要是因为它对美学基本学理建构具有"拨乱反正"的意义。

在怀特海的人学思想中，宇宙在其向美而生的自我超越过程中最终生成了人，这个由美生人的观点，既是人学的元逻辑，也应该是美学的元逻辑。于是流行几十年并权威化的"人创造美"即"由人生美"的逻辑被颠倒过来。一言以蔽之，那种认为美源于人的创造的观点是根本错误的——不是人首先创造了美，而应颠倒过来，是美首先创造了人。

20世纪80年代初，以纪念马克思逝世百年为契机，笔者正式开始学习和研究马克思的美学思想。在发表于1982年的《运用系统原理进行审美研究试探》一文中，笔者明确指出《手稿》中表达的哲学和美学思维是以"自然—人"这一大系统为视域的，"自然向人生成"是这个大系统的生成性规律，并且作为这个大系统的整体质从根本上规定了真、善、美三大价值。在这样的思维格局中，美和人其实都源于自然，马克思多次明确肯定过自然美的客观存在。可以说，人及其实践原本就是这个大系统遵循马克思说的"美的规律"自我生成的产物。这样看来，所谓"自然的人化"，首先不是因为人的实践造成的主体力量的对象化，而是自然界向人生成的演化，实践本身也是在这个过程中生成的。人的社会性，也不过是自然事物的社群结构的发展形态，只是后来因为实践而生成了新的形式和性质。在马克思对"自然向人生成"规律的揭示中，从宇宙诞生开始的自然存在与后来出现的现实的人类之间就已存在着内在的生成性联系了。这个人类自然生成的过程决定了人类存在的生态本质。理解这种累积到人与自然的共时态联系中的历时态联系，对于认识人的生态本质和审美活动的生态本性极为重要，长期以来却被人们完全忽视了。

显然，怀特海的有机宇宙论关于人与自然关系的思想，在自然生成论的意义上与马克思和恩格斯的观点根本上是相通的。从马克思到怀特海，这种生成论哲学前后相续，昭示了人类哲学思维中一个对于文明进步至关重要的思想进路。在贯彻新发展理念的今天，深入探究有机哲学的人学内涵，对于正确理解马克思和恩格斯哲学思想的根本精神，包括严肃看待恩格斯的《自然辩证法》对于马克思主义哲学的重要意义，其重要性当不难理解。同时，这也有助于重新认识近代以来生成论哲学潮流的整体面貌及其理论价值，并打通其与中国传统的生成论哲学的关系。

在一些人看来，凡是没有成为人的直接实践对象的自然，都是马克思所批评的"抽象的自然界"，而这样的自然界对人来说就是"无"。在《手稿》中，马克思确实说过："被抽象地理解的，孤立的，被认为与人分离的**自然界**，对人说来也是'**无**'。"[①] 这是千真万确的，因为实际上并不存在这种与人无关的、孤立的、抽象的自然界。自然界在自我生成的过程中生成了人，人成了自

---

① 马克思：《1844年经济学哲学手稿》，中共中央马克思恩格斯列宁斯大林著作编译局译，人民出版社，1985年，第135页。

然界的一部分，这自然界就与人发生了内在的有机联系，自然界的任何变化都关系着人的生存。对于人类，不存在可以当作"无"来看待的自然界。拿自然科学客观地研究的自然事物来说，尽管并不把自然界与人的关系放在眼前，但其研究对象和结果，归根到底都会与人发生各种直接或者间接的、现实的或者潜隐的复杂关联。可以说，正是这种关系的客观存在，自然科学才在根本上具有为人的伦理价值。这乃是科学与人文不能分离和对立的根本原因。在怀特海看来，最抽象的数学也是与"善"密切相关的。自然界之于人，绝不只是人的实践对象。应该说，如果没有事先就存在的与自然界之间的生成性关联，并由此造成了彼此的对象性联系，也就根本不会有后来在实践中的关系。后者无非是前者的自觉性活动而已。所谓"抽象的自然界"在这个真实的世界上本来就不存在，如果存在，那也只是存在于那些昧于人与自然界的生成性联系的头脑中。实践本体论把实践同自然生成的过程剥离开来，无视其与自然界的对象性基础，其实就是在把自然界抽象化的同时也把实践抽象化了。这样从抽象化的实践言说自然界，未经实践对象化的自然界也就成了"抽象的自然界"。这样言说的自然界，完全不存在与人之间本来的生成性联系，而没有这层联系也就不能正确理解其在实践中的地位。正是由于人与自然界之间的这种生成性的联系，马克思才提出了"自然界的**人的**本质"（或者"人的**自然界的**本质"）①这个极为重要的概念。如果没有"自然界的**人的**本质"，人是绝不可能从自然界中生成的。正是因为"自然界的**人的**本质"的存在，自然界才与人之间发生了生成性联系并最终生成了现实的人。所谓实践，无非是对"自然界的**人的**本质"进行能动发现和积极利用的生命活动。所谓社会关系，无非是实践中人与自然界关系在人与人的关系中的直接现实的表现。因此，人在实践中与自然界的关系才真正决定和表现了人的本质，而"社会关系的总和"不过是其直接的现实表现而已。

怀特海把自然界视为宇宙整体性作用下的自我生成过程，努力把自然主义的思路贯彻到底，这种彻底的自然主义实际上具有人本主义的内涵，从而形成了一种自然主义的人学。这样的人学，更充分而深刻地揭示了自然界与人之间的生成性联系，有助于从自然的维度更深刻地了解人，从而也更深入地了解人与自然界的生态关系，懂得人对自然界应有的价值诉求尺度以及人对自然界的责任。他始终坚持从宇宙的视域审视自然界和人，这就更能帮助我们真切认识

---

① 马克思：《1844年经济学哲学手稿》，中共中央马克思恩格斯列宁斯大林著作编译局译，人民出版社，1985年，第85页。

前言

人与宇宙的关系，认识人在宇宙中的独特地位。

怀特海的人学从宇宙自我生成的过程来考察人的生成根源，把人归结为"宇宙的产儿"，从根本上揭示和肯定了人作为"躯体模式"的生命存在和"完全有生命的社群"与宇宙之间的生成性联系。这就意味着，从宇宙的自我生成过程中生成的人，必然承继了宇宙的创造性本质。由于宇宙的自我生成是审美地生成即向美而生的过程，所以人就是世界审美地生成的结果，是向美而生的人。同时，由于人是有意识的存在，他就成了自觉的审美创造者，并因此而成为文明化的人。

怀特海的人学坚决反对心物二分的流行观念，认为心灵与身体的统一才成为人。他以物质极与精神极并生互动的理论解开心物二分这个"世界死结"，提出了"宇宙生命"的概念。在此基础上，他从人的身体与自然界和宇宙的统一出发深入阐述了人的心灵与身体相统一的关系，这就从根本上回答了人之所以能够成为认识主体、实践主体、价值主体和审美主体的必然性和合理性，揭示了人作为自觉创造者的生命依据。

怀特海的人学从"文明的宇宙"观念出发，揭示了人与文明互为因果的关系。这就是说，人既是文明之因又是文明之果。他把"真""美""艺术""冒险精神"和"平和"确定为文明的品质，且以"美"为核心，这就意味着，"美"是人类生成的内在动因，实际上就是文明的基因。因此，文明就是宇宙整体生命精神的自觉的现实表现。人的活动，包括宗教、科学和教育，都应该自觉体现文明的品质，人在自觉创造文明的同时也应把自己造就成具有这些品质的"文明化的人"。

怀特海的人学把有机宇宙论的哲学转化为创造性的思维方式，认为这是作为自觉创造者的人在认识和理解世界时所应自觉掌握的。他把这种思维方式称为"文明的最高的理智"和"文明的终极的良知"。这就意味着，作为创造者的人不仅要以这样的思维方式来武装自己的理智，正确而深入地理解和表达宇宙自我生成的活动形式和过程，重视宇宙整体作为终极动力和理想目的的作用，而且要将它作为终极的良知付诸实践，成为"知行合一"的自觉创造者，创造融审美性和生态性于一体的文明世界。

本书集中阐述怀特海有机哲学中上述的人学内涵。全书四章，分别以"宇宙的产儿""身心的统一""文明的因果"和"终极的良知"为题阐述上述四个方面的内容，力求较为全面地解读怀特海人学的基本内涵，突出人作为宇宙审美生成的产物所具有的向美而生的创造性本色。怀特海有机宇宙论中的世界是向美而生的世界，在这个世界中生成的人当然应是向美而生的人。于是，有了本书的书名。

怀特海的哲学曾被视为人学的空场。通过本书的探究，这个判断应该可以得到有力的纠正了。从"向美而生的世界"到"向美而生的人"的深入，把怀特海的美学聚焦到他的人学，有机哲学那原本森严的学术气象因其对人性生成的深切关怀而变得亲切。在宇宙创造性本质的基础上认识人的本质，有助于深入认识宇宙与人之间的关系，从而把对人的认识深深地植根于对宇宙的理解之中。怀特海的人学告诉我们，人类固然离不开大自然，同时大自然也不能没有人类。进一步，这种人学还让我们知道大自然需要什么样的人——那就是秉承了宇宙的本质而具有自觉创造性的人，能够以包容合生的活动创造新颖性的人，遵循审美生成的方式自觉追求和谐和完善之美以推进文明的人；一句话，就是自觉地向美而生的人。或者换句话说，就是"文明化的人"或者"完全文明的人"。对于"文明的宇宙"，怀特海以极大的热情进行思索。他的人学与他的美学相互统一和融合，对于今天的人类理解文明的品质和推进文明的进步，也应该是有教益的。

怀特海给晚年重要著作《思维方式》题词道："谨将此书留给我的后代子孙。"作为后来者，我们当以真诚的感恩之心接受这份精神遗产，珍视它，更要努力理解它。

目 录

第一章 宇宙的产儿 /11

引言：从宇宙的视域看人的生成和本质 /1

第一节 宇宙向美而生的根本性质 /5
（一）宇宙是通过包容活动自我生成的过程 /5 （二）包容合生活动过程的审美生成性质 /11 （三）宇宙审美生成过程的生态性质 /14 （四）宇宙创造性主体精神的基本特征 /19

第二节 人是宇宙自我审美生成的产儿 /23
（一）从"宇宙生命"到作为"个体生命"的人 /23 （二）人是宇宙生命整体涌现的躯体模式 /24 （三）马克思和达尔文的人类生成论的意义 /27 （四）宇宙整体质的"涌现"与人的审美生成 /32

第三节 人是宇宙系统中的社群性存在 /35
（一）"社群"概念和宇宙生成的社群性质 /35 （二）电磁社群、有结构的社群与有生命的社群 /37 （三）必须认识和重视社群系统的复杂性 /41 （四）社群秩序决定人与环境的生态关系 /44

第四节 人是有意识的自觉创造者 /49
（一）人是宇宙审美创生本质的自觉实现 /49 （二）人的创造性是宇宙自我生成的自觉化 /53 （三）人的创造中价值从有限向无限的融入 /55 （四）宗白华和马斯洛的人格理想的启示 /58

第二章 身心的统一 /63

引言：消除身心之间"灾难性的分离" /63

第一节 有机宇宙论中精神的存在和功能 /67
（一）现实实有作为"动在"的精神内涵 /67 （二）主体形式在包容合生中的精神作用 /69 （三）包容合生过程各个环节中的精

神体现 /72 （四）精神极与物质极共生互动的原初存在 /73

第二节 泛经验论与身心分离的弥合 /76
（一）有机哲学中的"经验"概念 /76 （二）泛经验论把心灵视为自然的实在 /78 （三）心灵与身体在经验中的共生和统一 /81 （四）身心统一与人的生命经验的整体性机能 /82

第三节 对身心统一关系的深度探究 /87
（一）身心关系在环境中受"大生命"的哺育 /87 （二）从物理科学寻求心灵充分自然化的根源 /89 （三）心灵是语言给予人类的礼物 /95 （四）心灵是精神机能和精神内容的结合 /98

第四节 身心统一与人的审美生成 /101
（一）身体和心灵的统一才成为人 /101 （二）与中国哲学中的身心统一观的深刻融通 /106 （三）从身心统一出发的人格美理想 /109 （四）在身心统一的基础上成为自然界的自我意识 /112

第三章 文明的因果 /116

引言：文明只能被文明化的人理解 /116

第一节 "文明的宇宙"与人类的文明 /119
（一）"文明的宇宙"与人类生成的根本价值 /119 （二）"文明的宇宙"与人的思维方式 /123 （三）"文明的宇宙"与人的审美意识 /125 （四）"文明的宇宙"与生态意识的自觉 /128

第二节 文明的品质与文明化的人 /131
（一）真正的文明应有的五种品质 /131 （二）文明是宇宙审美生成本质的自觉认知和实践 /135 （三）文明需要冒险精神与平和情怀相结合 /140 （四）冒险精神的爱欲包容和文明创进的社群意识 /144

第三节 文明发展过程中的宗教和科学 /147
（一）宗教作为最早的文明形态与人的经验 /147 （二）理性宗教的"上帝"概念及其人学意义 /151 （三）科学在宗教信念中成长及其两面性 /155 （四）科学与宗教在有机哲学中和解的文明意义 /158

第四节 教育与人的文明化生成 /161
（一）全部教育都是发展人的天赋 /161 （二）教育的宗教性和

艺术教育的作用 /165 （三）教育过程要符合人的智力成长节奏 /168 （四）培养科学与人文审美和谐的风格意识 /172

第四章 终极的良知 /177

引言：自觉的创造者应有创造性的思维方式 /177

第一节 "创造的冲动"开启的思维过程 /179
（一）"重要性"是基于创造冲动的思维的起点 /179 （二）"表达"是对重要性经验的明晰和深化 /183 （三）"理解"的特殊重要性和理解"理解"之难 /187 （四）思维推进的逻辑方式和审美方式 /190

第二节 把世界作为"活动"过程来理解 /193
（一）深入理解"活动"的关系内涵和基本性质 /193 （二）从宇宙视域理解世界和事物的"活动"性质 /195 （三）从"过程的形式"理解世界的自我生成机制 /202 （四）"文明的宇宙"概念对于理解文明生成的意义 /209

第三节 从根本上理解自然界的生命本质 /213
（一）根本的问题是自然界与生命的关系 /213 （二）无生命的自然界是抽象化思维的误解 /214 （三）宇宙中的自然界是有生命的存在 /216 （四）对自然界与生命统一的四重论证 /220

第四节 创造性思维与文明化的人 /224
（一）创造性思维方式是"文明的最高的理智" /224 （二）"最高的理智"也是"终极的良知" /227 （三）哲学的目的是把神秘主义理性化 /230 （四）创造性思维是文明化的人的自觉意识 /234

附录：从"自然向人生成"到"宇宙向美而生"
——论曾永成人本生态美学思想的发展理路 /240

主要参考文献 /254

后　记 /257

第一章　宇宙的产儿

引言：从宇宙的视域看人的生成和本质

怀特海说"人，作为有生命机体的最高范例，其重要性是毋容置疑的"[①]，又说人是宇宙的产儿。这就是说，怀特海有机哲学中的人，不只是个体的人，也不只是社会的人，甚至不只是地球的人，而是处于宇宙世界之中的人——宇宙自我生成并仍然在这个生成过程中的人。这样从宇宙的视域看人，就树立起了"宇宙人"或"宇宙我"的观念。这个观念意味着，认识人的本体地位和本质，就是要弄清人与宇宙这个终极存在及其本质的关系，以及由此决定的人在宇宙中的地位和作用。

人类很早就开始想象和思索自己与天地、宇宙之间的关系了。那时候他们对宇宙的认识还很混沌，很多相关的思绪也还是朴素而幼稚的，多带有幻想的色彩。到了怀特海的时代，由于科学的发展，特别是宇宙学的进步，人们对宇宙的许多深邃幽晦的奥秘虽然还不清楚，但毕竟对宇宙生成的历史有了基本的了解，已经认识到浩瀚的宇宙与我们所处的微小的地球之间的生成性关联。在这个科学基础上重新理解人的存在根源和本质，自然会比过去深入得多。

对人的这种"重要性"，只有从宇宙的视域去考察，从人与宇宙的生成性关联去理解，才会有最深刻也最真切的认识。怀特海说："那种将自然和人分别看待的学说，实在是一种错误的两分法。人是自然所包含的一种因素，这种因素最鲜明地表现了自然的可塑性；自然可塑，则可出现新奇的规律。"[②] 自然的可塑性，源于宇宙自身的生成性。而人就是在宇宙的自我生成过程中产生出来并接受宇宙塑造的存在。

怀特海指出："任何学说，只要它不愿将人的经验置于自然之外，在它描

[①] 怀特海：《观念的冒险》，周邦宪译，译林出版社，2012年，第30页。
[②] 怀特海：《观念的冒险》，周邦宪译，译林出版社，2012年，第87页。

述人的经验时，必然会发现一些也参与了描述不十分特殊的自然事件的因素。如果没有这些因素，那么那种把人的经验作为自然中的一桩事实来研究的学说便只能是粗率的，是建立在模糊的术语之上的，这些术语的唯一优点便是使人有一种舒服的亲切感。"[1] 这就是说，当我们把人置于宇宙之中来考察时，不能只是简单肤浅地为了表达或获得一种亲切感。人与自然界之间的关系是十分深刻而复杂的，应该深入探究这个关系，特别是两者之间的生成性关联。在此基础上获得的亲切感，将会更加真切、深厚而热烈。

著名天文学家卡尔·萨根说："我相信未来取决于我们对宇宙的理解。"[2] 然而，面对浩瀚而幽深的宇宙，要理解它谈何容易！

卡尔·萨根在其被视为"伟大的科普著作"的《宇宙》一书的开篇就说："宇宙的尺度和年龄远远超出普通人的理解范围。我们小小的行星家园迷失在无尽与永恒中。"[3] 让我们来看看萨根给我们描述的宇宙吧！他说，我们生活的这个地球，在浩瀚的宇宙中好似晨曦苍穹中一粒尘埃。宇宙大约有一千亿个星系，平均每个星系都有大约一千亿颗恒星。在全部星系中行星的数目可能跟恒星一样多，也就是一百万亿个。萨根问道："面对如此庞大的数字，宇宙中只有一颗普通恒星（太阳）被一颗适宜居住的行星环绕的概率有多大？为什么我们能够这样幸运，得以隐藏在宇宙间一个被遗忘的角落？对我来说，更大的可能是宇宙中满溢生命，只是人类并不知晓罢了。"[4] 这就是说，宇宙难以想象地浩渺无边，却生成了这个我们能够栖身其间的渺小的星球，是因为宇宙满溢生命，它本来就是一个有生命的存在。

萨根还提出"宇宙年历"的比拟，即如果把宇宙诞生以来的 138 亿年计为一年，那么这一年的历程是这样的：1月1日发生大爆炸，1月10日冷却下来形成一批小行星。5月有了银河系。9月9日太阳在银河系中形成。剩余的小行星在碰撞中聚合成地球、月亮之类。到9月21日，个体生命在地球上出现，经过复杂漫长的演化，到11月1日，开始有了能繁殖的微生物。12月7日，海洋中的生物走上陆地，在12月的最后一周生成了森林、恐龙、鸟类和昆虫。12月28日那天，地球上绽放了第一朵鲜花。12月30日早晨6点30分，那颗曾经推动地球运行的小星星撞上了地球，长达上亿年的恐龙统治时代结束。在12月31日晚上10点半，人类才从动物进化而来。这一天的最后几秒，人类

---

[1] 怀特海：《观念的冒险》，周邦宪译，译林出版社，2012年，第202页。
[2] 卡尔·萨根：《宇宙》，陈冬妮译，广西科学技术出版社，2017年，第2页。
[3] 卡尔·萨根：《宇宙》，陈冬妮译，广西科学技术出版社，2017年，第2页。
[4] 卡尔·萨根：《宇宙》，陈冬妮译，广西科学技术出版社，2017年，第4页。

才进入文明时代。地球上所有的人类都出现在这最后的 14 秒,而历史所记载的那些事情都发生在最后几秒中。在最后的 7 秒前摩西出生,5.8 秒前孔子出生,5 秒前耶稣出生,3 秒前释迦牟尼出生。直到最后 1 秒牛顿出生,揭示自然界奥秘和规律的科学才实际发展起来。

在这样的背景下想象人类在地球这颗尘粒中的存在,实在是难以置信的渺小。

然而,人类作为在宇宙间如此渺小微末的存在,却又是那么不可思议的神奇和美妙。从人的物质形态看,他作为自然界中最高级的生命存在,充满了至今还远未全部知晓的种种奥秘。这个躯体,把宇宙间物理的、化学的、生物的和心理的存在形态集于一身,经过巧妙的综合性包容,生成了现在这样直立行走、四肢劲健、昂然挺立而又灵活自如的身体结构。

这个结构使人以最精巧合理的尺度构成了最美的体态。在大脑中枢的整合和调节之下,把心灵和肉体、理性和感性有机融合起来,表现出不同强度的和谐和完善。男性刚健挺拔,女性柔婉秀丽。他(她)们还以共同的生命活力在美感的作用下相互结合,生育出一代又一代的新人,使人类能够持续存在和发展。

这个结构的躯体生命充满了与时俱进的理智和智慧,能够通过自己的活动日益广阔而深入地认识自己所处的这个世界,其视域上及宇宙整体,下及渺观的振动和波。他既凭感官感知这个世界生动明晰的存在性相,又凭身体经验感悟这个世界的神秘领域中的深邃玄机。在人类身上,自然界获得了自我意识,使自然规律得以日益彰显,并不断拓展其广度和深度。

这个结构把物质和精神、身体和心灵融为一体,在努力适应环境的基础上还能够发挥自己的自然力——体力和脑力,使用和创造工具与符号,去改造自己的环境,在自己所处的这个星球上创造出各种文化和文明,创造出层出不穷的"第二自然"奇迹。尽管因工业的盲目发展,地球生态系统遭到严重的破坏,但最终还是人类自己意识到生态危机,并逐渐自觉地担负起修复生态、营构生态文明的责任。

这样的人类逐步学会处理个体、社群和类整体的关系,终于开始从血腥和野蛮的争斗中走出来,用生产取代掠夺,用建设取代破坏,用宽容取代偏激,用对话取代霸凌,用说服取代征服,从对立冲突中寻求互补协作。经历了惨痛的教训之后,人类开始选择把和谐共存作为自由的目的,这样一步步学会在生命共同体的观念中去思考和处理社会关系,最终学会从你死我活的极端走向互惠共享的包容,使自己的"类本质"真正实现。

这样的人类对世界的美有最敏捷和深刻细腻的感受，能够通过审美的感应和对美的规律的掌握，领悟到美是文明的基因，艺术是文明的精华。他们不仅满腔热情地发现和欣赏世界的美，而且还努力创造出自然界原本没有的美，创造出各种各样激动人心、启发心智、提升灵魂的艺术，推动文明的进步。他们在审美的经验中激发创造理想世界的激情，在审美的创造活动中享受更加丰盈、美好而庄严的人生。

这样的人类还在自己的心灵中存有对天地、宇宙神性的感悟，在内心树立起对宇宙神性之爱的执着信念。这种信念使他意识到世界和人的存在深沉的复杂性、神秘性和神圣性，从而对生命、对爱、对美、对天地的恩德和宇宙的庄严与智慧都心存敬畏。这样虔诚的敬畏，赋予人的有限存在以神圣崇高的无限价值，在生命之流绵绵不息的创进过程中使自己必朽的生命融入不朽。

如此种种，正是渺小的人类珍视生命、热爱自然、眷恋生活的基本原因。

当然，今天的人类还处在从野蛮蒙昧向完全文明努力进步的过程之中。用马克思的话说，生存于"自然向人生成"过程中的人，现在还处在"真正人的历史的史前史"的阶段。用马克斯·舍勒的话来说，人还只是一个从动物向神性突进的"动姿"。尽管这样，人毕竟生成了，存在了，有了今天的形象、智慧和伟绩，也有了向未来奋进的理想和热情。在尽情享受自己生命的同时，也逐步醒悟并开始践行自己对宇宙自然的责任。

那么，这样的人类究竟是从哪儿来的，又是怎样生成的呢？

在怀特海看来，人类虽然诞生于地球，但是他得以生成的终极根源和基础则是整个浩瀚而幽渺的宇宙，是宇宙的大生命造就了人的生命，包括他的精神、意识和灵魂。从宇宙这个终极视域揭示和探究人类的生成过程和本质，正是有机哲学的人学的核心内容。要认识人的生成和本质，首先必须认识生成了人的宇宙。因此，怀特海的有机宇宙论，就是他的人学的出发点。

有机宇宙论对人的生成的考察采取的是一种生态模式。有学者指出，机械模式只关注事物的外在关系，而生态模式是则建立在内在关系之上的，"此模式认为生命有机体与环境紧密相关；也就是说，他们与所处环境的关系是他们之所以成为他们的构成因素"[①]。在有机哲学中，这个环境不只是某个有限的地域，也不限于地球，而是无限的宇宙。马克思说："人们自己创造自己的历史，但是他们并不是随心所欲地创造，并不是在他们自己选定的条件下创造，

---

① 伯奇、柯布：《生命的解放》，邹诗鹏、麻晓晴译，中国科学技术出版社，2015年，第107页。

而是在直接碰到的、既定的、从过去承继下来的条件下创造。"① 从根本上说，这个"直接碰到的、既定的、从过去承继下来的条件"就是经过漫长的自我生成发展到今天的宇宙。因此，只有对这个根本的既定条件有真正深入的了解，我们才可能正确而有效地创造我们的历史。

第一节 宇宙向美而生的根本性质

（一）宇宙是通过包容活动自我生成的过程

在怀特海的有机哲学中，仍然是"上帝创造了人"。不过，这个"上帝"绝不是各种宗教所描述和崇拜的那个超自然的造物主，而是一个自然的现实存在，即"原初的现实实有"——宇宙诞生之时生成的宇宙整体。人就是这个宇宙整体自我生成的产物。因此他说，人是宇宙的产儿。如果说这个微尘似的地球是人类生成的胎盘，那么浩瀚无涯的宇宙则是这个胎盘所在的母体。

在怀特海看来，人类不过是万千存在物中的一种。在《思维方式》中，他把自然界中的事物分为六种类型的"显相"，第一就是人的存在（身体和精神）。其余的物种是动物、植物、单细胞生物、大体积的无机组合和现代物理学的微观分析所发现的体积极小的存在。从体积极小的存在到人，这个共时态的存在实际上就是自然界自我生成的过程在当下事态中的累积。人就是这个生成过程迄今最高级的生成物，就是宇宙这个自我创造过程的创造物。由于这整个过程都是在宇宙整体这个"上帝"的神秘作用下进行并取得成果的，所以可以说是上帝创造了人，但是含义大不一样了。原来说上帝在很短的时间里就把人创造出来了，而在怀特海这里，人的生成则是一个极为漫长而复杂的自我创造过程。宇宙存在了多久，这个生成过程就有多久。按照现代宇宙学的说法，这个过程已经有138亿年了。

要理解人类生成的这个过程，就必须借助怀特海的机体-有机哲学中关于宇宙自我生成的学说。

对于怀特海的哲学，著名科学家普里戈金这样说道："在怀特海看来，哲学的任务就是对永恒和变化进行调和，就是把事物想象为过程，就是去证明演化组成实体，组成一个个诞生着和死亡着的本体。"这说的是怀特海哲学的过

---

① 中共中央马克思恩格斯列宁斯大林著作编译局：《马克思恩格斯选集》第1卷，人民出版社，1995年，第585页。

程性和生成性。他认为，怀特海的哲学"证明了一种关系的哲学（没有任何自然元素永恒地支持变化着的关系，每个元素都从它与其他元素的关系中得到其本体）和一种创新演化的哲学之间的联系。每个存在物在其创造的过程中都使世界的多重性得到统一，因为它为这个多重性又加上一组新的关系"①。他在这里强调，事物的生成过程是在关系的变化中实现的。"过程""生成"和"关系"，正是怀特海有机哲学最具特征性也最重要的基本概念。而且，这些概念都是与宇宙视域直接相关的。

怀特海的有机哲学一贯坚持"宇宙的视域"。他认为，只有从宇宙这个整体性存在出发，才能正确认识世界的本质，也才能深入理解人的生成根源、存在内涵和根本性质，进而正确认识人在宇宙中的地位和作用。怀特海认为，宇宙本来就是由种种关系构成的有机的整体存在，而存在就是过程——一个自我生成、自我创造和超越的连续的活动过程。

对于理解怀特海的有机宇宙论的自我生成本质来说，最方便的入门处是他提出的"范畴体系"。

在怀特海看来，"文明生物是那些运用某些范围广泛的关于理解的一般性来考察世界的生物"②。他认为，对这样的一般概念进行思考的"这种精神习惯就是文明的本质。它就是文明"③。有机哲学的"范畴体系"中的47个范畴就是这样的一般概念，包括"终极性范畴"3个、"存在范畴"8个、"解释性范畴"和"范畴性要求"共36个。其中最重要的范畴是"终极性范畴"和"存在范畴"，后面的36个范畴都是对前面11个范畴的阐释和演绎。正是这些范畴及其相互关系，彰显了有机宇宙论的基本内涵和特征。

首先来看"终极性范畴"："创造性"（creativity）、"多"（many）和"一"（one）。既然称为"终极性范畴"，就意味着这三个范畴对于理解世界具有根本性的意义。这里的"一""代表一个实有的唯一性"，它就是一个"这个"或者"那个"具体的存在。"多"是对"一"进行析取而得到的多样性。这就是说，任何一个具体存在的"一"都包含着"多"，是由多个因素结合而成的复合体。这个"一"与"多"的关系说明，世界上的每一个现实事物，无论是极为微小的各种粒子还是广袤浩瀚的宇宙整体这个最大的"一"，都是一个复合的、构成性的、具体的存在。每一个"一"都包含着"多"，多个"一"又构成新的

---

① 伊·普里戈金、伊·斯唐热：《从混沌到有序》，曾庆宏、沈小峰译，上海译文出版社，1987年，第137页。
② 怀特海：《思维方式》，刘放桐译，商务印书馆，2010年，第7页。
③ 怀特海：《思维方式》，刘放桐译，商务印书馆，2010年，第7页。

"一",直至今天的整个宇宙。世界就是这样在"一"与"多"的无限多层级的关系变化中形成的巨系统。于是,每一个"一"都与其他的"一"之间发生多样而复杂的关联。这样一来,自来被看作独立实体的存在就无不处在复杂的关系之中,无不是一个关系性的存在——不仅有各种外部的关系,还有其自身内部的关系。

世界不仅是合"多"为"一"的,而且要不断生出新的"一"来,这就是世界的"创造性"本质。怀特海说:"'创造性'是表征终极事实普遍性中的普遍性。"这就是说,"创造性"这个范畴的普遍性是一种具有终极意义的普遍性,是现实世界最普遍的根本特性。所有现实存在的事物乃至整个宇宙,都因创造性而生,都在创造中变化发展。创造性既是世界存在的根本性质,当然就是这个生成性的世界的终极原则。因此,怀特海说:"在有机哲学中,这种终极的东西叫做'创造性'。"[①] 合"多"为"一",又在既有的多样的"一"的基础上创生出新的"一",如此连绵不息,生生不已,这就是创造性实现的过程。

怀特海说的这个"创造性"具有以下三个基本内涵:

第一,它是把"多"合为"一"。怀特海指出:"创造性存在于事物本性之中,使多进入复合统一体。"[②] 这个使"多"成为"一"的"合取"就是创造性的实现。这种创造性,作为合"多"为"一"的机制和过程,不是什么外来的力量,而是"存在于事物本性之中",世界和事物本来就是一个创造性的过程。没有创造性,就没有这个世界。因此,创造性当然就是一个具有终极性意义的范畴。

第二,它就是对新颖性的创造。怀特海明确指出:"'创造性'是新颖性原则……'创造性'在'析取'的世界之多的内容中引入了新颖性。"[③] 由于创造性的作用,现实事物和世界的"创造性进展"得以实现。"创造性"使事物发生变化,获得原来没有的新的特征和性质,成为新的事物。在这样的推陈出新中,世界不断自我超越。由创造性生成的新颖的实有,由于新的因素的加入,或者由于新的结构的形成,就产生了原来的"多"中的任何因素都没有的性质,即新颖性。

第三,它是引起变化的活动过程。对于创造性,怀特海还进一步解释说,这"是动词'创造(create)'的词典意义的一种'前进',即'引起'、'产

[①] 怀特海:《过程与实在》,李步楼译,商务印书馆,2011年,第15页。
[②] 怀特海:《过程与实在》,李步楼译,商务印书馆,2011年,第36页。
[③] 怀特海:《过程与实在》,李步楼译,商务印书馆,2011年,第36页。

生'等意思"①。这就强调了"创造性"的动词含义,说明它是一种能够推动事物"前进",能够"引起"事物变化,使之"产生"新颖性的活动。总而言之,创造性就是以生成新颖性为目的的能动机制。

在《观念的冒险》中,怀特海说:"创造性便是潜能的实际化……创造的过程便是宇宙统一体的形式。"②把"创造性"明确确定为世界的根本性质,是怀特海有机哲学最为重要的思想之一。创造性地能动成长,正是有机世界的本质和价值所在,也是世界存在作为有机的过程所具有的根本特征和生命姿态。世界的有机性及其作为有机存在的根本价值,在创造性中最集中地彰显出来。正如菲利普·罗斯所说:"'创造性'构成了怀特海整个形而上学体系的先验根据或起点。"③如果没有创造性,这个世界的一切都无从说起。把世界看作一个合"多"为"一"的"创造性"过程,正是怀特海有机哲学凝聚生态思维精要的灵魂所在。

上面说的三个终极性范畴要表达的是世界存在最基本的三种普遍性,即对存在本质的最高层级的抽象。那么,在现实世界中这三个最抽象的范畴是怎样具体呈现出来的呢?怀特海提出的八个"存在范畴",就是对三个终极性范畴所提示的世界自我生成格局的具体展开。这八个存在范畴,概括地指明了世界存在的基本类型、结构方式和活动机制。

这八个"存在范畴"包括现实实有(actual entity,或译"实际存在""活动性存在""动在")、包容(prehensions,或译"摄入""抱摄")、结合体(nexus,或译"关联")、主体形式(subjective form,或译"主观形式")、永恒客体(eternal object,或译"永恒对象")、多样性(multiplicity,或译"多重性")、命题(propositions)和对比(contrast)。这八个范畴之中,最重要的是现实实有、包容、主体形式、永恒客体和多样性。其中的永恒客体和现实实有具有基础性的意义。

在怀特海看来,世界存在的方式是多种多样的,彼此之间相辅相成。为了说明各种不同的存在类型彼此之间的关联,先得了解这些存在的类型。要穷尽这些为数无限的类型是不可能的,只能从作为两极的两种类型入手,这两种作为两极的类型就是现实实有和永恒客体:现实实有属于"现实性类型"的一极,而永恒客体属于"纯粹潜在性类型"的一极;它们分别是这两种不同类型中最简单的存在形态。怀特海认为,对于人类的经验来说,这两种类型是理解

---

① 怀特海:《过程与实在》,李步楼译,商务印书馆,2011年,第328页。
② 怀特海:《观念的冒险》,周邦宪译,译林出版社,2012年,第196页。
③ 菲利普·罗斯:《怀特海》,李超杰译,中华书局,2002年,第24页。

第一章 宇宙的产儿

其他存在类型的自然出发点。怀特海说："只要过程的概念得到了承认，潜在性概念对于理解存在就是根本性的了。"① 这就是说，如果不把现实事物和世界看作活动变化的过程而看作静止的，那这个世界就从来如此，也永远如此。用这样的观点来解释宇宙，潜在事物和潜在领域就不需要或者没有了。但是，如果用过程的观念来看事物，那么现在的现实事物就有它的过去和未来。它作为直接现实的存在所具有的特征，是过去的潜在之物的实现。它从过程取得自己存在的特征，又在这些特征的基础上走向未来。它的现实存在，也是未来的潜在之物的储备。这就意味着，现实事物和世界的生成性本质，是以潜在领域和潜在事物的存在为前提的。世界之为过程，就是从潜在存在向现实存在的转化开始的。对于世界的生成过程来说，现实实有和永恒客体都是存在和实有，但永恒客体只是潜在领域中的存在和实有，而现实实有即"现实机缘"则是现实世界中实际存在的事物。永恒客体作为构成现实实有所必需的原材料，只是潜在领域中的一种潜能。它要进入现实实有之后才成为现实的存在。现实实有作为永恒客体之"多"合成的"一"，则是构成现实世界的最小、最基本的形态，一种像粒子一样极其细微的存在单位。

值得特别注意的是，怀特海说："上帝是一个现实实有，而遥远的虚空空间中的最细微的一丝存在也是现实实有。"② 说上帝是一个现实实有，是因为怀特海说的"上帝"指的是宇宙整体，这个宇宙整体作为"原初的现实实有"是由全部永恒客体构成的，它囊括了所有的现实实有。从"上帝"这个宇宙整体到最小的粒子都是现实实有，这个世界的一切皆为现实实有。在这个整体中，很多的现实实有相互关联，形成了作为"公共性实际事实"的"结合体"。这些结合体相互关联，构成了我们所面对和身处其中的"现实世界"。

存在范畴中的"包容"，在世界自我生成的过程中具有特别重要的意义。永恒客体"合生"而成现实实有，多个现实实有又相互关联成为结合体并进一步成为现实世界，这个使潜在的永恒客体进入现实实有的关键环节就是"包容"。怀特海在提出"包容"这个范畴时，直接称之为"关联性的具体事实"③。就是说，包容是把"多"相互关联起来使之成为具体事实即多样统一的存在的一种活动方式。包容分为肯定性的和否定性的两种，其中肯定性的包容称为"感觉"（feeling，又译"感受"）。这个"感觉"的含义，与普通心理学中作为认识活动起点的感觉大不相同，它不只是一种感官反映和认识，而是

---

① 怀特海：《思维方式》，刘放桐译，商务印书馆，2010年，第93页。
② 怀特海：《过程与实在》，李步楼译，商务印书馆，2011年，第32页。
③ 怀特海：《过程与实在》，李步楼译，商务印书馆，2011年，第37页。

一种把对象摄入自身的活动。这种把对象摄入自身之中的感觉是肯定性的包容，而拒绝摄入和排除某些对象的则是否定性的包容。在有机哲学中，包含感觉在内的包容是一切事物都具有的活动机能，因为没有包容，事物就不可能存在，更不可能发展。

包容的活动就是一个"合生"——综合地生成复合性个体——的过程。"构成一个现实实有的合生过程的最后阶段，是一个复合的、充分确定的感觉过程。这个最后阶段被称为'满足'。"① 这里说的"感觉"，就是肯定性包容。这个感觉过程，一是复合的，二是充分确定的，就是说感觉即包容的过程中的合生肯定地把各种因素综合起来，使之成为充分确定的现实存在。包容因此有了创造性的成果，当然就会"满足"。由于这种肯定或否定的选择，不仅构成因素发生变化，还有结构的调整，原来的现实实有就生出某种新颖性，从而实现了自我超越。由于包容，现实实有改变了自身，超越了自身，从过去走进现在，又从现在去往未来，世界的创造性进程就这样现实地展开。

怀特海对"包容"进行了多角度的具体解释，他指出："每一种包容都是由三个因素组成的：（a）进行包容的'主体'，也就是以该包容作为其具体要素的现实实有；（b）被包容的'材料'；（c）表明该主体如何包容这种材料的'主体形式'。"② 进行包容活动的事物就是包容的主体。这个主体怎样对待自己所需的材料，怎样进行包容，最后得到什么样的结果，都取决于这个主体的形式。这个主体形式是主体进行包容的能动中介，它改变和建构各构成因素之间的关系，使之成为特殊的个体存在。怀特海在指出主体形式就是决定那个主体如何感觉到客体性材料的方式的同时，认为主体形式就是直接的新颖性。可见，没有这个主体形式就不能进行包容的活动，当然也不会创造出新颖性。此谓新颖性就由主体形式表现出来。

怀特海把主体形式直接称为"私自性的实际事实"③。说它是一个"实际事实"，因为它就存在于现实事物之中，是现实事物内在的结构形态；说这个实际事实是"私自的"，是因为主体形式按照自己的目的去进行包容，使包容的结果成为一个有自身特征和功能的实际存在，并因此而能获得实现自我价值的满足。

现实实有既是包容性的存在，同时也是包容行为的主体。在这里，"主体"的概念被怀特海泛化地使用于一切能够进行包容的现实实有身上。他认为，现

---

① 怀特海：《过程与实在》，李步楼译，商务印书馆，2011年，第43页。
② 怀特海：《过程与实在》，李步楼译，商务印书馆，2011年，第39页。
③ 怀特海：《过程与实在》，李步楼译，商务印书馆，2011年，第37页。

实实有就是一种能够发挥功能的主体性存在。"这种自我发挥功能是一个现实实有的实在的内在构造。这就是这种现实实有的直接性。一个现实实有就叫做具有自身直接性的'主体'。"① 这是从自我发挥功能的角度对现实实有作为"主体"的解释,这也是现实实有又被译为"活动性存在"和"动在"的原因。

现实实有之所以是主体,就因为它能够以其形式发挥功能,不仅使自己因其内在构造而具有直接性和独特性,更使自己成为一个能动的有目的和包容能力以实现创造性超越的主体。主体形式与创造性直接相关,创造性是通过主体形式发挥能动的包容作用来实现的。以此,怀特海说:"创造性是一切形式背后的终极者。"②

正是在这个自我生成的创造性过程中,经过漫长的自我超越,才生成了自然界中的各种存在物,才有前面说的那六种显相,而其中最高级的就是人类。

人类就是有机的宇宙通过包容自我生成的产物,因此,怀特海说人类是"宇宙的产儿"。

(二) 包容合生活动过程的审美生成性质

范畴体系中的第三类"范畴性要求",是生成过程所遵循的最基本的原则性要求,共有九个。这些范畴性要求,指明了事物包容生成过程中主客体之间相互作用和互动整合的方式。这就是说,在包容合生的过程中,无论是主体还是客体都不是任意凑合的,而是遵循这些原则的制约和规定的。正是由于遵循了这些原则,生成过程的创造性目的才得以实现,并具有审美生成的性质。

范畴性要求中的"主体的统一性范畴"是说,一个现实实有作为包容主体对客体进行包容时,有其自身的统一性,进入包容合生的客体因素与这个统一性的要求是相容的,因而能够在合生中构成一个复合统一体。正是这种统一性使主体能够按照自己的目的去对对象进行选择和整合,使包容的结果成为有机整体。范畴性要求中的"客体的同一性范畴"是说,被包容进一个现实实有的同一种客体性材料要素不会重复出现,相同的要素会因为其"自洽的功能"而自动归并合一。这个范畴与前一个范畴一起,使作为肯定性包容结果的统一体的构成要素避免了重复和杂乱,具有自洽的明确性、协调性和互补性,成为真正的有机统一体。范畴性要求中的"客体性相异范畴"与"客体的同一性范畴"密切联系,这个范畴要求一个现实实有的客体性材料中的各种不同的要素

---

① 怀特海:《过程与实在》,李步楼译,商务印书馆,2011年,第42页。
② 怀特海:《过程与实在》,李步楼译,商务印书馆,2011年,第34页。

要把它们的差异在合生结果的统一体中表现出来，这些有差异的因素不可合并，因为失去差异就没有了多样性，就不会有多样统一的复合体，更不会有新颖性。差异造成多样和对比，作为包容结果的统一体才可能具有多种规定性并具有自身的独特结构，从而成为有自身特殊性的具体存在。

怀特海非常重视这三个范畴性要求在世界生成过程中的重要作用。他认为，合生中的整合过程所遵循的这三个原则赋予世界的合生统一性的动力。遵循了这三个原则才维持和保证了整个世界的同一性和这个世界的每一要素的同一性。这种同一性使事物"在从一种创造物到另一种创造物的创造性进展过程中不断重复自身直到永远，每一个创造物在自身中都包含着全部历史并且体现出事物的自身同一和它们之间的相互差异"①。正是这三个范畴性要求在包容合生的过程中相互结合、彼此制约和协调，才使合生结果的同一性与差异性并存，并最终实现有机统一的和谐。于是，包容的结果就具有了基本的审美性质，从而体现出世界向美而生的创造性本质。范畴性要求中的"主体性和谐范畴"，就直接提出要以"和谐"为包容合生的目的。

"主体性和谐范畴"与"主体的统一性范畴"直接相关。怀特海认为"主体的统一性范畴"和"主体性和谐范畴"共同表达了一个主体在合生过程中的一种先定和谐。"主体的统一性范畴"必须涉及感觉到的材料，"主体性和谐范畴"则涉及概念性感觉的主体形式。这种先定和谐是由于任何一种包容都不能脱离它的主体来考察。② 主体形式作为多样构成因素的结构模式，要以和谐为目的。"主体性和谐范畴"要求的主体和谐性，是对"主体的统一性范畴"所达到的统一性的进一步规定。将和谐作为主体进行包容时自动的本质性要求，是事物现实生成的确定原则。这里所说的"先定和谐"，既是审美性的要求，也是生态性的要求。

存在着不同性质和水平的各种和谐，比如，有的只是相安无事的共处，表现出无所作为、不求进取的平庸；有的则表现出对差异与对立进行协调和整合的积极能动的生命精神，从而表现出力量强度和创新效果。于是就有了范畴性要求中的"主体性强度范畴"。这个范畴提出了"直接主体中的感觉强度"和"相关未来的感觉强度"。③ 前者指的是主体形式在合生中发挥作用所表现出来的力量强度。摄入合生之中的因素越是多样，各因素之间的差异和对比越明显，主体进行包容时要使之达成和谐就必须发挥更高的力量强度，其所达到的

---

① 怀特海：《过程与实在》，李步楼译，商务印书馆，2011年，第349页。
② 怀特海：《过程与实在》，李步楼译，商务印书馆，2011年，第45页。
③ 怀特海：《过程与实在》，李步楼译，商务印书馆，2011年，第45页。

和谐也具有更加突出的张力强度。后者则是指向未来的强度要求。意思是说，主体的包容活动所追求的未来目标越是高远，与当下的反差就越大，要实现这个未来目标也就需要发挥更大的能动性。这就意味着，不仅未来和谐目标具有更高的强度，主体要实现这个未来目标也需要具有更高的力量强度。这两种感觉强度直接关系到主体包容合生的创造所达到的新颖性水平。两种"感觉强度"说的都是那些不同因素的对比中矛盾和反差较大的包容。这样的因素在包容中所达到的和谐，比起那些矛盾较小因而显得较为柔和轻松的和谐来，就不仅具有较高的感觉强度，而且具有更高的新颖性水平。这种有更高强度的和谐，怀特海特意称之为"完善"。

怀特海对"感觉强度"的重视说明世界生成过程中的和谐不是静止的，而是主体积极发挥自己的作用因而具有强烈力度和气势的能动过程。这种审美生成即向美而生的势态，充分表现出宇宙有机存在的积极能动的主体精神。

宇宙自我生成的审美性质，直接体现在"感觉"活动及其经验中。

怀特海说："一种感觉——即一种肯定性的包容——本质上是一种造成合生的转变。"[①] 这个转变就是通过合"多"为"一"的包容创生出新的和谐统一体，以实现宇宙向美而生的理想目的。感觉活动的过程包括"反应""补充"和"满足"三个阶段，而感觉经验的整个过程就是为了从和谐的结果得到的满足。怀特海在阐述"客体的同一性范畴"时就说："'满足'意指一个复合的充分确定的感觉，处于过程的完成阶段。"[②] 在这个意义上，"满足"就不只是结果，而且"就是实现私自的理想作为合生的终极原因"[③]。由此可以看到"满足"对前两个阶段的深刻影响。由于现实实有都有自我超越的"私自理想"，有私自理想得到满足的欲望和需要，这种需要成为感觉的目的，所以才会发生对于对象因素的"反应"，进而摄取其中的肯定因素以"补充"自身结构。通过"补充"把确定的合适对象摄入自身结构之中，使之成为和谐的统一体。于是，主体的私自理想——一种新的审美价值——得以实现，就自然得到"满足"。正是在对感觉过程中"反应"和"补充"两个阶段的经验状态的具体描述中，怀特海明确揭示了"感觉"活动的过程就是一个向美而生的能动创进的过程，感觉经验实际上就是以创造审美价值为内涵的审美经验。

在《过程与实在》的前言中，怀特海明确指出："作为完整宇宙论的目标之一，就是要建构起一种观念体系，把审美的、道德的、宗教的旨趣同来自自

[①] 怀特海：《过程与实在》，李步楼译，商务印书馆，2011年，第338页。
[②] 怀特海：《过程与实在》，李步楼译，商务印书馆，2011年，第43页。
[③] 怀特海：《过程与实在》，李步楼译，商务印书馆，2011年，第327页。

然科学的那些世界概念结合起来。"① 他明确地把"审美的"放在第一位。这就正如罗斯所说:"怀特海把审美理论或价值论作为他的出发点。"② 理解了这个出发点的真正内容,也就能够理解有机宇宙论从审美性出发揭示世界万物存在和生成规律的思维进路。庄子说的"原天地之美而达万物之理",正好表达出这个意思。

方东美在评说《华严经》时说:"它具足了世界上各种最高的文化精华,像中国的文化、希腊的文化,甚至在希伯来的文化里面,都不仅仅是从道德立场来说明道德价值,更能把道德价值的最高成就,与艺术契合起来。不仅仅尽善,而且尽美,这是中国人说的'尽善尽美',即使希腊人所谈的还是尽善尽美。"③ 怀特海自己曾说他的形而上学与中国的天道观相通,这就是最重要的相通之处。尽管主张审美化人生的庄子没有怀特海说的积极创新的精神,但儒家却在对"仁"的和谐和包容品格的反复强调中显示出把审美作为最高人生境界的意向。其"兴于诗,立于礼,成于乐"的人格教化主张也体现了人性审美生成的追求。至于《易传》中的"天行健,君子以自强不息""日新之谓圣德,生生之谓易",则更是在世界本体层次上与怀特海的宇宙创造观念相通。有学者说:"怀特海形上学在其根本精神上乃是'审美的'(aesthetic)。"④ 这正是怀特海的有机哲学作为一种"大美学"对宇宙审美生成本质的通悟。作为"宇宙的产儿"的人类,就是宇宙自我审美生成即向美而生的结果,因而才有自身的美。

(三) 宇宙审美生成过程的生态性质

无论是从有机哲学的"范畴体系"还是从其对世界自我生成过程的具体论述来看,宇宙的自我生成过程都既是审美的,同时又是生态的,是一个审美性与生态性相互融合的过程。

在《过程与实在》的前言里,怀特海曾说:"我的这些讲演中的正面的论述是有关生成、存在和'现实实有'的相关性的理论。……'关系'是支配着'性质'的。一切关系的基础都在于各种现实的相关性。这种相关性完全是关于活的东西代替死的东西的。"这里说的"关系""相关性"和"活的东西",都体现出鲜明的生态意蕴。他接着解释说,所谓"活的东西代替死的东西——也就是关于'客体的不朽性'的,由于这种客体的不朽性,失去自身直接生命

---

① 怀特海:《过程与实在》,李步楼译,商务印书馆,2011年,前言第2页。
② 罗斯:《怀特海》,李超杰译,中华书局,2002年,第4页。
③ 方东美:《华严经哲学》,中华书局,2012年,第51页。
④ 唐力权:《脉络与实在》,宋继杰译,中国社会科学出版社,1998年,第27页。

的东西便得以成为生成其他直接生命的实在成分"①。世界是一个自我生成的过程，一切事物在这个过程中形成生成性关联，也在这个生成过程中被赋予"不朽"的性质。这个有生命的生成过程，就这样把"死的东西"变成了"活的东西"，把失去或者本来就没有直接生命的东西也变成各种有直接生命的东西的实在的构成成分，从而也获得了生命。客体的不朽性，是世界生成过程的有机性的表现和结果，也是世界生态性生成的基础。生态学研究有机体与其环境之间的关系，就是研究事物之间的生命性和生成性的关系，包括有直接生命的东西与没有直接生命的东西之间的关系。这些关系不是死的，而是活的，是有机的、生命性的关系。因此，有机宇宙论所解释的世界自我生成的过程，既是审美生成的过程，也是一个生态生成的过程，是一个审美性与生态性融于一体的生成过程。

对于宇宙自我生成过程的生态性质，我们可以从以下几个方面来认识：

第一，从三个终极范畴来看。"多""一"和"创造性"这三个终极性范畴及其相互关系，为世界的存在和生成赋予了生态性的基因。"多"合生为"一"，源源不断地创造出具有新颖性和创生本质的现实实有，说明"多"是世界生成的前提。因为"多"，才有相互关系，才有结构形式，才成为活动的存在。尽管这个"多"最初只是潜在领域里的永恒客体，尚无直接生命，但它作为构成现实存在的予料，经过合生而成为活动的存在即现实实有。从永恒客体的"多"开始，世界合生为多样的"一"，形成多样统一的"结合体"。在这个结合体中，任何一个实有都以其他的实有为自己的生存环境。于是整个复合体就成了一个具有无限层级和社群结构的生态系统。不仅如此，"多"合为"一"而创生的新颖性，来自"一"所具有的整体质——一种超越于各构成因素质的新性质。"一"的整体质要接受"多"的作用，同时它也要反作用于"多"。这样作用与反作用的交互关联，就是世界的有机性的基本机制。所谓生态关系，主要就是这种整体与部分之间交相作用、互补互动的关系。

第二，从关于永恒客体不可创造和一切原因都在现实之中的"本体论原则"这两个范畴来看。这两个范畴一起确定了现实世界是生态系统性的社群存在。永恒客体不可创造说明生态资源的有限性和既定性，是事物存在的客观基础。而"本体论原则"认为一切原因都在现实实有之中，在现实实有之外没有任何可以仰仗的东西。这两个范畴说明，世界上任何事物都是生存于特定环境中的生态存在。它的存在，它存在的个体特性，它如何与环境发生关系，它又

---

① 怀特海：《过程与实在》，李步楼译，商务印书馆，2011年，前言第5页。

在生态系统中发挥什么作用等，这一切都受到各种潜在和现实的客观条件的制约。这种现实制约性表现为各种生态规律的决定意义。尽管在世界的创造性生成过程中，在那些决定的条件之外还需要主体的自由，但这绝不是任性妄为的自由。所谓生态意识，就是要毫无保留地承认并接受这种客观决定性的存在，尊重生态存在的客观实际和生态规律的客观制约性，对这种客观的决定性心存敬畏和严格信守。

第三，从作为对存在的纯粹析取的抽象的"多样性"这个存在范畴来看。"多样性"是八个存在范畴的一个，指的是世界和事物存在普遍具有的多样性。这是从世界及其事物的存在中"析取"出来的一种性质，而不是说有某种多样性单独存在，因此它是抽象的。除了作为宇宙整体的这个"一"之外，它囊括了所有的、各个层级的"多"，是对所有的"多"的概括。对于世界的存在和生成来说，多样性具有前提性的意义，直接表达了一个极为重要的生态规律。人们所说的"物种多样性"，就是这个范畴的具体表现之一。生态系统之为系统，就是由多样的因素相互关联构成的。没有多样性，就没有生态系统，也就没有活的东西和活的世界。多样性表现了对万事万物的差异性、对比性和个体特性的肯定与重视。正是由于差异和对比的存在，事物才需要互补的相互依存和合作，才需要生态系统内在和外在的开放性。实际生成中的一切创造物都是多样统一的复合体，这里的"统一"是多样差别"和而不同"的和谐，是在差异和对立中实现和谐的协同合作。在包容合生中，主体统一性范畴是跟客体同一性和客体差异性范畴一道发挥作用的，而新颖性的创造更是有待于对差异性的包容和协调。以差异性为前提的多样性，不仅是审美的需要，而且是生态生存的必要条件，它还直接关系到生态安全和生态进化。

第四，从怀特海特别重视的"相对性原则"来看。作为范畴体系重要内容的"相对性原则"，指的是一切存在都具有一种本性，那就是使合生和生成得以成为现实的普遍关联性。"相对性"强调相互关联的事物总有某些特征和性质是相互对应的。这就是说，所谓普遍关联，绝不是任意胡乱关联，其间有一定的秩序，那就是关联的双方必须是相互对应或者相互适应的。显然，这就是互为对象、相互依存的对象性。马克思说一切感性的存在都是有对象的存在，是对象性的存在，即都必须与他物互为对象，就是这个意思。有机哲学用"事件"和"关系"的概念取代了旧哲学的"实体"概念，揭示了一切存在都是与他物相互关联的存在，而且这种关联是对应性即对象性的关联。任何事物都存在于这种相互对应的关联之中，因此总是与别的事物相互依存、相互包含、互动共生。这种相对应的关联，不仅为它们提供了必要的生存条件，也使其在享受自己存在价值的同时参与对世界生成的无限价值的创造,使自己成为"主体-超体"。这个相对性原则,把部分与整体、现在与未来、存在与过程联系起来,也就把事物的有限价值与无限价值联系起来,使个体作为生态存在而获得生成性的意义。

第五,从世界和事物自我生成的"包容"活动这个范畴来看。存在之"多"合而为"一",创生出具体的现实事物,靠的是"包容"活动中的合生。世界在包容合生中自我生成,是有机哲学的核心理论,也是其所包含的生态思维的核心内容,它说明任何事物的生成和新颖性的创造,都是通过包容中的合生实现的。"包容"范畴所体现的,乃是事物通过系统性的综合而生成和进化的这一重要的生态规律。作为生态系统的世界中的任何事物的生成和存在,都不是孤立而无所待的,也不是像人工制品那样机械组合而成的。事物的生态性生成,是在多种因素的综合中作为一个整体生成,同宇宙的自我生成一样,是整体先于部分,部分在整体的作用下互生共长的。它既摄入新的因素,更要调节诸因素之间的结构,对之加以整合。在这个系统性的综合中,不仅各个部分之间、部分与整体之间交互作用,互动共生,各部分之间的结构模式对整体性质和功能具有决定性的作用。包容合生的系统综合,生出了整体性的新质。这说明生态性的创新不是无中生有,而是通过对新因素的吸收整合或对原有因素的重新建构来实现的。事物生成过程中的分化,也是为了达到新的包容。在包容合生的综合建构中实现自我超越,这就是世界生成过程的基本规律——一种生态生成的规律。

第六,从关于主体和谐性及其强度的范畴要求来看。主体和谐性及其强度的范畴要求,既是世界和事物审美生成所遵循的原则,同时也是世界的生态性的集中表现。生态系统由有差异的多样事物构成,它们彼此要能接受差异,克服冲突,互补互动,和谐共生,才能实现生态系统的相对平衡。没有差异和对比,就没有各构成因素自身的个体特性,也就没有多样统一的和谐。在此基础上,才可能进一步在协同性的合作中维持系统的动态平衡并促进系统各层级的和谐,努力达到圆融完善之境。在积极和谐的协同中,系统成员共创新的价值,也共享新的价值。显然,和谐及追求完善的强度,既是美的本质的表现和审美生成的实现,也是生态系统的生态品质优化的表征。生态优化的最高境界就是审美的和谐。在这里,事物之美与其生态之优实际上高度统一和融合,体现了"真"与"美"的统一。

第七,从"创造性"这个表达世界根本性质的终极范畴来看。作为终极范畴的"创造性",因概括了宇宙和世界生成的根本性质而具有极为重要的生态意义。世界存在的生态，绝不是自来如此，也不会永远如此，而是与宇宙的生成同在的一个极其漫长的自我生成的过程，创造性就是这个过程的根本性质和实际内容。那种认为生态存在自来如此，把生态和谐视为静态平衡而导致"环境固定"论的观点，遭到怀特海的坚决反对。他明确主张环境是可塑的，从而肯定了生态的生成性。自宇宙生成以来，世界的有机性逐渐提升，世界作为生态系统也就进入了自我生成的演化过程。万事万物在自我创进中改变着环境，改变着自己的生态处境，改变着具体的生态系统和其中的生态关系，同时也改变着自己。在这个过程中，万事万物都作为生态主体参与生态系统的创造性演化。怀特海的这种"泛主体"观念把创造性赋予了世界生态演化的全过程，有助于深入思考生态的主体性问题。这就意味着，今天的人类要积极有效地维护和改善自己的生态处境，不仅是完全可能的，而且是自己作为自觉的生态主体的庄严责任，是宇宙赋予的神圣使命。

第八，从原初的现实实有即"上帝"的宇宙神性观来看。怀特海自然主义的上帝观，把上帝视为"原初的现实实有"即最先生成的宇宙整体，深刻地揭示了世界生态系统的复杂性、深邃性和神圣性。这一观点为有机哲学展示了终极性的宇宙视域，呈现出一种宇宙生态观。这个视域超出了地球，超出了太阳系和银河系，把现实世界与潜在世界联系起来，空前突出了生态世界的深邃性和复杂性。这个视域还极为重视作为原初现实实有的宇宙整体的地位，将其视为世界自我创进的现实的终极动力因和目的因，同时它还是世界自我生成过程中的具体化原则。将其称为"上帝"，无非是对其神秘性和神圣性的至高尊崇，要求对之报以虔诚的敬畏之心。事实证明，对于生态保护来说，这种神性敬畏具有极其巨大而特殊的作用。

值得注意的是，怀特海曾对向他请教的中国学者说自己的宇宙论是与东方的天道观相通的。他说的"上帝"与中国老子说的"道"极为相似。老子说："有物混成，先天地生。寂兮寥兮，独立而不改，周行而不殆，可以为天下母。吾不知其名，强字之曰'道'。"[①] 这个先于天地而混成之物，就是最早由永恒客体合生而成的"物"，就是怀特海说的"原生的现实实有"，即尚在混沌状态的宇宙整体。这个"道"就是宇宙整体的神性，它乃是制约世界自我生成过程的终极因和动力因。怀特海将作为宇宙整体的"原生的现实实有"奉为"上帝"，足见其重要性。因此，生态思维在重视普遍关联和多样性、互补性、共生性的同时，应该特别重视生态系统的整体性及其整体质所产生的特殊功能。

---

① 饶尚宽：《老子·二十五章（论道）》，中华书局，2006年，第63页。

而对整体性的重视又必然将生态关联的结构及其组织作用的问题突出出来。这种整体机能的极度复杂性,赋予生态存在以无上的庄严和神圣。对于刚刚意识到生态文明与自己命运攸关的人类来说,生态神圣性的观念至为重要。

还应注意到的是,怀特海从量子物理学出发对于世界深处的"振动和波"以及"波粒二象性"原理的重视,从渺观的层次揭示了世界生成运动的幽深奥秘,可以说是迄今对世界生态机能的最深入的探寻。这一观点不仅肯定了生命存在和运动的节律性本质,也揭示了生态关联和审美经验的节律性特征,从而为世界存在和生成的生态性与审美性的统一奠定了最深的物理基础。这个渺观层级上的揭秘,与宇观层级上的宇宙整体神性相结合,形成了探究世界生成奥秘的最广阔也最深邃的动力场和思维场。致广大而尽精微,是这个思维场的基本格局。

怀特海有机哲学的生态思维内涵丰富、全面而又深刻。建设性后现代哲学家格里芬曾说,怀特海欲提供环境运动所需要的那类世界观,"它是深生态学的;它是很实际的,意思是它为行动提供了一种可行的指导;它是值得信任的……"[1] 日本学者田中裕也说:"怀特海的哲学,尤其是其中的有机论自然观,是一种意义深远的生态学。"[2] 他们的看法是符合实际的。只不过还应认识到,这种生态学是与有机哲学的美学融合在一起的;审美性和生态性共同融合于世界的有机性之中,统一于宇宙的大生命之中。

(四)宇宙创造性主体精神的基本特征

"创造性"作为怀特海有机哲学宇宙论的三个终极性范畴之一,揭示了世界自我生成的本质,即世界和事物是在对新颖性的创造中生成的。对世界的生成性的肯定,是自康德以来的西方哲学的主流。怀特海的有机哲学继承了这个生成哲学的传统,并且明确指出世界的生成性就是创造性,生成是通过创造来实现的,自我生成的过程就是自我创造的过程。在这个意义上,怀特海的有机哲学又可以称为创造哲学——因为有机才可能创造。创造性作为有机生命的根本机能,体现了宇宙的主体精神。

从总体上看,怀特海有机哲学的创造论有以下的基本特征:

第一,自然性。与中世纪以来的经院哲学中占主流地位的创造论即"上帝创世说"不同,有机哲学不是在世界和宇宙之外去寻求创生世界的"第一推动力",而是把宇宙整体的创造性看作世界自我生成的终极动力和根源。这种创

---

[1] 大卫·格里芬:《怀特海的另类后现代哲学》,周邦宪译,北京大学出版社,2013年,第88页。
[2] 田中裕:《怀特海:有机哲学》,包国光译,河北教育出版社,2001年,第17页。

造性首先是现实的,而不在现实之外;是自行发生的,而不是外力推动的;是过程的即动态演化的,而不是自来如此也永远如此的静态的。一句话,这创造性是自然主义的,而不是超自然主义的。在有机哲学的范畴体系中,"本体论原则"就明确指出,世界一切变化的根源都在现实实有本身,创造也不例外。怀特海心目中的"上帝",不是超然于世界之外、凌驾于世界之上的存在,而是"原生的现实实有",即最早生成的那个宇宙的整体。作为宇宙整体的这个"上帝"完全是自然主义的现实存在,因此宇宙世界的生成才是自我生成,其创造性也才是自我创造。

第二,泛主体性。与上述特点直接相关,怀特海有机哲学所说的创造性,具有泛主体的性质,是泛主体性的创造性。这就是说,创造绝不只是存在于人类身上,而是一切现实事态都具有的能动性质。在有机哲学里,一切现实实有一旦合生而成,就成了进一步合生的"主体-超体"。"主体-超体"这个概念本身就体现了积极主动的创造精神。在解释"主体形式"时,怀特海说得很清楚,主体形式这个"私自性的实际事实",使现实实有成为有目的和内在动力的主体性存在,并在包容合生中发挥选择、建构和整合的创生作用。在有机哲学中,创造性乃是作为上帝的宇宙整体神性赋予世界万物的普遍性质和机能。在宇宙自我生成的过程中,每一个事物都是其前的事物的创造物,又是其后事物的创造者。凭借这种普遍存在的创造性,世界不断自我创生和超越。正是这种泛主体性成就了世界和事物自我创造的本质。

第三,泛精神性。有机哲学所说的创造性具有泛主体性,也就被赋予了泛精神(或泛心理主义)的特征。这就是说,虽然只有人类的创造才具有意识,但是一切事物的自我生成都有精神因素的积极作用。在世界生成的过程中存在着两种包容:概念性包容和物理性包容。概念性包容作为在物理性包容之先对选择和摄入对象的意向性欲望,就是精神的因素。在有机哲学中,现实实有都是物质极和精神极并存互补的复合体,包容合生是在精神极的引领下进行和完成的。创造性首先就表现在概念性包容所体现的理想目的和对新颖性的选择之中。这种表现为概念性包容的精神因素在现实实有生成时就存在并且发挥作用了。今天的生态学常常惊叹大自然的"生态智慧"和"宇宙意志",就是对宇宙生成中的精神因素的肯定。[①] 创造性是精神极发挥作用的结果,这个精神极

[①] 依笔者之见,这种精神机能就是事物之间的信息交换活动(表达与接收、传播与反馈)对物质质料结构和关系变化所发挥的作用。物质是"质""能""信"三者的复合。以"质"和"能"为基础的"信",作为主体形式所显示和表达的信息,乃是最活跃并具有组织功能的能动因素,这就是怀特海说的"精神极"。

的终极形态就是宇宙整体所具有的精神机能,即被视为上帝神性的宇宙智慧。深入认识世界普遍的创造性中的精神性因素的内在机制,对于推进人类的创新活动和提升人类的创新品质,都会很有意义。人类的创造精神和智慧,从根本上说,其实都是从大自然学来的。所谓"人法地,地法天,天法道,道法自然"①,说的就是这个道理。

第四,审美性。有机哲学所说的世界的自我生成这个创进过程,同时就是主体性和谐和主体性强度两个范畴要求发生作用的过程。因此,在审美综合中追求和谐及其强度,就是这种创造性发挥作用的方式和目的。这就意味着,世界的自我生成过程实际上就是一个创造审美价值的过程。这种创造性具有审美创生即向美而生的本质要求。把审美生成作为创造的根本原则,是有机哲学的本质性特点。对世界生成的审美本质的认定和揭示,是怀特海有机哲学的根本特征。所谓包容合生的创造,就是对美的创造。所谓对新颖性的创造,就是对新的美和新的审美价值的创造。流行的哲学和美学,把美的存在与人类的艺术创造等同起来,而在有机哲学的宇宙论看来,从宇宙诞生的那一刻开始,对美的创造就起步了。世界的自我创造就是审美的创造,就是对美的创造;宇宙自我创造的过程实际上就是向美而生的过程。

第五,生态性。世界的创造性生成以包容合生的方式来实现,这种创造体现了综合生成和综合进化的生态规律,说明有机哲学的创造性其实就是生态生成中的进化。这种生态生成性所成就的进化,就是创造性的表现。不过,对生态生成性的通常理解,未必达到了怀特海说的这种泛主体的创造性的高度,往往也缺乏这种积极能动的精神。从包容合生这种有机综合的系统生成的方式去理解创造性,把创造置于生态规律的基础之上,对于进行有效的创造,纠正人类创造实践中长期存在的种种反生态行为,具有极为重要的现实意义。自然界的演化是生态生成的样本和范例,蕴含并显示了自然界创生演化的深邃智慧。人类的创造无不从自然界得到启示。怀特海还认为"回复自然"是艺术创造的极致境界。因此,理解世界生成的创造性必须重视其生态性。

第六,包容性。包容作为八个存在范畴之一,指出了宇宙自我生成合"多"为"一"的基本活动方式,创造性正是通过这种方式来实现的。这说明宇宙的自我生成不是无中生有,不是生死对决,不是对分化的执迷,也不是任性恣意地为所欲为,而是在既有预料的基础上进行综合性的建构和整合的结果。所谓分化不过是为了新的包容。包容是通过主体形式来进行的,而主体形

---

① 饶尚宽:《老子·二十五章(论道)》,中华书局,2006年,第63页。

式作为一种结构模式，也具有综合系统的性质。这说明，没有包容就没有创造。包容又是遵循若干基本的范畴要求进行的，这些范畴要求都是对进入包容过程的各个因素相互关系的调节原则，也都具有综合建构的特征。无论宇宙自我生成的审美性还是生态性，都以各因素之间的协调和和谐为目的。和而不同，和谐也是有差别的个体的多样性的统一。中国古代说"和实生物"，这是因为只有"和"才有进一步的"合"，才能在新的综合（包括结合、化合和融合等各种合作形态）中实现创生。在宇宙自我生成的过程中，必然有差异、对立、冲突和分化，有时甚至还有激烈的博弈和争斗，但是这一切都只有导向新的包容才有助于世界和事物的创造性生成。

第七，决定中的自由性。怀特海关于世界生成中决定与自由相互作用的范畴要求，对于理解有机哲学的创造性也很重要。世界生成的创造性追求的是世界的现实生成，而不只是停留在想象和幻想中的意图。根据本体论原则，一切原因都只在现实实有之中。这就意味着对新颖性的创造要有现实的成果，也必然是受现实实有的存在所决定的。毫无异议，创造需要自由，世界的自我生成也必然为创造新颖性提供必要的空间，当然也规定了自由的尺度。因此，创造的自由是既有条件制约下的自由，而绝不是随心所欲的任意妄为。为了寻求和邂逅这种创造性灵感和机遇，就必须有充分的自由。找到和确定这个自由空间和发挥自由创造的尺度，是实现创造性的关键。这就既需要以高度严谨的科学态度对那些决定条件有尽可能充分的掌握，又需要找准切入点，把握好契机，并且有勇气为自由的创造进行必要的冒险。冒险精神，乃是创造者必须具备的品质。

第八，神圣性。有机哲学所尊奉的创造性，不仅同时具有主体性、生态性和审美性，而且由于这种创造性的终极动力来自作为宇宙整体的上帝，因而还具有至高无上的神圣性。尽管一切现实实有都在自我超越的生成中表现出创造性这一本性，但世界生成的创造性本质归根结底是宇宙整体的整体性机能的表现，具体事物的自我创造无非是分享了宇宙整体的这一机能。怀特海把原初的现实实有视为上帝，这个原初的现实实有囊括了所有的永恒客体，后来也包罗了所有的现实实有，它就是由这一切构成的宇宙整体。宇宙整体汇聚了一切事物的能量和相互作用，同时又反作用于所有的成员。宇宙整体的机能复杂、深邃、微妙而神秘，作为主宰一切的"天道"至为神圣。没有创造性，就没有世界，也没有人类，没有文明的进步。有创造则生，无创造则亡。这个创造性对于世界，对于生命，对于人类，都是最宝贵、最神圣的。

第二节　人是宇宙自我审美生成的产儿

（一）从"宇宙生命"到作为"个体生命"的人

诚如恩格斯所说："生命是整个自然界的结果。"[①] 人的生命更是这样。人在宇宙中的生成是一个漫长而又复杂的过程。总的来说，先是从无生命物生成了有生命的世界，即"宇宙生命"，然后在宇宙生命的母体内生成了各种各样的"个体生命"，最后才在个体生命的进化中生成了有"意识"的人。

通常，人们把无生命体与生命体绝然区别开来。"其实倘要追溯生命体的起源，我们会发现它们几乎是源于无生命物。"[②] 潜在地存在于无生命物之间的某种协调作用，在生命物中变成了现实并上升到主宰的地位。"而对于无生命物，这些作用则是相互阻扰的，彼此抵消后产生的整体效应是微不足道的。而在生命体之中，整体的协调总是要起干预作用，而相互协调的各种作用所产生的平均效应则是不容忽视的。"[③] 这就是说，从无生命物到生命体的生成，关键的原因就是整体的协调作用所达到的自我持续的水平，因此任何一个生命体都是一个有机统一体。在有机哲学中，要说无生命物，那就是存在于潜在领域的永恒客体。当这些永恒客体合生为现实实有时，每一个现实实有都是一个活动的存在，并且彼此之间交互作用，成为"主体－超体"，成了有机的复合体，这就是生命的开始。在有机宇宙论看来，整个宇宙就是一个有生命的存在。正因为有生命，宇宙才能够自我生成、自我创造。

现实事物生成的包容合生过程，就是主体形式对各种因素进行协调使之达成特定结构的和谐。因此，"实际事态自我形成中的那些活动，如果协调起来，便可产生有生命的群集"[④]。在这个过程中，精神的作用越来越突出和重要。这表现在：一方面是"初始阶段的接受转换成终极阶段的预想"，即从仅仅满足于接受的主体上升为自我超越主体；另一方面构成整体的各个因素有了共同的生成性目标，并且彼此协力去实现这个目标。这就是怀特海说的，"只要事态的诸精神自发行为不相互阻挠，而是通向纷纭万物中的一个共同目标，那么

[①] 恩格斯：《自然辩证法》，中共中央马克思恩格斯列宁斯大林著作编译局译，人民出版社，1971年，第178页。
[②] 怀特海：《观念的冒险》，周邦宪译，译林出版社，2012年，第227页。
[③] 怀特海：《观念的冒险》，周邦宪译，译林出版社，2012年，第227页。
[④] 怀特海：《观念的冒险》，周邦宪译，译林出版社，2012年，第227页。

就会有生命"①。正是这两个方面的结合，才使生命具有创生超越的本质。因此，怀特海说："生命的实质在于有目的地引入新奇事物，同时诸目标又要相符。这样，新奇的情况就会遇上适于稳定目的的新奇作用。"② 宇宙创造新颖性的自我生成的生命本质在个体生命身上得到了能动的体现。

怀特海说："生命就是对遍及一个群集中诸事态的种种精神自发行为的协调。"③ 只有多个事态构成的有机整体才可能具有这种协调功能。因此，没有任何一个单个的事态可被称为有生命的。这种自我协调的复合体越是多样复杂，协调的整体性作用越大，生命的水平也就越高，直至生成"个体的人"。人具有高级的精神协调机能，这种机能也是在生命发展的高级形态中形成的。"个体的人"是伴随着有机宇宙这个群集本身而生成和存在并发挥作用的。怀特海说："一个人，他的有生命的身体便充盈着由低级事态组成的诸个有生命的群集，这些事态之所以低级是就精神而言的。但是其整体是协调的，以支持一个由高级事态组成的个体有生命群集。这个个体群集便是被定义为个体的人。也就是柏拉图所说的灵魂。"④ 人作为有灵魂的存在，其灵魂就是生命的实质，即目的的符合性，用恩格斯的话说，就是"自然界的自我意识"，即对宇宙自然自我生成本质的意识。

（二）人是宇宙生命整体涌现的躯体模式

在怀特海看来，生命的存在形态有两种，即躯体形态的生命和非躯体形态的生命。这样的生命形态观与只看到躯体形态生命的流行观念大不一样。

有机哲学把自然界看作人的感官所知觉的那一部分宇宙。既然宇宙是一个有机的整体，自然界当然也是一个有生命的存在。在自然界这个生命系统的母体中，生成了个体形态的生命存在。怀特海把这种个体形态的生命存在称为生命中的"躯体模式"，它的活动就是"躯体事件"。他指出，作为躯体生命的"这个统一体是各部分事件的整合，但不是各个事件的集合。它作为一个事件，具有其本身的统一体。这个总的统一体作为一个自为的实有来看，就是把全部事件的模式化位态包容到统一体中去的过程"⑤。这个具有"躯体模式"的"总的统一体"之所以是"自为的实有"，是因为它作为一个个体的生命存在，要以自我的生存和发展为目的。把全部事件的模式化位态包容到统一体中去，

---

① 怀特海：《观念的冒险》，周邦宪译，译林出版社，2012年，第227页。
② 怀特海：《观念的冒险》，周邦宪译，译林出版社，2012年，第227页。
③ 怀特海：《观念的冒险》，周邦宪译，译林出版社，2012年，第228页。
④ 怀特海：《观念的冒险》，周邦宪译，译林出版社，2012年，第228页。
⑤ 怀特海：《科学与近代世界》，何钦译，商务印书馆，1959年，第165页。

意思是这种生命存在形态作为"总的统一体",把宇宙自然在前生成的各种实有因素按其位态加以结构而组织成特殊的整体模式。很明显,生命存在的躯体模式不只限于人类,从最早的大细胞和微生物开始,生命的躯体模式就出现了。如果把具有个体形态的生命称为"躯体生命",那么自然界乃至宇宙整体的生命就是"非躯体生命"——前者是内在结构紧密浑然、具有明显界面的具体整体,是具有鲜明特征的个体形态,后者则只是虽有结构但关联松散的社群(群集)——自然界和宇宙就是这样的生命形态。

怀特海后来在《过程与实在》中用另外的表达方式论及这两种生命形态的存在及其关系,他说,一个"有生命的社群"包含着"'无机的'结合体"和"'完全有生命的'结合体"。所谓"'完全有生命的'结合体"就是具有躯体模式的个体形态的生命体。在其所在的"有生命的社群"中,还有很多没有进入这个躯体,没有直接成为这个躯体的构成部分的因素,相对于这个躯体,它们似乎还是"无机的"存在。对于这两种生命形态的关系,怀特海说:"一个无机的结合体为了使它们在外部环境的变化中得以生存,并不需要'完全有生命的'社群的保护。……但是,'完全有生命的'结合体如果要生存下去,那么它们的确需要这样的保护。"[①] 这说明,个体生命只是"有生命的社群"的一部分,"有生命的社群"是个体生命得以生成的母胎,在其生成之后也是其得以生存和发展的家园。

区别这两种生命存在形态很重要。流行的生命观念所说的生命,指的只是从微生物、植物、动物直到人类的生命形态。这种观念把这些生命存在与无机界严格区分开来,以为生命存在仅仅局限于这些大大小小、形形色色的躯体模式。实际的情况是,这些生命体之所以能够生成和存在,能够获得并发挥生命的功能,乃是因为它们所在的整个自然界和宇宙本来就是有生命的机体。没有这个非躯体形态的生命世界,躯体生命就不可能发生,也不可能作为生命而持续存在。诚如马克思所说,世界上一切感性的现实事物,都是对象性的存在,即都有与之互为对象的事物,这是它之所以能够存在的前提。怀特海说的"相对性原则"所表达的也是这个意思。既然如此,作为躯体生命的对象的外部世界也就应该是一个有生命的存在。躯体生命是绝不可能只以无机的世界为对象的,如果那样,它就不可能生存下去。

躯体生命作为总体存在具有十分紧密而敏感的自身有机统一性。怀特海指出,对于认识这种生命形态来说,"要紧的是把持续的躯体模式和充满持续模

[①] 怀特海:《过程与实在》,李步楼译,商务印书馆,2011年,第160页。

式的躯体事件，以及躯体事件的各部分区别开来"①。任何一个个体生命即躯体生命都有自己持续的"躯体模式"，即有自身持续存在的特殊的整体结构，比如，手脚分工、昂首直立的人的躯体模式就不同于动物的躯体模式，而不同种类的动物又各有自己特殊的躯体模式。作为活的躯体，在这个模式下的活动过程中就必然会发生和存在各种躯体事件，即为了躯体自身的持续存在而进行和展开的活动。劳动实践就是人的躯体事件。躯体事件无论多么活跃，多么复杂，多种多样，都要受躯体模式的制约。"躯体事件的各部分本身就被它们本身的持续模式所填充。这种模式就是整个躯体模式中的构成要素。"② 这就是说，躯体模式在躯体事件各部分的活动所发生的变化中具有持续的稳定性。躯体生命所进行的躯体事件要不断地从环境中摄入和包容自己需要的因素，才能使自己的躯体模式得以持续。这些因素构成躯体的各个部分，躯体的整体与部分具有紧密的交互关系。这正是躯体生命的重要特征。"因此，躯体既是各部分的环境之一，各部分也是躯体的环境之一。只是彼此对于对方的修正都十分敏感。这种敏感性存在的方式是部分适应于保存躯体模式的恒定。"③ 这种敏感性和相互性，就是生命体并非摄入什么就长什么，而始终能维持自身特定躯体模式的原因。怀特海认为，"部分为了整体"这种关系并不是以高级机体为特例的，这一关系也统治着整个自然界，因而自然界才成为一个有机体，才有生命。

作为高级躯体生命的人，既生成于宇宙也必然生存于宇宙，并在宇宙的"卵翼抚育"下继续自己的生成过程。在这个过程中，人类不仅与宇宙自然发生物质和能量关系，也发生信息和精神的关系。就像马克思说的，自然界不仅是人的物质食粮，还是人的精神食粮。更为重要的是，宇宙作为人的创造者，也把创造性这一自我生成的本质遗传给了人。创造性既是宇宙的本质，也是人的本质，并且上升到了有意识的自觉行为的层次。

怀特海说："创造的过程便是宇宙统一体的形式。"④ 作为宇宙的产儿，人就是宇宙统一性的现实结晶，并因此成为"自然界的自我意识"。由于人的生成，宇宙自我生成开启了崭新的进程，那就是从自发进入自觉的阶段，也就是怀特海说的"文明的宇宙"的到来。人作为宇宙自我生成本质的自觉承传者，由此担当起以自己自觉的创造性推动世界生成的使命。在审美性和生态性的融

---

① 怀特海：《科学与近代世界》，何钦译，商务印书馆，1959 年，第 165 页
② 怀特海：《科学与近代世界》，何钦译，商务印书馆，1959 年，第 165 页。
③ 怀特海：《科学与近代世界》，何钦译，商务印书馆，1959 年，第 165 页。
④ 怀特海：《观念的冒险》，周邦宪译，译林出版社，2012 年，第 196 页。

合中创造出越来越美好的未来，乃是人的"天命"。

我们可以把躯体模式的生命称为"生命体"或"个态生命"，把非躯体模式的生命称为"生命场"或"场态生命"。两者密切关联，构成现实的生态系统，这对于认识生命存在的生态本性十分重要。

（三）马克思和达尔文的人类生成论的意义

怀特海关于人的宇宙生成论并不是孤立、偶然的思想发现，而是康德以来的自然目的论与现代科学成果结合的产物。在他之前，就已经有马克思的"自然向人生成"之说和达尔文的生物进化论了。

早在 1844 年，26 岁的马克思就在《手稿》中表达了他的自然史观，并从自然史的视域提出了"自然向人生成"的论断，以之概括自然史的生成过程的根本趋向和规律。

"自然向人生成"的命题，最先是德国古典哲学奠基人康德提出来的。康德把整个自然看成按照目的的规则的一个系统，认为自然是向着一定目的生成的。在他看来，只要形成自然目的的巨大的系统这个观念，就可以从这种观念来看自然的美了，就可以把自然的美看为自然在其整体作为一个系统（人也就是这个系统的一部分）的一种客观目的性了。康德把人看成自然的主人，把"道德的人"看作自然的最高目的。这样，他就在人与自然的统一中揭示了"自然向人生成"这一存在性质。这些思想是在《判断力批判》的下卷"目的论批判"中论述的。康德认为自然有"目的"，在当时还具有神秘主义的性质，但作为一种自然客观目的论却具有重要的意义。他把自然与人统一起来，把自然与人的相互关联置于自然的有趋向性的运动之中，揭示了"自然向人生成"这一自然运动的客观趋势。这个观点，乃是理解康德哲学人类学整体性质的关键。

马克思批判地吸收了康德的思想，使被人们忽视的这一观点重新获得了生命。他在《手稿》中对人的本质的生成进程进行宏观考察时，就明确指出："历史本身是自然史的即自然界成为人这一过程的一个现实部分。"[①] 后来，其中的"自然向人生成"一语被改译为"自然界成为人"。其实，"自然向人生成"更明确地表达了自然界自我生成的目的和趋向，而"自然界成为人"只是

[①] 马克思：《1844 年经济学哲学手稿》，中共中央马克思恩格斯列宁斯大林著作编译局译，人民出版社，1985 年，第 85 页。这是根据刘丕坤的译本校订的。更早的何思敬本的译文是：全部所谓世界史乃不过是人通过劳动生成的历史，不过是自然向人生成的历史。……历史本身是自然史的一个现实，是自然界生成为人这一过程的一个现实部分。（见何思敬译本第 87、84 页）

承认了一个事实。两种译法相比，应该说"自然向人生成"更具概括力和深刻性，明确肯定了自然界的生成性本质。

在这里，马克思以整个自然史为自己的视域，把"历史"即"社会"和"世界史"都归入"自然史"之中。他把人类社会的历史看成"自然史的一个现实部分，是自然界生成为人这一过程的一个现实部分"。这个论断至少包含了四层意思，即自然史是一个"过程"，这是一个"生成"性的过程，这是一个"向人"生成过程，人类历史只是这个过程的"现实部分"。这就是说，从自然界最初的运动开始，自然史一直都是自然界生成为人的过程。但是，在自然运动和进化的漫长过程中，直到人真正诞生，这一生成过程的目的才得以实现，成了现实。既然如此，在人还没有通过劳动正式诞生而成为现实之前，那还只是自然界生成为人这一过程的非现实阶段，也就是向人的现实生成推进的阶段。马克思的概括虽然简明，却符合自然史运动过程的实际。他把历史辩证法同自然辩证法衔接并统一在"自然向人生成"的系统运动规律中了。在马克思看来，正因为人是从自然界生成的结果，他作为自然界的一部分，才是以自然界为对象的对象性存在，才必须以自然界为自己的物质食粮和精神食粮，人的劳动实践也才在对象性的基础上提升为主体性的对象化活动，人也才能够认识和掌握自然规律并按照美的规律进行创造。人从自然生成，他就首先是"自然存在物"，在此基础上才生成为"**人的**自然存在物"和"社会存在物"。

康德的神秘的自然目的论，就这样被改造成了对自然大系统的根本运动规律的揭示。马克思的这一思想，正如笔者在《文艺的绿色之思》中所阐释的，实际上把哲学史中除神创说之外所有的本体论观念的合理因素集中起来，并加以序化综合，以"生成本体论"的学理形态成为马克思哲学人类学的整体基础。这种本体论蕴含了深刻的"人本生态观"的内涵。生成本体论基础上的人本生态观，作为马克思主义原典哲学本真思想的还原和回归，鲜明地彰显出马克思哲学介入当代人类历史实践的巨大生命力。

对于马克思早年提出的这一思想，恩格斯在晚年的《自然辩证法》等著作中进行了更加具体充分的阐述。他认为，那种关于自然界安排的合理性的思想，是浅薄的沃尔弗式的目的论。他指出，在这种僵化的自然观（按指沃尔弗式目的论的自然观）上打开第一个缺口的是康德在1755年提出的太阳系由星云生成的观点。"这个刚刚萌芽的观点——自然界不是存在着，而是生成着并消逝着"①,把地球和整个太阳系表现为某种在时间的进程中逐渐生成的东西。恩格斯认为:"在康德的发现中包含着一切继续进步的起点。如果地球是某种逐渐生成的东西,那末它现在的地质的、地理的、气候的状况,它的植物和动物,也一定是某种逐渐生成的东西。"② 这就是说,自然界和宇宙是一个自我生成的过程,并最后生成了人。恩格斯在概述了无机界生成为有机界和动物的过程之后指出,在这个过程"最后发展出神经系统获得最充分发展的那种形态,即脊椎动物的形态,而最后在这些脊椎动物中,又发展出这样一种脊椎动物,在它身上自然界达到了自我意识,这就是人"③。进一步,恩格斯还概述了人的生产同动物的生产的区别,论述了人的生产如何使自己从动物生成为人以及人类历史如何经历了同不能控制的力量的尖锐冲突等问题。这些论述,用更易理解的语言勾画出"自然向人生成"系统运动进程的基本线索和概略图景。

为了帮助人们认识自然—人系统运动的这一客观规律,恩格斯还从多方面论证了这一规律的客观实在性。他说:"事实上,进一步发展出能思维的生物,是物质的本性,因而这是在具备了条件(这些条件并非在任何地方和任何时候都必然是一样的)的任何情况下都必然要发生的。"④ 诚如恩格斯所说:"必然性的证明在人类活动中,在实验中,在劳动中。"⑤ 既然人类已经从自然中生成并还在向更高水平生成的过程中,"自然向人生成"这一规律的必然性和现实性就已被人自身的生成过程这一事实雄辩地证实了。

由马克思最先提出,后来又由恩格斯加以具体阐释的这一思想,一度被视为旧唯物主义的遗迹而长期遭到忽视。无视人与自然界之间的对象性和生成性关系,无视人的实践的对象性基础,把作为对象化活动的实践抽象化,以致脱离自然界这个生成性的本体,抽象地确立实践的本体地位。这样一来,就造成很多根本性的混乱和谬误。马克思告诫我们,只有自然主义才能理解人类历史的过程。他把自己的哲学视为彻底的自然主义与彻底的人本主义的统一,这就明确地肯定了人及其实践与自然界的生成关系,启示我们于自然界的对象性关

---

① 恩格斯:《自然辩证法》,中共中央马克思恩格斯列宁斯大林著作编译局译,人民出版社,1971年,第13页。
② 恩格斯:《自然辩证法》,中共中央马克思恩格斯列宁斯大林著作编译局译,人民出版社,1971年,第12页。
③ 恩格斯:《自然辩证法》,中共中央马克思恩格斯列宁斯大林著作编译局译,人民出版社,1971年,第18页。
④ 恩格斯:《自然辩证法》,中共中央马克思恩格斯列宁斯大林著作编译局译,人民出版社,1971年,第186页。
⑤ 恩格斯:《自然辩证法》,中共中央马克思恩格斯列宁斯大林著作编译局译,人民出版社,1971年,第207页。

系中去认识人及其实践活动的生态本性。曾经有持"社会关系本体说"的论者说恩格斯"遮蔽"了马克思。事实却恰恰相反，正是恩格斯晚年本着科学发展的成果对自然生成规律的论述，敞亮了马克思早年的"自然向人生成"论。不幸的是，这一极其重要的思想却被"遮蔽"论者完全遮蔽了。须知，这一思想作为对世界整体本质的概括，乃是马克思主义全部学说的基础。否认和抹杀这个基础，是不可能真正正确认识和深入理解马克思主义原典的哲学和共产主义学说的。

"遮蔽"论者还以马克思在《手稿》里说的"被抽象地理解的，孤立的，被认为与人分离的自然界，对人说来也是无"[①]来反对同样是《手稿》中明确论述的自然生成论。其实，马克思的这段话恰恰直击"遮蔽"论的要害。所谓"抽象的自然界"，就是与人无关的自然界。马克思既然明确指出人是自然界的一部分，是从自然界中生成的，是与自然界互为对象的存在物，这个与人的生成和生存如此密切关联的自然界当然就不是抽象的存在。那种与人无关的抽象的自然界，对于人来说，当然就是无，因为它根本就不存在。马克思的这段话所表达的正是对自然生成论的坚决肯定。

马克思关于人从自然生成的思想是明确而坚定的。后来，当恩格斯向他介绍达尔文的进化论时，他在回信中就说达尔文的著作为他们的学说提供了自然史的基础。达尔文关于人从动物进化而来的学说，直接证明了自然向人生成的规律。显然，自然向人生成的自然史观乃唯物史观的基础。只有在这个自然史观的视域中，才能正确理解马克思提出的唯物史观以及恩格斯晚年对唯物史观的阐释和发展，也才能正确理解他们的共产主义思想，包括他们对各种空想共产主义和空想社会主义的尖锐而精辟的批判。

马克思和恩格斯的"自然向人生成"的观点，实际上开了怀特海宇宙生成论的先河。著名科学哲学家普里戈金就特别注意到马克思和恩格斯的观点，他指出："一个可以称为'历史的'的自然，就是说能够发展和创新的自然。自然史的思想作为唯物主义的一个完整部分，是马克思所断言，并由恩格斯所详细论述过的。当代物理学的发展，不可逆性所起的建设性作用的发现，在自然科学中提出了一个早已由唯物主义者提出的问题。对他们来说，认识自然就意味着把自然界理解为能产生人类和人类社会的自然界。"[②] 毫无疑义，比起许

[①] 马克思：《1844年经济学哲学手稿》，中共中央马克思恩格斯列宁斯大林著作编译局译，人民出版社，1985年，第135页。
[②] 普里戈金、斯唐热：《从混沌到有序》，曾庆宏、沈小峰译，上海译文出版社，1987年，第304～305页。

许多多号称马克思主义哲学的研究者来,这位科学家显然更具慧眼。

如果说马克思的"自然向人生成"说从整体上揭示了自然界自我构成的根本规律,那么,达尔文关于动物美感影响其性选择的观点则具体地展示了审美在生物进化中的作用,为人从宇宙审美生成的事实提供了科学的实证。

怀特海把机体"演化"视为19世纪科学成就中最重要的四个概念之一,非常重视达尔文的生物演化论并深受其影响。在有机哲学关于宇宙自我审美生成的思想中,可以看到达尔文学说的影子。如果说怀特海的"世界审美生成"说还只是对宇宙自我生成方式的整体性概括,那么,达尔文关于动物美感通过性选择促进生命进化的相关论述则是对这一普遍规律的具体展开。

《物种选择》和《人类的由来》是达尔文最重要的著作。在这两本书中,达尔文肯定了动物具有美感,进而用许多生动事实论证了动物美感在动物的性选择中的重要作用。达尔文认为自然选择和性选择是促进生物进化的两种重要原因。自然选择主要作用于生物的不同种之间的生存竞争,而性选择则主要作用于同一种内的不同个体的生存竞争。美对生物进化的作用主要就是通过动物(主要是雌性动物)的美感对性选择的作用来实现的。他说:"性选择的涵义是,更为美好的一些个体会得到异性的垂青而中选,其在昆虫,如果两性色相不同,其中打扮得更俏的一般总是雄虫,例外是很少的。"[1] 在主动进行选择的雌虫一方,选择的总是一些更为美丽的雄虫。雄虫之所以更为美丽,就是为了适应这种选择。达尔文的代表作《人类的由来》是其经过长期准备和慎重考虑才决定出版的。在这本书中,达尔文从头到尾不厌其烦地列举了大量丰富而生动的事例,展示出从昆虫、鸟类、鱼类到爬行动物、哺乳动物的情境,描述了色彩、声音和形体姿态(舞蹈和把戏)等各种动物之美如何驱使雌性对雄性配偶的选择。早在《物种起源》中,达尔文就批驳了生物是为了使人喜欢才被创造得美观的这种信念。他指出,如果美的东西全然是为了供人欣赏才被创造出来,那么在人类出现之前地面上的美就应当比不上人类出现之后。而实际的情况是,在人类出现之前很久就存在许多不可思议的美了,而且还有许多只有在高倍显微镜下人才能看见的美。自然界中的美有着非常重要的功用。比如,"花是自然界最美丽的产物;它们与绿叶相映而惹起注目,同时也就使它们显得美观,因此它们就可以容易地被昆虫看到。我做出这种结论,是由于看到一个不变的规律,即,风媒花从来没有华丽的花冠。"[2] 这些事实证明了尼采说

---

[1] 达尔文:《人类的由来》,潘光旦、胡寿文译,商务印书馆,1997年,第510页。
[2] 达尔文:《物种起源》,周建人、叶笃庄、方宗熙译,商务印书馆,1963年,第229页。

的美具有生殖力的观点,美丽的花作为生命优化的精灵诱导和引领着生命的进化。直到人类,美对于性选择的作用依然存在并且更加自觉化,只不过由于社会的原因更加复杂甚至异化了。

审美活动的行为方式是节律感应,怀特海对渺观世界中振动和波的动力作用的论述就说明了节律感应的物理基础。根据怀特海的观点,审美经验中振动和波的作用所引起的节律感应并非人类所特有,而是一切现实事态普遍的经验,只是在生命体中特别明显和敏感,并成为生命存在和生命力表现的基本方式。动物美感对性选择发挥作用的奥秘正在节律感应之中。生命体的节律形式,一方面生动地表征了生命体的生命质量,鲜艳的色彩、嘹亮的声音和完美矫健的体态,以及那些灵巧难能的把戏,就直接表现出生命力的强旺和优秀,这对对方天然具有不可抗拒的吸引力;另一方面,节律的动力性还可以通过节律感应激发对方的生命节律,使之兴奋感发,提升和谐强度,促进双方的结合,迸发出生命的高峰体验,在生命力最强烈最美妙的爆发中实现包容合生的生命创造活动。动物美感对性选择的作用,就这样成了宇宙审美生成本质的生动体现。

马克思的"自然向人生成"说和达尔文关于动物美感促进生命进化的观点,对于认识怀特海关于人是宇宙审美生成的成果的思想,无疑是有力的支撑。它们从哲学和科学两个重要的方面把思辨和实证结合在一起,应该是很有说服力的。

总之,人是宇宙自我生成的成果。这正如卡尔·萨根所说:"宇宙不只有着令人震惊和让人着迷的宏伟壮丽,不仅仅能够让人类理解,而且人类实实在在就是宇宙的一部分。我们生于宇宙,我们的命运也与宇宙深切交织在一起。最基本的和最细微的人类事物都可以溯源至宇宙和它的开端。"[①]

(四)宇宙整体质的"涌现"与人的审美生成

怀特海有机哲学中关于宇宙整体质的系统综合效应的思想,有助于认识人的审美生成的复杂机制。

怀特海的社群(群集)理论指出社群具有一种为其成员所没有的新的性质和机能,即具有一种由社群成员的复杂结构在整体上综合生成的性质和机能。当他说一个电子在身体之外和在身体之内表现出不同的活动方式而显示出不同的活动特性时,实际上就表达了这种关于社群系统整体质的思维意向。在

---

① 卡尔·萨根:《宇宙》,陈冬妮译,广西科学技术出版社,2017年,第xxvi页。

有机哲学里，这种社群整体质一直追踪到宇宙这个终极的最大社群所具有的整体机能。正是这一思维意向，开启了深入探究这个难题的有效思路。

任何社群系统都有由构成该社群的各个部分互动共生而生成的整体质。这种整体质不仅超越于各构成部分，而且要返回各构成部分，影响这些部分的性质，并表现在它们身上。复杂性理论家约翰·霍兰把系统整体生成新性质的机制称为"涌现"。他说："涌现是一个宏观规律以及产生取代的受限生成过程。"[①] 对于"受限生成过程"，霍兰解释说："它是一个范围很广的模型的精确描述。由于生成的模型是动态的，所以我称之为'过程'；支撑这个模型的机制'生成'了动态的行为；而事先规定好的机制间的相互作用'约束'或'限制'了这种可能性，就像游戏的规则约束了可能的棋局一样。到目前为止，我们研究的这些系统都能够被描述成某种受限生成过程。"[②] 霍兰这段话所描述的复杂系统的生成过程很接近怀特海哲学关于包容合生的基本思想，很多概念都与之相同或相近。在论及涌现过程的四个步骤时，霍兰特别提到把多种机制连接起来成为网络的方法。当实际应用的基本机制的数量大大增加时，整个系统的复杂性也会迅速增加。值得注意的是，除了已知的机制因素的"约束"和"限制"之外，在自然界中，由于系统的开放性，还存在着一些未知的和潜在的因素，这样一来，系统生成的结果就更是难以预料了。正是这种相互交织的作用造成了"涌现"——它不是线性因果关系的产物，而是系统化的多种因素共同作用的网络化综合创生。

怀特海哲学中没有"涌现"概念，但他已经意识到这种综合生成的呈现机制。他在《科学与近代世界》中论及诗歌对宇宙之美的揭示时就说："自然不可与审美价值分离。从某种意义上讲来，这种价值是整体对各部分的卵翼抚育累集起来的。"[③] 这实际上就是说，世界之美乃是宇宙系统的整体综合作用的结果。在整体卵翼抚育之下，各部分都累集起整体的生命性质。这种美只有在自然整体合力的互动中才能生成，并将其赋予各个部分。一草一木、一花一石的美，无不是宇宙整体生命精神的涌现。

关于宇宙系统整体质的"涌现"，怀特海在《科学与近代世界》中有"骤然体现"和"等级展示"的说法。他说："正是这种在实际事态相互关联之外体现的永恒关联性的扩张，将全部永恒关联性包容到每一个事态中去了。这种

[①] 约翰·霍兰：《涌现：从混沌到有序》，陈禹等译，方美琪校，上海科学技术出版社，2006年，第251页。
[②] 约翰·霍兰：《涌现：从混沌到有序》，陈禹等译，方美琪校，上海科学技术出版社，2006年，第128页。
[③] 怀特海：《科学与近代世界》，何钦译，商务印书馆，1959年，第100页。

骤然体现我称之为'等级展示',每一个事态都把它包容到自己的综合体中去。等级展示便是实际事态把某种意义下不存在的东西作为积极因素包容到它本身的达成态中去的过程。"① 这里说的"永恒关联性"指的就是宇宙整体与各个实际事态之间的关联。由于宇宙整体的机能,这种永恒的关联通过"扩张"而"包容到每一事态中去",就使每一事态都享有这种关联,从而反映出宇宙的整体质。这种关联的表现就是"骤然体现"和"等级展示"。"骤然体现"着重情状描述,与"涌现"最为接近;而"等级展示"则着重于实质内涵的揭示,说明这是处于特定等级的系统之中的事物对这等级的系统整体质的反应。宇宙整体是最大的社群,其所包含的社群是分等级的,处于不同等级社群中的事物对宇宙整体性质的反映和分享是不一样的。宇宙整体是宇宙系统的最高层级,所有事态都包含在这个巨系统之中。因此,宇宙整体质在具体事态上的反映和表现就是最高的"等级展示",美就是其"骤然体现"。之所以说"骤然",是因为美往往是多种因素累集综合而成,并不显示其因果关联和逻辑过程。有的论者称之为"突现",中国佛教哲学则称之为"放光",描述的都是这种不知其所自的呈现状态。

  这正如另一位复杂性理论家埃德加·莫兰所具体描述的:"涌现在现象学上不可简约,在逻辑上无法推演。此话怎讲?首先,涌现是一个我们必须用感性去把握的现象,它俨然是一个事实……即使我们能够根据我们对其涌现条件的知识来预测涌现,涌现也依然是一个逻辑的飞跃,它在我们的感性上打开了一个缺口,缺口中注入了不可简约的真实……"② 他进一步解释说:"作为组织/系统整体之果,涌现当然可以被分解成部分,但就像一颗果实一样,被分解之后它就不再是果实。作为果实,它在时间上是终极的,在性质上是初始的。它是综合之物,也是综合之果。"③ 说它是综合之物,是因为它本来由多种因素综合构成,是合多为一的。说它是综合之果,是因为通过综合它生成了各构成因素原本没有的系统整体质,有了新的形态和性质。这就像果实已经不只是那些构成因素的总和,生命体也不是各个肢体和器官组织的总和一样。莫兰说:"涌现与整体性紧连在一起,整体性又与组织紧连在一起,所以涌现不可定义为表象。"一个表象的性质是确定的,但是它美或不美,或者是什么样的美则是由它所关联的各种因素共同决定的,也就是说,同一表象所可能涌现

---

① 怀特海:《科学与近代世界》,何钦译,商务印书馆,1959年,第195页。
② 埃德加·莫兰:《方法:天然之天性》,吴泓缈、冯学俊译,北京大学出版社,2002年,第102页。
③ 埃德加·莫兰:《方法:天然之天性》,吴泓缈、冯学俊译,北京大学出版社,2002年,第103页。

出的美可能是大不一样的。

莫兰把这个道理直接与审美联系起来了。他说:"宇宙中最珍贵的品质惟有涌现……的确,在基础上只有构成元件,只有泥土、肥料、化学成分和细菌的分解工作。意识、自由、真理、爱情则是鲜花和果实。艺术和相貌之美,芬芳,甜美的魅力,我们所追求的崇高目标,这一切均是系统之系统之系统所开出的花朵,涌现之涌现之涌现所奉献的蜜果……"[①] 莫兰道出了系统整体质难于清晰认知和理性把握的特征。在实际经验中,这种涌现常常是知其然而不知其所以然,或者说可意会而不可言传的。

"涌现"概念道出了包容合生的最深奥秘,自然界的合生不是机械制造中的装配组合,而是涌现。从根本上说,正是怀特海的"合生"观念,即系统综合生成的观念,可以帮助我们解开这个美学之谜。不仅美、美感和审美价值是系统综合效应的涌现,在世界自我生成过程中生成的价值,包括包容合生所创造的新颖性,作为一种关系质和系统整体质,作为"骤然体现"出来的"等级显示",都是这样涌现的。如果怀特海有知,他一定会欣然接纳这个美妙的概念。作为宇宙自我审美生成产儿的人,归根到底就是宇宙整体质的涌现。

第三节 人是宇宙系统中的社群性存在

(一)"社群"概念和宇宙生成的社群性质

宇宙自我生成的过程,是一个社群性演化的过程。作为宇宙产儿的人,既生成于这个社群演化的过程之中,也以社群性的结构而存在,从而具有社群性的本质。马克思所说的人的社会性,就是这种社群性在人与人关系中的表现。人不仅作为"社会存在物"是社群性的,而且作为"自然存在物"也是社群性的。可以说,社群性乃是广义的生态性。

在有机哲学中"社群"(society,又译"群集")是一个重要的概念。围绕这个概念形成了阐述宇宙(首先是自然界)的系统性构成的社群理论。如果说"包容"理论阐释的是现实世界如何发生和生成,那么,社群理论就主要讲的是已经生成的世界如何在其自身的广延中构成具有内在秩序的系统存在。人类就是宇宙生成过程中社群化高度发展的结果,因此,认识宇宙生成的社群性

[①] 埃德加·莫兰:《方法:天然之天性》,吴泓缈、冯学俊译,北京大学出版社,2002年,第105页。

质，无疑是认识人的本质的一个重要维度。

怀特海指出，在现实生成的广延连续体构成的世界中，现实事物分为现实实有、永恒客体、粒子性社群、非粒子性社群、非社群的结合体五种形态。其中，"一种非社群的结合体是与'混沌'概念相当的东西"①。现实实有是由永恒客体合生而成的最小的现实存在，即现实世界的"细胞"，多个现实实有组合成为各种不同性质的社群，进而又在众多社群的秩序结构中互动而自我生成，以至于出现高级有机体和人类及其社会。作为广延连续体的共同世界，实际上就是世界自我生成的具有内在秩序结构的系统。怀特海通过社群理论描述的就是世界系统生成的基本秩序和进路。显然，"社群"就是具有特殊关联的结合体，多层级、多类型的社群构成了系统性的共同世界。可以说，社群本来就是一种系统性的复合存在形态，也是现实事物存在的系统化关联方式。

值得注意的是，怀特海是在自然秩序这个意义上来阐述他的社群理论的。在怀特海的理论中，自然界只是宇宙中为我们的感官所知觉到的那一部分。"因而我们说到'自然的秩序'时，意思是指支配着那个有限部分宇宙的秩序，甚至是指我们的观察所及的地球表面那一部分的秩序。"②这就是说，自然界这个有限的部分就是有关系统结构的社群。这就意味着，社群乃是有秩序的系统结构，它绝不是胡乱的堆积和聚合，而是一种有秩序的结合体。

社群必须是持续性的存在。社群的形成和存在总是与实有的持续性（持久性）直接相关的，只有持续的实有及其持续的结合才能成为社群。"一个群集必须表现持久性的独特性质，而真正持久的实际事物都是些群集。"③这包含了两层意思：一是说非持续的存在没有相对稳定的结构，不能与别的事物存在于共时态之中，也来不及与别的事物相结合成为社群，因此社群必然是持续的事态的结合体；二是说持续的事物不可能孤立地存在，它总要与别的事物相互关联，不仅自己成为社群中的构成因素，而且要与别的社群发生多方面、多层级的关联，把其他社群作为自己的环境。这就是说，"每一实有在本质上都是群集性的（social），都需要依赖群集而存在。事实上，群集对于每一实有，无论是实际的或是理想的，都是囊括一切（包括实有的理想型形式）的宇宙"④。这就是说，相对于每一个实有，它所在的社群都是宇宙的一部分，它绝不能离开宇宙这个终极性的社群而独自存在。宇宙这个社群，既无限广延又

---

① 怀特海：《过程与实在》，李步楼译，商务印书馆，2011年，第114页。
② 怀特海：《过程与实在》，李步楼译，商务印书馆，2011年，第139页。
③ 怀特海：《观念的冒险》，周邦宪译，译林出版社，2012年，第223页。
④ 怀特海：《观念的冒险》，周邦宪译，译林出版社，2012年，第54页。

有微妙秩序。可以说，社群概念本身就意味着多层次、多维度的关联、秩序和结构以及贯穿其中的各个层级的整体性。说得直白一点，社群实际上就是有机系统之网，它显示了世界上的事物之间非线性的、多维的和网络化的有机关联。

社群是持续的，也就具有过程性，它也有自己生成、涨落和兴衰的过程。社群从无序中产生。如果社群秩序经过某种增长阶段以后自行衰退，或者不再有利于这个社群的维持，这个社群就不能再造其成员以维持社群的持续性，就会走向衰退而逐渐丧失其存在的合理性，乃至最终瓦解溃灭。

社群作为一种秩序性的存在，其最重要的特征就是其中所有的现实实有都具有共同的形式，而且这种形式要素在成员的彼此包容中都会产生，都有这种共同形式的肯定感觉。这些共同形式就是该社群的确定的特征。不仅如此，这些共同的因素还可以在彼此之间传承，具有某种"生殖"的能力，可以复制、再造和遗传。怀特海说："贯穿整个结合体的这种共同形式的复制是由结合体成员彼此之间的承传关系造成的，还由于这些承传关系包含着对共同形式的感觉这个事实。因此，这种确定的特征为整个结合体所固有。结合体的每一成员都是从先于它自身合生的那些其他成员中产生的。"① 总之，具有共同形式、共同感觉，因而能够彼此复制和承传的结合体，就成为社群。比如电子、分子、细胞、晶体、石头和各种生命体就是这样的群体集合。整个自然界，就是不同层级和性质的社群构成的世界。

持续性、确定性、共同形式和传承性对于社群至为重要，它们造成了社群内外关系的组织性，使之能够通过自组织机能而自我维持。对此，怀特海说："这里所使用的'社群'这个词的根本之点在于它是自行维持的，换言之，它是其自身的原因。"② 这就是说它能够维持自身的共同特征。怀特海进一步指出，一个社群中的各个成员都是相似的，由于它们有共同的属性，所以它们把产生这种相似性的条件赋予该社群的其他成员。这就是说，所谓社群秩序不是简单的排列次序，而是一种能动的互相依存并互动生产的有机组织。一个社群中的成员不只是具有"共名"，而是以密切互动的关联维持彼此的相似性，发挥其共同形式的能动作用。

（二）电磁社群、有结构的社群与有生命的社群

社群是有秩序的系统，但它绝不会只是组合有序的"几何社群"。怀特海

---

① 怀特海：《过程与实在》，李步楼译，商务印书馆，2011年，第55页。
② 怀特海：《过程与实在》，李步楼译，商务印书馆，2011年，第139页。

认为,"几何社群"与一定的直线族相关联,形成可以"测量"的关系系统。由于可供选择测量的几何关系不止一个,其中没有一个比另一个更基本,所以不存在彼此之间的层级互动关联,更掩盖了对于社群性质具有根本性意义的物理性视角。

怀特海认为,应该从存在的物理性质认识社群的系统关系。他说:"我们现在的宇宙时期是由'电磁'社群形成的。"[①] 他把这个社群的成员称为"电磁性机缘"。他说:"我们现在宇宙时期是由电磁性机缘的社群所支配的时期……这种电磁社群表现了物理的电磁场……这种社群的最一般的例子就是:有规则的连续系列的波,个别电子,质子,个别分子,分子组成的社群如无机物体、活细胞,以及由细胞组成的社群如蔬菜和动物身体等。"[②] 这个体现了当时最新物理学成果的社群系列观念,认为社群实际上就是电磁场,其最原始的因素就是"有规则的连续系列的波"。各个层级的社群,从电子到动物和人以及人类社会,都是这种"波"的不同结构的综合即合生。正是这个电磁性的"波"作为普遍中介造成的互动,使现实实有成为活动的存在即"动在",使社群成为活的机体,整个宇宙也成为一个合生创进的活动过程。中国古代哲学和美学所说的"气"和"气韵",西方现代哲学和美学所说的"节奏"和"韵律"等,就是这种物理性质的"波"形成的生命形态,使世界成为生生不息的存在,也使世界成为有着复杂关联的生态系统。这种电磁的"波",使生命体普遍具有节律感应这种基本的生命存在和活动的方式。这就意味着,有机整体的原初动力因就是"电磁性机缘"造成的电磁场所具有的"波"的动力性。

一方面是以合生为普遍特征的系统关联,一方面是原初的电磁性机缘的波,这就是构成社群的宇观和渺观两极。由于这两极的结合和互动共生,社群才有了自己的活力、秩序和目的,同时也有了社群结构的系统复杂性。这样从终极性的两极来考察社群构成和活动过程的复杂性,乃是怀特海的社群理论比现行的复杂性理论大为优越的地方。

如果说电磁性社群为社群提供了原生的活力,那么有结构的社群就在这个基础上提升了社群的生命品质。社群的有机性决定于它自身的结构,只有"有结构的社群"才可能成为有机的存在。社群系统是多个社群合成的。怀特海说:"显然可能存在着这样一种状态,其中没有占优势地位的社群保证一致的统一性效果。这就是一种混沌无序的状态;这个说法接近于无序这个词的绝对

---

① 怀特海:《过程与实在》,李步楼译,商务印书馆,2011年,第152页。
② 怀特海:《过程与实在》,李步楼译,商务印书馆,2011年,第153页。

意义。"① 这就意味着有两种社群系统关系：一种就是怀特海在这里说的平面性的，社群成员之间没有主导和服从的关系，见不出明显的秩序，即一种混沌无序的状态；另一种则相反，是结构性的，其中有优势性社群存在，并以之为中心建立起主导性秩序，从而使社群成员之间保持某种一致和同一，成为多样统一的有机整体。

怀特海认为，仅仅把社群分为"粒子性的社群"和"非粒子性的社群"是不够的，还必须引入包含次级社群和具有结构性内在关系的确定类型结合体的社群概念。这种社群就是"有结构的社群"。这种社群有两个特征：一是"包含次级社群"，它作为更大的社群与这些次级社群构成母子式的层级关系；二是"具有结构性内在关系"，因而成为一个"确定类型结合体"。强调结构也就是在肯定构成社群的次级社群之间的交互关系的同时，还要重视这些次级社群一定的关联构成的整体的机能及其对各个次级社群的重要作用。不同的具体关系构成不同的结构，也就使社群成为不同的系统整体，具有不同的整体性质。社群关系的"结构"概念，把次级社群的个性独特性和多样丰富性的意义突出出来。这样，"有结构的社群"作为一个整体为它自身所包含的次级社群提供了有利的环境。同时这个整体的社群还必须建立在使它能够继续发展的更广大的环境之中。比如，一个分子就是我们称为"活细胞"的有结构的社群的次级社群，这个活细胞就成了分子这个次级社群的环境。

在解决与环境关系的活动中，精神得到发展。于是，在有结构的社群中生成了高级有机体即有生命的社群，这就是怀特海称为"躯体事件"的个体性生命形态。这种社群对环境问题的解决方式，不只是限于再造阶段的概念性复制，而是概念性包容即欲望中的一种求新的主动性作用。这种主体性的目的就是接受环境中的新颖要素并形成明确感觉，从而实现与其他成员之间的协调，也与环境中的新颖性因素相配合。怀特海说："主要采取第二种解决方式的有结构的社群叫做'有生命的'社群。……'生命'的首要意义就是创生概念的新颖性——对新颖性的欲望。"② 这样看来，有结构的社群可能或多或少是有生命的，在有生命的和无生命的社群之间并没有绝对的鸿沟。所谓"有生命的社群"和"无生命的社群"作为有机的存在都具有精神极的作用，有与无的区别只是其精神发展的水平不同罢了。

于是，主体形式中意识的有无对于概念性欲望如何发挥作用，就产生了不

---

① 怀特海：《过程与实在》，李步楼译，商务印书馆，2011年，第144页。
② 怀特海：《过程与实在》，李步楼译，商务印书馆，2011年，第159页。

一般的影响。"对于高级有机体,这种概念的主动性作用相当于对各种不同经验的思考;至于低级的有机体,这种概念性的主动性只相当于依照和谐理想对审美性着重进行无思想的调节。"① 在低级的有机体那里,概念的主动性只是引发一种对自发的审美和谐的追求,而在高级有机体那里,由于意识和思想的作用,就有可能首先追求的是逻辑理性的和谐。人类属于高级的有机体,因此它也应该能够发挥意识和思想的积极能动作用,在对各种经验的思考中,去积极探寻和发现环境的新颖性,并创生概念的新颖性——对新颖性的欲望。

怀特海特别强调生命的原创性本质。他说:"生命提出的问题就是,怎么会有原创性的?"② "创造性"是怀特海的有机哲学的终极范畴之一,它指的就是对新颖性的创造。有生命的社群的根本特征本来就是宇宙世界创进过程高度发展的结果,理应最鲜明而积极地表现出宇宙的创造性本质,从而具有原创性的特质。原创性乃是生命的本质所在。由于原创性,生命就绝不只是保守着过去,满足于现在,而总是趋向未来、创造未来,因而要突破陈规,扰动原有的平静。正是这种具有原创意义的新颖性,才现实地推动着生命的进化。

怀特海说:"生命的特征是在环境的巨大变化之下适合于捕捉强烈刺激的反作用。但支配这种反作用的是现在而不是过去。生命是对生动的直接性的掌握。"③ 这就是说,有完全生命的社群,对于环境必须始终保持开放的势态,在处理与环境的关系时,也不能使自己成为一种固守自我的僵化的存在。总之,要始终保有宇宙世界的创造性精神,努力感应宇宙本身的创进生成节奏,使自己与环境的和谐关系以必要的强度得以持续,以不惧冒险的精神去创生新的生命。为此,就必须保持对"生动的直接性"即变化活动着的现实事态本身的直接掌握。只有这样掌握活动的现实,才能有真正的原创。

复杂的自然界是不可穷尽的。因此,生命的原创性也不可穷尽。有生命的社群最后生成为"有生命的个体",即"完全生命的社群"。这是向某种控制中心逐步上升的过程,直至出现了大脑这样高级的控制中心,有了自我意识和心灵。这个社群性质的提升过程,就是动物和人的系统生成的过程,从根本上也就是生命发挥其原创性的过程。由此可见,原创性对于人是多么重要。

查尔斯·伯奇和约翰·柯布在《生命的解放》中的论述有助于理解原创性对于生命的意义。他们说:"如果生命体的成分不发生变化哪怕一秒钟之短,它很快就会变成一摊无生命的物理元素……新鲜感并不仅仅意味着变化。没有

---

① 怀特海:《过程与实在》,李步楼译,商务印书馆,2011年,第158~159页。
② 怀特海:《过程与实在》,李步楼译,商务印书馆,2011年,第162页。
③ 怀特海:《过程与实在》,李步楼译,商务印书馆,2011年,第163页。

新鲜感就会衰败腐朽，这也是变化。"① 没有变化，生命就终止了。但是变化必须带来新鲜感，而不能走向衰败腐朽。有新鲜感的变化就是原创性的表现。因此，他们肯定怀特海的观点，认为这种完全的生命即个体形态的生命，乃是对宇宙中那些不断重复的机械模式的大不敬。这样的生命，应该被理解成一种目标，一种环境所允许达到的完美形态。但这个目标常常是已知事实所无法企及的。与这种生命形态不同，那些非个体形态生命的有机体则是以安于现状为特征的。

（三）必须认识和重视社群系统的复杂性

在对有结构的社群的论述中，怀特海表现出"系统化研究"的深邃眼光，他特别注意到了系统整体所具有的超越于次级社群的性质和功能。这就有了"复杂性社群"的观念。怀特海说的"复合体"或"复合性"（complexity），实际上就是现代系统论所极为重视的"复杂性"。深受怀特海有机哲学影响的欧文·拉兹洛在自己的代表作《系统哲学引论》的前言中满怀深情地写道："我想，在当前必然会有人能把哲学上的机敏同科学上的渊博结合于一身；终于我发现了怀特海。"② 尽管他认为怀特海的"上帝"等概念还可商榷，但他从其"综合哲学"得到启发，"把全部身心都投入了寻求一种全面的和富有意义的综合"③。他说："怀特海的有机综合可用一般系统论来加以现代化。"④ 这种现代化的系统理论最重视系统整体性的观念，而这在怀特海的社群理论中就已经明确存在了。遗憾的是，怀特海从渺观一极对社群复杂性进行审视的意向，似乎还是这种现代化的系统理论的盲点。

怀特海的哲学就是有机系统的和生态化的，其对"抽象性的具体误置"（把感官知觉中的抽象属性错误地当作事物的具体存在）的批判，关于"多"合为"一"的创造性，关于多样性、结合体、相对性关联和主体统一性等范畴，还有现实事物都是主体－超体的泛主体观念，以及物质极与精神极并生互动的观点等，无不深刻体现了后来的复杂性理论的思维精神。不仅如此，在很多方面还更加深入和细致。把怀特海的社群理论放到其有机哲学范畴体系的整体中来理解，展开在我们面前的正是关于宇宙系统复杂存在的内在结构关联的思维格局。怀特海指出："新的物理学取消了亚里士多德的形式行列概念，代

---

① 伯奇、柯布：《生命的解放》，邹诗鹏、麻晓晴译，中国科学技术出版社，2017年，第108~109页。
② 拉兹洛：《系统哲学引论》，钱兆华、熊继宁、刘俊生译，商务印书馆，1998年。第4页。
③ 拉兹洛：《系统哲学引论》，钱兆华、熊继宁、刘俊生译，商务印书馆，1998年。第5页。
④ 拉兹洛：《系统哲学引论》，钱兆华、熊继宁、刘俊生译，商务印书馆，1998年。第6页。

之以过程形式概念。因此它消灭了空间和物质，而代之以复杂活动状态中的内部关系的研究。在一般意义上，这种复杂的状态是一个统一体，在此物理活动的整个宇宙伸向遥远的星团。"① 一方面是复杂活动的内部关系，一方面是外部关系的无限延伸和扩展，以及内部关系与外部关系的交织缠绕，这就是复杂活动的状态的真实情景，其间充满了有序与无序的交错和必然与偶然的纠结。如果对这种复杂的状态进行分割，固然可以追索某一部分我们所选定的活动范围内的一群相互关系，但是这就撇开了其他的活动和关系。怀特海说："如果运用这种抽象，我们就不能解释那些受到撇开了的外部体系变化的影响的内部活动。"② 这就意味着，即使是系统思维，也可能因为视域和思维的抽象而把事情简单化，结果仍然是把事物的系统复杂性置之度外。

应该说，怀特海对世界存在的系统复杂性的认识是很清醒很深入的。他指出，与旧的物质的和机械的观点相比较，"新的观点完全不同。基本概念是活动和过程。……自然界是各种活动的相互关系的舞台。一切事物、活动以及活动之间的相互关系都是变化的"③。怀特海揭示的是世界存在中相互关系的复杂性；即使是自然界，也是十分复杂的。应该说，作为其哲学出发点的对"简单位置"和"抽象的具体性误置的谬误"的批判，就开启了敞亮事物和世界存在的具体复杂性的窗口。

在复杂性系统理论中，系统的开放性、非线性因果关联、结构-功能关系、主体间性、自组织和系统综合生成性等观念，都与系统的整体性密切相关。这些观念在怀特海的社群理论中都有所体现，并都与人的生成及其本质密切相关。

首先，怀特海所揭示的社群相互关系的层级结构就显示了社群作为系统的开放性，而社群内外多种关系的交织则构成社群系统的非线性关联，从而形成非线性的因果效应。在现实世界中，从现实实有这样最小的社群到整个自然界以及外宇宙的混沌世界即有序与无序状态的关系，构成了无穷层级的环境关联，环境在母子蝉联中相互作用，互为因果。尽管社群作为系统有其成就个体特性的封闭性，但彼此之间总是开放的。正是由于这种开放，社群才能保有自身的活力，并在创进的过程中生成具有原创性的完全生命结合体，实现社群及其结构的进化。在这个创进生成的过程中，进入越高级的层次，关联越多样复杂，参与包容合生的因素就越多，由多种因素共同决定生成结果的综合生成效应就越来越复杂，甚至难以厘清究竟是哪些因素造成了后来的结果，更难以弄

---

① 怀特海：《思维方式》，刘放桐译，商务印书馆，2010年，第130页。
② 怀特海：《思维方式》，刘放桐译，商务印书馆，2010年，第130页。
③ 怀特海：《思维方式》，刘放桐译，商务印书馆，2010年，第130页。

清这些因素是如何造成这个结果的。这正如普里戈金的耗散结构理论所说的，在非线性系统中，一个微小的因素能导致用它的幅度无法衡量的戏剧性结果，即微小的涨落可能带来系统的巨大变化甚至全面改观。在这里，简单的线性因果关联被非线性的系统生成以及"模型""混沌"等观念所取代。

其次，怀特海提出的结构性社群概念突出了结构在社群关系中的重要意义。结构性的关联显然高于那些粒子型的社群，带来了社群中不同成分间相互关联更加复杂也更具个性的模式，从而也加强了社群系统的整体性。结构决定社群整体的功能，这种功能实际上就是复杂性理论十分重视的组织作用。在怀特海的有机哲学中，作为八个存在范畴之一的"主体形式"就是一种结构性的存在，它在事物合生中的摄入、建构和整合的作用实际上就是在发挥主体形式的组织功能。怀特海认为事物是通过合"多"为"一"的包容而自我生成的，无论是作为肯定性包容的感觉还是否定性的包容，都是在对参与包容的各种永恒客体等因素进行合目的的组织。没有这种组织机能，就没有新的事物的生成。越高级的事物，这种组织的作用和过程也就越复杂。

第三，至于社群之间的互主体关联，在怀特海的有机哲学中更是本来就有的重要内容。在他的有机哲学中，现实实有作为现实机缘都是经验的存在，都是物质极与精神极并生互动的存在，在现实世界自我生成的过程中既是客体同时又是主体。既然现实事物亦是主体，它们在活动中的彼此关联也就是主体之间的关联，是不同目的和欲望的互动关联，从而具有积极能动和随机的性质。这种主体性通过主体形式的活动过程表现出来，使社群之间的相互关联和作用产生更多难于捉摸的可能性和偶然性。任何社群都是主体性的结合体，其中动态的关联把系统活动和生成的机制推向更加复杂的境地。

第四，最重要的是复杂系统的系统整体效应，怀特海的包容合生概念从根本上肯定了复杂系统的这种效应。当怀特海说"一个特殊形式的社群中的每一个个别机缘都包含在外部环境的类似的机缘中并不出现的特征"[①]时，他已经明确地注意到了这种系统综合生成的整体质。现代复杂学家莫兰把这种整体性质称为"整体涌现"。他说："相对于其部件独自存在或被容纳到另一类系统中，某一系统会拥有一些新特征或新属性，我们可以把这些新特征或新属性称为种种涌现。所有整体状态都会带有涌现的特征。""这些涌现出来的属性把整体统合为整体，并回过头去把部分作为部分置于自己的监控之下"[②]。这种整

---

① 怀特海：《过程与实在》，李步楼译，商务印书馆，2011年，第155页。
② 埃德加·莫兰：《方法：天然之天性》，吴泓缈、冯学俊译，北京大学出版社，2002年，第199~100页。

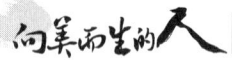

体性的涌现对于事物的生成和演化极为重要。

系统复杂性的上述基本内涵无一例外地都反映到人的生成方式及其本质之中。对世界的开放性、结构对于功能和性质的决定性意义、彼此的互主体性、系统综合的整体效应，都深刻地影响甚至决定着人的生成，同时也鲜明地表现为人的本质的重要因素和特征。人的社群性决定了他的社会性，作为"自然存在物"的人就是社群性的存在了，这种社群性在人的历史中就是社会性。社会是许多个人的结合，每一个个体的人无论有多么独特的个性，也无论有多么巨大的能力，他都无一例外是社会性的存在。即使那个漂流到孤岛上的鲁滨逊，他的存在也既是社群性的又是社会性的。在这里，社群性除了有人与人的关系构成的社会性，还包括人与自然界之间的社群关联。显然，社群是一个远比社会广阔的概念——社会性指向人的社会生态，而社群性则还包括人的自然生态乃至与宇宙整体的关系。

（四）社群秩序决定人与环境的生态关系

人与环境之间的关系，这是人的生态存在的核心内容。由于社群的系统性构成，社群理论也就包含了环境理论。只有认识了社群理论才能更加深入地理解怀特海的环境思想，并理解人与环境之间的关系。

整个生命体的生命过程可以被总结为秩序的产生、秩序的维持和秩序的消失。生长发育是秩序发展的体现，必须放在与环境的生态关联中来考察。正如伯奇和柯布所说："发育的个体正是基因的内部力量和环境施加的外部力量共同作用的结果。正是这两种影响的交互作用决定了成熟个体的形态和显型，生理便是个体生物对秩序的保持。但这种秩序是与白天黑夜，一年四季，甚至更长时期的不断变化的环境相适合的。因此，生理也应从生态框架的角度才能获得最好的理解。"[①] 一方水土养一方人，说的就是这个道理。

从怀特海对社群概念的解释可以看出，社群秩序对于社群具有实质性的意义。社群是有秩序的存在，有秩序就有了社群的复合和层级结构，也就有了社群内外的环境关系。"因此，社群对于其中的每一个成员来说就是具有某种秩序因素的环境，这种秩序因素由于社群自身成员之间的亲缘关系而持续存在。"[②] 由于秩序，社群的环境意义显现出来。怀特海说："多种实有的集合是一个社群，这是因为：（1）由于它的成员都共同具有一种'确定的特性'；（2）

[①] 伯奇、柯布：《生命的解放》，邹诗鹏、麻晓晴译，中国科学技术出版社，2015年，第47页。
[②] 怀特海：《过程与实在》，李步楼译，商务印书馆，2011年，第140页。

由于这种确定的特性的存在是该社群本身所提供的环境造成的。"① 这里强调的就是社群对于其中的成员乃是直接发生影响的环境。进一步来说,"没有任何孤立存在的社群。每一个社群都必须从各种现实实有构成的更广阔的环境背景来考察……因此,我们得出了这样一个原则:每一个社群都需要一个社群背景,该社群本身是这个背景的一部分"。② 在"社群秩序阶梯"的结构中,随着社群背景的逐渐扩大,就形成了多层级社群互涵共生的结构,同时,社群与各层级环境的某种共同性也表现出来。

人是社群秩序的产物,作为社群性的存在就必定离不开相应的环境,即包含其在内的更大的社群。人与环境的关系,在终极的层次上决定和表现了人的本质。生态学家罗尔斯顿在《哲学走向荒野》中说生态学是一门终极的学科,就是这个缘故。与一切生命一样,人的生命存在必然是生态的,离开生态性的生命是不存在的。以社群的眼光来看待人与环境的关系,也就是将其看成一个紧密关联的生态系统。比如当我们把土地视为自己归属的社群时,我们会带着爱心和敬重之心去利用它。那种把生命与生态割裂开来,企图离开生态关系来抽象地谈论生命的观点是极端荒谬的。马克思在谈到他的哲学的真正出发点是现实的活动着的人时,首先关注的就是人与环境之间的关系,作为人的生命活动的实践,就是人类处理其与环境关系的自由自觉的主体性活动。这就是说,实践从根本上说就是一种生态性的活动,是人处理自己与环境之间的生态关系的生命活动方式。生态性是人和一切生命存在的基础本性,怀特海的社群理论由此显示出重要的人学意义。

每一个社群既有自己的特殊性,又有某种与环境共生而形成的共同性。社群秩序赋予每一个社群自我维护和生成的特殊规律。怀特海说:"支配着一种社群环境的因果性规律是那个社群的确定特征的产物。"③ 这种确定特征是社群环境作为系统整体所具有的性质和效能。"但是社群只有通过它的各个成员才能发挥效能。"④ 环境作为整体的作用也要通过各个成员来发挥,以实现其对社群整体的作用。这里存在着一个极为重要的系统性规律,那就是系统整体质表现为特定的机能而返回到各个成员上,并通过它们表现出来。这种整体质作为特殊的规律存在于系统整体,并赋予各个成员,这些成员也才真正成为这个系统的有机组成部分,各自按照自己的可能去发挥整体的功能。在这个多层

---

① 怀特海:《过程与实在》,李步楼译,商务印书馆,2011年,第140页。
② 怀特海:《过程与实在》,李步楼译,商务印书馆,2011年,第141页。
③ 怀特海:《过程与实在》,李步楼译,商务印书馆,2011年,第141页。
④ 怀特海:《过程与实在》,李步楼译,商务印书馆,2011年,第141页。

级阶梯的秩序中，每一个事态都存在于一定层级的环境之中，与环境发生互动共生的关系，同时还影响到其他层级。

威廉·詹姆士说："终极的实在必定是一个包罗一切的系统的整体。"[①] 对于社群的这种系统性质，怀特海十分重视。他指出："持续的具体实在是机体。所以整体的结构对于从属机体的性质都有影响。"[②] 这说的是系统整体结构生成特殊功能，而这种功能又会影响构成系统的各个成员。比如拿动物来说，其心理状态进入了整个机体的构成之中，就要对层层从属机体的直到最小的电子发生影响。机体内的电子要受机体内在性质影响，按照身体的一般结构运行，而这个结构就包括心理状态。这个例子生动地说明了环境对于其中的成员的规定意义。

社群是有秩序的存在。"在这些社群之外，便是无序的存在，这里的'无序'是一个相对的词语，它所表达的意思是在这些相关社群的范围之外该社群的确定特征便不具有重要地位。"[③] 怀特海说的"社群"本是针对自然界的内在秩序结构而言的，而自然界只是人类的感官所感知的那一部分宇宙。在显示了一定明确性的这部分宇宙之外，还有无边无际的不甚明确的部分。相对于自然界中社群具有某种确定特征而言，这之外的那些社群可以说是处于相对无序的状态。它们尽管与自然界内的社群的关联间接而遥远，但仍然是自然界中各种社群的更加广袤无垠的环境。这个环境可视为混沌——一个内在秩序尚不明确的模糊世界。在这里，怀特海肯定了自然界中的社群与这个"无序"环境之间的远距关联，而这正是复杂性理论所关注的内容。

对这个混沌的环境，怀特海有更明确的论述。他说："物理世界由一种普遍类型的关系结合在一起而构成广延的连续体。"[④] 在这些广延性联系中，除了我们已经认识的比较明晰的秩序性存在之外还存在着广袤无涯的模糊领域，一个巨大的混沌状态。那个混沌的部分作为宇宙的存在依然是我们的环境这个系统中的组成部分，它与明晰的部分一起构成我们的环境系统。怀特海在此点明了环境的系统特征，即包括整个宇宙在内的环境乃是一个具有内在关联结构的系统整体。因此，我们应该以系统的眼光来看这个宇宙环境。环境观念中的这种宇宙视域警示我们不能坐井观天，不能仅仅把目光局限于我们直接生存其中的地球，不能把地球视为孤立自足的存在。

---

① 威廉·詹姆士：《多元的宇宙》，吴棠译，商务印书馆，1999年，第76页。
② 怀特海：《科学与近代世界》，何钦译，商务印书馆，2012年，第77页。
③ 怀特海：《过程与实在》，李步楼译，商务印书馆，2011年，第144页。
④ 怀特海：《过程与实在》，李步楼译，商务印书馆，2011年，第150页。

怀特海指出："每一个社群都需要更广阔的社群环境，这个理论提出了社群和环境的一种区别，即社群相对于那个环境中的某种变化来说，可能多少是'稳定的'。"① 正因为稳定，社群才能形成并存在。世界由各种层级和性质的社群构成，它们互为环境，互相依存，并且在相互作用中自我生成——或者维持生存，或者推陈出新。在这种共存互动和共生的系统关联中，社群各自的价值依凭和价值追求的差异造成彼此之间的矛盾甚至对立，于是就产生了社群系统中的生态伦理问题。对此，怀特海给予了深切的关注。

第一，作为"完全有生命的"结合体的人，依存于有生命社群中的"'无机的'结合体"，因此必须尊重这些"'无机的'结合体"。怀特海指出，有生命的社群不可能孤立地存在，"一个有生命的社群包含着'无机的'结合体，而一个无机的结合体为了使它们在外部环境的变化中得以生存，并不需要'完全有生命的'社群的保护……但是，'完全有生命的'结合体如果要生存下去，那么它们的确需要这样的保护"②。在怀特海看来，复杂的无机的相互作用系统是为了保护"完全有生命的"结合体而建构起来的，任何有生命的社群如果失去了这些无机的社群的辅助作用就都不可能存在。任何个体生命都必须以非个体的场态生命结合体为生存条件，生命体都必须生活在生命场中。这就是说，任何个体形态的生命结合体作为相对性（对象性）的存在，都是开放性的系统，它必须从外部环境，包括"无机的"环境中获得维持其生命状态的各种资源，必须与环境维持特定的稳定关系。

第二，针对特别化社群的特殊要求，结构性社群中占支配地位的成员应该积极发挥精神极的作用，担负起自我调适的责任，以在环境的新颖性中保持社群的稳定性。怀特海说："一个复杂的社群对于环境显示出某种特征能够是稳定的，那么就可以说这个社群对于那些特征是'特别化'了的。"③ 于是就有了"特别化的社群"。这种社群一般说来要被特别化，需要一种非常特殊的环境。这样一来，它就必然难以适应环境的剧烈变化。为了适应环境的变化，在环境的新颖性中保持稳定性，"对于自然来说问题就是要产生具有高度复杂性的有结构的社群，而同时又是非特别化的社群。这样，强度与持续生存才是互相一致的"④。这就对社群发展提出了非特别化和精神发展的要求，并且凸显了有结构社群中占支配地位的成员的作用。面临与环境的矛盾，"有结构的社

---

① 怀特海：《过程与实在》，李步楼译，商务印书馆，2011年，第157页。
② 怀特海：《过程与实在》，李步楼译，商务印书馆，2011年，第160页。
③ 怀特海：《过程与实在》，李步楼译，商务印书馆，2011年，第156页。
④ 怀特海：《过程与实在》，李步楼译，商务印书馆，2011年，第157页。

群"解决这个问题的方式有两种：一是"消除细节的差异"，即消除自身不适应环境的那些特点，以保持自己的基本生存；二是发挥"创生新颖的概念性反应"，即有主动创生自身的新颖性以适应环境的新颖性的欲望。对于这两种解决方式，怀特海认为第一种方式是无机物社群如晶体、岩石、行星和太阳之类的解决办法，那就是忽略和抹杀个体的差异而均匀化；第二种方式是有生命的复杂社群凭借精神极的作用来寻求新的创造性机缘，通过改变自己而与之相协调。那些特别化社群如果精神极固执僵化，不愿意或者不能主动改变自己的存在方式，最终就会被环境的新颖性淘汰。

第三，非特别化的社群虽然显示出适应环境变化的灵活性和优势，但在此过程中却抑制了自身的发展，因而应该有自我提升的自觉。怀特海说："一个非特别化的社群可以经历环境中的重大变化而持续存在。这就意味着这种社群可以根据不断变化着的环境关系而发挥不同的作用。"[①] 这是因为，这种社群的确定特征不包括结构样式的任何特殊的规定性而表现出适应环境变化的灵活性，社群可以采取适合于当时环境的特定的样式。但是，事情又有另一面，那就是"一个非特别化的社群作为一个整体来看，容易显示出结构样式上的缺陷……并不能保证有利于其成员增强满足强度的条件"[②]。这就需要在精神上高度发展的社群积极发挥精神极的引领作用，通过与环境的新颖性的协调和自我提升来获得更大的满足，以提高自己的生命质量。

怀特海在这里提出了两个重要的生态问题：一是特别化的社群更为容易遭遇严重的环境危机，人类今天所面临的生态问题就是突出的表现；二是精神极高度发展的社群必须积极发挥精神的自控作用，通过努力改变自己来适应改变了的环境。对于那种坚执故我的特别化社群，这无疑是一个严正的警告。今天的人类要自觉而有效地改变自己的生活和生产方式，改变自己的欲望和需要。

第四，社群结构作为不同社群的生态共同体，同时又存在不同层级和价值追求上的差别和矛盾，于是就需要实行和维护"环境公正"这个极为重要的生态伦理原则。怀特海从世界整体合生的生成本质出发提出了"生态合作"的观念，即任何物种的生态环境都是处于这个环境之中的所有成员共同作用的结果，因此也需要相互合作，共同维护和优化环境。在生态合作中，社群之间和社群内部不同层级之间的合作是很重要的内容。今天的人类生态学，就是立足人类这一特殊社群的生态关系的。人们如今已经不满于抽象地言说整个人类与

---

① 怀特海：《过程与实在》，李步楼译，商务印书馆，2011年，第157页。
② 怀特海：《过程与实在》，李步楼译，商务印书馆，2011年，第156~157页。

其环境的生态问题,而把视线深入到人类这个社群的内部结构,注视不同地域、国家、民族和阶层等次级社群之间的生态处境及其相互关系。方兴未艾的"环境公正"思潮,就主要是着眼于穷人这样的弱势群体与富人等强势群体之间的生态矛盾而产生的。这种观念,也指向发达国家对发展中国家在生态环境问题上的不公正状况,指向生态霸权主义和生态殖民主义的种种行为。怀特海的社群结构理论把环境思维从自然生态延伸到社会文化生态,为环境公正问题的探讨打开了大门,其理论和实践意义不可低估。

第四节 人是有意识的自觉创造者

(一)人是宇宙审美创生本质的自觉实现

如果说在人类从宇宙中现实地生成之前,宇宙的审美创造进程还只是自发的,那么到了人类身上,这种创造性就是自觉的了。这种自觉性,既是人的创造性的特点,也是宇宙自我生成从自发向自为的提升。

人的创造性的自觉性,是因为在人的主体形式即精神构成中已经有了"意识"这个人的主体形式才有的特殊内涵。正是意识把人与其他躯体生命区别开来。

那么,什么是意识呢?

怀特海说:"意识是难以定义的。它就是它,而且必须为人所经验。但是也像其他事物一样,它是在诸情况的一个结合体的实质中得到演示的那种必然发生的性质。"[1] 这里说了,意识必须为人所经验,并在人的经验中发挥作用。而且,意识不是一种独立的存在,不是一个自在的实体,而是存在于诸种事态造成的情况相互结合形成的结合体中,是对这种情况进行处理而"演示"才表现出来的那种性质。这种性质作为重要的精神功能是必然要发生的,因为它关系着事物的存在和变化生成。意识是人的主体形式所特有的内涵,而主体形式本来就不能够单独存在,因为它只是对各个构成因素进行建构和整合的一种结构模式,离开了这些构成因素,它就只能作为一种潜能存在于潜在领域之中。意识只是主体形式的一种高级的精神机能。怀特海说:"这种主体性目的最初并不是理智性的;它是对感觉的诱导。这种诱导乃是心灵的胚芽。我在这里使

---

[1] 怀特海:《观念的冒险》,周邦宪译,译林出版社,2012年,第297页。

用'心灵'这个词的意思是指出一个现实实有的构成中包含的精神性活动的复合。"① 意识就是这种精神性活动的复合，而不是单独的实体。

对于这种必然发生的性质，怀特海这样解释道："意识是那样一种性质，它是作为一个事实与对该事实的假设相结合的结果而进入客观内容的。它从复合的客体相符地进入摄入的主体形式。它是内在于实际与理想的对比之中的性质，即经验中的物质极和精神极二者产品的对比之中的性质。"② 这里说的是意识进行"演示"的运作内容，其中有四个关键词，即"假设""相符""对比"和"理想"。把一个事实与对该事实的假设相结合，这里关键是要能够假设，而假设离不开想象。假设是呈现于意识之中的表象，而这是只有人才具有的机能。事实与对该事实的假设的结合要被主体形式摄入，先得由主体形式对其是否相符进行判断并表示态度。这个演示的运行，实际上是事实的实际（是然）与假设中对该事物的理想（应然）之间的对比。通过对比，才有是否相符的判断和态度，才能发现是否有新颖性存在。所谓理想，就包含着对新颖性的追求。在此，精神极相比于物理极就表现出它的超前性，从而使意识具有创造性。意识通过想象，自觉地把实际与理想相对比，发现和确定新颖的目标，以引领创造性的物质活动，这就是意识的基本内涵和机能。

意识有从萌芽到成熟的成长过程。怀特海说："当该对比在经验中只是一个微弱的成分时，意识在其中仅处于萌芽状态，仅是一种潜在的能量。只要该对比得到了明确的规定因而显得突出，该事态就包括一个成熟的意识。"③ 很多动物都具有微弱的意识，但是，只有在人类这里，由于大脑的充分发达，意识才变得成熟起来。怀特海说得明白："被意识所照亮的那一部分经验只是一个选择。"④ 作为肯定性包容的"感觉"的经验本来就是反应之后进行选择的环节。那么，意识的选择有什么特殊之处呢？怀特海的说明是："意识就是一种关注的方式，它提供了极端的选择强调。"⑤ 它作为一种"关注"的方式，有更为明确和集中的价值目标；它还"提供了极端的选择强调"，即非如此不可的选择意愿。⑥ 从这个描述可以看出，意识就是在事物生成的包容特别是作为肯定性包容的感觉中发展起来的。

关于意识"提供了极端的选择强调"，怀特海随后的论述有助于理解。他

---

① 怀特海：《过程与实在》，李步楼译，商务印书馆，2011年，第133页。
② 怀特海：《观念的冒险》，周邦宪译，译林出版社，2012年，第297页。
③ 怀特海：《观念的冒险》，周邦宪译，译林出版社，2012年，第297页。
④ 怀特海：《观念的冒险》，周邦宪译，译林出版社，2012年，第297页。
⑤ 怀特海：《观念的冒险》，周邦宪译，译林出版社，2012年，第297页。
⑥ 怀特海：《观念的冒险》，周邦宪译，译林出版社，2012年，第297页。

说："意识就是在感觉中包含的可能是错误的'理论'和'既定'事实之间对比的主体形式。"[①] 这个对比，就是包容活动第一阶段反映的内容。在这个对比中，"意识包含着'任何'这个词表示的永恒客体与'只是那个'表示的永恒客体之间的对比，并把这个对比提到重要地位"[②]。对比的结果是明确的，而且把握了它的重要性即价值意义。在这里，"意识是对否定的感觉：在对'这块石头是灰色的'的感知中，这种否定的感觉只有最纯粹的萌芽；在对'这块石头不是灰色的'的感知中，这种否定的感觉得到充分的发展"[③]。怀特海认为"否定性的感知是意识的胜利"。为什么是这样的呢？怀特海说，这是因为否定的感觉使意识"最终上升到自由想象的顶点，在这种自由想象中，概念新颖性的东西在整个世界中四处探寻，在这个世界中它们不是被动地体现出来的"[④]。这里突出的还是想象、经验、对比和选择对于意识发展的意义。肯定性的感觉只是对实际事实及其性质的直接经验，只需要简单的判断。见绿是绿，见红是红，动物也能如此，无须想象的作用。但是，否定性的感觉则不一样，在直接单一的感觉之外，另外的可能的性质还有许多甚至无限，要做出否定的判断就需要想象，然后在对比中加以否定。在"这块石头不是灰色的"感知中，就展示出巨大的想象空间，需要凭借想象在灰色之外赋予其他的颜色。于是意识的能动性通过自由想象在整个世界中探寻新颖性，这就是意识萌发的表现。试想，如果没有这种对既定事实和感觉的否定和求异，而只是一味承受既定事实，就不可能有对新颖性的创造。怀特海没有抽象地解释意识，而是从意识对于创进生成的机能揭示了意识的生成，特别突出了想象、理想和对比（首先是对比中的否定性认知）对于发现和探寻新颖性的作用。由于意识，人的创造性就上升到自由自觉的高度，超越了其他动物。由于意识，宇宙的创造性本质也得以提升，在人身上达到了宇宙的自我意识，这种自我意识又引领人的实践，推进人的自我生成。

怀特海认为，人类作为自觉的创造者，应该能够"预察"。可以说，正是人的"预察"能力，使他成为自觉的创造者。凭借自由想象中的对比，意识探寻并发现了既成事实所没有的新颖性，这就是人的"预察"。怀特海说："我们的无知主要表现为缺乏预察能力。我们缺乏预察能力其症结则在于：对于应用科学规律时所必须掌握的今昔相关事实我们缺乏认识。"[⑤] 这就需要遵循事物

[①] 怀特海：《过程与实在》，李步楼译，商务印书馆，2011年，第251页。
[②] 怀特海：《过程与实在》，李步楼译，商务印书馆，2011年，第251页。
[③] 怀特海：《过程与实在》，李步楼译，商务印书馆，2011年，第251页。
[④] 怀特海：《过程与实在》，李步楼译，商务印书馆，2011年，第251页。
[⑤] 怀特海：《观念的冒险》，周邦宪译，译林出版社，2012年，第96页。

的实际关联显示的逻辑去认识和理解事物，这种信息—精神的运作和演示就是思维。"意识是加强一个经验事态人工性（artificiality）的武器。"[①] 这种人工性的武器主要就是思维。因此，思维成为意识的核心功能。

在怀特海看来，人性应当依据意识生动的偶然因素，而不是其存在本质来描述它。它的存在本质指的是生命基础，对这种本质的描述只能运用于胎儿、摇篮中的婴儿、睡眠状态以及几乎不能为意识所感受到的那种广阔的感受背景。"意识的清晰性的区分是人的存在的一个偶然因素。它使我们成其为人，但是它并不使我们存在；它涉及我们的人性的本质，但是它是我们存在的一个偶然因素。"[②] 这说明，意识虽然离不开生命，但并不决定生命的存在。生命并不都具有意识。在各种各样的生命中，只有人的生命有意识，就是说只有具有意识的生命才是人。意识使人成其为人，而且作为具有意识的生命彼此之间也有了区别。说"意识的清晰性的区分是人的存在的一个偶然因素"，是因为只有生命处于积极开放的状态中，生命力驱动出于对外部世界的兴趣，才在好奇心等生命欲望与外在事态的偶然遇合中产生有目的的意识活动，这个意识具有与人的创造性本质相表里的特定内容和机能。

怀特海认为，从宇宙获得创造性本质的人，在"创造的冲动"的驱使之下，就开始思维了。他首要先有对"重要性"的"感受"，进而要对这种感受加以"表达"，为此还要进一步去"理解"。这三个环节都是在意识中通过思维来进行的。既然"重要性"是中心概念，那么"表达"和"理解"就是围绕这个中心而存在的，实际上就是对重要性经验的表达和理解。这是因为，作为"创造的冲动"的重要性经验，不能只是朦胧零散、可有可无地出现于心中，而应当以一定的方式表达出来，形成明晰的认识，以实际地引领创造的行动。而为了表达，就得理解，以弄清这重要性究竟是怎么回事，它为什么具有重要性。被理解的重要性，即经过思维加工探究的重要性，才能被意识充分掌握。

当语言成为主要的表达方式时，思维极大地提升了理智的水平，那就是以概念为工具的理论思维。这种思维方式，以更为抽象和概括的方式深入世界和事物的普遍性与规律。同时，以表象为工具的形象思维也在意识中发挥重要作用。马克思谈到人类掌握世界有四种基本的方式，在国民经济学那样的理论方式——他称为头脑所固有的方式——之外，还有主要依赖形象思维的艺术的、实践精神的和宗教的方式。这些各具特色的思维方式，在意识中各司其职又彼

---

① 怀特海：《观念的冒险》，周邦宪译，译林出版社，2012年，第298页。
② 怀特海：《思维方式》，刘放桐译，商务印书馆，2010年，第107页。

此协作，极大地提升了人类的创造性智慧和能力。

正如萨根所说："人类已演化至把探索和理解作为一种愉悦，把认知作为优先于个体存在的物种。"[①] 思维是人类进行探索和理解的主要活动方式，由于思维，人类才把自己最明晰地与其他物种包括各种高级动物区别开来。由于思维成为意识的中心，人的创造性才不断地提高其自觉性和有效性。

（二）人的创造性是宇宙自我生成的自觉化

人作为"自然界的自我意识"，他的意识就应该自觉地把继承和发扬自然界和宇宙自我生成的精神作为自己的天职和本分，成为宇宙创造精神的自觉继承者和执行者。

从根本上说，由于宇宙的自我生成是在包容中实现的，人的创造性就应该具有自觉的包容意识，把包容的方式作为创造活动的基本方式和至高原则。宇宙的创造性是通过合"多"为"一"的包容合生活动来实现的，继承了宇宙本质的人当然也不例外。怀特海的有机哲学始终贯穿着对抽象性的批判。他一再指出，由人的感官知觉的分工造成的感觉经验的抽象性常常遮蔽了事物存在的具体性，这就导致了"抽象的具体性误置的谬误"，即把对事物的某种性质和特征的抽象的经验，错误地当成事物本身。怀特海认为，17世纪以来兴起的科学主要以分析的眼光看世界，从各自的专业方向出发对世界和事物进行分割式研究，其结果就是以"实体"的概念掩盖了事物作为"关系"存在的实质，从根本上抹杀了事物作为多样统一的复合体存在的性质，因而也遮蔽了事物和世界在综合性的包容中生成创进的规律。怀特海把"包容"列为八个存在范畴之一，把"包容"视为合"多"为"一"以实现创造性的基本方式和途径。在包容中，一方面是对构成因素之"多"的选择和取舍，另一方面是对结构模式的改变和调整，经过这样两个方面的重新架构和整合，即新的综合，才实现了对新颖性的创造，推进了事物和世界的自我生成。人类的创造性应该自觉地坚守这种包容的原则精神，坚持以包容合生为创造的实践方式和有效途径。

要自觉坚守包容合生的生成性原则，就必须对多样性和个体差异性、矛盾和对立的积极意义有充分的认识。这绝不只是涉及胸怀和气度的事情，而是关系到是否真正坚持包容，是否能在包容中创造新颖性的大问题。不是仅仅容忍差异甚至对立，而是应该予以充分的尊重和珍视，因为正是多样性中差异甚

[①] 卡尔·萨根：《宇宙》，陈冬妮译，广西科学技术出版社，2017年，第2页。

对立的存在，才使包容的结果有生成新颖性的更多可能，并具有更大的经验强度。差异互补甚至对立互补，往往为创造新颖性提供了更多的有效机缘。正因此，多向思维、求异思维和逆向思维对于创造有特殊的意义。

要自觉坚守包容合生的生成性原则，还必须具有现代复杂性理论所特别重视的整体观念和整体质"涌现"的概念。包容作为综合，本来就主要是处理部分与整体的关系。在这里，整体先于部分的观念极为重要。包容所创造的新颖性，是一种新的整体质或整体机能。整体的一切构成因素都是这个整体的性质和机能所需要并为之服务的。改变部分或者改变各部分之间的结构都可能创生新的性质和机能，但关键的前提是必须有整体的意识，要在整体构想的要求之下对部分进行调节和改变，并预料到可能出现意外的整体效果。在这里，不仅结构模式对于整体性质具有极其重要的决定意义，还应该留意潜在的整体对于经验中的明晰整体的微妙而深邃的影响。怀特海十分重视作为背景的模糊领域的作用。所谓"骤然体现"和"涌现"，都从整体上对经验产生深刻的影响，人的创造对此不能不多有留意。创造需要灵感，模糊领域的幽深信息往往是灵感得以涌现的根源。

要自觉坚持包容合生的生成性原则，就必须自觉遵循相关的范畴性要求来进行包容，把宇宙自我生成的审美性和生态性有机融合，把审美价值的创造和生态价值的创造统一起来。如前所述，宇宙自我生成的创造性是遵循"主体统一性""客体同一性""客体差异性"和"主体和谐性强度"等范畴要求进行的，其目的是实现美学的复合体。遵循这些范畴进行的包容，实际上就是生态性的包容。在人类的创造活动中，从最早打制的石器看，审美的特征就到处可见了。这些体现了最基本的形式美规律的形制，同时又发挥了劳动的功能，有利于改善人与环境之间的关系，因此具有审美性与生态性相融合的特征。最能体现人的创造性的艺术活动，比如原始的舞蹈和音乐，既是审美的，又主要发挥调适人与自然和社会的生态关系（不仅是物质的，而且是精神的）的功能，也体现了审美和生态的统一。在后来的发展过程中，由于各种历史原因而产生劳动和人性的异化，也由于人的感官知觉与身体经验之间日渐疏离和隔阂，不仅使审美性与生态性分离，而且更有甚者完全置审美性和生态性于不顾，工业化中美感的失落和环境的破坏就是具体的表现。

作为自觉创造者的人，应该重视和深入理解怀特海有机哲学和美学中的生态精神，对审美与生态的本体同一性质有更加理性的认识和真切的感受。在人类的创造活动中，最充分地体现了审美生成原则的是艺术。在此之前的自然界的美，都是宇宙整体神性的直接涌现，而艺术的美则是人的意识作用下的自觉创造，人工化是其本质性的特征。但是，人的艺术创造本来是对宇宙向美而生机能的承继，它就深藏着宇宙自然的创进精神和审美生成的机能。"在某种意义上，艺术是深藏在天性中的诸官能的病态的过度生长。艺术的实质就是要人工化，但是，回复自然同时又仍然是艺术，这才是它的极致。"① 以"回复自然同时仍然是艺术"为艺术的极致，这实际上就是把人工性与自然性统一起来的要求，也是把审美性与生态性统一起来的要求，因为自然性本来就是生态性的。怀特海曾说："上帝便是衡量世界审美一致性的尺度。"② 这个"上帝"指的是宇宙整体，而审美生成与生态生成相互融合的终极根源正在这里。这两者的统一，其实也是马克思对文艺的理想要求，他在1859年评论拉萨尔的历史悲剧时曾将其与歌德的剧作相对比，这是因为歌德的剧作具有"莎士比亚化"的特色。歌德自己极为崇拜莎士比亚的剧作，满怀激情地赞赏它"第一是自然，第二是自然，第三还是自然！""太自然化了！"马克思在此基础上，提出了"要更加莎士比亚化"的要求。质言之，就是要更加自然化，而生态化正是自然化的本性。应该说，审美性与生态性的同一和融合也正是自然化的本性。这与中国古代哲学"道法自然"的主张也是精神相通的。

近代以来的科学由于对自然界进行分割式的研究，忽略了世界的整体性，在违背世界审美生成规律的同时也违背了生态的规律，造成了严重的生态问题。在这个过程中，也有一些科学家重视世界之"真"与"美"之间的内在关系，把美作为探究和判断科学真理的标准。但是，这远未成为科学家的共识。在人类生态危机的警示下，尊重生态规律的要求虽然已经提上议事日程，但是由于各种原因，特别是"资本逻辑"与"生态逻辑"的尖锐冲突，积极改善地球生态的一些重大举措仍然遭到某些霸权势力的冷落和拒绝。因此，在生态文明建设已经攸关人类命运的今天，在人类的一切创造活动特别是经济活动中把审美与生态两者统一起来，使人类的创造真正回归宇宙自我生成的本性，已是刻不容缓的课题。

（三）人的创造中价值从有限向无限的融入

怀特海的有机哲学把价值论作为核心。他在晚年曾说："我自己的信仰是，在现在，因为大家的忽视，最富成果的起点是我称之为美学的价值理论的那一

---

① 怀特海：《观念的冒险》，周邦宪译，译林出版社，2012年，第299页。
② 怀特海：《宗教的形成·符号的意义及效果》，周邦宪译，译林出版社，2014年，第49页。

部分。"① 在怀特海看来，哲学的根本意义就在于探寻和确认世界的价值存在和价值创造。有机哲学认为价值经验与宇宙的创造性本质和宇宙整体神性密切相关，从价值论的角度深刻揭示了创造性的庄严和神圣。

所谓创造性，归根到底就是对价值的创造，而作为基础的就是审美价值。人作为自觉的创造者，应该具有正确的价值意识，充分认识和重视有机哲学价值观的内涵和意义。

第一，把价值看作客观存在的事实，肯定价值作为世界本体的地位。怀特海说："我们存在的基础是'价值'的感觉。'价值'实质上预先假定了'有价值的东西'。在这里，不要从纯粹赞赏的意义上来想像价值概念。它是为了本身存在的意义、作为本身的证实的存在的意义、具有本身的特征的存在的意义。"② 这就是说，价值在根本上就是事物和世界本体存在所具有的意义，这是存在于世界之中的客观事实。怀特海认为宇宙中存在着多个世界，其中最值得重视的是"活动世界"和"价值世界"，这两个世界"相互依存并一起组成具体的世界"。他特地指出："两个世界中的任何一个世界从它本身来看，是一种抽象。"③ 这就是说，这两个世界不是互相分离的，而是相互融合的。只有通过融合，这两个方面或者两种性质才能在具体的现实世界中存在。价值性和活动性，无非是这同一个世界的两种属性，两者结合就是客观存在的价值事实。

第二，价值经验作为宇宙的真正本质，决定于对宇宙的创造生成的意义。怀特海说："我们的经验是一种价值经验……价值经验构成现实事物每一冲动的本性。任何事物都有为自身、为他者以及整体的价值。"④ 他把价值经验视为"宇宙的真正本质"。价值决定于事物的相互关系，决定于与宇宙世界自我生成的整体之间的关联。这就是说，"在任何意义上存在的任何事物都有两个方面，即它个别的自身以及它在宇宙中的意义。同时，这两个方面的任何一方面都是对方的一个因素"⑤。从事物彼此之间的关系，特别是它们与宇宙整体生成过程的关系来认识价值的生成、性质和内涵，正是怀特海价值论的基本点。从这个基本点来看价值，价值的根本内涵就是对于创造新颖性的意义。

---

① 怀特海：《怀特海文录》，陈养正、王维贤、冯颖钦等译，浙江文艺出版社，1999 年，第 278 页。
② 怀特海：《思维方式》，刘放桐译，商务印书馆，2010 年，第 102 页。
③ 怀特海：《怀特海文录》，陈养正、王维贤、冯颖钦等译，浙江文艺出版社，1999 年，第 225 页。
④ 怀特海：《思维方式》，刘放桐译，商务印书馆，2010 年，第 102～103 页。
⑤ 怀特海：《思维方式》，刘放桐译，商务印书馆，2010 年，第 103 页。

第三，认识价值存在与宇宙自我创造进程的关系，对于深刻理解和把握价值的关系内涵至为重要。价值生成于事物之间的关联，价值本身也要生发出关联，即一物的价值会与他物发生关联，从而对他物乃至宇宙整体的价值发生影响。"宇宙中存在着享有价值和（通过其内在性）分享价值的统一体。"[①] 此处说的就是价值的这种性质。他以原始森林中一块孤立的空地上一朵花的美妙为例来说明这种关系。他说："如果我们理解到为何每一朵花的孤立的细胞和颤动不可能享有整体的效果，那我们关于细节对整体的价值的感觉就会在我们的意识中明确起来。"[②] 这一朵花的细胞和颤动都不是孤立的，它们与宇宙整体微妙地关联着。既然如此，存在于宇宙世界中的细节也就理所当然会影响宇宙的整体。这种相互的关联客观存在并对世界的生成发生深刻而重要的影响，它既是神秘的，也是神圣的。因此，怀特海说："这是对于神圣的直觉，是对作为一切宗教的基础的神圣的东西的直觉。"[③] 万事万物中的各种价值，就生成于宇宙自然的这种神圣的有机关联及其整体效验之中。从根本上说，一切价值都是由宇宙神性即宇宙整体的创生机能赋予的。

第四，宇宙自我创进的过程性注定了价值创造的有限性与无限性相交融的关系。世界的活动通过包容的合生来创造世界的新颖性，推动世界向未来的理想境界进取。在过去、现在和未来的连续中，现在只是从过去走向未来这个过程的中间环节。现在的价值就在于它在这个过程的创造性进展中所具有的意义。在怀特海看来，"当活动被化归为'只是创造当前'时，活动也失去了它的意义"[④]。这就是说，价值作为对新颖性的创造，始终是对于现在走向未来的意义而言的。正是创造的过程性，使现实创造的有限价值具有融入宇宙生成之无限性的必然，使必朽的具体存在有不朽的意义。

怀特海特地强调持续的世界是价值世界。这是因为价值本来就存在于世界的生成过程之中，也是对这个过程中创造新颖性的意义。没有持续，就没有过程，就没有创进，当然就没有价值可言了。正是因为价值世界是持续的世界，怀特海才说"价值判断指向超乎历史事实的直接性之外"。这就是说，不能把历史事实孤立起来考量它的价值，而应该把事实放到历史发展的过程之中，从其对历史走向未来的意义去考量其价值。

价值存在和生成于过程之中，因此是有限与无限的统一。正是在这个过程

[①] 怀特海：《思维方式》，刘放桐译，商务印书馆，2010年，第111页。
[②] 怀特海：《思维方式》，刘放桐译，商务印书馆，2010年，第107页。
[③] 怀特海：《思维方式》，刘放桐译，商务印书馆，2010年，第107页。
[④] 怀特海：《怀特海文录》，陈养正、王维贤、冯颖钦等译，浙江文艺出版社，1999年，第226页。

中，事物才存在本质上的关联。正是在这个本质关联的基础上，才存在着价值的有限与无限的问题。对新颖性的创造赋予一切真正的创造活动以无限的意义，这无疑是创造性的庄严与神圣所在。怀特海说："价值在本性上是永恒的和不朽的。"① 作为自觉创造者的人，应该为此深感自豪。

在晚年关于价值论的总结性论著《数学与善》中，怀特海进一步论述了有限与无限的关系。他说："无限没有特性。所有价值都是有限的馈赠，有限是活动的必要条件……无限就其本身讲是没有意义的和没有价值的。它由它的有限实体的体现获得它的意义和价值。离开有限，无限是没有意义的，并且不能同非实体区别开来。"② 这就说得很清楚了，无限不是实体，它不能单独存在，而是依存于有限的。而有限也不是孤立的存在，它由于总是在一个特定的背景中的存在，就有了这个背景赋予它的更为广阔的意义和价值。既然宇宙是无限的，它从根本上就赋予有限的存在以无限的意义。任何个别的事物，作为宇宙中的一份子都分享着宇宙的无限，这就是作为自觉创造者的人的意义和幸福之所在。

（四）宗白华和马斯洛的人格理想的启示

在有机哲学中，任何一个现实实有作为"动在"都是"主体－超体"，即能动超越的主体。在作为"宇宙的产儿"的人身上，自觉的创造性是这种超越性的集中表现和具体内容。作为自觉的创造者，人应该努力培育和造就以创造性为核心的超越性人格。对此，可以从宗白华的人格理想和马斯洛的人本心理学得到启示。

20世纪20年代初，陶醉于"少年中国"精神的宗白华邂逅了怀特海的哲学。他当时表达的美学思想鲜明地表现出与怀特海有机哲学高度一致的内涵。同怀特海一样，他也把世界看作充满生机活力的创造过程，高度重视形式的能动作用，注意到了节奏的审美意义。基于这样的美学观念，他热烈追求创造型的人格，以长诗《浮士德》讴歌创造精神的诗人歌德就是他心目中创造性人格的典范。宗白华这样说："这歌德的特征是谐和的形式，是创造形式的意志。歌德生活中一切矛盾之最后的矛盾，就是他的流动不居的生命，与圆满谐和的形式有同样强烈的情感。"③ 这是说歌德具有向美而生的品质和热烈追求。他又说："歌德自己的生活与人格却是实现了德国大哲学家莱布尼茨（Leibniz）

---

① 怀特海：《怀特海文录》，陈养正、王维贤、冯颖钦等译，浙江文艺出版社，1999年，第226页。
② 怀特海：《怀特海文录》，陈养正、王维贤、冯颖钦等译，浙江文艺出版社，1999年，第225页。
③ 林同华：《宗白华全集》第2卷，安徽教育出版社，1994年，第7页。

的宇宙论。宇宙是无数活跃的精神原子,每一个原子顺着内在的定律,向着前定的形式永恒不息地活动发展,以完成实现他内潜的可能性,而每一个精神原子是一个独立的小宇宙,在他里面像一面镜子反映着大宇宙生命的全体。"[1]这是说歌德的生命作为大宇宙中的一个"原子"是一个小宇宙,他反映和表现出大宇宙活动不息创造发展的本质。不息地创造,正是歌德人格的核心,他以长诗塑造的浮士德就是"太初有为"的创造精神的生动而庄严的写照。宗白华赞叹道:"歌德的生活与人格不是这样一个精神原子么?"[2]作为少年中国学会成员的年轻的宗白华,追求的也是这样一种创造和谐的人生。与怀特海相通的美学思想导致了相通的人格理想,那就是像歌德一样勇猛精进、不息创造的灵魂。

还有深受怀特海哲学影响的心理学家马斯洛的人格理论,也可以给我们生动的启示。马斯洛是心理学"第三思潮"(又称"第三势力")的代表人物,晚年又被视为"第四思潮"即超个体心理学的开拓者。他在其心理和动机层级结构学说的基础上提出的"超越性人格"观点,以其具体的个案描述了这种人格类型的生动特征,有助于理解怀特海所说的人的创造性和超越性品质。

在早期,作为人本心理学家的马斯洛推崇"自我实现的人",即充分实现自身价值和潜能的人。这种人分为不同的层次,有在低级需要层次上自我实现的人,还有超出低级需要甚至超出个人需要和动机的人。他把后者称为"超越型的人格"。显然,超越型人格也分为不同层次,那种超越个人需要和欲望,突破个人的现实视界而皈依天地自然乃至宇宙大道的人,是精神对自我阈限的超越。这种人不仅是突破了"小我"的"大我",而且把自己在精神上提升为"宇宙我",具有与天地合一、与宇宙同道的心灵。

在《超越性动机论——价值生命的生物基础》一文中,马斯洛说:"自我实现的人(即更为成熟、更为完满的人)的定义是:在他们的基本需要已得到适当满足以后,又受到更高层级的动机——'超越性动机'(Metamotivations)——的驱动。"[3]他们是受更高层级的需要即"超越性需要"所驱动的人。马斯洛特别补充道:这些人"是能主动积极地运用自己的能力的人……是为一些他们所为之奋斗,为之求索并奉献忠诚的价值所激励的人"[4]。显然,他们就是有创造性理想追求的人。

---

[1] 林同华:《宗白华全集》第2卷,安徽教育出版社,1994年,第7页。
[2] 林同华:《宗白华全集》第2卷,安徽教育出版社,1994年,第7页。
[3] 林方:《人的潜能和价值》,华夏出版社,1987年,第209页。
[4] 林方:《人的潜能和价值》,华夏出版社,1987年,第210页。

在马斯洛看来，这种超越可以达到一种终极性的层级，那就是与自然和宇宙的沟通、融合和同一。他说："不仅人是自然的一部分，自然是人的一部分，而且人必须与自然多少有那么一点同型（这就是说近似于自然），以便在自然中能够存活。"① 从怀特海的有机哲学很容易理解这种"同型"，因为人本来就是宇宙的产儿。正是与自然的同型，使人成为自觉的创造者，成为具有自我超越本质的能动存在。

对人与自然同一关系的认同，在人的经验中成为真切的意识。正如马斯洛所说："也许，人对自然的激动感情——人把自然领悟为真、善、美——有朝一日会被理解为一种人的自我认识或自我体验，理解为个体自身存在和充分发挥潜能的一种方式，理解为安适自如的一种方式，理解为一种生物性的真实感，理解为一种'生物神秘主义'。也许，我们不仅会把与最值得爱的东西的交往看作神秘的或高峰的浑然一体，而且会把与这'家庭'中的任何一员（它是存在的真正一部分，人也隶属于此）的融合视为神秘的高峰的浑然一体。"② 也正如加德纳·墨菲所说："我们越来越深信不疑的是：我们本来就与宇宙是一体，而非与它格格不入。"③ 这就是所谓的神秘体验或高峰体验。在这种"最高的"体验中，"那种人们所能感知的与终极事物的充满喜悦的浑然一体，同时也可看作是我们人的终极动物性和族类性的最深体验，看作是对我们与自然同型的丰富的生物本性的承认"④。这可以说是人作为"自然界的自我意识"的最高精神境界。由于这种体验，人就把宇宙自然的创造精神变成自己的自觉行动，积极投身于对新颖性的创造行动。

在人们惯常的观念中，似乎只有科学家、艺术家和一些政治家才是创造者和超越者。其实，人天生就继承了宇宙的自我创造精神和能力，因此，创造性应该是每一个人的天性。在马斯洛看来，创造并不是某些人的专利，有的科学家和艺术家并不像人们所期待的那样具有创造性，而一个普通人在平凡的生活中却可能表现出令人欣赏甚至惊叹的创造性来。比如，一位没有受过教育的、贫穷的妇女，却可以是优秀的厨师、母亲、妻子和主妇，她所做的事情全都是独立的、新颖的、精巧的，甚至是出乎意料的，从而表现出她特别的创造性。在马斯洛看来，第一流的汤比二流的画更有创造性。一些人在日常生活的方方面面可能表现出各种创造性，而有的诗人、画家、歌唱家却未必有创造性。

---

① 林方：《人的潜能和价值》，华夏出版社，1987年，第228页。
② 林方：《人的潜能和价值》，华夏出版社，1987年，第228页。
③ 林方：《人的潜能和价值》，华夏出版社，1987年，第228页。
④ 林方：《人的潜能和价值》，华夏出版社，1987年，第228页。

马斯洛认为，创造性的问题首先是创造性的人的问题，不能脱离创造性的人而抽象地谈论创造性的本质。人是具有创造性本质的宇宙的产儿，每一个人从其最深的本源上就被赋予了创造性的特质，关键是人自己如何实现自己的创造性，使自己成为一个"自我实现的人"。在自我实现者的高峰体验中，人所体验到的是类似于存在性认知所揭示的存在性价值。所谓"存在性认知"又称"存在认知"，即对世界整体的终极性的认知，其首要特点就是视世界为整体，具有完全、自足而统一的"宇宙意识"。这种意识把个人看作宇宙整体的一部分，把具体的事物都看作整个世界。这是对世界的整体性感知，感知的是世界的统一性，而不是世界的某个局部和个体。在这种认知中，目的与手段完全一致，存在与价值相互统一。这种认知是超越自我的、非利己的、客观忘我的，它按照对象自身的真相和存在，不涉及对象对自我的价值和作用。这就意味着，其对于自我的认知与对于外部世界的认知之间存在着一定同型的关系——世界就是自我，自我就是世界，万物都存于一心。这就是说，当宇宙的存在本质被自我认知时，自我的存在也更臻于完美的境界。同样，此时的人越是趋近于真实的自我，也就越能感到宇宙的存在性价值彰明于心。这是个人与宇宙本质高度认同和融合的体验，所谓自我实现实际上就是宇宙本质在自我身上的实现，是宇宙向美而生的目标在个人身上得以实现的体验。此时的人，就是宇宙审美生成所追求的人。

上面说到的存在性认知，由于摆脱了狭隘功利欲求的束缚，因而能够认识到事物的本来面目乃至宇宙的终极价值，达到对事物的存在性价值的领悟。这也就是怀特海所说的"真"，而率直的真就是美。因此，它能在手掌中把握无限，在瞬间中把握永恒。与儿童的天真和单纯不同，这种存在性认知及其体验，被称为"聪明老练的单纯"或"第二次天真"，即经历了复杂世事磨炼之后的天真。这样的人，了解现实世界匮乏领域的种种矛盾和不公，了解这个世界上的罪恶、争斗、贫穷和悲苦。但他能上升到这一切之上，透过这一切雾障，依然看到了宇宙本来的美，透过一切缺陷或在缺陷之中看到世界应有的完美。他因此对生活和世界仍然保持着澄明平和的信心和诚挚的热爱。

马斯洛曾以丁尼生（A. Tennyson）的一首题为《小花》的诗为例来说明存在性认知的特点。他说："在那里，那朵小花是作为它自身的本来面目被观察的，同时也把它看成像上帝一样，像是全身放射出天堂的光辉，挺立在永恒之光的中间等等。这时候这朵花显然不仅是作为纯具体的本来面目被观察，而且也作为除此以外别无他物的整个世界被观察，或者以一种存在性认知的方式作为整个世界的象征被观察，即作为一朵存在的花，而不是作为一朵匮乏的花被观察……即看这朵花就像通过这朵花窥见了整个存在王国。"[1] 这就是一种精神上的超越——感悟和分享到了世界存在整体的神性光辉,从而实现具有终极意义的超越。

对于超越型人格的心理特征,马斯洛有很具体的描述。了解这些特征,可以帮助我们更自觉更有效地培育这种人格。通过对超越者与非超越者的对比可以看到,在超越者身上存在着或较多地存在着高峰体验与存在性认知,即对存在整体性意义的感悟和体认。

宇宙的自我生成过程还在继续,人的自觉的创造性也还在自我超越的进取之中。正如马克斯·舍勒所说,人只是从动物性向神性突进的动姿。作为自觉创造者的人所应有的超越型人格,也还在不断地开拓和修炼之中。自觉的超越意识,是超越性人格的核心、目标和动力。跟宇宙一样,人的自我超越永无止境。我们应该对宇宙母体永怀敬畏和虔诚之心,不倦地探寻和学习宇宙的生命精神和生成智慧,忠实地秉承宇宙的意志,使自己无愧于宇宙产儿和宇宙人的身份。

每一个人都可以成为这样的创造者。怀特海认为,一个不断前进的社会除了需要依靠各种专才之外,社会的进步也依靠每一位受过教育的社会成员。他说:"每一位社会成员都应具备一定的知识素养、一定的探索精神、一定的创新能力。所谓探索精神,指的是不断认识大道之理;所谓创新能力,指的是弘理求实,于现实实践之中贯以相关真理。知识素养、探索精神、创新能力这三者之间是相辅相成的。从一定的程度上说,一个人如果能在日常实践中有益于社会进步,那么他就是一个不折不扣的创造者。"[2] 每一个人都应该自觉和努力地成为这样的创造者。

---

[1] 马斯洛:《马斯洛人本哲学》,成明编著,九州出版社,2003年,第380页。
[2] 怀特海:《教育的目的》,靳玉乐、刘富利译,中国轻工业出版社,2016年,第116页。

第二章　身心的统一

引言：消除身心之间"灾难性的分离"

"任何一种哲学都必须要提供某种关于个人同一性的学说。"① 有机宇宙论就是这样的学说。诚如怀特海自己所说，有机宇宙论既是关于自然统一的学说，又是关于人类生命统一的学说。正是基于这种多层级的统一，怀特海明确指出："身体和心灵的统一才成为人。"②

然而，西方哲学对于身心之间的关系的认识一直以来就聚讼纷纭，莫衷一是。1813年，叔本华就把这个难题称为解不开的"死结"。笛卡尔提出身心二元论已经过去三百多年，围绕这个问题进行的争论一直困扰着思想界和科学家们。时至今日，主要的倾向还是身与心二元的观点。

笛卡尔的身心分离学说，是身心二元论发展史上的一种极端的形式，即把物质和精神、身体和心灵分别看作两个互相分离的实体存在。笛卡尔认为，所谓精神作为"一个在思维的东西，一个没有长宽厚的广延性，没有一定物体性的东西"却是一个实体性的存在，即精神实体。笛卡尔认为"这个实体的全部本质或本性就是思维"，只是由于思维的特殊属性，它才不是有广延的存在。③不过，笛卡尔并不否认身体与心灵之间的相互作用，并且认为两者相互结合，组成了一个单一的整体。笛卡尔把物质看成没有感觉的僵死的存在，认为物质的运动来自外力的推动，事物之间的关系也只是彼此之间的外部关联，而精神是物质之外的另一种事态。怀特海认为，这种把心身人为分离开来的观点乃是"灾难性的分离"，必须解开这个"死结"以消除这个分离。

在《宗教的形成》中论及肉体与心灵的关系时，怀特海明确批评了笛卡尔的身心两分观念。怀特海指出，实际的事实是，不存在那样除了自己之外不需

---

① 怀特海：《观念的冒险》，周邦宪译，译林出版社，2012年，第204页。
② 怀特海：《思维方式》，刘放桐译，商务印书馆，2010年，第148页。
③ 笛卡尔：《第一哲学沉思录》，庞景仁译，商务印书馆，1986年，第55、82页。

要任何其他的东西便可存在的实体。因此，物质和精神也不可能是这样的实体。

在怀特海之前，威廉·詹姆士就明确否认意识是一种实体，而认为它是一种机能。在怀特海看来，如果说心物二元论在17世纪开创了一个时代的话，那么詹姆士的心物一元论则开创了20世纪的新时代，把科学和哲学都大大地向前推进。他认同威廉·詹姆士的观点，把意识看作一种认识的机能而不是与物质并立的实体，这就为物质与精神的统一、身与心的统一消除了根本的障碍，为两者的统一提供了可能，因为机能离不开物质，物质也应当有自己的机能。怀特海的有机哲学从各个方面对物质与精神、身体与心灵的结合进行了深入的探究和论述。正如他自己所说，身体与心灵的统一才能成为人，他对物质与精神之间、身与心之间关系的论述，无疑是其人学的极为重要的内容。

流行的哲学，即使是实践哲学，都受到认识论视域的限制，从认识活动中主客观的关系去阐明物质与精神的关系。这样一来，就简单地把认识对象归为物质的即客观的方面，而把人归为精神的即主观的方面，于是两者之间就只有反映与被反映的关系了。即使更深入些，也不过是强调一下人在认识中的主观能动性。如果偶尔涉及物质与精神的生成关联，也只是说精神是物质高度发展出人的大脑时才出现的。言外之意很清楚，在人的大脑生成之前的世界是没有精神的。人们甚至认为这就是马克思主义的观点。实际上，在马克思和恩格斯的哲学原典中，对这个问题的视域绝不仅仅局限于认识论的范围，他们的很多思路和认知突破了这个阈限。从根本上说，马克思提出的"自然向人生成"的思想就包含了精神的生成论内容。他说人作为"自然存在物"要与自然界互为对象，必须把自然界作为自己的物质食粮和精神食粮。试想，自然界如果本身没有精神性的因素和特质，怎么能成为人的精神的对象，又怎么可以是人的精神食粮？他还提出"自然界的人的本质"的概念，赞叹物质闪现出人性的光辉。更重要的是，他还说自己的哲学作为彻底的自然主义等于彻底的人本主义。恩格斯晚年肯定并具体阐释了马克思关于"自然向人生成"的思想。他在论及劳动与人的生成的关系时说劳动和语言一起促进了人脑的进化，使人有了思维着的头脑这个地球上最美的花朵。这些论述，并没有割断和否认精神与自然界之间的生成性关联。应该说，正是由于精神上的成长，活动的实践才从动物性的生命活动提升为体现人的主体性本质的生命活动，并因此把原来自然性的社群关系提升为社会性的社群结构即社会关系，使人成为"社会存在物"。这就是说，在人真正从自然界中生成之前，精神的因素就存在并且也在生成的过程之中了，到了人才具有的意识，精神才生成为最高的形态，以至于能够像恩格斯说的那样，成为自然界的自我意识。

面对身心关系这个"死结"，早就有思想家把二者联系起来加以探讨了。比如培根的观点就引起了怀特海的高度重视。培根写于1620—1626年间的这段话是这样的："肯定地说，不论任何物体，虽然它可能没有官觉，但却一定有知觉。因为当一个物体加在其他物体上时，它就会选择合意的一种纳于自己的怀抱中，而把不合意的排斥掉。不论物体是改变他物的还是被改变的，在行动之前总是有一种知觉存在，否则物体彼此间的关系就会毫无区别了。有时这种知觉在某些物体之中比官觉更精微得多，官觉和它比起来是十分鲁钝的。……知觉是打开自然界的另一锁钥，和官觉起同样的作用，有时比官觉还好。"[①] 培根认为在官觉即感官知觉之前就有知觉存在了，这就明确地把精神的存在推到了感官生成之前，实际上否定了精神只产生于人的大脑的观点，从而把精神的生成引入了自然界的自我生成过程之中。怀特海认为，比起当时正在形成的唯物论观念来，"培根的思想路线却发表了一个更基本的真理"[②]。

在现代哲学家中，杜威和罗素也先后提出把两者结合和统一起来。比如，杜威的"精神物理"概念就试图把两者统一起来。在所有这些努力中，怀特海的有机哲学的回答最深入、最彻底，也最系统。他从宇宙自我生成这个终极视域出发，首先解决了精神与物质在本体上的统一这个根本问题，然后才在此基础上进一步解决人的身心关系问题。

身体与心灵的关系是物质与精神关系在人的存在中的反映和体现。要真正解决身心关系的问题，必须首先解决物质与精神的关系问题。这里首先需要的是视域的扩展和深化，突破通常的认识论视域而从世界存在的本体论视域来考察和认识它。怀特海的有机宇宙论就是从宇宙的视域来揭示这个根本问题的真谛的。

这个问题之所以如此重要，首先是因为，只有深入认识了两者统一的关系，才能理解宇宙作为有机体存在何以可能，宇宙和自然界的自我生成和自我超越何以可能，作为宇宙本质的创造性何以可能；进一步，也才能理解宇宙自我生成为什么具有审美生成与生态生成相融合的性质。

这个问题之所以如此重要，还因为它直接关系到人的本质。正如怀特海说的，身体和心灵的统一才成为人。如果两者分离，人怎么能够成为有意识的自觉创造者？怎么能够实践并在实践活动中彰显自己的本质？人又怎么可能成为

---

① 怀特海：《科学与近代世界》，何钦译，商务印书馆，1959年，第49页。
② 怀特海：《科学与近代世界》，何钦译，商务印书馆，1959年，第49页。

万物之灵,感应天地万物之美,感应宇宙的生命精神?这就是说,这个"死结"不解开,就不可能真正认识人本身,不能真正认识人与这个世界之间幽深而微妙的关系。

这个问题之所以如此重要,对于怀特海的有机哲学来说,还有一个重要的原因,那就是它有助于深入理解感官经验与身体经验的关系,理解为什么身体经验比起感官经验来更深刻、更重要。由此,又关系到世界的潜在的模糊领域对于人的生命和意识的重要性。

总之,深入了解怀特海关于物质与精神、身体与心灵关系的思想,不仅对于理解他的有机哲学的人学部分,而且对于理解他的有机宇宙论的整个思想体系都十分重要。围绕这个问题,有机哲学的最精彩、最具特色的理论内容逐步展现出来。

中国传统哲学的主流受"气"论有机观的支配,向来不主张把心物两者分离开来,其所崇尚的"道""天道"或"自然之道",都是精神性的存在。因此,怀特海的身心统一说很自然地就受到中国哲学家的肯定。比如,熊十力在《新唯识论》中就说:"著者认'心物皆无自体,同为一个整体不同之两方面',此其说,最近西洋哲学同见及之,如罗素、如杜威、如怀黑德(怀特海),无不同声否认心物各有自体。心物二元论已成过去。"①

基于自然界自我生成过程中的整体性和连续性,怀特海明确表达了关于人的身体和精神(心灵)相互关系的一些基本的观点。

第一,他说:"人的个体是一个事实:身体和精神。这种统一的要求是一个基本事实……我在经验着,而我的身体是属于我的。"② 这是从身体与经验的关系肯定身体与心灵的统一。

第二,他说:"我们的身体的功能活动具有很广泛的影响,不以产生感性经验为限。"③ 这是说除了感官的经验之外还有更为本真的身体经验。这种经验是心灵中更加深邃幽微的内涵。

第三,他说:"由身体派生情感的直接感受是我们的基本经验之一。有各种各样的情感,但是每一种情感至少会因派生于身体而受到限制……我们的基本感受也是这种派生于身体的感觉,它使我们有身体和精神统一的要求。"④ 这是进一步从身体与情感的关系来说明身体与心灵的统一。

---

① 熊十力:《熊十力全集》第8卷,湖北教育出版社,2001年,第161页。
② 怀特海:《思维方式》,刘放桐译,商务印书馆,2010年,第146页。
③ 怀特海:《思维方式》,刘放桐译,商务印书馆,2010年,第146页。
④ 怀特海:《思维方式》,刘放桐译,商务印书馆,2010年,第146~147页。

第四，他说："身体是我的，先前的经验也是我的。再者，我只有一个，既有身体，又有经验之流。我认为，这里存在着我们的全部实在存在以之为基础的最基本的信念。当我们存在时，身体和心灵是我们不可或缺的因素。每一个因素都具有我们此刻的自我的全部实在性。但是无论身体或心灵都没有我们一见就赋予它们的那种显而易见的界限。"① 这是说身体和心灵的结合为人的存在的全部实在性所证明，两者没有显而易见的界限。

对于这些观点，有机哲学从不同的视角和层面进行了深入的论证和阐释。这些论述构成了有机哲学人学思想的重要内容。

第一节 有机宇宙论中精神的存在和功能

（一）现实实有作为"动在"的精神内涵

在有机哲学所展示的世界自我生成过程，从一开始就贯穿着精神因素的作用，只不过在不同的生成层级中存在着不同的精神形态，而意识则是只有人才具有的高级精神形态。

针对笛卡尔把物体与心灵分割开来的二元论，怀特海在"肉体与心灵"的题目下讨论了物质与精神相互关系的问题。他指出："最单个的实际实有（actual entity）就是一种确定的知觉活动。所以物质和心灵——它们贯穿一条由这样的事态组成的路径——肯定是相对抽象的；而且它们肯定会从它们各自的路径获得自己特殊的个体性。"② 这就是说，实际实有即现实实有的生成，本来就是一个知觉的过程，也就是物质和精神相互作用的过程。在精神因素的能动参与之下，才有了新的事物。这说明，物质和精神（心灵）本来就是共存于现实实有的两种特性，也就是对这个心物融合的共同体的不同角度的抽象。抽象的东西不可能是现实的存在，因此，无论是物质还是精神（心灵）都不可能是单独的现实存在。它们两者互补共存于现实实有，这现实实有既是物质又是精神——说它是物质，它乃是精神所寓的物质；说它是精神，它乃是负载于物质的精神。总之，正是由于物质和精神的融合，物质才不是僵死的，精神也才不是虚幻的。这就是说，在构成现实世界的最小细胞这一现实实有中，就存在着精神的因素了，没有这个因素就不可能有现实实有的活动本性。

---

① 怀特海：《思维方式》，刘放桐译，商务印书馆，2010年，第147~148页。
② 怀特海：《宗教的形成·符号的意义及效果》，周邦宪译，译林出版社，2014年，第54页。

有机哲学范畴体系提出了极为重要的"本体论原则"。怀特海说:"这个本体论原则意味着现实实有乃是唯一的原因;因此,寻求一个原因就是寻求一个或多个现实实有。"① 这就是说事物生成过程的发生及其结果,就在现实世界存在这个本体之中,即在现实实有之中,包括那个作为终极因的"上帝",也属于本体,因为它就是"原生的现实实有",即最先生成的宇宙整体。既然如此,精神的存在和功能也只能从这个本体去探寻。基于此,怀特海针对笛卡尔的分离的二元论,提出了一种新的二元论,即二元统一而非二元分离的二元论。他这样阐释这种二元论:"每一个事态都有它的物质遗产,以及驱使它走向自我完成的精神反应。这个世界并非仅仅是物质的,也并非仅仅是精神的。"② 这就是说,物质和精神本来就是这个世界同时具有的两个侧面或两种性质,它们无非是对这个世界的两种性质的抽象。旧的二元论把它们各自作为实体分离开来,那是犯了把抽象的东西当作具体事实的错误。怀特海认为宇宙的二元有很多具体的表现,而"每一个终极的实际物既是物质的,又是精神的",这就是宇宙二元的重要内容。

正是由于物质和精神在现实实有中就是并存共生的,现实实有才可能是一个活动的存在。这里所说的"活动",乃是具有生机活力的"活的"运动。怀特海在《符号的意义及效果》中把"活动"解释为"自生"(self-production)。他说:"活动一语是自生的别名。"③ 所谓自生,就是自我生成。因此,"活动"指的就是自我生成的能动存在。怀特海说自己所采用的世界观就是"功能活动观",他解释道:"我这样说的意思是,每一实际事物,都是由于它的活动而成为某物的;通过活动,它的天性表现在它与其他事物的关联性中,它的个性则表现在它与其他相关事物的合成之中。"④ 与其他事物的关联性,就是与其他事物的交互作用。由于这种交互作用,事物才得以自我超越,这就是活动的具体内容。

也正是由于物质和精神在现实实有中就是并存共生的,它们在世界自我生成的过程中各自发挥自己的特殊作用,所以这个过程才能够创造新颖性。创造离不开目的,离不开包容中的选择和建构的自由,离不开对新颖性的发现和关注,而这些都是精神性的能动作用。因此,怀特海着重从世界的创造过程来解释物质与精神(心灵)之间并存互补和互动共进的关系。

---

① 怀特海:《过程与实在》,李步楼译,商务印书馆,2011年,第41页。
② 怀特海:《观念的冒险》,周邦宪译,译林出版社,2012年,第209页。
③ 怀特海:《宗教的形成·符号的意义及效果》,周邦宪译,译林出版社,2014年,第92页。
④ 怀特海:《宗教的形成·符号的意义及效果》,周邦宪译,译林出版社,2014年,第102~103页。

一句话，正是由于物质与精神在现实实有中互补互动，合"多"为"一"的创造性才有可能。

（二）主体形式在包容合生中的精神作用

在有机哲学的范畴体系中，"主体形式"作为存在范畴之一具有极为重要的意义，它实际上就是作为能动的精神因素在包容合生中发挥关键性的作用。可以说，"主体形式"这个存在范畴本身就明确肯定了精神本体的原初存在。

怀特海说自然界中存在"质的形式"和"时空关系形式"这样两种诉诸感官知觉的形式，从这些形式可以认识和解释世界。但是，怀特海所关注的并不是这种"自然界"中仅供认知的静态的形式，而是存在并活动于世界自我创进生成过程之中具有创进功能的形式，即"主体形式"——具有主体能动功能的形式。他说："任何只是在感觉之中呈现出来的就是主体形式。"[1] 这里说的"感觉"指的是肯定性的包容活动。主体形式存在于"感觉"的包容合生的过程之中，它是多样的材料综合地生成为"主体－超体"所必不可少的建构因素。

现实事物都是合"多"为"一"的具体存在，"多"是由主体形式结合为"一"的。主体形式并不是静态的结构，而是将"多"结合在一起，对之进行组织和整合的能动活动过程。它作为活动的形式和过程的形式，不仅对"多"进行选择性的摄入，而且对之进行建构和组织，使之以一定的结构成为和谐的整体。主体形式发挥这种功能的活动，就是一个创造性的过程。通过主体形式的能动作用，事物不仅具有了自己独特的个体，而且这个个体作为"现在"，还把"过去"和"未来"连接起来，也把自己的有限价值与世界自我生成过程的无限价值联系起来。显然，包容合生的活动就是主体形式发挥精神的能动作用的过程。没有精神的作用，这个过程的生成性就不可思议。

怀特海在论及范畴体系时这样解释"主体形式"：它作为"私自性的实际事实……有多种主体形式，诸如情绪，评价，目的，内转，外转，意识等"[2]。这就明确指出了主体形式的精神性。

第一，说主体形式即"私自性的事实"，就是说它不仅有"为我"即为自己的目的，而且能够按照这个目的的需要，在包容活动中进行选择和建构，使事物成为一个实现了自我目的的特殊存在。

---

[1] 怀特海：《过程与实在》，李步楼译，商务印书馆，2011年，第357页。
[2] 怀特海：《过程与实在》，李步楼译，商务印书馆，2011年，第37~40页。

第二，说主体形式就是情绪、目的、评价、内转、外传和意识等，直接指明了它的精神内涵和精神功能。这就是说，主体形式不只是表现多种因素之间的相互关系的结构，而且正是这种结构的动态机能体现了主体的精神存在及其作用。意识是人的主体形式才有的特殊内涵，是迄今最高级的精神形态。对人来说，正是具有意识功能的这种主体形式，才体现了人所应有的自觉主体性，从而使人区别于别的具有主体性的事物而成为人。

第三，主体形式的活动性和过程性，以及作为概念性包容的功能，使每一个现实实有在成为主体的同时具有自我超越的欲望和能力，成为"超体"。这种"主体-超体"性质，决定于主体形式本身的活动性和过程性所发挥的转变功能。它在过去的基础上建构出现在时的存在，同时也就注入了面向未来的理想性欲求。主体形式通过对新因素的摄入和对自身结构的调整，创造出新颖性，这才使宇宙的创造性本质得以实现。

第四，主体形式是在包容的过程中发挥自己的精神性作用的。怀特海讲到"体现过程"即现实生成的过程时说："体现过程就是事物聚集到包容的统一体中去的过程。由此体现的是包容而不是事物的本身。这种包容的统一体是此处和此时的，而集中到包容统一体中去的事物，则在本质上是跟其他地点以及其他时间有关。"[1] 这说明包容是一种能动的选择和转化的活动。

正因此，怀特海接着说："我还要用'包容的统一过程'来取代贝克莱的心。"[2] 在"包容的统一过程"中发挥"心"的作用的就是主体形式。因此可以说，活动着的主体形式就是事物的"心"。然而主体形式本身不能单独存在，而只有在"多"的结合中才会成为现实并发挥它的作用。这就是说，主体形式在把多种因素结合和组织成统一体并建构出身体的同时，也使自己成为活的精神因素，即成为"心"。正是以主体形式为中介，身和心才实现了现实的统一。

主体形式在合生中发挥的是精神的作用，其实就是事物的信息所具有的两种作用：表征和组织。形式以其特殊的信息表现出某种情绪，情绪表达或者影响态度，于是有了评价。由于形式的独特结构所具有的私自性，就有了形式的目的。于是，在目的的引导下，形式或者把某些材料摄入自身结构之中（这是"内转"），或者对某些材料加以排除（这是"外转"）。这所有的主体形式都是精神性的活动或表达，而最高级的主体形式就是人的意识。主体形式存在和活动于事物自我生成的过程之中，它既是"过程的形式"，也是活动的过程。在

---

[1] 怀特海：《科学与近代世界》，何钦译，商务印书馆，1959年，第80页。
[2] 怀特海：《科学与近代世界》，何钦译，商务印书馆，1959年，第80页。

这个过程中，由于主体形式的结构模式的变化，事物发生变化，创生出新颖性来，这才实现了主体的自我生成和超越。正是主体形式的这种作用，使事物成为多样统一的复合体，成为能够"自生"的"主体－超体"。也正是由于主体形式具有这样的组织功能，事物生成中的那些范畴性要求才能通过它发挥作用，把事物建构和协调成一个多样和谐的"美学综合体"。

在阐述意识与感觉的关系时，怀特海就说："意识是某些感觉的主体形式中的一种特殊成分。因此，一个现实实有的某一部分经验可能意识到、也可能没有意识到它的某一部分经验。它的经验是它的完全的形式构造，其中也包括它的意识，如果有某种意识的话。"① 这段话在说明经验早于和大于意识的同时，就指明了经验与主体形式的关系——它的经验是它的完全的形式的构造。这就是说，经验是由主体形式的构造而生成的，最高级的主体形式就是对这些经验的意识。怀特海说："精神性活动并不一定包含意识。合生把所产生的材料吸收到直接的私自性之中，这种合生就在于以各种感觉方式引起私自的综合并把这种材料与之结合起来。这些主体性的感觉方式不单纯是把材料作为异在的事实加以接受；它们使干枯的骨骼具有实在存在的、情感的、目的的、鉴赏的血肉。"② 主体形式的这种精神性活动，虽然不一定有意识，却赋予事物以生命。怀特海用"感觉气息"这个概念来说明这种生命特征，使人想起中国古代哲学所说的生机、生气和气韵。可以说，由于过程形式的精神性内涵及其作用，世界就不仅成了活的世界，而且"万物有情"，成了"情本体"的世界。在艺术中，这样具有主体精神的形式，就是作为艺术本体的"生命形式"。

值得注意的是，主体形式本身并不是单独的实体存在。如果离开了构成主体的那些物质的因素即"予料"，主体形式就只是一个抽象的或潜在的存在。主体形式作为主体诸构成因素的结构模式，必须依附于这些物理性的因素才能成为现实的存在。可以说，主体形式所具有的表征和组织的机能，实际上是一种植根于事物内在关系结构的"格式塔质"，一种有着特殊机能的整体质。离开了物质的质料，主体形式不能存在，也发挥不了它的精神作用。同样，没有主体形式的组织，物质的因素就只是一种"潜能"，甚至只是僵死的存在。它们两者必须结合在一起，才可能成为活的现实存在，并开始自我生成的创进进程。

---

① 怀特海：《过程与实在》，李步楼译，商务印书馆，2011年，第85页。
② 怀特海：《过程与实在》，李步楼译，商务印书馆，2011年，第133~134页。

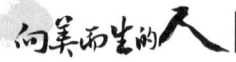

（三）包容合生过程各个环节中的精神体现

有机宇宙论范畴体系中的"包容"作为主体形式发挥作用，实现世界的自我生成，自始至终都贯穿着精神性活动的过程。

世界和事物的自我生成是通过"包容"的活动方式进行的。其中，把主体原来没有的因素摄入自身的是肯定性包容，称为"感觉"（或"感受"），而把原是自身构成部分的因素排除出去的就是否定性包容。前者是"合"，后者是"分"。虽然两者都与生成过程密切相关，但肯定性包容即"感觉"乃是包容活动的主导方式。

感觉作为肯定性包容的过程，包括"反应""补充"和"满足"三个环节。包容是把多个因素加以综合的合生，绝不是对客体所有因素的全盘照收式的包揽，而一定会有所选择，包括排除某些因素。这是从"反应"经由"补充"达到"满足"的过程。有了满足，肯定性的包容才算实现。而感觉的整个过程就是为了得到满足，因此，就要对摄入对象有评价、有选择，从其得到符合自身需要的补充。在阐述"客体的同一性范畴"时，怀特海说："'满足'意指一个复合的充分确定的感觉，处于过程的完成阶段。"① 在这个意义上，它就不只是结果，而且"就是实现私自的理想作为合生的终极原因"②。由此可以看到，"满足"与否不仅直接决定于前两个阶段，而且要对其发挥作用。由于现实实有都有自我超越的"私自的理想"，有追求"私自的理想"并得到满足的欲望和需要，这种需要成为自我生成的现实目的。对象是否符合这个目的，就引起了对于对象因素的不同"反应"，即肯定的或是否定的评价。有了明确的反应，进而就是行动，即选择那些符合自己目的的因素，将其摄取到自身结构之中，这就是"补充"。通过"补充"，作为生成目的的私自理想得以实现，于是获得"满足"。因此，怀特海说"满足"的过程本身存在于前两个阶段之中，对"反应"和"补充"发挥制导和引领作用。这就是说，"满足"不只是包容过程的结果，它作为目的和欲望，还引导和推动"反应"和"补充"。"反应"有着追求"满足"的欲望，"补充"是达到"满足"的行动。"满足"作为目的因的引导和规范作用，渗透在"反应"和"补充"这两个阶段之中。正因为这样，才有达到目的的"满足"。其间的精神活动包括了传播和反馈的环形回路，具有自组织功能。事物自我生成之所以可能，靠的就是这种自组织功能。

---

① 怀特海：《过程与实在》，李步楼译，商务印书馆，2011年，第43页。
② 怀特海：《过程与实在》，李步楼译，商务印书馆，2011年，第327页。

对于感觉过程的各个阶段，怀特海还更深入地说明了这个合生过程的审美性质。他认为，在"反应"中，主体还是把现实世界"作为审美综合的客体性材料"来看待的。也就是说，现实世界以其本来的审美性质呈现于主体面前，从而体现出感觉目的的审美性。在"补充"阶段，各种因素在"私自的理想"的支配下，形成想象之中的审美鉴赏统一体，表现为审美生成的欲望，即一种"概念性感觉"，并且具有"情绪性特点"，然后就是"补充"。于是，一个新的具体的统一体经过包容而得以实现，现实事态的创造性进展就发生了。

显然，感觉过程的三个环节和阶段，都是在精神因素的推动和规定之下进行。其中的目的追求、情绪、欲望、想象、评价、选择、摄入，直至满足，无一不是精神机能的表现。没有这些不同形态的精神形态的共同作用，自组织的生成机制不能形成，包容的创造性也就无从谈起。

（四）精神极与物质极共生互动的原初存在

杜威为了解决精神与物质分离的难题，曾经提出"精神物理"的概念，怀特海比他进了一步，明确提出"精神极"的概念与"物理极"（"物质极"）对置并立，认为任何现实事态都是精神极与物质极并生互动的存在；也由于这两极互补统一，事物才成为活的存在。怀特海的"两极"说，从根本上结束了物质和精神分离的二元论；或者说以一种新的二元论，即物质与精神共生互补的二元论，取代了笛卡尔以来的两者分离的二元论。

早在《科学与近代世界》和《宗教的形成》中，怀特海就提出了"物理极"和"精神极"并生互动的观点，并从宇宙的创造性本质来探究两极之间的关系。这一观点否认精神是与物质分离的实体存在，揭示了精神因素的原初存在及其生成的自然过程，深入阐述了精神在世界自我生成过程中的作用。他把事物的主体性目的视为精神极的核心内容，认为两极互动在现实事物包容生成中具有终极因和动力因的双重纽带作用，并在实现世界的创造性本质的同时既是主体又是超体。这个精神极，不仅是意识生成的原初基础，而且直接作用于价值的生成。精神极的原初存在和能动作用，使事物作为经验存在的普遍性成为可能。

怀特海明确指出："现实实有是物理极和精神极相互作用的产物。"[①] 他又说："精神极是作为物理极活动的概念性对应物而产生的，这两个极在起源上

---

① 怀特海：《过程与实在》，李步楼译，商务印书馆，2011年，第469页。

是不可分的。精神极开始于对物理极的概念性记录。"① 这些论述至少包含了这样三层意思：第一，精神极是与物理极相对应而同时发生的，两者共生而互补，不可分离独存；第二，精神极是概念性的，而且是物理活动的概念性对应物，它与物理极相互作用才有现实实有，要影响物理极的活动及其结果；第三，精神极开始于对物理极的概念性记录，"概念性记录就是概念性评价；而概念性评价引起创造性目的"②。这样物质的和精神的两个方面，结合成一种经验统一体，才有了自我生成的过程。因此，怀特海说："一个现实实有本质上都是具有其物理极和精神极这样的两个极；甚至物理世界如果不涉及复杂的精神性活动这一方面就不可能恰当地得到理解。"③

与物理极并生的精神极，有不同的发展水平和形态。最初，它只是一种情绪性的意向，其中包含了评价和欲求，而意识只是发展到人才有的高级形态。怀特海说："我所采取的原则就是，经验是意识的先决条件，而不是经验以意识为先决条件。"④ 尽管在严格的意义上，只有人才有真正的意识，但在人之前和之外，哪怕是最小的粒子，只要是持续的具体实有，都无一例外会有感觉的经验。哪里有经验，哪里就有精神极的存在和作用。也就是说，在现实世界中，哪里有活动的物质，哪里就有精神。

精神极的存在使物质成为活动的存在，也才有了创造新颖性的自由。在有机哲学的范畴体系中，"自由和决定范畴"是九个范畴性要求的最后一个。这个范畴要求的意思是："每一个个别现实实有的合生是内在被决定而外在自由的。这一范畴可以简化为这样一个公式，在每一个合生中凡是可决定的都已经决定了，但是总有一些剩下来的东西要由该合生的主体-超体决定。"⑤ 这就是说，现实实有的合生要为其内在的各种因素所决定，这些因素既然已经存在就要决定合生的方式。同时，外部存在的多样性又为合生提供了选择摄入对象的自由空间。合生就是这样在决定性与自由性的结合中进行的。怀特海又指出："这种最终的决定是整个统一体对其自身的内在决定的反作用。这种反作用是对情感、评价和目的的最终的修改。但是整体的决定产生于各部分的决定，因而与各部分决定密切相关。"⑥ 由于整体内在构成因素的变化和主体形式的变化，这里说的整体对其自身内在决定的反作用，常常出乎意料，其中就

---

① 怀特海：《过程与实在》，李步楼译，商务印书馆，2011年，第380页。
② 怀特海：《过程与实在》，李步楼译，商务印书馆，2011年，第380页。
③ 怀特海：《过程与实在》，李步楼译，商务印书馆，2011年，第367页。
④ 怀特海：《过程与实在》，李步楼译，商务印书馆，2011年，第85页。
⑤ 怀特海：《过程与实在》，李步楼译，商务印书馆，2011年，第45～46页。
⑥ 怀特海：《过程与实在》，李步楼译，商务印书馆，2011年，第46页。

存在自由的空间。在这个自由空间里，精神极的评价和选择会影响整体的效应。包容是否能够创造出新颖性，就决定于精神极的作用如何发挥。

把精神极的存在和作用看作意识产生之前的一种普遍事实，这就填平了非生命体与生命体之间的鸿沟，在两者之间建立起事实上的连续性和生成关系。怀特海说："其实倘要追溯生命体的起源，我们会发现它们几乎是源于无生命物。"① 他认为，现实实有自我形成中的那些活动如果协调起来，将初始阶段的接受转换成终极阶段的预想，并且通向一个共同目标，那么就会有生命。在这个活动过程中，精神极自身的结构和功能也得以提升。这说明，精神极作为无生命体生成为生命体的能动中介而存在，把精神现象的发生从人的意识向前推进到了现实实有的原初生成过程。这就是说，有机哲学所说的世界自我生成的过程，同时就是精神的自我生成过程。自然界和宇宙的自我生成史，实际上也就是精神的生成史。马克思说的"自然向人生成"实际上也就是自然的精神生成为人的意识的过程。

精神极的存在对于世界的创造性进程极为重要。怀特海说："精神极是使创造活动具有终极因和动力因这双重性质的纽带。构成精神极的决断使实际事实得以进入了创造性活动的特性之中。"② 说精神极是创造活动的终极因，是因为它不仅是创造活动之所以具有创造性的最后根源，而且是对合生结果的自我规定。说它是创造活动的动力因，则是因为精神极的目的、理想和意欲等因素直接推动着主体对预料的选择和摄入。因此，"任何一个现实实有都不可能没有这两极；尽管在不同的现实实有中它们的相对重要性有所不同。而且概念性感觉也并不一定包含意识；尽管任何有意识的感觉不可能不包含概念性感觉作为综合的要素"③。对于精神极与创造性的关系，怀特海有过总结性的论述。他认为："合生经验的两极性质在物理性的一极提供了来自外部现实世界的经验的客体性方面，而在精神一极中提供了经验的主体性方面，它来自与物理性感觉相关联的主体性概念评价。这些精神的活动具有双重的职能。"④ 在这种双重职能中，"构成精神极的决断使实际事实得以进入了创造性活动的特性之中"⑤。

格里芬说："传统二元论的另一面，就是作为空间性的物质性与作为非空间性的精神性二者间的二元关系。怀特海将这一二元论转变成了作为主体的每

---

① 怀特海：《观念的冒险》，周邦宪译，译林出版社，2012年，第227页。
② 怀特海：《过程与实在》，李步楼译，商务印书馆，2011年，第423页。
③ 怀特海：《过程与实在》，李步楼译，商务印书馆，2011年，第367页。
④ 怀特海：《过程与实在》，李步楼译，商务印书馆，2011年，第422~423页。
⑤ 怀特海：《过程与实在》，李步楼译，商务印书馆，2011年，第423页。

一实际事态内部的二元性：'每一个实际物根本上说来都是双极的，有物质极和精神极。'"① 物质和精神两分的二元论被两合的二元论代替，怀特海所说的"灾难性的分离"就这样消弭了。

第二节 泛经验论与身心分离的弥合

（一）有机哲学中的"经验"概念

正确而全面理解怀特海有机哲学的"经验"概念，是认识人的身心统一性的关键。

人们向来认为只有人才有经验。即使主张经验自然主义的杜威，也只是把经验规定为人在与自然界之间相互作用的"做"与"受"的结合。与之不同，怀特海把经验推向所有作为复合体存在的现实事态。正如哈茨霍恩所说："不要狭隘地认为经验只是属于人类，而应将其推广，推广到如此的程度，乃至于不必认为自然中存在着无感觉、无经验、但却是具体的奇特物。"② 这与怀特海的观点不谋而合。由于怀特海把经验普遍化到现实存在的一切事物，人们就把他的经验论称为"泛经验主义"或"泛经验论"。这种泛经验论，对于理解怀特海有机哲学的生命观和创造学说至为重要。

对怀特海学说极为推崇的超个人心理学家布坎南说："也许，理解怀特海方法的关键就在于懂得他那把经验从人推及整个实在王国的方法。在充分意义上存在的一切东西（即动在），都是作为经验存在的。"③ 要理解泛经验论对于有机哲学，包括对于认识身心关系的意义，首先必须理解这个"经验"概念的基本内涵和特征。

第一，经验是普遍性和原生性的存在。这种经验论之所以叫作"泛经验论"，就因为它把经验普遍地赋予一切现实事物。经验就是事物存在和发生的"事件"和"过程"，就是事物之间相互作用的活动。这就是说，一切现实事物都是"经验点滴"。既然经验是与现实实有同时产生的，那么它就必然具有原生性。现实实有是由永恒客体合生而成的，这个合生的包容活动就是经验——感觉经验。怀特海不止一次引用培根的话说，不论任何物体，它虽然可能没有

---

① 大卫·雷·格里芬：《解开世界之死结》，周邦宪译，贵州人民出版社，2012年，第174页。
② 约翰·布坎南：《万物有情论：怀特海与心理学》，陈英敏、刘玉译，北京大学出版社，2017年，第53页。
③ 约翰·布坎南：《万物有情论：怀特海与心理学》，陈英敏、刘玉译，北京大学出版社，2017年，第53页。

官觉，但一定有知觉。既往的经验论仅仅把经验诉诸感官的知觉，而经验实际上在生物的感官生成之前很久就已经存在了。

第二，经验源于"动在"本来的活动性。怀特海常常把经验与感觉连在一起，他说的感觉指的是肯定性的包容活动，而绝不只是感官对外来信息的接受。在这个意义上，经验乃是一种具有创造性内涵的活动，即事物创生的过程。现实实有和一切现实事物都是作为活动的过程而存在的，这个活动及其过程就是经验。可见，与旧的经验概念仅有认识论内涵不同，怀特海说的经验具有某种实践性的内涵。这一点倒是与杜威的经验论颇为一致。

第三，经验具有个体存在的主体性。经验是现实实有的存在方式，而一切现实实有作为多样统一的复合体都是活动的主体，经验就是它的主体性的现实表现。因此，经验是具有主体性的活动过程。在经验中主体形式的情绪、目的、评价、选择、摄入和满足等因素都要发挥作用并表现出来。

第四，经验具有包容机制的合生性和具体性。感觉是肯定性的包容，感觉的经验也必然具有合生活动的综合建构和整合的性质。这样的经验，虽然其中也会出现某些概念性的即抽象的因素，但总的来说是多样统一的，是具体的、生动的，是具有生机活力的。

第五，经验具有自我超越的创造性。经验就是感觉过程中的活动，这个过程通过包容的方式实现主体的自我超越，创造出新颖性，从而表现出宇宙自我生成的创造性本质。每一个现实实有都是一个经验点滴，其中都注入了宇宙整体赋予的创造性基因，这正是经验对于生命极为重要的意义所在。

第六，经验具有系统关联的社群（群集）性。任何经验都不可能孤立存在，它都有自己的社群关系，存在和发生于社群结构的特定层级和关联之中，因此它总是社群性的存在。经验的社群性决定了它与环境之间的生态关系，这个环境归根结底就是宇宙整体。因此，可以说，每一个经验点滴都关联和反映着宇宙整体的存在。正是这种社群性，造就了经验的深邃和复杂，使之成为明晰性与模糊性的微妙结合。

第七，经验具有追求和谐和完善的审美性。尽管经验的存在各种各样，但是在怀特海看来，原初的经验都具有审美性质，即都是审美经验。这就是说，审美经验乃是经验之原生和本色的形态。审美经验作为一种关系性的事件具有内在的三重结构，即主体、对象和两者的相对性关联。在审美经验中，事物实现向美生成的终极目的，创造出以和谐和完善为特征的美。审美经验作为事物在审美关联中互动共生的现实过程，表现了世界生成活动中审美性与生态性的融合和统一。正是在审美经验中，审美的价值——世界存在和生成的根本价值

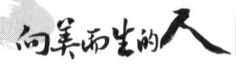

才创生出来。理解怀特海经验概念的审美性极为重要，因为有机哲学的全部学说都是以此为出发点的。

这种与流行观念迥然不同经验论自然会受到广泛的质疑。比如，有论者就认为，泛经验主义暗示像石头、电话这样的东西是有经验的。著名的后现代哲学家格里芬（他认为怀特海的哲学就是后现代的）回答了这种质疑。他指出，这种质疑对于诸如斯宾诺莎、费希纳和席勒的泛心论确实是适用的，因为"它们在原则上不能区分真实的个体与那样的个体所构成的聚合物。但是，该指责却不适用于那些特别重视该区分的泛心论形式，诸如莱布尼茨、怀特海和哈茨霍恩等人的。"[①] 这就是说，怀特海在原则上区别了真实的个体（合成个体）与这些个体的聚合物。合成个体是有机统一体，而聚合物则没有有机统一的结构。拿岩石来说，它就主要是若干分子、粒子之类聚合在一起的存在，并没有形成多样统一的整体，因此也就没有这种整体性的组织机能所赋予的有机性质。而合成个体作为多样统一的综合整体，就具有了通过反应和选择进行包容和摄入的自组织功能，因而就是经验的存在物了。

（二）泛经验论把心灵视为自然的实在

格里芬在《解开世界之死结》中说："要肯定泛经验主义，最终就会贯彻那一规范性法则，即心应该被自然化，因为肯定泛经验主义就需把我们归于心的那两个基本特点，经验和自发性，归于自然的一切单位。"[②] 他又说："泛经验主义就是唯一的一种真正将心灵视为自然的实在论。"[③] 这就是说，怀特海的泛经验论把经验归于自然的一切单位，就从根本上避免了在自然的物质存在之外去寻找精神存在的迷途，结束了物质和精神分离论。

流行的观点总是把物质和精神分别归于所谓客体和主体，精神只属于作为主体的人，而且只是对客体的认知。怀特海不这样看，他说："主-客体关系是经验的基本结构模式。我同意这一先决条件，但是却并不认为主-客体关系等同于知者-被知者关系。"[④] 这就是说，这个经验是主客体之间的关系，但绝不只是认识关系，而是相互作用的活动事件，即一个经验事态就是一个活动。经验为现实事物所普遍具有，而意识是在经验发展的后期才出现的。因此，对精神的探究不能直接从意识开始，而是应该把视线首先投向更加基础和

[①] 大卫·雷·格里芬：《解开世界之死结》，周邦宪译，贵州人民出版社，2012年，第101页。
[②] 大卫·雷·格里芬：《解开世界之死结》，周邦宪译，贵州人民出版社，2012年，第82页。
[③] 大卫·雷·格里芬：《解开世界之死结》，周邦宪译，贵州人民出版社，2012年，第83页。
[④] 怀特海：《观念的冒险》，周邦宪译，译林出版社，2012年，第191页。

原始的经验。在怀特海看来，意识只是经验中的偶然事件，而非经验存在的实质。意识以经验为先决条件，而并非经验以意识为先决条件。意识是在经验的发展过程中生成的高级形态。他赞成詹姆士的观点，认为意识只是经验的一种特殊功能，而经验则是生成意识的"原始材料"。经验与意识的这种生成性关联说明，精神的原生地就在自然界，就在自然界的物质活动之中。既然一切实际事态都是经验事态，那它就必然同时也是精神活动的事态。

怀特海指出："每一实有在本质上都是群集性的（social），都需要依赖群集而存在。事实上，群集对于每一实有，无论是实际的或是理想的，都是囊括一切（包括实有的理想形式）的宇宙。"① 任何一个实有都是一个关系性的存在，它存在和生成于多层级和多维度的相互交织的关系之中。它们在这样的关系中为实现自己的私自理想而活动，也只有在这样的关系中它们才需要和可能这样活动。因此，最单个的实际实有（actual entity）就是一种确定的知觉活动，都存在和活动于经验之中。基于此，怀特海指出，物质和心灵之间就贯穿一条由这样的事态组成的路径，它们就肯定是相对抽象的——相对于把物质和心灵融合一体的具体事态，物质和心灵都只是其一个方面。只有当它们彼此结合在一起，物质获得了精神，或者心灵依附于物质，才可能获得自己特殊的个体性。"一片物质的特性肯定是它路径上的每一事态所共有的某种东西，同样，一个心灵的特性肯定是它路径上每一事态所共有的某种东西。每一片物质以及每一个心灵，都是一个次级的共同体（community）——类似于实际世界的共同体。"② 两者只有结合在一起，才不复是抽象的存在，而是现实的活动事态，是"刺激的共同体"。

普里戈金和斯唐热非常重视怀特海的观点，他们说："怀特海想把人类的经验理解为一种属于自然界的过程，就像物理存在那样。这种想法使得他一方面拒绝哲学的传统，即用意识、思想和感觉去定义主观经验的传统；另一方面，用欣赏、感情、冲动、嗜好和愿望去想象所有的物理存在，也就是说，和在十七世纪诞生的他所谓的'科学唯物论'交战。"③ 这说明了怀特海的泛经验论对于科学思维的意义。

怀特海把笛卡尔以来身与心二元分离的观点视为"灾难性的分离"。为了弥合这个分裂，他把精神还原到自然界之中。他从宇宙自我生成的活动过程这

---

① 怀特海：《宗教的形成·符号的意义及效果》，周邦宪译，译林出版社，2014年，第54页。
② 怀特海：《宗教的形成·符号的意义及效果》，周邦宪译，译林出版社，2014年，第54页。
③ 伊·普里戈金、伊·斯唐热：《从混沌到有序》，曾庆宏、沈小峰译，上海译文出版社，1987年，第135页。

个根本事实出发考察精神的生成过程。对此，他强调了以下几点：

"第一，在我们的根本性的观察中，精神和自然界的这种截然分裂是没有根据的。我们发现自己生活于自然界中。"① 这就是说，从我们自己生活在自然界之中这个事实出发，就可以判断，精神也在自然之中。自然界不只是人的物质根源，也是人的精神根源。而且，我们生活在自然界之中这个事实还说明，按照相对性原则，人的精神活动也是由于自然界中本来就存在着精神因素。不然，人的精神活动就没有对象，就不可能与宇宙自然界发生精神上的关联。

"第二，我们得出结论：我们应当把精神作用看作是属于构成自然界的因素。"② 这是从前面那个事实能得出的结论。现实实有作为经验的点滴就包含着精神的因素，这就是它的主体形式。由于有这个精神因素在包容合生中发挥作用，世界才可能在自我生成中创造新颖性，才经过漫长的过程最终生成有意识的人。如果自然界中没有精神的作用，世界的自我生成就完全不会发生，也不会有我们生活在自然界中这个事实了。

"第三，我们应当排斥自然过程中没有根据的轮转观念。每一出现的因素都引起一种区别，这种区别只能依据这个因素的特殊性质来表达。"③ 这是说在自然界自我生成的过程中出现的各种事物，并非只是孤立的事物相互轮转而已，而是在创新中推进。之所以能够如此，是因为对新颖性的创造使事物出现一些区别，由于有这些区别，才有客体的差异性，才有存在的多样性，才可能通过包容合生而创造出新的事物。因此应该重视这些新出现的区别，看到这些区别所表现出来的事物的特殊性质。

"第四，我们现在的任务是对自然界的因素加以界定，以便了解显相在决定其后的自然过程中有怎样的作用。"④ 这里还是强调要对自然界中的各种因素的特点有明确的认识即"加以界定"，以便弄明白它们究竟是什么样的显相。只有对各种显相的特征有所认识，才可能进一步去估量它们在自然界自我生成的过程中所发挥的作用，即对新颖性的创造能做出什么样的贡献。这就是要把各种显相都放到自然自我生成的过程中去考察其连续性，认识它们彼此之间的生成性关联。怀特海指出："自然界的所有功能活动相互影响、相互要求、相互转化。"⑤ 在自然界中存在的各种不同显相之间，存在着不同方式的彼此重

---

① 怀特海：《思维方式》，刘放桐译，商务印书馆，2010 年，第 143 页。
② 怀特海：《思维方式》，刘放桐译，商务印书馆，2010 年，第 143～144 页。
③ 怀特海：《思维方式》，刘放桐译，商务印书馆，2010 年，第 144 页。
④ 怀特海：《思维方式》，刘放桐译，商务印书馆，2010 年，第 144 页。
⑤ 怀特海：《思维方式》，刘放桐译，商务印书馆，2010 年，第 144 页。

叠的关联。这些不同的显相，既以不同的组织方式而形成不同的功能，又存在着连续性，还"存在着作为间隙的桥梁的两可之间的情况"①。这样一来，具有不同功能水平的不同的精神形态就构成了精神发展的生成性图景，展现出生成性的关联。在这个关联中，可以看到精神在自然界中成长的实在状况。只是由于人的感官经验特别是视觉经验的抽象性，这些相互连续的内在关联常常被屏蔽或者被隔绝了。

（三）心灵与身体在经验中的共生和统一

既然是身心统一才构成人的个体存在，就不应当把心灵与身体分离开来，以为心灵是某种独立于身体的实在。从这种关系出发，就不能只是着眼于感官的精神功能，而应当重视身体的直接经验，因为正是这种直接的经验构成了心灵的重要内容，其中包含了许多隐秘而重要的东西。

人的身体与心灵的统一性，从根本上说，源于人与自然界和宇宙的统一性。自然界和宇宙的自我生成是一个统一的过程。在这个过程中，精神和物质并存互补而且互动，才有对新颖性的创造。怀特海说："肯定心灵的统一性类似于肯定身体的统一性，也类似于肯定身体和心灵的统一性，还类似于肯定身体与外部自然界的共同性……个人的心灵存在所固有的一切情感、目的以及享受，都不外是心灵对于这个经验到的世界的反应，而这个世界乃是心灵存在的基础……因此，在一定意义上，被经验到的世界是构成心灵的本质的许多因素的结构中的一个复合因素。"②

这些论述的含义很丰富。

首先，心灵与身体和外部自然界（环境）之间存在着多层次的统一性，不能离开身体和环境的统一性去看心灵的统一性，这两者各自的统一性又联系着两者之间的统一性，各层次的统一性最终都与自然界和宇宙之间具有统一性。因此，"考察一下身体和心灵、身体和自然界、心灵和自然界这些共同体的类型，或身体存在的连续情境，或心灵存在吧！"③ 这就是说，心灵是在与身体以及自然界的交互关联和作用下生成的，因而只能是对身体和自然界环境的反应，而绝不是身体和环境之外的独立的实体。

其次，外部世界是构成心灵的经验流的基础，是心灵存在的基础。没有自然界和身体等提供的经验，就不会有心灵。按照相对性原则，环境与心灵相互

---

① 怀特海：《思维方式》，刘放桐译，商务印书馆，2010年，第144页。
② 怀特海：《思维方式》，刘放桐译，商务印书馆，2010年，第149页。
③ 怀特海：《思维方式》，刘放桐译，商务印书馆，2010年，第149页。

对应，互为对象，对外部世界的经验就是心灵的本质。若没有与外部世界的对应性关联，没有心灵活动的对象，心灵也就化为乌有。

再次，心灵是对经验到的世界的"反应"，而不只是"反映"。心灵作为"复合因素"，要对各种经验材料进行评价、选择、建构和组织，形成特定的结构模式，这就有主体有意识的参与，并最终引起和表达出相应的态度，比如对对象是否摄入，对包容成果是否满足。这是融进了主体对经验的理解和感受的一种"世界感"，已经包含了价值的认知和判断，并且表现为态度和情感。

最后，"身体存在的连续情景"与心灵存在的关系甚为密切。怀特海说："心灵无非是从出生到此刻的经验情境的连续。所以，在这一瞬间，我就是包含了所有这些情境的完全的人。"① 由于身体存在是包含了连续情境的过程的，这个过程中各种情境的经验就要累积（或积淀）到心灵中。因此，心灵并非瞬间的经验反应，而是与身体的连续情境共生的一个具有内在连续性的活动过程，是人生既有经验的复合、提炼和组织。正因为心灵包含了既往所有生活情境中的经验，所以人作为一个"完全的人"才能决定性地成为独特的"我"。

以上多层次的统一性使身与心的统一成为我们基本的经验。

（四）身心统一与人的生命经验的整体性机能

在《科学与近代世界》里，怀特海提出了一个问题：有了物理学定理所规定的物质形态再加上空间的运动之后，生命机体应当怎样解释？② 他说这是科学兴起的 17 世纪所提出的一个未解决的问题。

怀特海的"感觉理论"直接吸收了培根关于事物即使没有官觉也有知觉的观点。怀特海把事物现实生成的肯定性包容称为"感觉"，把它看作一切现实事物普遍具有的一种自我生成的机能。这种机能像培根说的"知觉"一样，并不是依靠感官的知觉，甚至比感官知觉更敏感，更幽深而微妙。它不只表达出对别的事物是直接纳入还是拒绝或排斥的态度，而且现实地将符合自己需要的东西摄入自身的结构之中。基于对培根上述思想的认同，怀特海提出了与"唯物机械论"相对立的"机体机械论"。

怀特海在批评机械论与活力论的调和时，提出了他的"机体机械论"，认为"持续的具体实有就是机体。所以整体的结构对于从属机体的性质都有影响"③。比如，在动物体内的电子，由于身体结构的缘故，和体外的电子的运

---

① 怀特海：《思维方式》，刘放桐译，商务印书馆，2010 年，第 150 页。
② 怀特海：《科学与近代世界》，何钦译，商务印书馆，1959 年，第 48 页。
③ 怀特海：《科学与近代世界》，何钦译，商务印书馆，1959 年，第 90~91 页。

行是不同的。这种"性状变更的原理在自然界中是极普遍的,绝不是生物体独有的特征"[1]。在这里,他说:"要接受这一原理就必须放弃科学唯物论,而换上一种机体论的理论。"[2]

怀特海说的"科学唯物论"指的是旧的机械论。这种理论所标榜的"唯物"只见物质而不见精神,认为物质的运动只是机械的运动。而取代这种理论的机体论,则把一切实在都视为机体或具有机体性,其最重要的特点就是强调事物整体对其构成因素的深刻影响。整体的结构赐予这些因素以特殊的性质,使其显示出运动的目的和服从目的需要的相互关联和交互作用。正是由于整体结构的这种"组织"作用,事物才具有有机性而成为一个机体。作为机体,它就不只是纯粹物质的存在,而具有精神或类似精神的机能。于是,万物有灵。这"灵"不是外在附加的,而是物质所负载的信息在整体结构中"涌现"出来的具有情感调子的组织机能。

怀特海把这一理论称为"机体机械论",这倒未必恰当。既然机体论是作为机械论的对立面提出来的,机械的就不是机体的,机体的也不再是机械的。但是,他所表达的原理十分明确。他说:"在这一理论中,分子将遵照一般规律盲目运行,但由于各种分子所属总体的一般机体结构不同,而使其内在性质也各不相同。"[3] 这就是对机体的整体机能的明确陈述。

这种机体论为认识心灵的生成及其地位和作用提供了一个崭新的思路,即认为心灵就是机体即身体的整体所具有的机能。怀特海说:"心理经验是从身体活动中产生出来的,身体的内在行为当然也包括在内。因此,心灵的唯一作用就是把某些经验肯定下来,同时又把它所能得到的某些跟身体的内在与外在活动无关的经验加上去。"[4] 这就是说,心灵就是对身体经验的"肯定"和"补充"。所谓"肯定",是对身体经验的选择、组织和储存;所谓"补充"即"加上去",是说心灵可以超越身体直接经验的限制,而以别的方式、从别的渠道获得某些间接的经验,以便使自己的经验结构更丰富更合理。

怀特海关于华兹华斯的"诗意发现"的实质的论述,把这一原理说得更加明确。他说要紧的是要问清楚:华兹华斯到底发现自然界中有什么东西还没有在科学中体现出来呢?他指出,华兹华斯认为生物机体中存科学不能分析的东西。他当然认识到了生物在某种意义上是不同于无机物的,这是谁也不怀疑

---

[1] 怀特海:《科学与近代世界》,何钦译,商务印书馆,1959年,第91页。
[2] 怀特海:《科学与近代世界》,何钦译,商务印书馆,1959年,第91页。
[3] 怀特海:《科学与近代世界》,何钦译,商务印书馆,1959年,第91页。
[4] 怀特海:《科学与近代世界》,何钦译,商务印书馆,1959年,第89页。

的，但这并不是他的主要论点。"他始终不能忘怀的倒是萦绕心头的山景。他的理论认为自然是一个整体。换句话说，他认为尽管我们把任何分离的要素作为单个自为的个体来确定，周围事物都会神秘地出现在其中。他经常把捉住特殊事例的情调中所牵涉的自然整体。这就是他为什么会和水仙花一同欢笑，并在樱草花中找到了'涕泪不足以尽其情的深思'。"[1] 正是这个"自然整体"赋予特殊事物以"情调"，并唤起了诗人的心灵感应。但是，自然物的这种情调却常常不为科学家所理睬。很多美学家不把这种情调看作事物本身的存在，而将其视为人的情感的外射和移注，"移情论"和"表现论"就是其代表。

怀特海从事物整体结构揭示其整体性的组织机能，进而揭示身体与心灵的相互关系，这个观点为认识"主体形式"的精神性开启了重要的思路。

怀特海从人的生命体存在的事实出发指出，人的身体与外部世界之间尽管隔有一层皮肤，却并没有明确的界线。"但是，'身和心'的统一仍然是构成一个人的明显的复合体。"[2] 他说，"我们的身体的经验是存在的基础"，身和心的统一正可从身体的经验得到验证与说明。在生活中，我们往往并没有明显的身体经验，除非身体的什么部位发生了不适和病痛。这说明，"我们对于身体的统一的感受是一种基本经验。这种经验当然是很平常和很完善的，所以我们很少提到它。从来没有谁说：这里是我，我带着我的身体"[3]。事实上，常常是身体经验引起我们对心灵的注意。喜、怒、哀、乐、忧、惧这些情感反应无不诉诸身体的经验。反过来，对身体经验的有意识改变，比如通过运动、舞蹈和歌吟调节身体经验，也可以改变心情。中国气功讲究形、意、神三者互动，就生动地说明了身体经验与心灵之间紧密而微妙的内在关系。在书法审美及其理论中，这种关系也有充分的表现。从汉字"藥（药）"的构形可以看出，音乐之"樂"原本是可以通过身体经验发挥治疗作用的。

其实，感官的经验也往往直接就是身体的经验。且不说感官本来就是身体的一部分，何况从感官获得的颜色、声音和形体等感性印象，无不是感官对物理的"振动和波"的反应，它们也要引起各种情调的身体经验，有时还极为强烈。怀特海把感官经验称为对身体经验的"符号性指涉"，它所指涉的就是发生在身体上的"直接因果效验"的经验。这种直接因果效验性的身体经验才是最深刻的，但是却往往为感官经验的"符号性"所隔离或屏蔽。流行的美学只看到美的对象的意蕴表征及精神内涵，而忽视并否定其动力性的功能，就从根

---

[1] 怀特海：《科学与近代世界》，何钦译，商务印书馆，1959年，第95页。
[2] 怀特海：《思维方式》，刘放桐译，商务印书馆，2010年，第106页。
[3] 怀特海：《思维方式》，刘放桐译，商务印书馆，2010年，第106页。

本上抹杀了身体经验在审美中的基础意义和能动作用。杜威把节奏视为一切艺术的本质，就因为它是生命的本质特征，具有能量组织的重要作用。怀特海以物理上的"振动和波"来解释这种作用，也有相同的意义。生命体都有各种不同的感性经验，这些经验或者由专门的感官获得，或者是直接的身体经验。这些感官经验之中任何一种对于有机体的存在都不是必不可少的，比如，眼盲或者耳聋，都不会导致生命体的死亡，但是，如果失去了身体的经验，生命就离开身体了。

多样的感性经验对于生命体当然是很重要的，但有一种经验是最不能缺失的，那就是经验的整体。这个经验的整体是对各种感官和身体经验的梳理、建构和整合形成的一种新的整体质，它是身体组织高度发展生成的神经中枢器官的特殊机能。这种机能与对新颖性的发现有关。怀特海认为对于生命体的经验来说，"其整体则是高等动物的发展所必不可少的"。正是这种整体性的经验，使人类区别于具有类似能力的动物，而有知觉新事物的能力。这是因为，新事物之新，是在与整体性经验的参照和对比中才得以发现的，而"这要求有一种能够想像的概念的力量和一种能够发生作用的实际力量"[①]。想象的概念的力量依赖于这种整体性的经验，因为整体性正是想象的特征。也只有在想象中形成了整体性的概念，才可能引发发生实际作用的力量，去实际地推动新事物的创造和实现。抽象的经验不可能成为这样的力量，它的作用往往是相反的，具有破坏性的。

由于这种整体性的经验垫底，整体机能才形成了人的心灵。怀特海说："人的心灵是有机体的核心。"[②] 这个核心并不是一个独立的实体。尽管大脑作为中枢极其重要，但它并不是心灵的全部。有时人们以为心灵就在心脏，那是因为心脏对于心灵有最灵敏的身体反应。总之，心灵不是体内的某一个器官，更不在人的身体之外，而是人的这个机体，包括大脑和心脏在内这个整体"涌现"的精神性机能。这种机能，是机体对内在和外在的信息进行接收、组织和调控（传播和反馈）。

由于机体的整体本来就具有审美和谐的性质，它就成为人的理所当然的、下意识的基本经验。生成于这种基本经验之中的心灵，在正常情况下不会再关注这些经验本身。"它所关心的主要是人的存在的细微末节，它并不轻易去沉思身体的基本功能。它不是注意身体对植物性食物的消化，而是抓住阳光照在

[①] 怀特海：《思维方式》，刘放桐译，商务印书馆，2010年，第31页。
[②] 怀特海：《思维方式》，刘放桐译，商务印书馆，2010年，第31页。

叶子上的光彩。"① 这就是说，心灵对于身体的基本功能及其经验具有一种超越日常秩序而关注新颖性的性质。这种超越了动物性的心灵关注的是对象世界中具有新颖性的现象，能感应宇宙整体的神性在现实事物身上"骤然体现"而成的美。说人的心灵是诗歌的源泉、人是宇宙的产儿，是因为宇宙整体原本就是一个伟大的诗人。新印象派画家所痴迷的光就是这样。"这种光是物体的灵魂，像大海一样，涨起长长的浪潮，一直漫过海岸，在那里又闪烁着退回到自身中去。这就是光的泛神论。"② 艺术的灵感就是在对新颖性的敏感中产生的。

说人的心灵是诗歌的源泉，这指的是心灵原初的、本来的还与人的身体的整体经验血肉相连、气息相通的心灵。人类学家对原始思维的诗性的揭示就指的是这种状态。原始人的心灵感应着宇宙的生命气息和神韵。在他们的经验中，一切事物都有生命、都有性灵。这样的心灵其实就是世界向美而生的审美包容性质的朴素表现。由于后来人类生存条件的限制，片面的功利欲望占有了心灵，使之狭隘和扭曲，逐渐遮蔽和肢解了整体经验的审美性质，也就逐渐失去了这种诗性。而唯有那些保存了天然童心的诗人，还具有对整体经验的特殊敏感，可以发现那被抽象思维和功利欲望遮蔽和漏掉的美。在这个意义上可以说，真正人的心灵应该是诗性的。中国古代的诗人屈原、陶潜和苏轼等，提供了这种诗性心灵和人生的典范。中国古代哲人再三宣示的"万物一体之仁"也体现了这种精神。包括音乐、舞蹈和诗歌在内的艺术，从根本上说就是为表现和滋养这样的心灵而创造出来的。

因为人的心灵是在整体性经验的基础上产生的整体性的信息处理机能，"人是宇宙的产儿"这个结论才得以成立。之所以这么说，根本的原因就是人的心灵源于宇宙的整体质，它承继和分享了宇宙整体的机能，能感应这种机能。怀特海在论及宇宙整体这个原初的现实实有时就说"他是一个伟大的诗人"。更为重要的是，正是这个宇宙整体，作为世界审美生成的终极动力和终极理想，以骤然体现的方式赋予万事万物各种形态的美，引领世界在向美而生的道路上前行，并最终生成了人。人作为自然界和宇宙的一部分，并不仅仅是宇宙整体的一个特殊的构成因素，而是与宇宙整体相对应，以宇宙整体为对象，因而与之生气相通的一种聚焦结晶形态的特殊存在。古希腊人视人为"小宇宙"，就应该包含了这个意思。既然如此，人的心灵就具有宇宙整体性的内涵。感应和认识宇宙整体性存在及其机能，感悟宇宙整体机能的神秘的存在和

---

① 怀特海：《思维方式》，刘放桐译，商务印书馆，2010年，第31页。
② 里尔克：《里尔克散文选》，绿原、张黎、钱春绮译，百花文艺出版社，2001年，第131页。

作用，追求宇宙整体引领和启示的生命精神和价值理想，就成了人的心灵所应有的内容。可惜，这些内容常常在现实生活中被遮蔽或被磨灭了。

心灵的诗性使人具有超越现实生活限制的种种愿望和要求。正如怀特海所说："他们具有一些莫名其妙的进取心和不合理的希望。一棵树的不移的活动仅仅是为了活下去。一只牡蛎与此有了一些细微的区别。依此，活下去的生活目标在人那里就变成了为了各种各样有相当价值的经验的生活目标。"① 他因此要不断地追求新颖性，创造新颖性，这正是宇宙神性赋予他的本质。

布坎南说："有了有机哲学，我们便能突破正常科学理论关于物理上相邻因果关系的那些，以及荣格的那些关于无因果共时性原则的简单而局限的概念。怀特海的形而上学提供了一种因果论，它包括：经验进入一切过去事件的方法，一种不同于正常感官经验的别样感知方式，以及不相邻因果关系的可能性。"② 这里所说的因果论就是系统整体的因果论，即现代复杂性理论说的"涌现"，而怀特海称之为"骤然体现"的理论。

第三节　对身心统一关系的深度探究

（一）身心关系在环境中受"大生命"的哺育

任何有机体都生存在一定的环境之中，并与环境发生各种各样的关系和交流。从这个生态学的视角看，心灵就是身体对环境的反应。正是在对环境的反应中，身心关系得以整合，并调适与环境之间的关系。

威廉·詹姆士在谈到精神与生命的关系时说："根据费希纳的见解，我们通俗的思维和我们科学的思维的原始罪恶是这种顽固的积习：我们把精神的东西不当作是通则，而当作是自然现象中的例外。我们不相信：我们的生命是受大生命的哺育，我们各个人的生存得到大生存的支持。大生存必定比它所产生的一切具有更多地意识和更大的独立性。我们却习惯于把我们生命之外的东西只当作是生命的残渣和灰烬。"③ 这里说的"大生命"和"大生存"就是滋养生命体的环境。作为生命体内在能动因素的精神，也是受这个"大生命"哺育的。身与心的统一是环境这个大生命哺育的结果。

---

① 怀特海：《思维方式》，刘放桐译，商务印书馆，2010 年，第 31 页。
② 约翰·布坎南：《万物有情论：怀特海与心理学》，陈英敏、刘玉译，北京大学出版社，2017 年，第 125 页。
③ 威廉·詹姆士：《多元的宇宙》，吴棠译，商务印书馆，1999 年，第 82 页。

但是，所谓"哺育"并不意味着对环境的认同，而是身心统一的机体对环境做出的反应，而这反应首先是心灵做出的。怀特海十分强调心灵是对世界的反应这一观点，这就意味着决不能把心灵与外部世界的真实存在等同起来——心灵反应的是身体与环境之间的关系，即我们的生命需要（包括物质、能量和信息诸方面的需要）与环境功能之间的对比。

生命体生存于生命场中。这个生命场就是生命体的环境，亦即"大生命"。生命体与环境的具体关系构成其生态性"情境"，怀特海特别重视这个情境与心灵的关系。他说："我们在世界之中，而世界又在我们之中。我们的直接情境在形成心灵的情境的组合中，而我们的心灵又在我们现在的情境中……这种观察的事实虽然笼统，但很切要。它是周围世界的连续性的基础，也是它的秩序的各种类型的传递的基础。"[①] 心灵在情境之中，所谓"情境"，就是在世界、身体和心灵相互进入和交互作用的活动中形成的系统。通过这种系统性活动，周围世界成为连续的存在，而情境的连续最终要影响到秩序和类型的传递。心灵的存在和活动都在这个变化和连续的情境之中，它要认知情境的性质，判断情境的质量和价值。对情境的价值判断最终决定心灵的情绪、态度和欲求，这就是心灵对环境的反应。

环境也好，情境也好，作为存在都是复杂的，既有明晰的已知部分，又有模糊的未知领域。因此，怀特海说："纯粹的存在绝不会进入人的意识之中，除非是作为思维中一种抽象的模糊的界限。"[②] 笛卡尔的"我思故我在"乃是一个翻译错误，因为我之所"思"未必就是我之所"在"。同样，我之所"见"也未必就是我之所"在"。这就如怀特海所说的："我们所觉察到的东西绝不是赤裸裸的思维或者赤裸裸的存在。我们发现自己实质上是情感、享受、希望、恐惧、悔恨、对各种不可兼得东西的评价、决定的统一体。"[③] 所有这些都是我们的活动对环境的主观反应，而不是纯粹的存在。心灵正因为是各种情感的统一体，是一个感受模式的过程，才深刻地表现了生命体与作为环境的世界之间的关系，从而也表达了生命体的主体意志。

作为对环境的"感受模式的过程"，心灵具有多种不同的内涵和功能。

通过这个过程"我将环境的各种活动塑造成了一种新的创造物，即此刻的自我"，这个自我当然"作为我的自我是先前世界的继续"。这就是说心灵在环境的作用和"哺育"下发生了某些改变，获得了新的因素，这就创造出一个新

---

① 怀特海：《思维方式》，刘放桐译，商务印书馆，2010年，第152页。
② 怀特海：《思维方式》，刘放桐译，商务印书馆，2010年，第152页。
③ 怀特海：《思维方式》，刘放桐译，商务印书馆，2010年，第152页。

我，实现了自我的超越。

"如果我们强调环境的作用，这个过程便是因果关系。"是环境为心灵的生成及改变提供了各种经验的来源，激发了心灵自我改变的欲望，最终哺育和塑造了心灵。怀特海说这个过程是一个"因果关系"，但并未直接说出何者为因、何者为果，因为实际上它们是互为因果的。同样的环境对于不同的心灵会成为不同的情境，对心灵产生不同的影响，造成不同的结果。

"如果我强调我的活动的享受的直接模式的作用，这个过程便是自我创造。"① 这是说心灵坚持自我的享受模式，那就只是着眼于自己当下的需要，要求环境适应自己，为了自己的需要而去改变环境，那么他就只是创造了他的自我，使本来的自我得以持续，而没有使自己发生改变，没有对自我的超越。

"如果我强调概念预测未来（未来的存在是现在本性中的必然性）的作用，则这个过程便是目的论上对于未来的某种理想的目的……因为对于未来的目的乃是现在的一种享受。因此它有效地决定了新的创造物的直接的自我创造。"② 这是说心灵有预测未来的功能，这乃是它的本性使然。这个本性就是从宇宙本质继承的创造性。心灵由于总有追求新颖性的理想目的，就能有效地决定新的创造物被创造出来。这是心灵直接作用下的创造，是自我而非凭借外力的创造。质言之，正是由于心灵对身体的直接作用，新的创造物才得以自我创造，从而使宇宙的创造性本质在人身上自觉表现出来。自我创造，日新日新又日新，而不只是持续地自我重复，这就是心灵的根本功能和意义所在。

（二）从物理科学寻求心灵充分自然化的根源

在怀特海的有机哲学中，身心二元论问题的最后解决在自然主义的思路中。在这里，他最重视的是量子物理学的"波粒二象性"理论，特别是物理学的"振动和波"的作用。

在认为现实世界只存在作为"动在"的现实实有，一切事物都只是不同的"动在"的结合体和群集的意义上，布坎南称怀特海为一元论者。他说："怀特海的性质上的一元论的含义之一就是：人们再不必把'心灵'和'自然'视为哲学上的对手了。"③ 怀特海正是在这个问题上坚持了彻底的自然主义思路，从物理学的最新成果寻求将心灵充分自然化的深层答案。

---

① 怀特海：《思维方式》，刘放桐译，商务印书馆，2010年，第152页。
② 怀特海：《思维方式》，刘放桐译，商务印书馆，2010年，第152页。
③ 约翰·布坎南：《万物有情论：怀特海与心理学》，陈英敏、刘玉译，北京大学出版社，2017年，第55页。

在《观念的冒险》中，怀特海指出："任何学说，只要它不愿将人的经验置于自然之外，在它描述人的经验时，必然会发现一些也参与了描述不十分特殊的自然事件的因素。如果没有这些因素，那么这种把人的经验作为自然中的一桩事实来研究的学说便只能是粗率的。"① 他坚信心灵生成的深处必然有自然的因素为基础，这些因素就存在于自然界之内，那就是"力（能）"及其与"结构"的结合。

怀特海说："文明所涉及的是按照一个被给予的世界的质的规定性对这个世界的理解。"② 这个被给与的世界的质的规定性是什么呢？他批评了休谟关于第一性质、第二性质的观点，指出："我们的解释无非是扩展了如下的看法：'力'（power）乃是我们关于种种'实体'概念的基础……我们的经验开始于力的感觉，进而及于个别事物和它们的质的区分。"③ 这个"力"就是"振动和波"所具有的能量，而"能"和"力"又是同一个东西。

怀特海又说："另一个结论是：'现实事物'按其本质说是'结构'。力是结构的推动力。一切其他类型的结构都是达到现实事物的阶梯。最后的现实事物是力的统一体。力的本质在于推向自为的审美价值。一切力都是从达到自为的价值这个结构的事实中派生出来的。不存在别的事实。力和重要性是这一事实的两个方面。它构成了宇宙的动力。"④ 正是这个力使物质成为活的存在，有了精神和心灵。

怀特海高度重视"力"和"能"的地位和作用。他说："物理科学将自然事态设想为能量的所在地。无论事态可能是什么别的东西，它总是一桩怀有那种能量的个体事实。电子、质子、光子、波状运动、速率、硬辐射、软辐射、化学元素、物质、虚空、温度、能量的衰变，这些术语都说明这样一个事实：物理科学依据每一事态享有能量的方式承认事态之间存在着质量的区别。这些区别完全是能量的流动造成的。所谓能量的流动，换言之，指的就是该事态如何从自然的过去继承能量，又如何准备将该能量传送给将来的那种方式。"⑤ 这就是说"持续性和原子性"是自然的两个相对的方面。这实际上就是量子物理学所揭示的物质存在的"波粒二象性"：物质的持续性的存在形态是波，原子性的形态就是粒子，而粒子归根到底还是波的合成。怀特海认为"物质能"的概念是物理学的基础，这个"能"就是"振动和波"造成的。"它是有情感

---

① 怀特海：《观念的冒险》，周邦宪译，译林出版社，2012年，第202页。
② 怀特海：《思维方式》，刘放桐译，商务印书馆，2010年，第110页。
③ 怀特海：《思维方式》，刘放桐译，商务印书馆，2010年，第110页。
④ 怀特海：《思维方式》，刘放桐译，商务印书馆，2010年，第110~111页。
⑤ 怀特海：《观念的冒险》，周邦宪译，译林出版社，2012年，第202~203页。

的、有目的的，内在于最终合成（其中，每一事态完成了自身）的主观形式中。物质能便是经验的每一活动的全部精力。"① 这就是说，正是赋予事物以能的振动和波在主体形式中合成了精神，其最高的形态就是意识和心灵。

对于这个"能"，格里芬评说道："这一对能的概念的扩大，是怀特海所构建的一种新宇宙论的核心，在那一宇宙论中，心-身关系再也不被人自动地视为心-身问题。'那一构建所始自的那个关键概念，'他说，'就是：物理学在所考虑的能的活动，就是人在生命中所体验的那种情感的强烈度。'"② 怀特海所说的"能"是对传统物理学的能的概念的扩展和深化，它使物质成为活动的事件而不是死的实体。宇宙之所以具有自我生成的活力并因此成为有生命的机体，就是源于这个"能"的存在。这个存在于振动和波中的"能"，就是精神和心灵之所以可能的深层根源——在世界的宇观层次相对应的渺观层次中的根源。

宇观层次是包含自然界在内的宇宙整体，渺观层次就是量子力学所说的振动和波及其所有的"能"。这种能一方面以其综合构成了宇宙整体的生命力场，具有建构和整合的组织功能，形成詹姆士说的"大生命"和"大生存"，另一方面又形成现实实有那样的"粒子"型细胞，并且是物理极和精神极并生的存在，其精神极最后生成为心灵。就其在人的身体内的存在形态来说，就是由振动和波的能组织起来并同样具有组织作用的精神机能。

或许可以说，在人身上主要是靠大脑和心脏的合作创生出心灵的机能。大脑对来自感官知觉和身体经验的信息进行贮存、唤醒、激活和组织建构，心脏为其提供源源不断的能源，因为构成大脑神经网络中枢的那些波需要物质供给必要的能量，才能正常活动以发挥功能。心脏的活力直接影响大脑的机能发挥，而大脑活动的强度也要求心脏的配合和支持。由于心脏的活动状况同时直接关系着整个身体，所以人们常常觉得心灵驻于心脏之中。其实，心脏只是为心灵机能提供能源的重要脏器，并不是心灵本身。心脏作为心灵活动的能源供给者，其健康与心灵密切相关，因此常常敏锐地反应心灵的状态并成为心灵状态的直接表征。

怀特海对于物理经验的情绪性的揭示有助于认识精神发生的微妙基础。他说："原始形式的物理经验是情绪性的——盲目的情绪。"③ 他以对绿色的感觉为例说："我们非常习惯于认为'这块绿色的石头'是高度的抽象，因而很难

---

① 怀特海：《观念的冒险》，周邦宪译，译林出版社，2012年，第204页。
② 大卫·雷·格里芬：《解开世界之死结》，周邦宪译，贵州人民出版社，2012年，第168页。
③ 怀特海：《过程与实在》，李步楼译，商务印书馆，2011年，第252页。

把'绿色'的观念作为一种情绪的限定特性引入意识。"[1] 这种忽视颜色的情绪性效验的物理感觉非常普遍，这是用直接的感官知觉取代了对颜色的身体经验，而感官的经验只是一种符号性的抽象。怀特海接着说："然而，使绘画艺术得以存在的审美感无非就是对表示情绪的各种色彩进行隐性对比的产物，这种对比之所以可能，是由于它们的图案之间的彼此关联。"[2] 画家保留着对颜色的情绪性效验的敏感，而且正是这种情绪性的经验表现了颜色的生命性质，它也能引起相应的情绪，激发类似的生命经验。怀特海说这就是"同情"，而引发同情的感应正是艺术的目的。怀特海解释说："把情绪的经验同表象的直观分离开来的是思想的高度抽象。因此，原始的经验是与外在的世界关联中感到的情绪性感觉。这种感觉是盲目的，而这种关联是模糊的，而且，感觉以及与外在的世界的关联转变成欲望，这种欲望是对一个即将形成的世界的确定关联的感觉。"[3] 他进一步指出："在原始感觉的矢量传递中，这种原始提供的对比宽度是由脉动的情绪来保证的，在各种机缘的配列划分中……这种脉动情绪表现为不同的波长和振动。"[4] 每一种感觉经验作为一种"感觉质"都与一定的脉动相结合，具有不同的波长和频率，不同的节奏和韵律。"这样，每一种感觉质的传递都与各自的波长相联系。"[5] 在生命体的进化过程中感觉质生成了各种区分，"尽管如此，在我们意识经验中的情绪性欲望要素还是同所有物理经验的基本要素密切相似的"[6]。不仅颜色如此，一切感性的物理形式比如声音、形体等都是如此。这就是"万物有情"的物理根源，也是"通感"和"移情"等重要心理现象的根源。艺术家们对自己采用的物质媒介所具有的情绪性效验即表情功能，都必须有敏锐而真切的把握，即从身体经验获得感悟。

　　从量子物理学的波粒二象性理论到对"振动和波"的特别看重，怀特海终于找到了作为物理学基础的"能"的根源，也找到了精神和心灵的本体基础。后来的弦理论更把波的本体地位推向极致。这些现代物理学的成果对于解开心物分离这个世界的"死结"，消除这个"灾难性的分离"提供了迄今最为深刻的答案。

　　怀特海的这一探究思路，后来还为一些学者所继续。比如，托马斯·内格尔在《心灵和宇宙》一书中就表达了这样的信念，认为心灵并不只是一种事后

---

[1] 怀特海：《过程与实在》，李步楼译，商务印书馆，2011年，第252页。
[2] 怀特海：《过程与实在》，李步楼译，商务印书馆，2011年，第252~253页。
[3] 怀特海：《过程与实在》，李步楼译，商务印书馆，2011年，第253页。
[4] 怀特海：《过程与实在》，李步楼译，商务印书馆，2011年，第253页。
[5] 怀特海：《过程与实在》，李步楼译，商务印书馆，2011年，第253页。
[6] 怀特海：《过程与实在》，李步楼译，商务印书馆，2011年，第254页。

的想法、偶然性或附加物,而是自然的一个基本方面。只不过这是一种隐藏的自然秩序,无法仅仅通过人的感知观察到。他认为,世界的可理解性并非偶然,心灵无疑与自然秩序相关联。"自然产生了带有心灵的意识生命;自然也能被这样的生命所理解。因此,这样的生命归根到底应当被他们自己所理解。"① 他明确肯定了心灵的根源在于自然中的一种隐藏的秩序。他说:"一切事物,无论是否有生命,都是由既是物理的又是非物理的——亦即能够组合成心灵整体的——要素构成的。因此也可以把这种还原论描述为一种泛心论:物理世界的所有要素也是心灵的。"② 他注意到怀特海的有机哲学也属于这个类型,但他显然没有全面而深入地理解怀特海的思想。不过,他提出了问题:如何把心灵理解成自然的产物,或者说,如何把自然理解成一个可以产生心灵的系统?

还有学者在怀特海开辟的思路上走得更远。他们以量子力学为基础,有的根据量子力学成果修改不利于二元论的形而上学原则,有的则以直接论证或改进二元论的方式论证。在这个路向中,佐哈的观点具有重要的意义。她认为必须重估意识的全部问题,"包括它与宇宙中的其他生物和事物的关系问题,甚至还涉及它与物质的最基本的要素的关系问题"③。佐哈从两个维度提出了解决这一问题的思路:一是宇宙整体中的复杂关系,二是对物质本身的最基本要素的理解。为了具体回答这些问题,佐哈提出了自己的新二元论。一方面她承认意识有不同于物质的存在地位和本质特征,另一方面又与传统的二元论认为两者分别起源于各自的本源不同,认为它们有共同的自然基础,是由电子的波粒二象性这同一个母亲生出的双生子。佐哈认为,意识与物质的二元性产生于更加根本的二元性,即粒子的二元性。她说:"波粒二象性如此原始,因此不可还原为任何别的东西或过程,它为我们观察心和物的起源,弄清它们各自的真实意义提供了条件。"她说量子的"波粒二象性是世界上的最原始的心身关系,在更高的层面上,我们便看到了生命的心理和物理方面"④。由于波粒二象性是一切存在的基础,因此,心和物共同起源于量子实在,其中波是心理的实在,粒子是物理的实在。佐哈反对把心灵仅仅看作原子的集合,而是将其理解为关系性和波动性的存在。在这里,她强调了整体性的作用。她认为意识是波的聚合性存在,具有自身的质和属性,这种质和属性超越了其构成部分原有

---

① 内格尔:《心灵和宇宙》,张卜天译,商务印书馆,2017年,第20页。
② 内格尔:《心灵和宇宙》,张卜天译,商务印书馆,2017年,第67页。
③ 高新民:《心灵与身体——心灵哲学中的新二元论探微》,商务印书馆,2012年,第438页。
④ 高新民:《心灵与身体——心灵哲学中的新二元论探微》,商务印书馆,2012年,第439页。

的性质。她说："这种关系整体性恰恰是意识的本质。"①

美作为"有意味的形式"生动地体现了波粒二象的性质。从波粒二象性观念来看美，美的存在作为一个现实的物质存在如视觉形象，就可以说是"粒子"，而其所传达的审美信息就是"波"。流行美学中所说的一切形式其实归根到底都是"波"——视觉形式是光波，听觉形式是声波。这个波，作为有节奏的运动形态，可以统称为"节律"或"节律形式"。怀特海把世界最深的奥秘推到"振动和波"这个渺观世界的层面，认为这个具有节奏的"振动和波"是宇宙生命最深的基础，这也是物质和精神相统一、身体与心灵相统一的物理学的基础。

这个"波"为什么能够有如此神奇的机能呢？如果联系到中国古代的"气"论所揭示的世界生机之奥秘，就很好理解了。世间万物，一气贯之。散则为气，聚则为物。气即节奏，物具形体。因此形神一体，神寓于形。于是，气聚而成的形可以表意，称为有意之象；形为气之所聚，便能感物而动。这就是中国古代的"气形二相论"（或"空色二相论"）。这种观念是中国古代美学的核心，今天可以借助怀特海从量子力学得到科学的解释，敞亮其深刻超前的科学感悟。

这一切源于波的节奏和韵律的特性（我把这一特性称为"节律"）。杜威曾指出，节奏是生命运动的本质，因而也是一切艺术共同的第一特征。作为事物和世界存在和活动的最深秘密，它是具有内在物理能的信息，又具有意义表征的作用，因此是表征与动力即表现性与动力性的统一。世间的美，无论是自然的美还是艺术的美，都是这种身心（形神）融合的存在。由于振动和波即节律的原因，美在具有表现性的同时，还具有如杜威所说的"能量组织"的功能，这是其动力性作用的表现。此处所说的"节律感应"，就包括这两方面的作用。这两种作用都是精神的机能，它们一点不能离开物质的形式即身体。人作为宇宙的产儿，是宇宙自我生成的最高审美产物，也是身心统一、形神合一的。耐人寻味的是中国古代美学中"以形写神、形神兼备"的理论本来就是针对人物画提出的要求。神以形显，不在形外，正好体现了身心统一的关系。

在有机哲学中，振动和波的力和能就这样消解了物质和精神之间的壁垒，也弥合了身心之间"灾难性的分离"。显然，如果从质、能、信三者的合一来看物质的存在，而不是仅仅把它看作一个实体，那么物质与精神、身体与心灵的统一就不成问题了。

---

① 高新民：《心灵与身体——心灵哲学中的新二元论探微》，商务印书馆，2012年，第441页。

（三）心灵是语言给予人类的礼物

怀特海关于语言与人类心灵关系的观点，对于认识心灵的本质和功能，进一步对于认识身体与心灵的关系，都开启了重要的思路。

语言是人创造出来表达经验的有声符号体系，而声音本身是物质的波。怀特海说："语言的本质在于：它利用了经验中的这样一些因素，后者最易于抽象出来供人们自觉接受，也最易于在经验中再现。"① 语言是用来表达本来无声的经验的，并且是表达的系统化。这就是说，语言对于经验的表达不仅突出了经验中的那些重要的、给人感受最深的东西，而且要对这些经验进行组织和整理，彰显其间的关联和秩序。这种系统化的表达建立在语言自身系统性的基础上。表达的系统化既是语言所表达的内容，也是其形式。

逻辑是思维的本质性内核。思维总是遵循一定的规则来进行的，这些规则是思维运行所遵循的逻辑。语言对经验中事物的关联和秩序的表达必然与思维的逻辑密切相关。因此，在众多表达思维的方式中，语言无疑是最重要的表达方式之一。逻辑是思维的范式和规则，无论是形象思维还是概念思维（理论思维）②，其中都有逻辑的作用。对于语言与逻辑的关系，怀特海说："我们承认语言不是逻辑思维的本质所在。……如果没有语言，思维的维持、思维的从容恢复、思维的交织为更为复杂的东西、思维的交换，都要大大地受到限制。……思维的自由是由于语言才得以可能，因为正是由于语言，我们完全摆脱了主观心情和客观条件的直接性的束缚。"③ 语言用词语和概念把芜杂模糊的经验中那些重要的东西表达出来，使之明晰，排除那些芜杂因素的牵绊、干扰和遮蔽。由于词语和概念的意义与所表达的经验信息本身的对应即同一性，它们的意义也相对独立和明确，能够不因主观的心情和客观条件的干扰而变形和湮没。这样一来，思维就可以发挥逻辑的作用，去揭示事物的关联，发现和表达其间的秩序，把相关信息组织成系统化的知识，以达成对事物之"真"的认识。同时，思维中逻辑运行的过程又会影响语言系统的逻辑建构和规范化。

---

① 怀特海：《思维方式》，刘放桐译，商务印书馆，2010年，第34页。
② 人们常常把形象思维与抽象思维相对列。笔者认为，与抽象思维对列的只能是具体思维，而与形象思维对列的则应该是概念思维即理论思维。任何思维，都是大脑遵照一定逻辑对信息进行整理、组织和建构的活动，其间都有抽象，形象思维也不例外。正是在这个意义上，不能把形象思维混同于想象。想象指的是表象再现和重组的意识活动，遵循了逻辑的想象才是形象思维。同时，也不能把理论思维等同于抽象思维。理论思维是在概念运动中进行的，概念当然是抽象的。但形象思维也离不开抽象，否则无法进行思维。无论是理论思维还是形象思维，都应该从抽象上升到具体，即具有追求具体性的品格。但从根本上说，任何形式的思维都具有抽象性，因为没有抽象就没有思维。
③ 怀特海：《思维方式》，刘放桐译，商务印书馆，2010年，第35页。

人类的语言作为人工符号，必然是抽象的。语言所固有的这种抽象，使人脱离直接世界的实际事物，把语词的抽象当成对具体的抽象，这就导致抽象的具体化误置。然而，"尽管有许多危险，文明的最后的兴起还是由于这种抽象"[①]。因为人的感官知觉都是不同的抽象，进入大脑的表象和概念、语词也都是某种抽象，没有这些抽象，人对事物的认识就不能起步，就不会有对普遍性的把握。这样一来，想象和思维都无法进行。人对世界的深入认识，实际上就是从抽象开始的。最高的抽象就是"天""道"等概念，而这些概念的出现，正是文明兴起的突出标志。幸好人的感性经验特别是身体经验始终监护着思维运演的抽象，使概念的经验得到了表达，而这种概念经验则潜在于整个自然界之中。在人类的经验中，这些概念之间保持着彼此的有机关联，互相说明又互相限制和规定，具有自身的协调性和融贯性。这种和谐包括审美和谐、逻辑和谐两种形态，都不同程度地体现出世界包容合生的审美生成这一根本性质。这种具有审美价值的和谐最终会对语言的抽象性概念进行调整，克服其对世界之"真"的某种屏蔽和肢解。受身体支配的心灵，如果还保有对宇宙精神的敏感，就会发挥这样的作用，同时也会改变和提升语言的诗性表达功能。语言和身体经验的直接关系，能表达出丰富复杂而又深邃幽微的情感内涵，在配合上其他的表达方式，就形成了心灵的更加生动的外在表现，甚至是心灵的直接抒发和流露。

语言既表达心灵，又塑造心灵，其对人性提升的意义极为重要。怀特海这样说他关于人性的最后结论："人类的精神活动和人类的语言彼此创造。如果我们想肯定语言的产生是一个给予的事实，那说人类的心灵是语言给予人类的礼物就一点不是夸大。"[②] 人类的语言具有更加精密的结构和更加明确而精微的表达力。正如恩格斯所说，是手和语言一起极大地促进了人脑的进化，人才从动物提升成为人。

怀特海认为"语言有两种功能：与他人交谈和与自己交谈"[③]。他认为后一种功能往往被忽视了，因此应予特别的注意。关于语言可以与自己对话的功能，他说："语言是从一个人的过去到一个人的现在的表达。它是与过去的实在紧密相联的感觉在现在的再现。因此过去的经验在现在仍然清晰。这种清晰性得之于非常确定的感觉材料。这样，清晰的记忆是语言所赋予的，而语言被

---

① 怀特海：《思维方式》，刘放桐译，商务印书馆，2021年，第39页。
② 怀特海：《思维方式》，刘放桐译，商务印书馆，2021年，第40页。
③ 怀特海：《思维方式》，刘放桐译，商务印书馆，2010年，第33页。

看作是从一个人自己的过去到一个人自己的现在的表达。"① 这种与自己的对话，作为心灵的自白和自省，实际上就是一个自觉的运思过程。

怀特海在这里主要强调的是语言对过去经验的明晰化的储存记忆的作用。过去的经验经过语言的意义提炼和秩序化组织成为记忆，这就直接丰富了心灵的内涵，在经验的连续中建立起对世界存在的逻辑性认知和价值评判。特别值得注意的是，语言是概念性语词及其组合，对于表达经验的意义内涵和思想内容，具有独特的提炼和组织作用。通过语言储存的记忆尽管可能淘汰和屏蔽了很多感性的东西，却可能具有更为稳定和深刻的意蕴，附加了对其价值的重要性的感觉。这无疑有助于增强心灵的广度和深度。

除了作为过去对现在的表达外，语言作为与自己的对话，往往就是心灵的自我对话和交谈。语词的概括性和明晰性，使这种对话也往往更加方便，更加明晰和深入。这种心灵自身内在的表达，充满了思虑、切磋、辩诘，甚至自我探究和争论。在这种心灵活动中，过去的经验与现在的经验相互参照和比较，彼此验证和校正，就可能从旧的经验中创生出新的概念、命题、对比、结构和逻辑关联。这些新的认知，有可能具有指向未来的新的价值内涵，这就体现出心灵活动自身的创造性本质。思维就是这样在心灵活动的过程之中从已知探求未知，从旧知推导新知的。原始的诗性思维通过朴素甚至臆想的逻辑联系去理解和创造，因为语言的介入而使效率大为提高，其自由发挥的空间也就更为广阔了。

语言与心灵生成的关系，直接说明了心灵与身体活动的统一性。不同民族和地域拥有不同的语言，说明语言与身体的存在和活动直接相关，它本身就是身体的一种活动方式。语言的运动过程就是心灵的活动过程，因而心灵之动也必然诉诸语言。"言为心声"正是身心统一的表现。正是语言与心灵的密切关系赋予语言以深厚而独特的文化内涵和生命精神。

在论及"知觉"时，怀特海指出："意识强调对这些客体进行选择。因此知觉便是这样一种意识：它是根据为这一强调所选择的客体而被分析的。意识是强调的极致。"② 有了语言，这种强调才能得到清晰的表达。这种强调有可能正是对新颖性的发现和创造。

---

① 怀特海：《思维方式》，刘放桐译，商务印书馆，2010年，第33页。
② 怀特海：《观念的冒险》，周邦宪译，译林出版社，2012年，第197页。

（四）心灵是精神机能和精神内容的结合

心灵与身体的统一才使人成为人，但这种统一并不是将心灵等同于身体。心灵作为对身体经验和感官经验的综合、提炼和组织，使人的生命进入了自觉的信息主导水平，也就必然有它特殊的复杂性，其间存在许多至今未能敞亮的幽微和神奇。在心灵的世界里还存在着一个模糊的领域，这里主要谈谈心灵构成中精神机能与精神内容的关系。

怀特海把意识称为人的主体形式的特殊内涵，这个"意识"就应该既指精神活动的机能，又指精神活动的内容。主体形式其实就是精神内容和精神机能合一的存在。情绪、目的和意识等，就其具有选择定向和结构组织的能动性而言，是精神性机能；就其具体经验、表象、知识和价值观念而言，则是精神内容。心灵的机能总是对一定的信息内容进行组织和建构、改变。巧妇难为无米之炊，没有信息材料的内容做活动对象的心灵也无以施其技。怀特海说："个人的心灵存在所固有的一切情感、目的以及享受，都不外是心灵对于这个经验到的世界的反应……在一定的意义上，被经验到的世界是构成心灵的本质的许多因素的结构中一个复合因素。"[①] 对世界反应的能力是心灵的机能，而所获得的经验和对经验的反应包括情感态度等就是心灵的内容。因此，我们说精神是物质所具有的活动机能，并不意味着它只是机能而否定了人精神内容的存在及其重要性。情绪、情感也好，目的、欲望也好，还有意识也好，从其对意义的表现看就是内容，从其对思维的启动看则是机能，两者同是精神和心灵的两面。可以说，心理学所研究的主要就是心灵的活动机能及其方式，而心灵的意识内容则主要是哲学和意识学（包括意识形态学）的研究对象。

因此，这里需要辨析：心灵只是身体各种经验的综合性整体机能吗？如果这样看，它指的是心之灵性、灵动、灵敏和灵机。但是，心灵还应该有它的灵魂，即它的以理想欲望即生命目的和价值追求为核心的具体内容。这就是通常意义上说的以价值观为核心的思想意识。如前所述，这种意识不仅把主体自身与外界事物即环境区别开来，还把自身作为自己的认识对象。在这样内外结合的认识中理解人与自然界的关系，才能意识到人乃是宇宙整体的结晶，即"宇宙的产儿"。这样理解的意识，贯穿着对人的存在价值的深层感悟，构成了心灵的"文明"内涵。这才是再现了宇宙整体的审美创生精神的心灵。所谓心灵，应该是机能和内蕴两者的综合。以价值观念为核心的意识，乃是人的

---

① 怀特海：《思维方式》，刘放桐译，商务印书馆，2010年，第149页。

灵魂。

在怀特海所强调的文明品质中，真、美、艺术、冒险精神和平和都是真正文明的人的心灵所应有的品质。美是五种品质的核心，由此可见审美意识在心灵中的重要地位。从其在人类的生活和文明发展所显示的事实看，爱美的意识和创美的行动确实表征了人的心灵所达到的水平和境界。

怀特海论及生命的本质时说的自我享受、创造性和目的这三大特质，在人的身上得到充分而完全的体现。这里说的自我享受、创造性和目的三者都贯穿着价值的内涵，其中包括对自我、他者和整体这三个不同层次的价值关系。价值创造是世界存在的基础，当然也是人的生命存在的基础，因此任何人都不可能没有一定的价值意识而能够安身立命。如果说实现自我享受、创造性和目的的精神能力属于心灵的机能，那么这三者所具有什么价值以及以此为核心建立起来的知识体系和评价体系就是心灵的内容。怀特海对价值特别是审美价值极为重视，到晚年撰写了专门论述价值问题的论文《数学与善》和《论不朽》，还写了贯穿着价值探寻意义的《思维方式》，认为创造性思维的起点就是"重要性"这一价值经验，这足以说明以价值观念为核心的意识内容对于人的心灵有多么重要。可以说，心灵正是有了这样的内容才成为人的心灵，而身体也只是因为与这样的心灵相统一才成为人的身体。

怀特海还特别重视情感对于人的重要性。人的身心整体性是人的审美本质存在的基础和具体表现，而情感则最鲜明而生动地表现了身心统一的性质。常说情感是最不能作伪的，就因为它与身体经验的关系最为密切和敏感。怀特海说："身体是属于我们的，我们又是我们身体内的一种活动。"[1] 因此，"纯粹的存在绝不会进入人的意识之中。我们所觉察到的东西绝不是赤裸裸的思维或者赤裸裸的存在。我们发现自己实质上是情感、享受、希望、恐惧、悔恨、对各种不可兼得东西的评价、决定的统一体。"[2] 各种情感作为对经验到的世界的反应，必然是心灵的内容。怀特海还说："生命就是源于过去、指向未来的情感享受。它就是对过去、现在和未来的情感享受。"[3] 这样具有"方向性的特征"的情感享受，生动地体现了宇宙的创造性本质，是推动和激励人的自觉创造性的积极力量。因此，情感在人的心灵中占有十分重要的地位。

就人的心灵来说，最集中和最生动的表现形态就是黑格尔和别林斯基极为重视的"情致"（又称"激情"）。这个概念所指的是具有思想和意志内容的情

---

[1] 怀特海：《思维方式》，刘放桐译，商务印书馆，2010年，第152页。
[2] 怀特海：《思维方式》，刘放桐译，商务印书馆，2010年，第152页。
[3] 怀特海：《思维方式》，刘放桐译，商务印书馆，2010年，第153页。

感，或者说就是表现了特定思想意志内涵的情感。它不是纯粹的情感，而是体现了引起这种情感的思想认识和意志精神的一种综合的心理形态。情致是心灵最集中而生动的表现。这个概念，与中国古代美学中的"情志"相当。只不过，"情志"概念更加明确地指出了"志"（包括认知和意志）的内容。情致之所以成为激情，与其中的认知的深刻、意志的坚定与热烈执着直接相关。无论是中国的"情志"对"志"的突出，还是西方的"情致"对激情的强调，其实都体现了对生命欲望强度的重视，即在把它们看作意识内容表现的同时，也肯定了它们作为精神活动机能的一面。应该说，只有从这两个方面去理解这两个概念，把表现性与动力性结合起来，才能真正认识到它们所具有的身心统一的整体性内涵，也才能深刻领会其所体现的生命精神和美学意蕴。

　　心灵作为精神机能和精神内容的统一这一事实，进一步说明了身体经验对于心灵的重要意义。布坎南提醒我们，怀特海的"经验"概念并非简单指思维、感官感知、人的情感、意识或觉知，虽然其中的任意一种都是经验的一个方面。他认为"怀特海的'经验'这一概念的最佳例子来自深层心理……很像是从深层心理得来的一幅这样的图画：一层脆弱的有意识觉知悬挂在大量的无意识感受之上"[①]。他说怀特海论证了比感官感知更原始的"非感官"感知。在论及怀特海与休谟的关系时，布坎南指出："怀特海虽然同意休谟的感知首位的说法，但他却同时认为，'感知'不应该等同于简单的感官感知，因为从根本上说，感知是对其他正在进行感受的实际物的一种无意识的、灵敏而主动的反应。这也意味着，我们的情感、目的，以及与世界相接触的感觉，并非只是出自我们对世界的感觉印象——仿佛我们只能从一系列的家庭照片来建立实在似的。相反，经验比那些出自经验的无意识幽深处的一刻刻感官感知，要原始的多，丰富得多；这一深层的经验就是我们情感的、想象的、认知的生命之源。"[②] 因此，不能仅仅把感官经验作为心灵的来源，还应该十分重视身体经验这个深层经验对于心灵的作用。这种作用，既深刻影响到心灵的精神机能，也深刻影响到心灵的精神内容。只有把感官经验与身体经验结合起来，心灵与身体的统一才有真实的生命基础，同时也才能深入理解心灵的实际构成。总之，这是一个幽深的领域，容不得任何形式的简单化。

[①] 约翰·布坎南：《万物有情论：怀特海与心理学》，陈英敏、刘玉译，北京大学出版社，2017年，第56页。
[②] 约翰·布坎南：《万物有情论：怀特海与心理学》，陈英敏、刘玉译，北京大学出版社，2017年，第61页。

第四节 身心统一与人的审美生成

（一）身体和心灵的统一才成为人

怀特海说"身体和心灵的统一才成为人"，足见身心的统一对于人的存在和生成是何等重要。

把身体和心灵统一起来，有助于深入认识实践中物质与精神相互作用的关系，深入认识实践的精神内涵及其功能，真正懂得实践是人的本质所在的根本原因。实践作为人的生命活动，既是精神的，又是物质的，无论是从主体一方还是从客体一方来看都是这样。从实践主体的一方来说，实践既要发挥人的身体的即物理的力量，更要发挥其意识的精神作用，并且以后者为主导进行活动。尽管随着科学技术的进步，精神的作用越来越重要和突出，但是物质的力量永远也不可能排除，精神的活动总要紧密依靠身体的物质基础。精神的作用主要就是对信息流进行合目的的秩序化的处理，这就涉及作为实践客体一方的对象所负载和传播的信息，这些信息不仅是精神进行加工的材料，而且信息本身作为精神食粮还是精神的生成之源。[①] 人类的生产和生活方式，从最早的采集狩猎到后来的农耕和工业，直到今天的信息化技术，信息组织的主导作用越来越重要。这就是说，实践中的物质与精神的结合和统一，绝不是主体作为精神一方和对象作为物质一方的相互作用，而是主客体双方的全面结合，而精神活动作为信息互动则居于主导的地位。这是一种体现了"相对性原则"的结合，即主客双方以对象性特征为基础的彼此相互对应的关系。说实践首先是一种对象性的关系，不是说实践中的主客体互为对象，而是说它们是以相互适应的对象性特征建立起来的现实关系。如果实践的对象没有作为精神因素的信息，主体的精神活动就没有相对应的对象，就无从把握对象并且改变对象，实践活动就不可能进行。实践对对象的形式的改变，实际就是一种信息改变和塑造，即将对象从原来的信息模式改变为一种符合主体需要的新的信息模式。这种精神化的改造，就是所谓主体本质力量的对象化。而对象化是以对象性为基础的，后者决定着前者的可能性，决定着改变对象的方式、尺度和成果。同时，由于信息对物质载体的超越性，它可以被概念性地把握，从而形成反映实

[①] 参见曾永成：《精神的本体性及其在人性生态中的意义》，《西南民族大学学报》2000年第2期。

践活动方式、过程及其结果的经验的和理论的形态。以这种方式保存下来的信息体系就是源于实践的精神成果，其典型的形态就是科学。不仅如此，由于心灵对理想目的的追求和远见，还有不仅源于过去和现在而且趋向未来的方向性特征，所以实践具有创造性的精神，从而成为宇宙创造性的自觉活动。

世界的自我生成是一个向美而生即审美地生成的活动过程，亦即一个实现多样统一和谐的活动过程。多样的因素结合在一起，差异互补，相辅相成，统一和谐，这本身就是贯穿着精神机能的生命性活动。在这个审美生成的过程中，主体要实现自身的统一，客体要在保持同一的同时保持差异，主体要把不同的客体因素有机地统一为一个复合体，而且还要以高强度的力量使那些矛盾甚至对立的因素走向协调与和谐，在审美的综合中达到完善。如果没有积极而高效的精神机能活跃其间，这是不可能的。这个审美生成过程所创造的各种美，把物质和精神合二而一，融为一体，最充分而生动地体现了精神和物质两者原初统一的奥秘。物质与精神的统一是世界得以审美地生成的基础，也是其实现审美目的的根本机制。在这个基础上才生成了身体与心灵统一的人，这样的人在自觉的创造中自我超越。

世间的美，无论是物理性的还是概念性的形态，都以其物质的存在显示出精神的灵性和光辉，这就是美的物质形式所表现出来的精神意蕴、生命情调和仪态风神。有机哲学的美学认为，万物之美，都是作为"上帝"的宇宙整体的神性在具体事物上的"骤然体现"即"涌现"。在有机哲学中，这个"上帝"作为宇宙整体的爱欲和理想就是最高的精神存在，就是"宇宙的心灵"。由于细节是对整体的反应，部分要表现整体的性质，宇宙整体把自己的精神度予万物，使其以自身的物质存在表现出精神的意味和情调，成为物质和精神的统一体。世间任何的美，其精神的意味和情调都不在其物质肉身之外，而是在这肉身之中，是通过这肉身（包括声音这种肉身）表现出来的。即使是想象中的美，其肉身也是生动的表象。作为世界自我审美生成成果的美就是这样的物质与精神的统一体，而人这个最高级的美则是身体与心灵的统一体。既然宇宙作为有机体充盈着生命，是物质和精神的统一体，那么人作为宇宙的产儿也自然是身体和心灵的统一的存在，否则就不可能成为人。

身体与心灵的统一，突出了身体经验的重要性。在身心二分的观念中，精神活动只关乎心灵，而与身体没有多大关系。心灵被看作身体之外独立活动的东西，因此无须在意身体的经验对于人的生命活动的意义。在身心二分的传统观念中，只有专门的感觉器官所获得的感知经验才与心灵相关。这些感觉器官被看作心灵的门户和窗口。有机哲学则不同，它特别重视身体经验的存在意义，并认为感官经验只是身体经验的符号性指称。文艺家不仅要观察生活，还要体验生活，就说明了身体经验的重要性。人是作为整体生活于环境中的，身体经验直接表达了人与环境的真实关系，环境也通过身体经验直接作用于人的生命整体。这种关系在审美活动中表现得最为明显。

从身心统一的角度认识人的美，就要认识到人的美实际上是心灵在身体上的表现，如果心灵不美，身体的漂亮就是浅薄的、易逝的，甚至是滑稽的。最本真的美，总是从身体与心灵的统一中自然流露出来，那就是人的气质、风度和韵致。从身体与心灵的统一的角度反观一切的美，那就是从物质形式自然而然地流露出来的精神意蕴。美的精神意蕴，不是与物质形式分离而附加上去的，而是从物质形式直接表现出来的。所谓形式意蕴的透明性，说的就是这个道理。人们常常把形式美说成是没有内容的美，这是不知道形式本身自有一定的意味和情调。

对于审美经验和审美能力，"形式感"非常重要。所谓"形式感"，就是对形式本身所直接表现的精神意味的感受，它主要不是感官的感觉，而是直接的身体经验。比如一片红色，不只是眼睛看到的红色，还有身体内在的激动和兴奋。不同的素材，有不同的意味。不同的几何图形，也有不同的情调。同一个事物和场景，如果用不同的色彩加以处理，其情调也会大不一样。在这里，意味和情调作为精神内涵完全是由形式直接而自然地——或者说透明地表现出来的。正是这种意味和情调，使形式生发出特别的灵气，成了一种"类生命形式"或者生命符号。所谓形式美虽然没有具体的自然和社会事物的内容，却有生命意味和精神情调这样更幽深的内容。马克思说颜色和大理石的物质特性不是在绘画和雕刻领域之外的，说的就是这个道理。其实，在文学艺术中，自然社会事物往往也只是形式。这诚如王国维在阐释其"一切之美，皆形式之美"[①]的观点时所说："戏曲小说之主人翁及其境遇，对文章之方面而言，则为材质；然对吾人之感情言之，则此等材质又为唤起美情之最适合形式。故除吾人之感情外，凡属于美之对象者，皆形式而非材质也。"[②] 现实中的形式都有特定的内容，至少是某种意味和情调。也就是说，形式都是形神统一亦即身心统一的存在。怀特海对"主体形式"的解释就说明了这个道理。因此，那种认为形式美就是没有内容的美的观点是错误的。基于此，那种把形式和内容两分

---

① 王国维：《论哲学家与美学家之天职》，载蔡元培：《美学的盛宴》，新世界出版社，2018年，第38页。
② 王国维：《论哲学家与美学家之天职》，载蔡元培：《美学的盛宴》，新世界出版社，2018年，第39页。

的思维惯性也是非美学的。形式感有两种走向，或者由形悟意，或者由意悟形，这是需要用心领会的。

　　身心统一对于人的审美生成的作用，集中地表现在艺术的审美创造中。中国古典艺术追求形神统一，讲究以形写神、形神兼备、虚实互补。这种美学理念一方面源于自然界的启发，另一方面更是从人的生命精神得到的感悟。书法是最能直接体现中国传统美学精神的艺术。它以最精练的笔墨形式表现出最幽深神秘的精神韵致和生命风貌，最能体现"节律形式"和"韵象"[①]的审美意义。可能是受杜威美学关于节奏是一切艺术的共同特征观点的影响，林语堂很早就明确肯定节奏对于艺术的意义和作用，并特别以中国的书法为例加以强调。他说："一切艺术的问题都是节奏的问题，无论绘画、雕刻或音乐都是一样。既然美感就是动感，每一种形式都有隐含的韵律。就连建筑方面亦然，哥特式的教堂仿佛在沉思。美学上甚至可以用'冲''扫''粗鲁'等人格的形容词，这些都是韵律的观念。中国艺术的基本韵律观是由书法建立的。中国批评家欣赏书法并不注重静态的比例或调和，而是暗中追溯艺术家从第一笔到末一笔的动作，如此看完全篇，仿佛观赏纸上的舞蹈。因此这种抽象画的门径和西方的抽象画不同。其基本的理论是美感即动感，这种基本的韵律观日后变成国画的主要原则。"[②] 应该说，比书法更早也更生动地体现了节奏的审美本体特性的是音乐和舞蹈。书法中节奏的意义彰显，则表达了对节奏的审美本体性质的自觉认识。正是书法特有的节奏（更准确地说应是包含了节奏、韵律、气势以及张力结构的节律），即形诸笔墨章法的物质形态，生动地表现出独特的精神气质和性格情调，它是集物质与精神于一体，身体与心灵合二为一的。值得注意的是，中国书法理论从"永字八法"和"卫夫人笔阵图"开始，就主要以人和动物身体的结构及动姿来比喻和形容书法的字形结构和动态，而书法的神韵之美就直接体现其中。书亦如人，书法之美所体现的正是人的身体与心灵相统一的品格。而在书法之前，舞蹈早就是以身体动作表达抒发情感性灵的艺术形式了。在舞蹈艺术中，身心一体的关系表现得更充分而生动。艺术中一切"身心统一"的基本模式，都是与人的身心统一相对应的，因此才能成为人的审美对象。席勒说只有艺术才能够作用于人的整体，道理就在这里。西方古典造型艺术以科学的手段要求形象的尺度而达到对人物性格和心灵的生动表现，

　　[①] "韵象"这个概念是袁鼎生教授提出来的。这个概念把"形象"与"气韵"结合起来，比流行的"意象"概念更能表达审美之"象"的审美特征，而且此处的"节律形式"概念更为贴切和生动，也更诗意。

　　[②] 林语堂：《苏东坡传》，海南出版社，1992年，第200页。

第二章　身心的统一

可以说是体现了对人的身心统一的极为深刻的领悟。

身体与心灵的统一，对于人的健康养生和疾病治疗也很重要。对于健康养生来说，着眼于身心整体，就会更重视身体与心灵的整体共生。对于疾病治疗来说，中国传统医学从《黄帝内经》的生命整体观出发，重视身心之间的密切关联和互动影响，既重视治身也重视治心。西方的心理治疗，则更突出了心灵调适对于身体健康的作用。

身体与心灵的统一对于教育就更为重要了。教育活动中眼、耳、口、鼻和四肢躯体之间，感官经验与身体经验之间的配合互动，无论对于教育学生学会学习还是学会做事都是极为重要的环节。学生身心协调发展，也正是其全面发展的重要内容。怀特海特别重视"教育的节奏"，主张职业教育与人文教育的结合，还强调普遍的艺术教育，都是为了儿童在身心统一中全面成长。在教育中，无论是由身入心，还是由心及身，都要通过身心统一来实现教育的目的。

身体与心灵的统一，还开启了认识超个人心理活动的新空间。人作为身心统一体是自然生成的结果，从根本上说就是对宇宙作为物质和精神的统一体的基本性质的传承。怀特海把宇宙看作一个机体存在，就是由于宇宙从整体上说本来就具有物质性和精神性两个共生而互动的方面。怀特海的这一基本观点，得到了被称为现代心理学"第四势力"（或第四思潮）的超个人心理学的认同。

超个人心理学这一心理学思潮正式出现于20世纪60年代。那时人们的眼界扩大了，看到了人类超越心理学第三思潮所掀起的"人类潜能运动"所展望到的可能性。继心理分析、行为主义和人本主义三种思潮（或势力）之后兴起的超个人心理学，就是对这一情况的回应。沃尔什·沃恩在出版于1980年的《超越自我》中说，作为心理学第三思潮的人本主义心理学的先锋之一的马斯洛在临终时，呼吁人们注意超越自我实现的可能性，其中个体超越了自身和经验的习惯性界限。1968年，他指出："我认为人本主义的，即第三势力的心理学只是过渡性的，是为'更高'的第四势力的心理学所做的准备。后者是超个人的，超人类的，位于宇宙的中心，而非位于人的需要和利益的中心。它超越了人性，本体，自我实现，以及等等类似的东西。"[①] 这实际上是对人的存在之实质的一种研究，其对个体人的超越渗透着生态思维的意向。正因为如此，布坎南才特别强调怀特海的宇宙观对于超个人心理学的指导意义，认为机体宇宙论为之提供了最全面的理论基础。布坎南说："我相信，现代人否认精神的

---

① 转引自布坎南：《万物有情论：怀特海与心理学》，陈英敏、刘玉译，北京大学出版社，2017年，第18页。

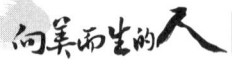

实在性是由于遭到误导,是对精神产生了误解……人类对一个充满了意义、情感,以及创造活动的宇宙的这些直觉和经验,多少是对宇宙实际结构的准确感知。"[1] 他明确指出:"怀特海的哲学特别适于被选作这一统一的超心理学的基础。"[2] 之所以如此,就因为有机哲学从宇宙视域揭示了人的社群性存在,指出了人作为"小宇宙"的存在性质。

这种超个人的心理,充盈着对宇宙整体的神圣性的经验。威尔伯在《飞离伊甸园》中曾描述这种感觉经验:"一个人再次发现了终极的整体……再次发现了自我意识的隐秘背景,觉知到了完整的整体性,以及明晰可见的自我。整体性并非自我个体性的对立面……对该基础的发现并不会消灭自我的身份。"[3] 所谓"开悟",说的也是这种感悟存在整体的神秘经验。中国现代哲学家冯友兰所谓人格的"天地境界",说的也是这种超个人的精神情态。

(二) 与中国哲学中的身心统一观的深刻融通

方东美在解说中国哲学之主流与特色时,认为"机体主义"为其一切思想形态之核心。他说:"此种思想形态发挥为种种旁通统贯之整体或表现为种种完整立体之结构同一而言,恒深蕴于中国各派一流哲人之胸中,可谓千圣一脉、久远传承。它摒弃了单纯的二分法,更否认二元论为真理。"同时更进而否认:将人事相互对峙,视为绝对孤立系统;误把刚健活跃之人性与宇宙化作停滞不前。他指出:"机体主义旨在融贯万有、囊括一切,举凡有关实有、存在、生命、价值之丰富性与充实性,相与浃而俱化,悉统摄于一在本质上彼是相因、交融互摄、价值交流之广大和谐系统,而一以贯之。"[4] 在方东美看来,对于这种机体主义的哲学,王阳明可谓是集其大成。当1972年王阳明五百周年诞辰的时候,他专门著文《从历史透视看阳明哲学精义》。

的确,中国古代哲学从"气"论出发,多把世界看作生生不息的有机存在,因此很少把身与心分隔开来。怀特海说他的宇宙论与中国的天道观相通,这在身心统一论上也是重要的表现。

怀特海坚决反对把身与心看作两个分离开来的实体,而把心看作身体的整

---

[1] 布坎南:《万物有情论:怀特海与心理学》,陈英敏、刘玉译,北京大学出版社,2017年,第10页。
[2] 布坎南:《万物有情论:怀特海与心理学》,陈英敏、刘玉译,北京大学出版社,2017年,第11页。
[3] 布坎南:《万物有情论:怀特海与心理学》,陈英敏、刘玉译,北京大学出版社,2017年,第76~77页。
[4] 方东美:《生生之德》,中华书局,2013年,第306页。

体机能的结果。这个整体不只是人的身体自身，还包括人的身体与自然界的统一、与宇宙整体的统一。他再三强调人的身体是自然界的一部分，又反复申说细节是对整体的反应。这就是说，作为心灵的物质载体的身体，从终极的意义上说，乃是对宇宙整体生命机能的反应。人这个身心统一体实际上是以身体为中介而与整个宇宙密切关联的存在。

在这个问题上，王阳明的观点十分明确。他说："心不是一块血肉，凡知觉处便是心。如耳目之知视听，手足之知痛痒，此知觉便是心也。"[①] 在与学生萧惠讨论身心关系时，他说得更是明白："这视听言动，皆是汝心。汝心之视，发窍于目；汝心之听，发窍于耳；汝心之言，发窍于口；汝心之动，发窍于四肢。若无汝心，便无耳目口鼻。所谓汝心，亦不专是那一团血肉。若是那一团血肉，如今已死的人，那一团血肉还在，缘何不能视听言动？"[②] 这就是说，心并非就是一团血肉这样的实体，也不是一团血肉的那些感官如眼、耳、鼻、舌、身之类。心乃是身体及其器官接受和表达信息的机能。这种机能是以生命之性为前提的。已死的人，没有了身体的生命之性，也就没有了这种机能。这种生命之性是身体作为生命存在的整体赋予那些感官的，脱离了这个身体的整体，失去了生命之性，也就没有了心之机能。因此，所谓心，绝不就是那团血肉，而是作为身体的一个有机部分反应这个整体才具有的一种特殊的信息活动机制。

王阳明说："身之主宰便是心，心之所发便是意，意之本体便是知，意之所在便是物。"[③] 这不仅说明心是身的主宰，而且更具体地描述了心的机能及其发挥过程。心不是静止的，作为身之主宰，它要指挥身体活动，于是表现出动作的意向，这就是意。这个意有其认识的依据，这就是构成心之内容的知，即意的本体。心不是空洞的存在，知不是僵死的知识，而是要向现实世界扩充和转化的，这就是意即意向所指的活动趋向。意必然要指向特定的现实对象，这个意所欲加以作用的对象就是物。意之所及的物，必然会受到意的影响，而呈现为具体的事态，这就是事，即体现了心之特定意向的生活事件。从这个机能发挥的过程来看，心作为身的主宰发挥作用，也体现了心附于身、身心统一的关系。在此，身为实，心为虚，虚实相生。虚者为灵明，为主宰。身为形，心为神，形神结合，神不离形。

虽然心并不就是那一团血肉，但心又离不开它。王阳明说："耳、目、口、

[①] 王阳明：《传习录》，北京联合出版公司，2018 年，第 271 页。
[②] 王阳明：《传习录》，北京联合出版公司，2018 年，第 92 页。
[③] 王阳明：《传习录》，北京联合出版公司，2018 年，第 12 页。

鼻、四肢，身也，非心安能视、听、言、动？心欲视、听、言、动，无耳、目、口、鼻、四肢亦不能。故无心则无身，无身则无心。但指其充塞处言之谓之身，指其主宰处言之谓之心，指心之发动处谓之意，指意之灵明处谓之知，指意之涉着处谓之物，只是一件。"① 这里说，"无心则无身，无身则无心"，身与心不可分离。心以身为载体和基础，心只是身的机能和主宰。没有心的身只是一团死肉，没有身的心则无从发生。因此，身心二者，"只是一件"，不可分离。

他还对学生萧惠说："所谓汝心，却是那能视听言动的，这个便是性，便是天理。有这个性，才是生。这性之生理，便谓之仁。这个生理，发在目便会视，发在耳便会听，发在口便会言，发在四肢便会动，都只是那天理发生。以其主宰一身，故谓之心。这心之本体，原只是个天理，原无非礼。这个便是汝之真己。这个真己，是躯壳的主宰。若无真己，便无躯壳。真是有之即生，无之即死。"② 他把以天理为本体的心视为"真己"。这就是说，如果只有身的躯壳而无此心，人就不能成为真正的自己，甚至人的躯壳也会因失去生机而败坏消散，最终死掉。这个以心为躯壳之主宰，为真己，并决定躯壳之生死的观点，把人的身心的统一推向了更加深入的层次。

在这里，王阳明还论述了人心与天理、天性的关系。他所阐释的"仁"，尽管论述最多的是人伦之理，但并不局限于此，而是指向天地大道。他说："性是心之体，天是性之原，尽心即是尽性。唯天下至诚，为能尽其性，知天地之化育。"③ 这是直接阐发《中庸》的"尽性"思想，说的是天性与人性都统一于"天地之化育"的大道。基于此，人不仅可以赞天地之化育，而且还可以参与天地之间的化育之道。应该说，这也正是怀特海的一个重要思想。在怀特海的有机哲学中，宇宙在包容合生中的自我生成，就是天地化育的过程。作为宇宙产儿的人，不仅要认同和赞美这个过程，而且理应积极投入并推进这个过程。

王阳明的心学，实际上是"知行合一"说。他的心学的核心观点"致良知"，就是强调要把良知付诸实践，使之成为现实的具体事实。这个知行合一的思想，在实践的层面上说明了身心统一的关系。在王阳明看来，既然心是身的主宰，那么对于一个真诚的人来说，心之所知的善意就应该在身上表现出来，转化为实际的行动。在心的主宰之下，知与行就不是两个东西，而是一个

---

① 王阳明：《传习录》，北京联合出版公司，2018年，第197页。
② 王阳明：《传习录》，北京联合出版公司，2018年，第92页。
③ 王阳明：《传习录》，北京联合出版公司，2018年，第11页。

东西的两面：知应见之于行，行则为知之体现。这样的"知行合一"，不仅是身心统一的体现，而且是以身心统一为前提的。

（三）从身心统一出发的人格美理想

从根本上说，身体和心灵的统一是宇宙自我审美生成的结果。基于身心统一的知行合一，贯穿着审美生成的创造精神，这种追求形成了东西方哲人们共同的人格美理想。比如，孟子关于人格之美的思想和马克思关于"正常的儿童"的论述就是很生动的例证。

在《孟子·尽心下》中，孟子在回答学生浩生不害"乐正子何人也"的问题时，把人格分为善、信、美、大、圣、神六个品级。他认为，人有四心，即"仁、义、礼、智"之心，因四心而生四种德行，又称"四端"，即"恻隐之心，仁之端也；羞恶之心，义之端也；辞让之心，礼之端也；是非之心，智之端也"[1]。按照人们如何对待和践行这"四端"，可以把人格分为不同品级。在肯定了乐正子是"善人、信人"之后说："可欲之谓善，有诸己之谓信，充实之谓美，充实而有光辉之谓大，大而化之之谓圣，圣而不可知之之谓神。"在孟子看来，"四端"就是人的良知的具体内容，但不能只是藏于心中，而必须付诸实际行动。孟子说："人之有是四端也，犹其有四体也。……凡有四端于我者，知皆扩而充之矣，若火之始然，泉之始达。苟能充之；足以保四海。苟不充之，不足以事父母。"[2] 又说："君子所性，仁义礼智根于心，其生色也睟然。见于面，盎于背，施于四体，四体不言而喻。"[3] 什么叫"四体不言而喻"？就是说，四体即手脚本来就是为了行动实践而生的，仁、义、礼、智根于心，就应该施于四体，通过四体的行动转化为实际的行为以作用于现实生活。他说"人之有此四端也，犹其有四体也"，明确肯定了人的心灵与身体的同一性，心灵附着于身体，是要驱使身体的行动的。所谓"扩而充之"，就是把心中的"四端"通过四体的行动扩展充实到生活中去，使之成为现实的生活事实。孟子主张"充实之谓美"，就是要求知行合一，高扬面向现实社会的实践精神。

孟子说的"扩而充之"，王阳明称为"扩充"，就是他说的"格于物"的意思。孟子认为，表现出"四端"的人是"善人"。但善有真伪，其中真心信奉的人则是比"善人"高一级的"信人"。"信"比"善"高一等，是因为为善者

---

[1] 孟子：《孟子》，北方文艺出版社，2018年，第42页。
[2] 孟子：《孟子》，北方文艺出版社，2018年，第42页。
[3] 孟子：《孟子》，北方文艺出版社，2018年，第193页。

可能有各种动机，不一定出自对"四端"的真诚信奉，比如"伪善"即是。可见，"信"并非与"四端"并列的第五端，而是一种对"四端"的态度，是所谓"假仁假义""虚礼伪智"的反面。①"信"在四种德行中是高于"善"的。在"信"的基础上，才有"美"。"充实之谓美"，就是说不仅自己真诚信守心之"四端"，而且能够将其扩展充实到社会生活中去的人就是"美"的人了。这与怀特海说"真就是美"颇为相通。进一步，如果对心之"四端"的扩展充实工夫不同凡响而取得了非凡成果，这就是"充实而有光辉"的"大人"——崇高而伟大的人。再进一步，"大而化之"，即不仅成果非凡而且能感化大众，使之真诚信奉并践行这心之四端的人，就是"圣人"了。最高的品级是"圣而不可知之"的"神"，即能够像圣人那样感化大众而又没有像圣人那样去宣教示范的人，那就真是神乎其神了。

　　孟子的这一思想包含了这样几点基本精神：第一，说"人之有是四端也，犹其有四体也"，这是肯定了身与心相统一，心为身之主宰；第二，说凡有四端于我者，知皆扩而充之矣，若火之始燃，泉之始达"，是说身与心的统一必然导致积极能动的实践；第三，说"充实之谓美"，说明对心之"四端"的实践的审美性质，具有向美而生的意义。孟子说："君子所性，仁义礼智根于心，其生色也睟然，见于面，盎于背，施于四体，四体不言而喻。"这里先是说，君子真诚信奉仁义礼智，将其植根于心，就必然要表现在他的气色姿态上。不仅如此，还要施于四体，不言而喻，那就是要行动，要扩而充之。流行的阐释只说前一半意思而忽略了更重要的后一半。在孟子看来，人的美不只是在于气色外表，而更在于对美好心灵的积极实践，这就是怀特海所说的向美而生的创造性要求。失落了美的实践精神，就不仅不是本来的那个积极行动的孟子，更不是主张以美为人格生成目标的孟子了。显然，孟子所说的人格之美是以身体与心灵的统一为前提的。

　　如果用王阳明的观点来看，将心之"四端"化为现实就是"化育"的行为，是参赞化育的实际行动。王阳明继承了程颢"仁者以天地万物为一体"的思想。他说："仁是造化生生不息之理，虽弥漫周遍，无处不是，然其流行发生，亦只有个渐，所以生生不息。……唯其生，所以不息。"② 仁者生也。这就是说，天地造化本来就是有生命的，是处在生生不息的运行之中的。生作为天地之"仁"的本质，决定了生生不息的化育之性就是天道的根本。王阳明之

---

　　① 后来与"仁义礼智"并称的"信"，应是信念、信仰的意思。这虽然与"信人"之"信"所说的真诚有共同之处，但还是有境界上的区别。
　　② 王阳明：《传习录》，北京联合出版公司，2018年，第66~67页。

所以始终强调知行合一，就是基于孟子的"四端"与"四体"统一的观念，而这就是心与身的统一。由于心与身的统一，而又心存天道，才可能与天地万物一体，也才可能通过实践参赞天地之化育以行天道。这种积极实践的精神，也就是他的弟子说的"孟子'尽心'之旨"。在孟子看来，心之"四端"与"四体"之勤如影随形，是断然不可分离的。这些与怀特海的相关思想深度相通。

怀特海关于身心统一的思想，在马克思的人学思想中也可见到相互呼应的内容。

身与心的关系常常表现为感性生命冲动与理性生命秩序之间的关系。1859年，马克思在正式提出唯物史观的同时，论述了自己关于人性生成的理想，那就是以古代希腊人为典范的"正常的儿童"。马克思认为，古代希腊是适于人类童年发展的最完美的地方。他说："有粗野的儿童，有早熟的儿童。古代民族中有许多是属于这一类的。希腊人是正常的儿童。"[①] 用席勒的话说，"粗野的儿童"就是"感性的人"，即听凭感性生命冲动行事的人；而"早熟的儿童"则是"理性的人"，即凡事循规蹈矩，不敢越雷池一步的人。所谓"正常的儿童"就是感性和理性平衡和谐的人，即"审美的人"。从怀特海有机哲学来看，这样的人就是实现了宇宙审美生成的人。马克思说的全面发展的人，就是这样的。马克思饱含激情地说："一个成人不能再变成儿童，否则就变得稚气了。但是，儿童的天真不使成人感到愉快吗？他自己不该努力在一个更高的阶梯上把儿童的真实再现出来吗？……为什么历史上的人类童年时代，在它发展得最完美的地方，不该作为永不复返的阶段而显示出永久的魅力呢？"[②] 作为"宇宙的产儿"的人正应该保有这种"正常的儿童"的天性，在感性与理性统一的层面上把身体和心灵统一起来。没有身心的统一，绝不会有感性生命冲动与理性生命秩序的全面平衡和谐的发展。

这样一种人格美的理想贯穿有机哲学的全部理论。宇宙的创造性以审美生成为本质和目的，必然要求作为宇宙的产儿的人具有美的品质，生成美的人格。这种人格美集中表现在怀特海关于教育目的的思想中。"在教育中应该培育出一种最为本真的思想素养，即风格意识。所谓风格意识是一种审美意识，是对所遇事物的精彩之处的不由自主的、发自内心的欣赏。"[③] 这种风格包括艺术的风格、文学的风格、科学的风格、逻辑的风格和实践的风格等，"它们

[①] 中共中央马克思恩格斯列宁斯大林著作编译局：《马克思恩格斯选集》第2卷，人民出版社，1995年，第29页。

[②] 中共中央马克思恩格斯列宁斯大林著作编译局：《马克思恩格斯选集》第2卷，人民出版社，1995年，第29页。

[③] 怀特海：《教育的目的》，靳玉乐、刘国利译，中国轻工业出版社，2017年，第15页。

根本上都有着共同的美学特质，即外显与内敛的共为一体"①。所谓"外显与内敛的共为一体"，就是形式与内容、感性与理性、身体与心灵高度统一达到的圆融精致的和谐。由这种和谐而生成对事物的专注，对新颖特征的敏感，还有对抽象和具体相互逆转的感应。在怀特海看来，超越于分割的知识之上，还有一个冥冥之中决定希腊众神命运的"上帝之力"，"所谓风格，就是力量的塑造、力量的控制"②。根据有机哲学的上帝观，这个"上帝"就是作为原初的现实实有的宇宙整体。在这个意义上，风格对这个"上帝"的力量的塑造和控制，实际上就是对出自宇宙整体的创造性本质以及包容合生的力量的一种本能似的把握和尺度得当的运用。在风格中，个人身心统一所达到的美成为宇宙审美生成的创造性本质的自然而浑融的表现。在此，人格之美臻于极致。正因为如此，怀特海才说："从最为核心的意义上来讲，风格是教育素养中最重要的一部分，也是最有用的一部分。"③

（四）在身心统一的基础上成为自然界的自我意识

怀特海还说心灵是对环境的反应，是因为身与心的统一本来就根源于身体与作为环境的自然界的统一。以身体及其经验为中介，心灵与自然界及宇宙也就存在着相互统一的关系。怀特海多层次、多角度地揭示了身体作为自然界的一部分对于心灵的作用："人体提供了我们对自然界的现实事物的相互作用的最密切的经验……我们最终把世界设想为我们的直接经验中所揭示的那种活动。"④ 于是，人就能够从自己的直接经验去想象和认知自然界乃至宇宙，并因此成为"天地之心"，成为自然界的自我意识。

在与自然界这个环境的关联中产生的经验，把身与心的统一关系扩展开去，就有"万物一体"的观念和体认。王阳明指出："夫人者，天地之心，天地万物，本吾一体者也。"⑤ 人心之所以是天地之心，是因为他的心是对天理的体认和感悟，天地万物本来就是与我融合在一起的。天地化育的生理，赋予万物以生机，使天地万物的整体作为一个生生不已的有机存在。而这也正是怀特海的观念。在怀特海看来，由于身与心的统一，我们的身体经验是存在的基础。而由于人体是自然界的一部分，它与外界的区分甚至是很模糊的。这就像马克思说的，自然界是人的"无机的身体"，即只是没有直接血肉联系的身体。

---

① 怀特海：《教育的目的》，靳玉乐、刘国利译，中国轻工业出版社，2017年，第15页。
② 怀特海：《教育的目的》，靳玉乐、刘国利译，中国轻工业出版社，2017年，第15页。
③ 怀特海：《教育的目的》，靳玉乐、刘国利译，中国轻工业出版社，2017年，第15页。
④ 怀特海：《思维方式》，刘放桐译，商务印书馆，2010年，第107页。
⑤ 王阳明：《传习录》，北京联合出版公司，2018年，第174页。

这就自然而然导出了"天地万物本吾一体"的观念。

在王阳明看来,"人的良知,就是草木瓦石的良知……盖天地万物与人原是一体,其发窍之最精处,是人心一点灵明"①。这把天地万物与人心的关系说得很清楚了:天地万物与人心本是一体,并不分开,人心就是天地万物发窍之最精处;天地万物各有其发窍之处,只不过人心最精罢了。因此,"风雨露雷,日月星辰,禽兽草木,山川土石,与人原只一体。故五谷、禽兽之类皆可以养人,药石之类皆可以疗疾,只为同此一气,故能相通耳"②。所谓"同此一气",是说它们都在宇宙自我生成的化育过程中生成,以自己的特殊形态而具有共同的化育本质,因此可以互为对象,相待相需,最终与人达成对象性的关联,具有各种各样的"人的本质"(此即马克思说的"自然界的**人的本质**")。于是,它们才可以成为养人疗疾的物质食粮。不仅如此,还可成为人的精神食粮,以至成为人的审美对象,即所谓"应物斯感,莫非自然"。这里说的"同此一气,故能相通",也有助于认识身心统一的根源。

此外,王阳明还从"感应之几"来说明身心合一、万物一体的道理。它的学生黄以方问他:"人心与物同体,如吾身原是血气流通的,所以谓之同体。若于人便异体了,禽兽草木益远矣。而何谓之同体?"③ 这就是说,就一个人自身而言,心物(身)同体,从其血气流通还可理解。如果相对于他人,乃至与禽兽草木之间,还怎么能说是同体呢?王阳明回答道:"你只在感应之几上看,岂但禽兽草木,虽天地也与我同体的,鬼神也与我同体的。"④ 他进而阐述道:"充天塞地中间,只有这个灵明。人只为形体自间隔了。……天地鬼神万物,离却我的灵明,便没有天地鬼神万物了;我的灵明,离却天地鬼神万物,亦没有我的灵明。如此,便是一气流通的,如何与他间隔得?"⑤

这里说的"感应之几",指的是天地之间的灵明相互感发应和的机制。中国汉代哲学中的"天人感应"说,及其后文论中的"物感"说和"感兴"说,都已经感悟到了这种普遍的关联,其间的奥秘乃在于"气"和"气韵"的作用,从美学和诗学的角度揭开了世界万物相互感应的微妙关联。这也就是怀特海称为"振动和波",杜威称为"节奏",而笔者称为"节律"的微妙本体的作用。心的机能就是对这种最深层微妙的活动信息的处理。由于节奏动力作用的原因,波和节律必然要相互感应,而感应正是生命体最原始也最基本的身体经

---

① 王阳明:《传习录》,北京联合出版公司,2018 年,第 238 页。
② 王阳明:《传习录》,北京联合出版公司,2018 年,第 238 页。
③ 王阳明:《传习录》,北京联合出版公司,2018 年,第 277 页。
④ 王阳明:《传习录》,北京联合出版公司,2018 年,第 277 页。
⑤ 王阳明:《传习录》,北京联合出版公司,2018 年,第 277 页。

验。因其机制之微妙莫测，故王阳明称之为"感应之几"。万物皆生于气，气聚为体而仍然生气氤氲，一气贯之而成一体。这是以波和节奏为普遍中介而生成的世界整体性关联，世界也因此而成为一个生气灌注、生机勃勃、生生不息的整体。王阳明的"感应之几"说，似乎已经触及现代物理学的量子理论所揭示的世界存在和运动的最深奥秘，这也是审美活动的最深奥秘。

在王阳明看来，天地万物一体而人为天地之心，这就把人的身心统一扩展到了整个宇宙。正是基于这种人与宇宙统一的根本思想，他的心外无理，心外无物的观点才能得到合理的解释。他说的心外无物，说的不是物与心的存在论和认识论的问题，而是心与天地万物的本体关系。既然心即天理天道，那么天地万物就没有在此天理天道之外的。天地之间存在的任何事物，都是在秉承天理的人心之内。只是问题在于，它们只有在为人的灵明发现之时，才能把自己的存在彰显于人心之中。由于各种原因，在心与物之间造成种种扞格，这些物之于心就有见与不见之别。但无论是见还是不见，它们既属于万物，在天地之间，也就与人心为一体，因此绝不在心之外。这样包容天地万物之心，就是"天地之仁"，就是"良知"。

在身心统一的基础之上立天地万物一体之仁心，即心存天理，也就是恩格斯所说的成为"自然界的自我意识"。

在《自然辩证法》这部重要著作中，恩格斯基于马克思的"自然向人生成"的思想和达尔文的进化论，具体论述了人从自然界生成的过程，他说："物质在它的一切变化中永远是同一的，它的任何一个属性都永远不会丧失，因此，它虽然在某个时候一定以铁的必然性毁灭自己在地球上的最美的花朵——思维着的精神，而在另外的某个地方和某个时候一定又以同样的铁的必然性把它重新产生出来。"[①] 这就是说，自然界生成具有"思维着的精神"的人有其必然性。在他看来，人的生成同时也是自然界自我意识的生成，即自然界在人的身上达到了自我意识。人的意识不仅仅属于人自己，同时也应该是属于自然界的，那是自然界通过人达到的对自己的意识，即通过人的意识来认识和反思自己。人心即天心，就是说从自然界的自我意识来看人心，并不意味着人心中的任何思绪和认识都是自然界的自我意识，都可视为天理，而是为人心厘定了一个规范、标准和尺度，那就是必须符合自然界的客观规律，其最高也最深的要求就是宇宙整体之"道"。在怀特海的有机哲学中，这就是宇宙自我

[①] 恩格斯：《自然辩证法》，中共中央马克思恩格斯列宁斯大林著作编译局译，人民出版社，1971年，第24页。

生成的向美而生的创造性,以及与之融合的生态精神。在这个意义上,审美意识与生态意识相统一的创造精神,就是自然界的自我意识的根本内容。怀特海把真、美、艺术、冒险精神与平和视为文明的五大品质,应该就是这个自然界的自我意识所应具备的内涵。

把人的意识认定为自然界的自我意识不仅体现了人与自然界的统一,也体现了人心与天心的统一。这也从根本上肯定了人的心灵与身体之间的统一。

从自然界的自我意识来认识人的心灵的应有本质,就应该深刻地认识到,要在身体的开放性生命存在中,以身体经验为中介,把这种统一扩展到与环境、自然界乃至整个宇宙的统一,从而达到心物统一、天人一体的生命境界。人的心灵,通过身体经验感应万物,并且"道通为一",与宇宙生命的脉动相感应,生成天人合一的宇宙归属感。这是游于天地、游于自然、游心于道的终极生命体验。正是这种凝聚了世界全部庄严的生命经验,赋予人的有限存在以无限的意义。也正是在这个意义上,萨根说人类对宇宙的理解将决定人类未来的命运。在生态危机已经成为人类危机的今天,深入理解人心即天心不仅具有极为重要的理论和实践的意义,而且凸显出人的心灵应有的庄严和神圣,因为成为自然界的自我意识才最深刻地确立了人在宇宙中的地位和人对于宇宙自我生成及其前途的作用。人的心灵应是对宇宙心灵的反应,人也就应该是自觉化了的宇宙。这就是我们身心统一的生命存在对自己天性的深刻体悟。

既然宇宙通过漫长的审美生成过程已经创造了人,那么在今天,自我意识已经高度发展的人类是不是应该深自反省,扪心自问:我们在多大程度上真正成了自然界的自我意识?有机哲学启示我们,从根本上说,审美意识具有作为自然界的自我意识的性质。但是人们并不这样认为,而是狂妄地把美说成是人自己的创造。在科学和工业发展三百年后,生态意识的兴起应该说是自然界的自我意识的醒悟。在自然界一再以严厉的报复发出警告的情况之下,还有不少颠顶狂悖之徒置若罔闻,以为自己可以在自然界面前任意横行。宇宙自我创进过程的审美性与生态性的融合告诉我们,只有把世界存在和生成的审美性与生态性统一起来的意识,才算得上是自然界的自我意识最核心的内容,由此可见笔者参与倡导并全力探索多年的生态美学所具有的深远意义。

第三章 文明的因果

引言：文明只能被文明化的人理解

在怀特海的著作中，"文明"是出现频率很高且深受重视的概念，这是因为，人类的进步和福祉与文明的发展进程直接相关。这个概念及相关论述表达了怀特海对宇宙生成、历史发展和社会进步的理想，同时也是他的人性理想。文明与人的关系，是有机哲学人学思想的重要内容。

在怀特海看来，文明是由四大因素组成的，这四大因素是行为方式、情感模式、信仰模式和各种技术。这说的是文明的现实表现形态。对于文明的价值内涵，他提出了五大品质，即真、美、艺术、冒险精神与平和。

怀特海对文明及其与人的关系的审视和考察，也是从宇宙视域出发的。他晚年的重要著作《思维方式》中有关于"文明的宇宙"的相关论述。他说："这个概念肯定了描述人类社会各文明阶段的特征的那些理想的正当性。"[①] 把"文明"和"宇宙"直接连接在一起，就是把人类社会的文明看作宇宙本质的实现和确证。自来的观念把文明看作人类的创造，看作人创造的文化所达到的真正人的性质和水平。人们常说的"地球文明"指的是人类在地球上所创造的文明，似乎与地球之外的存在没有关系。但是，有机哲学认为，人类既是文明的直接创造者，同时又是"文明的宇宙"的创造物。因此，归根到底，文明乃是宇宙自我创进的产物，是宇宙自我创进过程中一个特殊的宇宙时期的具体表现。这个特殊宇宙时期的特点，就是宇宙自我创进过程的自觉化，而这个自觉化是通过有意识的人实现的。文明的宇宙一经生成，其作为人类在宇宙整体作用之下自我创造的活动和成果，又会继续推进人类本身的进步。因此，人既是文明的宇宙之"果"，又是文明的宇宙得以生成之"因"，文明与人是互为因果的。这个互为因果的关系，深刻地彰显了人的生成对于实现宇宙创造性本质的

---

① 怀特海：《思维方式》，刘放桐译，商务印书馆，2010年，第98页。

重大意义。

生成和生活于地球上的人类,可以说是绽放在这个特殊星球上的宇宙文明之花,进而又结出了地球文明之果。这就是说,真正文明的人,应该既具有文明的品质,又有能够创造新的更高级的文明的能力。在这个关系中,宇宙自我生成的过程就进入了自觉化的新时期。人通过自己对自然界的经验认识它、理解它,随着经验在广度和深度上的扩展和深入,逐步成为"天地之心",即成为宇宙的自我意识。有机哲学的宇宙论,就是这种自我意识的理论体现。

怀特海指出:"对系统思想的攻击,便是对文明的背叛。"[①] 在有机哲学中,这个"系统思想"是与宇宙视域相统一的,它实际上指向宇宙的整体性系统存在。这就是说,文明作为宇宙自我意识的表现是从对宇宙整体存在的意识开始的。即使最初的经验还很朦胧,但这种对自我存在的整体性的意识毕竟开始了。文明正是伴随着这种整体性的意识产生的。

这种整体性的系统意识启迪了自我与他者和整体的关联,于是有了最初的自觉的"类意识",即人知道自己是"类存在物",知道自己与天地万物相互依存的联系,知道天地自然是自己生存的家园,也逐渐知道应该与他者共同享有和创建这个家园。

最初,这种整体性观念是很有限的,并且十分脆弱,很容易被动物性的野蛮和残忍摧折而陷入相互掠夺和杀戮,使动物性的"丛林法则"主宰人类世界。在怀特海看来,这种状况直到商业文化发展起来才逐渐有所改变。人们从现实利益出发逐渐认识到互补共存、分工合作的重要性,懂得了"和实生物"的道理,整体性意识这才为理性所重视。于是,人们为了生存和发展,用契约和交换取代掠夺,用协商取代霸凌,用说服取代征服,用宽容取代偏激,用共赢共享取代你死我活,这才逐渐走向真正的文明。

这种整体性的观念提升到了生态意识的高度,但是也还局限于地球这个极其狭小的视域。人们从人与自然的关系上认识人的生态存在,这个自然界的概念仅仅指的是人的感官所及的世界,茫茫宇宙及其整体对于人的生态存在似乎没有关系,即使有也似乎可以忽略不计。对于长期陶醉于自我中心的"人本主义"观念的人来说,这种地球生态论已经是一个巨大的进步,它使人意识到地球的家园意义,并发出了"拯救地球"的呼声。怀特海从宇宙视域出发的整体论,要求从宇宙整体的角度来看地球的存在及其意义,进而从宇宙整体去认识人的存在及其意义。这是因为,地球存在于宇宙之中,它的一切都受这宇宙及

---

① 怀特海:《观念的冒险》,周邦宪译,译林出版社,2012年,第176页。

其整体的影响和制约。尽管对于其间的具体关系，我们的认识还十分肤浅、片面和模糊，但是由于细节是对整体的反应，所以对宇宙整体的终极意义这个基本的道理还是应该明确的。至少，我们应该对宇宙整体系统存在这一道理保有一种自觉，从根本上意识到自己是宇宙的产儿，自己不仅是心灵与身体的统一体，还统一于自然界，统一于宇宙。基于此，古代希腊哲人说人是一个"小宇宙"，中国古代哲人说"天人合一""道通一体"，这些观念应该在现代科学和哲学的基础上得到深刻的理解。

这个整体观念，把马克思主义原典关于人与自然关系的思想对于当代人类文明建设的意义敞亮出来。马克思在论述"自然向人生成"的自然观时提出"人是自然界的一部分""自然界的**人的**本质"和"抽象的自然界对于人来说等于**无**"的观点，恩格斯在阐释马克思"自然向人生成"的自然观时提出了人是"自然界的自我意识"的思想，都内在地肯定了宇宙整体对于人类存在和发展的意义。马克思认为，当个人的自由发展成为社会发展的前提这样的社会形态还没有实现之时，人类就还处于"真正人的历史的史前史"时代。在他看来，解决了人与自然和人与人之间的矛盾的共产主义的实现，就是这个史前史的结束和真正人的历史的开始。为此，人类就必须自觉地意识到自己与自然界和宇宙的整体性统一关系。

怀特海说："文明只能被文明化的人理解。"[①] 也就是说，只有理解文明的人才算是"文明化的人"。从有机哲学来看，所谓文明化的人就应该是具有宇宙视域和宇宙整体观念的人，是禀有宇宙的自我生成本质的人，是以自己的自觉创造努力推进宇宙文明的人。

怀特海说："文明有这样一个特性，我们在理解中使用它们时，会揭示出关于我们自身天性的真理。"[②] 这就是说，我们怎样理解，我们就是什么样的人。人类高于动物，就在于他能够从动物的野蛮和前人类的愚昧走向文明，具有文明的品质和心灵，并且能够秉承宇宙的创造性本质去自觉地创造真正的文明。舍勒认为人是一个从动物性向神性生成的动姿，在这个过程中人首先要文明化，使自己的天性真正具有宇宙整体的爱欲和智慧，具有宇宙向美而生的创造性精神，具有文明所应有的真、美、艺术、冒险精神与平和这五种品质——这就是我们自身天性的真理。

---

① 怀特海：《观念的冒险》，周邦宪译，译林出版社，2012年，第179页。
② 怀特海：《观念的冒险》，周邦宪译，译林出版社，2012年，第179页。

第一节 "文明的宇宙"与人类的文明

（一）"文明的宇宙"与人类生成的根本价值

有机哲学关于文明与人的关系的思想，是以"文明的宇宙"这个概念为出发点的。也就是说，它是从宇宙的视域来认识文明，是把文明首先归于宇宙自我生成的本性的。

在怀特海看来，不能把文明仅仅看作人类自身的创造，因为人类之所以能够创造出文明还有其更为重要的前提和更加深刻的根源。他认为哲学正是对前提的探索，而这个前提是自明的。这个自明的前提是什么呢？那就是有机宇宙论所揭示的这个事实："我们已经假定许多现实事物、它们在历史过程中的协调形式、它们各自不同的重要性以及它们对宇宙统一体的共同重要性，都是自明的。"① 这就是考察文明问题的前提和出发点。现实事物的产生和存在，它们彼此的相互关联和协调，归根到底都是在宇宙统一体中发生和进行的。

随着人的自觉和对人的主体性的高扬，人们很容易把人自己假定为现实世界之内现实事物的主要根据，因而陷入唯我论的思维模式和主观立场。如果我们只是从自己的主观经验出发来论证现实事物，就割断了人与外界的一切关联，把人的存在抽象化。这种唯我论根本看不到人的社群性存在性质，更看不到人与自然界和宇宙的内在统一和相对性关联，结果就把本来是系统性存在的人看成孤立的存在。

这就是说，我们不能只是局限于人自己的主观经验，而应该以系统的观念，具有宇宙的视域，看到人自己的活动与宇宙统一体之间的密切关系。人的活动，包括创造文明的活动，绝不是独自的，而是"其他活动中的活动"，即宇宙整体的创造过程中的活动。人作为生物也不是孤立的存在，在它之外还存在着一个复杂多样的生物界。没有这个生物界作为前提，人不仅不能存在，更不可能活动，因为活动就是与他者之间的相互作用。在唯我论的思维中，"我们被归结为对于单纯外表的享受。如果抱着这种假定，那就没有材料来洞察一个有许多协调的现实事物的世界"②。须知，文明之所以能够出现，就是这个世界中无数事物相互协调的结果。

---

① 怀特海：《思维方式》，刘放桐译，商务印书馆，2010年，第98页。
② 怀特海：《思维方式》，刘放桐译，商务印书馆，2010年，第100页。

在这里，怀特海批判了几个世纪以来的认识论，并明确指出细节是对于整体的反应。把细节看作对于整体的反应，这对认识细节的性质非常重要，不仅能够更加全面而深入地对细节的性质加以说明，并且使我们能对事物性质有更加准确的判断。这种判断由于更加符合事实而更有阐释力和说服力。

怀特海说对系统思想的攻击便是对文明的背叛，这个系统的终极形态就是宇宙整体。用这样的眼光从宇宙的视域来看文明的产生，自然就应该把文明的产生看作宇宙整体活动的结果——人类创造文明的活动是在宇宙整体的创造活动中才得以生成和存在的。因此，文明不只是属于人类，它首先应该是属于宇宙的。文明的宇宙是宇宙自我生成在一个自觉化时期的成果，这个自觉化的直接原因就是人类的存在。宇宙在自己漫长复杂的生成过程中，其整体性的综合机能最终取得了全面而集中的成果，那就是人的生成。其他动物、植物和矿物也都生成于这个整体之中，但是它们没有达到人类对这个整体的反应的全面而集中的程度。这样一来，由于对宇宙这个统一体的反应的程度不同，就有了人类高于动物、动物高于植物、植物高于矿物的区别。由于人类对宇宙整体的反应达到了真正自觉的高度，他因此高于动物，创造出文明来，使宇宙进入文明的新时期。

从宇宙的视域认识文明，把文明看作宇宙自我生成的产物，从根本上揭示出文明的意义和价值。

文明是价值创造的结果，其中渗透着价值的内涵。它的价值从何而来？它的价值怎么判断？凭什么去区分文明与不文明乃至反文明？最根本的依据是宇宙整体的价值。宇宙自我生成的过程就是一个价值创造的过程。文明的价值内涵尽管是直接由人类的活动创造的，但是其价值内涵的根本依据是宇宙整体创进生成的价值趋向。怀特海说："我们存在的基础是'价值'的感觉。"[①] 对价值的创造和享有，从根本上支撑着我们存在的信心和热情。怀特海指出："'价值'实际上预先假定了'有价值的东西'。"[②] 这就是说，我们追求价值，创造价值，实际上是因为先就存在着"有价值的东西"，而不是因为我们有了对价值的欲望或进行了创造的活动，事物才有了价值。如果这个世界根本不存在有价值的东西，那么我们就什么价值也不可能创造和享有。因此，不能从纯粹赞赏的意义上来想象"价值"概念。价值"是为了本身存在的意义、作为本身的证实的存在的意义、具有本身的特征的存在的意义"[③]。

[①] 怀特海：《思维方式》，刘放桐译，商务印书馆，2010年，第102页。
[②] 怀特海：《思维方式》，刘放桐译，商务印书馆，2010年，第102页。
[③] 怀特海：《思维方式》，刘放桐译，商务印书馆，2010年，第102页。

这里说了三个"意义",也就是三种价值。这不是从纯粹赞赏的主观感觉来想象的价值概念,而是实际存在的不同价值事实。对价值的掌握中存在着一个三重图式,即整体、他者以及自我。因此,价值经验具有杂多的意义,可以区分为价值经验的整体、许多其他价值经验以及自我的价值经验。这是因为"我们每一个人都是他者中之一,我们全部包容于整体的统一之中"①。由于我们每个人既是自我又是他者中之一,还全都包容于整体之中,并与整体发生关系,因此,这三种价值经验都为我们所有。由于价值评价和感受的主观性,我们常常只有对自我价值的清晰经验,而忽视了他者的价值经验,更未留意整体的价值经验。

怀特海指出:"我们没有权利损害作为宇宙的真正本质的价值经验。"② 因为这种基于宇宙整体存在本性的价值经验乃是我们生存和发展的终极基础。由于这个基础,我们的存在才得以保持作为生命本性的"价值强度"。一方面,包括人在内的任何事态都不能把自身与他者和整体分割开;另一方面,每一事态的存在也无可非议,它既为自身保证了必要的价值强度,而且包含了与宇宙分有价值强度的意义。因此,在任何意义上存在的任何事物都有它个别自身的和它在宇宙中的意义。这两个方面的价值相互交融,各自都是对方的一个因素。

怀特海在这里强调,价值经验乃是宇宙的真正本质。这是因为,我们存在和活动的价值本来就是由宇宙自我生成的本质赋予的。我们作为现实的存在,不过是以自己的活动及其成果彰显了宇宙的价值,使之获得了强度上的保证。人作为自然界的一部分,也就是宇宙整体中的一个存在单位。人类的存在作为宇宙自我生成目的的实现,不仅有其必然性和合理性,而且具有神圣的意义。但是,任何个体存在都不能只顾及其自身的价值经验,还应该知道在自身的价值经验中结合着另外两个基本的方面,即对他者的价值和对整体——归根到底是宇宙整体——的价值。无论我们是否意识到这种整体的价值经验,它都是存在的。也就是说,在任何个别存在的价值经验中,实际上都存在着对于整体的价值意义;我们作为个体存在的价值是源于宇宙整体的。

怀特海进一步指出:"随着使自身与关于价值感受的宇宙发生关系的清晰的感觉的产生,人类的经验世界便获得了确定。"③ 这里说得很明白,当我们在自身的价值经验中对与宇宙发生的关系有了肯定的感受时,我们的价值世

---

① 怀特海:《思维方式》,刘放桐译,商务印书馆,2010年,第103页。
② 怀特海:《思维方式》,刘放桐译,商务印书馆,2010年,第103页。
③ 怀特海:《思维方式》,刘放桐译,商务印书馆,2010年,第103页。

界才表现出真正人的内涵。文明就是从对于宇宙统一体的整体性价值经验的自觉化开始的。这就是"文明的宇宙"这个独特概念的深刻含义：宇宙整体的价值在人类的经验中得到肯定和认同。宇宙的这种整体性的价值在地球这颗星球上通过人类的活动体现出来，这就有了文明的宇宙。

文明是蒙昧的反面。正是在这个意义上，怀特海说："文明所涉及的是按照一个被给予的世界的质的规定性对这个世界的理解。"① 怎样理解怀特海说的这个世界的"质的规定性"呢？在有机哲学看来，这个被给予的世界，作为"存在总体"，就是宇宙作为统一整体自我创进的世界，乃是"活动世界"与"价值世界"的统一，这就是它最根本的质的规定性。真正的文明，就是对这种整体本质的认识、确证和体现。

有一种观念说，人类需要大自然，大自然并不需要人类。这对于警醒人们重视和关爱大自然固然有意义，但是说"大自然并不需要人类"却并不正确。既然大自然生成了人类，就一定有深刻的道理，而绝不会是人对于大自然和宇宙可有可无。没有人类就不会有文明。正是宇宙这个被给予的世界的质的规定性决定了人类生成的必然性和必要性。基于宇宙自我生成的审美创进的本质，在宇宙整体质通过包容合生达到自觉体现的创造物身上，就生成了有意识的人类。

马克思论及感性的存在都是对象性的存在时，曾说太阳与植物互为对象，植物的存在确证了太阳的存在和性质。这就是说，植物以自己的存在确证了太阳的价值。因此不能说只是植物需要太阳，而太阳似乎并不需要植物。同样的道理，人类与自然界和宇宙互为对象，人类的生成是自然界和宇宙自我生成价值的具体实现。人类确证了宇宙生命的神奇和庄严，宇宙存在的价值才得以在一个更高的层级上被实现。用恩格斯的话说，人类大脑的生成，乃是自然界即宇宙达到了自我意识。至此，自然界和宇宙才成为有意识的生命存在，以宇宙的文明开启了一个崭新的宇宙时期。显然，离开了宇宙自我生成的人类，不可能真正深刻地理解宇宙的本质。没有人类，宇宙也不可能达到自我意识，也就不可能成为文明的宇宙。时至今日，对宇宙的理解已经对人类的命运具有决定性意义了。有机哲学对于宇宙与人的关系的揭示，不仅告知我们大自然不可能没有人类，而且进一步启示我们大自然需要什么样的人类和人类对于大自然应该有什么样的责任。

面对宇宙经过漫长的自我生成过程已经生成并且高度发展了人类这个事

---

① 怀特海：《思维方式》，刘放桐译，商务印书馆，2010年，第110页。

实，我们应该思考的是：我们从地球和宇宙分享了生命的美好和创造的幸福，那么我们应该怎样感恩和回报作为我们生命基础的地球和宇宙？我们既然是迄今确认的唯一的有意识的生命存在，那么我们应该对地球和宇宙的生命持续发挥什么作用？我们既然已经创造并享有了宇宙的文明，那么我们应该怎样作为文明化的人把文明的宇宙推向前进，使之更加美好？一句话，我们作为宇宙的产儿，应该如何把宇宙自我审美生成的精神发扬光大？对这些问题的回答，实际上就是对人的存在价值的回答。如何回答和对待这些问题，直接涉及我们生存于世的全部庄严和神圣。

（二）"文明的宇宙"与人的思维方式

理解"文明的宇宙"的概念，除了要有对于存在的整体性和价值的整体性的感悟，还要有宇宙视域下的整体性的思维方式。

人作为宇宙的产儿，是宇宙审美生成的结果，是文明的宇宙的成果和表现。这种对于宇宙整体的感悟，最终还要回归作为宇宙的自我意识，体现在人的思维方式上。怀特海在《思维方式》一书中，把这种意识到宇宙的整体性及其终极作用的思维称为"文明的最高的理智"和"文明的终极的良知"，足见其与文明的深刻联系。在他看来，思维方式的进步乃是文明进步的真正标志，或者说，文明的水平的根本表现就是思维方式。怀特海说对系统思想的攻击便是对文明的背叛，就包含了这层意思。

思维离不开抽象。怀特海的有机哲学非常重视"抽象"在思维中的地位和作用，同时又一再揭示和提醒它所带来的危险。他很早就指出人们思维惯性中一个极为常见的谬误，那就是"抽象的具体性误置"，即把对事物的某一方面的性质和特征的抽象当作事物本身，从而以对事物某种性质的"抽象"屏蔽了事物本来的"具体"存在。这种抽象还包括把事物从其所处的环境中抽象出来而忽视其与环境之间实际存在的关联，表现在把明晰的认识孤立起来，而忽视明晰经验背后的模糊领域中的存在的微妙关系。抽象对本来具体的事物和世界的"分析"，即割裂、分解，会把事物和世界的真正性质遮蔽起来，造成错误和悖谬。因此，怀特海在论及"文明的宇宙"时最后提出"正确地调节抽象过程的重要性"。他说："人类通过他们注重抽象而与动物区分开来。人类的堕落因其从审美内容分离出来的冷酷的抽象占支配地位而与人类的上进区分开来。"[①] 这就是说，对经验的抽象，一方面使人类有所提升，而另一方面对审

---

① 怀特海：《思维方式》，刘放桐译，商务印书馆，2010年，第114页。

美的整体统一性的背离如果占了支配地位就会造成人类的堕落。

怀特还指出:"意识的发展就是抽象的上升。这是着重点的发展。整体的特征是通过选择它的细节来表达的。"① 这样的抽象使注意集中。"这种集中注意唤起了一种自我实现的能力。它是走向揭示在历史过程中的目的的统一性的那种实现冲动相统一的一个步骤。"② 这就是说,正确的抽象是不脱离整体统一性的,它只是对其中的重点的突出和重视,即集中注意于某个重要的细节。"抽象的效用由此促进了整个经验的生动性和深刻性。它激动了深处。"③ 怀特海认为,这样的抽象乃是"有幸的运用",而这是"向上的进化的本质所在"。这就是说,这样不脱离事物和世界整体性的抽象,体现了意识向上的推进。

但是,对抽象的这样好的运用并没有必然性,并非所有的抽象都能如此。实际的情况是,大多的抽象只是对事物的肢解和分割,使抽象的结果脱离整体,因而不能正确表达事物的性质和价值内涵。为了避免思维中的这种危险,怀特海提出了"要回复最为抽象的逆转的联系"。这里说的"抽象的逆转",就是"向具体的东西的回复"。怀特海说:"在意识之后的不明显的深处,存在着抽象之后的实在事物的感觉。对过程的感觉是存在的。存在着从具体的价值经验整体中产生的抽象过程,而这个过程有倒回到它的起源的倾向。"④ 之所以在意识之后有这些不明显的感觉,是因为抽象本身是对具体事物进行分解剖析,抽象的结果并不完全掩盖或者忘记对象的整体存在。为了正确认识事物存在的本质即其整体性,"抽象的逆转"不能只是满足于这样的不明确的感觉,而应当使之"理性化"。

什么是抽象的理性化呢?怀特海说:"作为经验的最高度的生动性的意识并未满足于帷幕之后模糊不明的重要性感觉。其下一步骤是探求它本身的意识领域内的各种本质联系。这是理性化的过程。这个过程乃是认识外表上处于分离状态的抽象的细节的本质联系。既然抽象能够在意识领域内逆转,所以理性化就是抽象的逆转。"⑤ 将抽象理性化,超越抽象的局限,从抽象上升到具体,这才是抽象的逆转的完整过程。这种对抽象的理性化是意识的理想。不过,由于人的能力的有限性,抽象的理性化逆转"还是局限于我们的直接的意识领域偶然呈现给我们的环境之内,因此理性化是一个理想的部分实现,这个理想就

---

① 怀特海:《思维方式》,刘放桐译,商务印书馆,2010年,第114页。
② 怀特海:《思维方式》,刘放桐译,商务印书馆,2010年,第114页。
③ 怀特海:《思维方式》,刘放桐译,商务印书馆,2010年,第114页。
④ 怀特海:《思维方式》,刘放桐译,商务印书馆,2010年,第115页。
⑤ 怀特海:《思维方式》,刘放桐译,商务印书馆,2010年,第115页。

是发现抽象的分离之内的具体实在"①。怀特海要求我们，抽象的理性化逆转还应当从部分扩展到宇宙的整体，即从宇宙的视域去审视和探究整体的具体。

怀特海说的"抽象的理性化逆转"实际上就是马克思说的"从抽象上升到具体"的科学的思维道路。马克思在论述政治经济学的思维方法时，把黑格尔关于世界生成的"从抽象到具体"的唯心主义观点颠倒过来，认为科学上正确的思维方法应该是从感性的具体出发，经过分析达到抽象，然后对这些抽象进行综合上升到理性的具体（总体）。他还说："具体之所以具体，因为它是许多规定的综合，因而是多样性的统一。因此它在思维中表现为综合的过程，表现为结果……"②而抽象不过是对完整的表象的蒸发，是对多种规定中某一规定的分解和抽取。

这说明对世界存在的整体性的发现和重视，乃是文明的思维方式在人的意识中的体现。之所以这样说，是因为抽象是分析的结果，而分析就是对世界进行分解和解剖，它屏蔽了事物的生命。抽象的逆转是回复到具体，使事物的生命敞亮。在有机哲学看来，世界本来就是有机的生命的存在，因此它必须是整体性的。在这个意义上，抽象的分解式的思维是把对象杀死，是野蛮的、愚昧的。而理性化的具体回复事物的生命，当然就是文明的了。总之，从抽象上升到具体，或者说将抽象理性化逆转，乃是宇宙的文明所要求的思维方法。从根本上说，这就是宇宙视域的系统观念和方法，是把世界看作有机整体即生态共同体的思维方法。

（三）"文明的宇宙"与人的审美意识

怀特海说："人的身体是一个在灵魂生命中生产艺术的工具。"③这说明审美意识对于人乃是与生俱来的存在。正如亚里士多德所说，爱美是人的天性。东方哲人也有更明确的类似观念。人的审美意识作为宇宙向美生成规律的自觉化感悟，正是宇宙走向文明的重要原因。

如前所述，人作为自然界的自我意识，从根本上说就是宇宙的自我意识。宇宙自我生成乃是审美生成的过程。在这个过程中，包容合生是遵循那些具有审美性质的原则性范畴进行的，其结果就是多样和谐的审美综合体，即各种各样的美。从世界现实生成那一刻开始，审美地生成美的创造过程就开始了。但

---

① 怀特海：《思维方式》，刘放桐译，商务印书馆，2010年，第115页。
② 中共中央马克思恩格斯列宁斯大林著作编译局：《马克思恩格斯选集》第2卷，人民出版社，1995年，第18页。
③ 怀特海：《观念的冒险》，周邦宪译，译林出版社，2012年，第299页。

是，尽管审美经验普遍存在，审美意识却只能产生于意识。这就是说，人类先有了意识，才有了对审美经验的自觉认知和把握，才开始了对美的质的规定性的认知。人的审美意识使人不仅能感受和认知美及其价值，而且能进行创造美的艺术活动，因而成了文明产生的内在动力和标志。

事物的存在和生成离不开"力"，而事物的审美生成还离不开"结构"。正是结构按照美的规律发挥功能，才生成了美。怀特海这样说："'现实事物'按其本质说是'结构'。力是结构的推动力。一切其他类型的结构都是达到现实事物的阶梯。最后的现实事物是力的统一体。力的本质在于推向自为的审美价值。一切力都是从达到自为的价值这个结构的事实中派生出来的。不存在别的事实。力和重要性是这一事实的两个方面。它构成了宇宙的动力。它是保持它的生存力的动力因，它是在创造物中保持其创造欲望的目的因。"[①]

这里说的"结构"就是事物的主体形式。由于振动和波所具有的"力"的推动，形式对各种进入合生的因素（亦即各种力）进行组织和建构整合，将其结构为一个具有审美价值的多样统一的复合体。这个创生的结果源于宇宙整体的作用：审美生成的终极动力来源于宇宙，其创造的欲望也来自宇宙自我生成的生命本质。这样的本质，只有人的意识才能够感悟和领会，动物是不可能有这样的意识的。这就是文明开始于人类对审美和美的意识的原因。

对于人的意识来说，出于对价值经验的特殊关注，进入意识的首先就是事物的"重要性"。在对重要性的朦胧意识中，"注意产生了三重特征。整体性、外在性和内在性是'重要的东西'的基本特征。不要把它们看作是清晰的、分析的概念。经验通过这些预先作出的隐约的假定而苏醒，并由此支配它对细节的分析的日益增加的清晰性"[②]。这个对事物的重要性即审美价值的"注意"，就是这样一个逐步从朦胧到清晰的过程。在这个过程中，始终贯穿着对于宇宙整体以及世界和事物的整体性的经验。通过这样的审美意识，世界的整体性本质开始彰显，并且成为关于事物的重要性的核心。在这种审美意识里，人感悟到世界存在最重要的生命本质。

怀特海以"原始森林中一块孤立的空地上的一朵花"为例来说明人的审美意识对于宇宙整体精神的觉醒。他说："如果我们理解到为何每一朵花的孤立的细胞和颤动不可能享有整体的效果，那我们关于细节对整体的价值的感觉就会在我们的意识中明确起来。这是对于神圣的直觉，是对作为一切宗教的基础

---

① 怀特海：《思维方式》，刘放桐译，商务印书馆，2010年，第110～111页。
② 怀特海：《思维方式》，刘放桐译，商务印书馆，2010年，第108页。

的神圣的东西的直觉。"① 尽管动物也会对这花的美产生审美经验，但动物的经验并不敏锐，还短促和肤浅，还未成为自觉的审美意识。诚如达尔文所说，动物也有美感，而且这美感还实际影响到性选择，影响到动物的生殖质量。但是，这种美感只发生在身体经验之中，并没有上升为意识，没有对其中的神圣的东西的直觉。只有人能够感受到这美背后的道。即使我们对于这朵花的美的整体性没有理性的深入理解，基于其神秘性的神圣直觉却依然存在。它会引起我们很多的遐思和向往。我们会感叹造物的灵秀奇巧、天功造化的美妙，从中感悟生命的微妙气韵。正是这种神圣直觉中的整体性感悟把我们引向文明之境。因此，怀特海接着指出："在一切向上发展的文明中，这种神圣性的意义都有特别有力的表达。随着文明的每一阶段濒于崩溃，它就会成为经验中一个倒退的因素。"②

审美意识对于文明之所以如此重要，根本上就是因为它体现了对宇宙整体神性的感悟和仰慕。怀特海在论及对价值的重要性的感觉时说："重要性的各种各样的变化非我们的软弱的想象力所能及。但是，任何经验中审美的重要性具有它的直接当下的存在之外的证明。自我享有一种超出它本身范围的重要性。"③ 这个"直接当下的存在之外的证明"，这个"超出它本身范围的重要性"，就是宇宙整体的神性。在怀特海看来，一切的美都是在宇宙整体机能作用下包容合生的审美生成的结果，都是宇宙整体神性的"骤然体现"，而这只有人才能感悟和体认。

在怀特海看来，真正的文明是从人的审美意识的觉醒开始的。他说："人类通过他们注重抽象而与动物区别开来。人类的堕落因其从审美内容分享出来的冷酷的抽象占支配地位而与人类的上进区分开来。"④ 这是因为审美意识的觉醒实际上就是对于宇宙整体的创生本质的现实把握，无论这种对整体的经验是朦胧的还是变态的。音乐、舞蹈、绘画、工艺、建筑和诗歌等及其在原始宗教里的综合表现，作为文明的最早表征，都说明了这个事实。

从人类文明轴心时期的美学思维开始，人们就已经从宇宙寻求美的根源。两千多年来，无论有多少不同的美学观点和学说，在其探究美的本质问题时，大都不局限于对象自身的直接存在，而总是从其"自身当下的存在之外"去寻求对美的证明，大都认为在审美中"自我享有一种超出它本身范围的重要性"。

---

① 怀特海：《思维方式》，刘放桐译，商务印书馆，2010年，第111页。
② 怀特海：《思维方式》，刘放桐译，商务印书馆，2010年，第111~112页。
③ 怀特海：《思维方式》，刘放桐译，商务印书馆，2010年，第112页。
④ 怀特海：《思维方式》，刘放桐译，商务印书馆，2010年，第114页。

在具体答案上，有"天性""天道""道""理念""目的"和"生命""人的本质"等，从有机哲学看来，这一切都指向或者根源于宇宙整体审美生成的本性。

审美意识是对历史进行文明考察和评价所必需的高度。既然存在即过程，那么任何事物都存在和活动于世界生成的过程之中。因此，怀特海认为必须从历史的角度对事物进行理性的批判。他指出："在辨识这一历史证据的过程中，需要一种以审美力为基础的批判，以及一种以逻辑分析和归纳概率为基础的批判。批判的这两个基础，即审美的和逻辑的，在最终的理性判断中结合起来了。"① 审美的批判和逻辑的批判之所以能够最后统一起来，是因为两者都以和谐为终极目标。这两者的区别只是在于，审美出自天生的经验，而逻辑是理性的认知，后者的和谐只涉及结构的基本框架，而没有前者那种源自自然的细腻与圆融。因此，在两者之间，更重要的是以审美力为基础的批判。这就是说，只有审美的批判才能够真正揭示和证明文明的本质，守护文明的进程。

怀特海关于艺术与意识的关系的论述直接揭示了审美意识对于艺术创造的决定作用。他把艺术列为文明的品质，而艺术无非是人工化的审美创造。他说："意识本身便是最低艺术形式的产物。它产生自理想状态与实在相对比的过程之中，目的是要将实在改造成一种有限而杰出的面目。"这里说的"最低艺术"，应该指的是原始人类最早创造的"艺术"，比如具有审美形式因素的工具和最早的音乐舞蹈之类。在这些"艺术"中，对"力"和"能"进行组织的结构形式体现了为具体目的所需的功能，其中有理想状态与现实状态的对比，并按照理想状态的需要对对象形式加以改造，这就是意识的最初表现。由此可见，"在某种意义上，艺术是深藏在天性中的诸官能的病态的过度生长"。这个"深藏在天性中的官能的病态"就是宇宙审美生成的欲望，之所以说它是"病态"，因为它往往超出了人的日常功利需求。正因为人工化的艺术出自天性中的审美意识，所以怀特海说"艺术是对天性的教育"。②

（四）"文明的宇宙"与生态意识的自觉

关于宇宙整体性和统一性的观念，是生态意识的核心。

有一种关于人类文明进入瓶颈期的理论，把宇宙文明分为三个等级，第一个等级是可以自由地使用自己所在的星球的资源和能源，第二个等级是可以自

---

① 怀特海：《观念的冒险》，周邦宪译，译林出版社，2012年，第178~179页。
② 怀特海：《观念的冒险》，周邦宪译，译林出版社，2012年，第299页。

由地使用自己所在恒星星系的资源和能源，第三个等级是可以探索宇宙进入整个宇宙空间去获得自己所需的能源和资源。这种理论认为，人类的文明目前只在 0.7 级，要达到第一个等级，还需要解决一系列重要的技术问题。这些问题集中起来就是资源和能源的问题。这种文明理论，把文明看作对自然界和宇宙的资源和能源的占有和使用所达到的程度，完全没有生态意识。这种观念认为只是人类需要自然界，不知道对自然界的贪婪索取就是在破坏人类生存的根基，实际上也就是毁灭人类自己。

这种极端的人类中心主义的文明观念，与怀特海的文明思想完全不同并尖锐对立。在有机哲学的文明理论中，世界和宇宙的整体性及其价值居于核心地位。这种整体性包含了他者意识，即自我的存在完全系于与他者的关联和相互作用，在与多种多样的他者（包括清晰的和模糊的、现实的和潜在的）的关联中才形成整体，而且无论是自我还是他者作为整体的细节都是对整体的反应。因此，离开与他者的关联就没有所谓整体统一性的存在。这里说的他者，还不只是他人，人类之外其他的物种和存在也都包括其中。上述文明理论所主张的文明尺度，片面地局限于对地球和宇宙的物质和能量的占有，完全不考虑人类的存在与他者和地球及宇宙整体之间的统一性关联，根本无视生命体对生命场的依赖性，甚至看不到人类获取资源和能源的活动所招致的反作用，即恩格斯说的自然界对人类的报复。对于地球生态系统今天所遭遇的严重危机，持论者居然不予理会，实在匪夷所思！

幸运的是，与上述文明理论相对立，人类存在和生成的生态本质已经为人类理性所广泛认同。早在 19 世纪 70 年代，以机体与环境的相互关系为主题的生态学就诞生了。20 世纪 50 年代，以蕾切尔·卡逊的《寂静的春天》为代表的作品就把人类活动的生态关联的整体性问题严肃地昭示在世界面前。到世纪之交，"生态文明"的概念才引起重视。特别是中国，建设人与自然界之间的和谐关系的生态文明已经成为基本国策。可以说，从原始的、低级的生态和谐，经历了逐渐远离生态以至反生态的种种"文明"，特别是"工业文明"和与之相伴的消费主义生活方式的肆虐，人类理性终于从消解整体和本质的狂悖中清醒过来，开始了对生态问题的世界性关注和重视，并且极力通过国际对话和合作来解决这个关乎人类命运的问题。

人与自然界的关系，是生态意识的根本。真正科学和深刻的生态意识，就是要从自我与他者的关联中进一步重视整体的统一性，其核心就是人与自然界和宇宙整体的统一性。生态思潮中所谓"浅绿"与"深绿"的分歧，就在对这个整体性的关键问题的认识和态度上。应该说，正是有对宇宙视域的整体性的生态意义的认同和坚守，才有真正意义上的生态文明，也就是怀特海所主张的文明。之所以这样说，是因为从有机哲学的美学意蕴来看世界存在的本质，其审美性与生态性是有机融合的，审美价值与生态价值也是高度统一的。合"多"为"一"的整体和谐，既是美的本质所在，同时也是生态的本质所在。从这个角度反观人类的文明史，对于很多过去曾经津津乐道的"文明"，就应该有新的认识和评价了。

宇宙视域下的生态意识和生态思维植根于宇宙自我生成的本性之中。正如前面所论述的，这种生态意识和审美意识是有机地融合在一起的。世界和事物自我生成的包容过程所遵循的主体统一性、客体差异性和同一性以及主体强度等范畴性要求，以及这个合生过程所追求的和谐和完善的目标，既是审美的，又是生态的。因此，真正的文明必然是生态的文明。在这个意义上，对生态文明的自觉意识和实践，实际上开启了人类文明史的新阶段。从这里出发，人类才明确了文明的真正目标和应有范式。

当前流行的生态文明概念，还只局限在自然生态的范畴，其学理关注集中在人与自然界的关系上。毫无意义，人与自然的关系乃是生态文明的基础，不关注自然生态问题，绝没有生态文明。但是，现代人类的生态结构要求我们重视人与自然界之间的多层级中介，这首先是人的社会存在，还有人的文化和人性存在等。从广义来说，人类生态系统乃是以自然生态为基础、以社会生态为主导、融合和交织着文化生态的巨系统。生态学研究机体与环境的关系，人的环境即生态场，包括自然、社会和文化等不同的层面（或圈层），这些层面又相互渗透和交织，形成复杂的网络化生态场。在这个网络化的系统中，人与自然界的关系首先被社会中介化了，即人往往是通过社会关系与自然界产生联系的。正是因为这样，马克思在论及人的本质时，并不满足于像费尔巴哈那样仅仅从人与人的社会关系去界定人的本质，而是再三强调人的本质的实践性。不言而喻，实践是社会性的，但是实践首先从根本上是处理人与自然界的关系，是人对自然界的作用和反作用。人的本质实际上是由其与自然界的关系，也就是人对自然界所提供的生态资源——物质资源和精神资源（马克思说的物质食粮和精神食粮）的占有和享有关系来决定的，是由人对自然界的态度和作为来决定的。人们说的作为人的本质的社会关系，只不过是人与自然的关系的直接现实的表现而已。马克思强调从实践性去认识人的本质，就因为现实的、具体的人都是实践的人，都是直接或者间接与自然界发生各种关系的人。所谓文化，作为人的实践活动的产物和表现，作为人的心灵的外化，其最核心和基本的内涵也是人与自然界的关系。马克思唯物史观似乎只是着眼于社会结构，但在生产力和生产关系这个层面实际上已经包含了人与自然界的关系。在他看来，人与自然界是互为对象的对象性的存在。人不仅在一般生物学的意义上离不开自然界，而且在实践和社会存在的意义上也离不开自然界。马克思的唯物史观是建立在他的自然史观基础之上的。正是在这个理论视域中，唯物史观的唯物主义内涵才能得到正确而深入的理解，历史内在的生态性质也才得以敞亮。

文明，作为宇宙整体自我生成的成果，必然把生态文明推向对自然、社会和文化等多层面生态关系的综合。在这个综合中，自然生态不仅是基础，而且从根本上制约着社会生态和文化生态以及人性生态。反过来，社会生态、文化生态和人性生态也深刻影响着自然生态。今天的自然生态问题之所以如此严重，其根源就在于社会生态、文化生态和人性生态的失衡和畸化。由于社会和文化是人性的现实的直接表现，所以，归根到底是人性生态的问题。深刻认识"文明的宇宙"这一概念的生态内涵，从宇宙整体视域把握文明发展的方向，对于人类理性已经是一个十分迫切的课题。真正文明化的人，应该从宇宙的生态本性建构人性生态，培育生态人格，树立与审美性相融合的生态意识。

第二节　文明的品质与文明化的人

（一）真正的文明应有的五种品质

按照通行的解释，"文明"是使人类脱离野蛮和愚昧状态的所有社会行为和自然行为的集合，或者说文明是有史以来沉淀下来的，有着能增强人类精神，能被绝大多数人认可的人文精神、发明创造以及公序良俗的总和。尽管这些解释指明了文明具有特定价值内涵，但是仅仅从泛泛的人类精神来规定这种价值，毕竟还显得抽象。

怀特海的有机哲学所说的文明无疑也具有人类精神的价值追求，但是这种价值规定是从宇宙自我生成的创造性本质和宇宙整体神性出发的。在他看来，只有那些体现了宇宙创造性本质和宇宙整体神性的人的心灵和行为及其现实成果，包括人的思维方式和生活与生产方式，才是真正的文明，才体现了"文明的宇宙"的根本精神。

怀特海给文明树立了很高的标准，认为文明应该具备五种基本品质，那就是"真""美""艺术""冒险精神"与"平和"。怀特海说，这些基本品质"在社会生活中的共同实现，就构成了文明"。[1] 他又说："一个社会，只要它的成员分享真、美、冒险精神、艺术、平和这五种性质，该社会便可称之为文明的社会。"[2]

文明应具的五种品质的具体内容如下：

第一是"真"。"真，便是现象符合实在。这种符合的程度有多少之分，有直接与间接之分。"[3] 这里说的现象与实在的符合，既说的是呈现于人的感官的表象是否正确表现了现实世界的本来的真实，也说的是具体的现实事态是否真实表达了世界存在的本质。

现象未必符合实在，人类所认识的"真"未必与实在的"真"相符合。怀特海指出了三种所谓的真。一是命题，"一个命题就是某种特定联系（nexus）的抽象可能性"[4]。这种抽象会造成对实在的具体性的遮蔽。二是感官知觉，"对于地球的动物来说，感官知觉便是现象的极致"[5]。这不仅造成对事物实际构成的遮蔽和简化，还由于感觉材料遮蔽了深层经验中的振动和波而限制了对事物感情调子的经验。比如，眼睛看见色彩和形体，耳朵听到声音，却往往感受不到其所表现的情感调子。三是象征的"真"，由于其对"真"的表达是一种符号性的、间接性的方式，它比感官知觉所表达的"真"更为模糊。语言及其所表达的意义，以及音乐和礼仪之类便是这类"真"的例子。

怀特海指出："不管怎么说，我们所要的是那种率直的真。"[6] 这是清晰而分明的现象与实在相符合，比如绿色所传达的"绿意"。质言之，这种率直的真就是美，因为美才是宇宙自我生成的本质。这种"率直的真"祛除了抽象和符号的遮蔽。所谓"真"，就是对存在本质的感悟、探究和体认。

第二是"美"。"美就是一个经验事态中诸因素之间的相互适应。"[7] 对于这个"适应"，怀特海阐释道："'适应'暗示着有一个目的，所以，只有分析清了'适应'的目标，才能明确地界定美。这一目标就是双重的。首先，不同的诸摄入之间不存在相互的抑制，因此，不同强烈程度的主观形式并不相互抑制。主观形式的不同强烈程度是自然而然恰当地——或者简而言之是相符地——产生自不同摄入的客观内容。"[8] 这种没有被抑制的相互适应就是多样

---

[1] 怀特海：《观念的冒险》，周邦宪译，译林出版社，2012年，第313页。
[2] 怀特海：《观念的冒险》，周邦宪译，译林出版社，2012年，第314页。
[3] 怀特海：《观念的冒险》，周邦宪译，译林出版社，2012年，第265页。
[4] 怀特海：《观念的冒险》，周邦宪译，译林出版社，2012年，第267页。
[5] 怀特海：《观念的冒险》，周邦宪译，译林出版社，2012年，第269页。
[6] 怀特海：《观念的冒险》，周邦宪译，译林出版社，2012年，第275页。
[7] 怀特海：《观念的冒险》，周邦宪译，译林出版社，2012年，第278页。
[8] 怀特海：《观念的冒险》，周邦宪译，译林出版社，2012年，第278页。

统一的和谐。

由于有不同水平的和谐，所以美有不同的等级。有美的"次要形式"，这是没有痛苦的冲突、没有粗俗的一种单纯的质的和谐。这种和谐缺乏意义重大的对象，表现出顺从、含混，没有鲜明的轮廓和意图，因而是一种平庸低级的和谐。还有美的"主要形式"，它是为了某种新的理想的和谐，其中包含着较大的差异和对比，甚至存在为实现和谐所必要的抑制和冲突，因此表现出克服阻力和困难的较大力度和强度。这种和谐可称为"完善"。

即使是完善，也还有高级和低级之分，区别在于理想目标的新颖度和克服不协和的强度。"一个以更高级种类为目标的不完善是超出低级的完善的。"①低级的完善只是最物质化、最感官化的享乐，而对不协和的感受则是进步的基础。因此，完善之外还有完善，不存在一切完善的极致。不同种类的完善之间也是不协和的，也需要进一步的完善。② 在这种高级的完善和不协和中，世界的创造性本质强烈地显示出来。因此，"低水平的'完善'比具有更高目的的'不完善'要低级"③。在怀特海看来，创造世界完善之美是上帝执着的理想，这种美总是包含和体现着现实世界运转中的积极更新。怀特海说："这一伟大事实包括了这一原初的爱欲以及这一终极的美。正是它的这种固有的包容性，构成了高度文明才具有的那种忘我的超验热情。"④ 显然，美乃是宇宙整体创生本质的现实呈现，是文明的精灵和基因。

第三是"艺术"。怀特海指出："从历史经验中我们可以看出，当一个国家的艺术之花开始绽放的时候，这个国家才开始踏上文明之途。"⑤ 这是因为艺术是宇宙审美生成本质的自觉化活动。

美是宇宙自我生成的目的，在人生成之前就已存在。经验中使艺术成为可能的因素是意识，艺术是人的有意识的创造。怀特海说："艺术的目的，是双重的——也就是说它包括'真'和'美'。艺术的完善只有一个目标，即'真实的美'。"⑥ 与自然界对美的自发性创造不同，艺术作为人类创造的美，把世界"率直的真"现实地表现出来，或者把理想的美变成现实的真。总之，艺术是把美和真结合起来。"当现象除美而外又获得了真时，更广义的和谐便产生了。因为在这种意义上，和谐也包含着现象与实在的关系。这样，当现象适应

---

① 怀特海：《观念的冒险》，周邦宪译，译林出版社，2012年，第283页。
② 怀特海：《观念的冒险》，周邦宪译，译林出版社，2012年，第283页。
③ 怀特海：《观念的冒险》，周邦宪译，译林出版社，2012年，第290页。
④ 怀特海：《观念的冒险》，周邦宪译，译林出版社，2012年，第326页。
⑤ 怀特海：《教育的目的》，靳玉乐、刘富利译，中国轻工业出版社，2017年，第49页。
⑥ 怀特海：《观念的冒险》，周邦宪译，译林出版社，2012年，第294页。

实在而获得了真实的'美'时,便有了艺术的完善。"① 艺术的完善不是在自然自我生成中缓慢地获得的,而是人的自觉的活动积极适应的结果。

艺术之所以是文明的品质,是因为它把宇宙整体的神性以具体的形式真实地表现出来,使彰显宇宙本质的"率直的真"得以敞亮。人作为"宇宙的产儿",继承了宇宙的审美生成本性,发挥自己的力量去创造各种各样自然中原本没有的美,把世界向美而生的过程提升到有意识的高度。通过艺术,宇宙的生命精神在人的心灵和活动中敞亮。这就如怀特海所说:"艺术提高人类的感觉。它使人有一种超自然的兴奋感觉。夕阳是壮丽的,但它却无助于人类的发展,因而只属于自然的一般流动。上百万次的夕阳不会将人类驱向文明,将那些等待人类去获取的完善激发起来,使之进入意识,这一任务须由艺术来完成。"②

艺术之所以是文明的品质,还因为它的美总是能把心灵引向世界的终极存在。这个终极存在是幽暗的、模糊的。这些幽暗的成分为艺术提供了终极的背景,这才有艺术的效果。通过艺术,存在的"率直的真"即美的本质才得以冲破种种雾障而敞亮出来。

第四是"冒险精神"。"冒险精神属于文明的本质。"③ 在论及对完善的不倦追求时,怀特海就强调了冒险精神的必要性和重要性,指出"需要大胆的冒险——观念的冒险,以及与观念的冒险相符的实践的冒险"④。

自我生成和自我创进是宇宙的本质。要创造新颖性,追求永无止境的"完善",就少不了冒险。怀特海指出:"对社会学理论的一切理解——即对人类生活的一切理解——其基础就在于要明白:要静止地维持完善是不可能的。这一规律植根于事物的性质之中。不进则退,人类只能在两者中作出选择。纯粹的保守主义者反对的实则是宇宙的本质。"⑤ 他把冒险精神提升到宇宙本质的高度。

怀特海又说:"就连完善也受不了单调的、无止无休的重复。一个文明倘要以其最初的热情来维持自身,所需的就不止是学问了。冒险精神是不可缺少的,所谓冒险精神就是对新的完善的追求。"⑥ 要创造文明,要把文明推向前进,使其不至衰退和堕落,就必须以冒险精神去不倦地探索和创造。可以说,

---

① 怀特海:《观念的冒险》,周邦宪译,译林出版社,2012年,第295页。
② 怀特海:《观念的冒险》,周邦宪译,译林出版社,2012年,第298~299页。
③ 怀特海:《观念的冒险》,周邦宪译,译林出版社,2012年,第326页。
④ 怀特海:《观念的冒险》,周邦宪译,译林出版社,2012年,第285页。
⑤ 怀特海:《观念的冒险》,周邦宪译,译林出版社,2012年,第302页。
⑥ 怀特海:《观念的冒险》,周邦宪译,译林出版社,2012年,第284页。

没有冒险，就没有创造。

第五是"平和"。怀特海认为，即使有了真、美、艺术和冒险精神，对于文明来说，仍然缺少了某种东西。他说，"倘若没有它，对于'真、美、冒险、艺术'的追求就会是无情、艰难和残酷的；因此，就像意大利文艺复兴的历史所表明的，没有它，文明就会缺乏某种基本性质"①。在此，"温和"和"爱"的观念虽然重要却太狭隘，"平和"则是表达"和谐之最"的概念。这个概念将其他四种品质融为一体，将人们追求理想时常有的那种骚动、浮躁甚至暴戾的自我中心主义排除出去。怀特海说："我选择'平和'这一术语来表述平息破坏性骚动从而完成文明的那种和谐之最。"②

怀特海特别说明，平和并不是麻木，它是圆满完成灵魂的"生命和运动"的一种积极感受。它是由深邃的形而上学洞见带来的眼界、胸怀和感受的扩展，并由于对世界本质和美的力量的信心而能够从容不迫，不骄不躁。"个人目的与超越个人局限的理想相符，这就是那样的'平和'观，有了它，智者可以直面他的命运，成为自己灵魂的主人。"③

怀特海说："理解了古罗马，也就理解了文明的和谐本源。"④ 古罗马文明之所以对欧洲文化发展具有极其重要的影响，就因为它体现了文明的上述品质。他还赞赏古代希腊的文明，指出"和谐说是希腊人的一个发现，该发现是思想史上的一个里程碑"⑤。他在感叹希腊文明后来的停滞和重复时说："中国人和希腊人都达到了各自的某种完善的文明程度——两者都值得赞扬。"⑥ 可以说，上述五种品质的确是人类文明的"轴心时代"的共同特征。

（二）文明是宇宙审美生成本质的自觉认知和实践

怀特海把真、美、艺术、冒险精神与平和视为文明的品质，从他的具体论述可以看出，五大品质之中，美是居于核心地位的。不仅"率直的真"就是美，艺术是对美的自觉创造，而且冒险精神是为了美的追求，平和是对美的忠诚信仰。显然，其他四种品质都围绕"美"这个核心，并从不同的向度为美的生成发挥各自的特殊功能。这说明，有机哲学所说的文明，实际就是有意识的人对宇宙审美生成本质的自觉认知和实践——"真"是对美的自觉认知，"艺

---

① 怀特海：《观念的冒险》，周邦宪译，译林出版社，2012年，第313~314页。
② 怀特海：《观念的冒险》，周邦宪译，译林出版社，2012年，第314页。
③ 怀特海：《观念的冒险》，周邦宪译，译林出版社，2012年，第321页。
④ 怀特海：《教育的目的》，靳玉乐、刘富利译，中国轻工业出版社，2017年，第94页。
⑤ 怀特海：《观念的冒险》，周邦宪译，译林出版社，2012年，第162页。
⑥ 怀特海：《观念的冒险》，周邦宪译，译林出版社，2012年，第284页。

术"是创造美的自觉实践；而"冒险精神"和"平和"则是自觉地认知和实践所应有的生命姿态和超越情怀。

但是，生活中存在各种各样的"真"。比如，有人告诉你"命题"之"真"，说"某物是什么"，这可能是以偏概全、以点"代"面，用某一种性质指称它的整体。又比如，你以为耳听为虚，眼见为实，但是眼睛看见的只是颜色和特定视角的形体，这也只是对实存之真的抽象。还比如，你用某种符号来象征事物和世界之真，这离实在的真实更是隔了一层，甚至不止一层。在日常生活中，我们认识事物和世界之"真"时抱有各种不同的目的，出于不同的需要，有不同的态度，于是所关注的"真"也不一样。比如面对一片树林，农夫、商人和艺术家所关注和认知的"真"就大不一样；即使同样是艺术家，画家、音乐家和诗人各自所感知的"真"也不会完全相同。我们要在世界上生存和发展，首先要认识自己所处的这个世界，把握这个世界存在的真实和真相，追求真理。那么，究竟什么是这个世界的"真"呢？对这个"真"的自觉追求，包括对它的感悟和认知，就成了文明的第一品质。

不过，在怀特海看来，世界的"真"是复杂多样和多层次的，并不是任何一种"真"都具有文明的性质。作为文明品质的"真"必须是那种"率直的真"，即没有破碎和遮蔽而具有终极意义的"真"，那就是"美"。美是宇宙整体机能的涌现，它以最鲜明和生动的形式彰显了宇宙审美生成的本质。对"率直的真"的感悟和认知，就是对宇宙整体这一深邃而神妙的精神（用中国古代美学的话说就是"气韵"和"神韵"）的体验和把握。这种存在之真在经验中的澄明，就是文明的第一线光亮。

怀特海说："真与美是两个重要的调节性特性。凭借这两个特性，现象向经验主体的直接决定证明自己是合理的。"[①] 这是说真与美是互相调节的：对真的追求最终会达成对"率直的真"的认可，也就是对美的发现；最终，对美的探究就是"率直的真"，是实在最深层和最深刻的真实。两者这样互相调节，互相推进，人所认识的现象最终都会向经验主体证明自己是合理的——或者真即是美，或者美即是真。真与美两者相互调节而达成对实在的真知，有如庄子说的"天地有大美而不言"，可以"原天地之美以达万物之理"。这也告诉我们，对世界之真的认识必须达到对其审美本质的感悟和确信，才算是进入怀特海说的文明之境。

美与真的统一，不仅是宇宙整体的本质真实，也应该为个体事态所具备。

---

① 怀特海：《观念的冒险》，周邦宪译，译林出版社，2012年，第265页。

在怀特海看来，对完善——更高的完善——的追求，是人的"个性的最高表现"。"它的相符的主观形式便是由对自由的享受派生而来的享受的自由。新鲜性、热情、额外强烈的敏锐性都来源于此。在个人的一连串事态中，通向完善理想且目标在望的向上通道，所给人的激动要比任何尝试过主要的完善形式之后而居留于途中的延宕给人的激动要强烈得多。"① 因此，人应该始终保持对理想的追求，在原有理想实现之后树立起新的理想，在不完善和必朽中发现更高的目标并努力融入不朽。在这个理想中，对真的追求应该就是对美的追求，如果没有发现美，那么真就还是值得怀疑的。

现实的美常是由若干个体构成的整体。怀特海特别指出不能为了整体的美而忽视个体的美。他说："一个美丽的对象体系有这样一个特性：当其被接纳进使自己感到快乐的一系列事态时，它很快地建立起一系列具有强烈特点的明显对象。"② 他以沙特尔大教堂门廊里的雕塑群为例，说这些雕塑"既以各自明确的特点展示了个体的价值，又作为整体中的细节发挥了作用"③。他把个体的独特个性的美与人的价值联系起来，认为"这一明显个性的审美价值在于，它要求人的关怀"④。这就是说，对个体的审美价值的重视，实际关系到对于人的个体存在的态度，应该从人的关怀的高度去认识个体的美的价值。无论是整体的美还是个体的美，都是宇宙审美本质亦即人的本质的具体显现。

怀特海关于真与美统一的观点表达了一个十分重要的思想：美作为实在的率直的真，就是文明的基因。这是因为，美传递和表征着宇宙整体的神性，并引导着宇宙的审美生成，最终创造了人，使宇宙进入文明的新时期。

——说美是文明的基因，是因为美作为宇宙整体神性的涌现，本来就生动地体现和敞亮了宇宙向美而生的本质。怀特海说"宇宙目的论就是指向美的产生"⑤。因此，美自身的存在就预示着宇宙文明的必然生成。

——说美是文明的基因，是因为美所显示的多样统一的和谐和完善鲜明而生动地体现了宇宙自我生成的目的，也启示了包容合生这一实现审美生成的基本活动方式。这种目的与方法的统一，对于事物的审美生成发挥着巨大的引领和推动的作用，直至文明的诞生。

——说美是文明的基因，是因为美作为宇宙自我生成精神的体现，本来就蕴含着创造新颖性以趋向更加完善的理想欲望的动力，而且美自身也在不断完

---

① 怀特海：《观念的冒险》，周邦宪译，译林出版社，2012年，第285页。
② 怀特海：《观念的冒险》，周邦宪译，译林出版社，2012年，第291页。
③ 怀特海：《观念的冒险》，周邦宪译，译林出版社，2012年，第290页。
④ 怀特海：《观念的冒险》，周邦宪译，译林出版社，2012年，第291页。
⑤ 怀特海：《观念的冒险》，周邦宪译，译林出版社，2012年，第292页。

善和提升的创进过程之中。这个创进过程将会走向文明的生成。

——说美是文明的基因，是因为美内在的生命动力深刻影响和引领世界的生成和生命的进化，才有了人这个"宇宙的产儿"。达尔文关于动物美感在性选择中发挥作用的论述，就说明了美在人的生成中的深刻意义。随着人类的生成，宇宙开始进入文明的新时期。

——说美是文明的基因，是因为有意识的人的出现，使对宇宙整体本质的自觉认知成为现实，开始了审美创造的自觉化即人工化。人对艺术的创造，就是世界审美生成过程的自觉化，是文明的鲜明标志。用杜威的话说，艺术乃是文明的轴心。

——说美是文明的基因，是因为美所昭示的和谐与完善的目的内含着生态的精神和规律，启示人们对于自己存在的生态意识，从而启示了生态文明的深刻内涵、终极价值和神圣信仰，并引领我们努力追求永无止境的生态和谐和完善的美好理想。

——说美是文明的基因，是因为美引导人们感悟宇宙整体的神性，在心灵中培育对宇宙整体性的敬畏和虔敬，鼓舞向美而生的信念和热情，珍惜和爱护自己的审美天性，深刻领会和坚守世界审美生成的法则，在美的呵护和抚育下使自己成为文明化的人。

归根到底，有了美，有了美的自我生成和超越，才有宇宙的文明和文明的进步。

美作为文明的基因，是艺术的灵魂，对艺术的创造发挥着特别重要的作用。美是各种各样的，现实生活中的复杂矛盾可能掩盖和阻扰了许多理想的美。这就需要意识即"更高的精神"发挥主观的作用，把这些美转化为真，以超乎寻常的强烈程度实现某种潜在的、深刻的真。这种新的美是一种可以感受的现实的真，而不只是存在于幻想和言辞的真。艺术就这样把美的创造自觉化，并借此把文明的宇宙向前推进。

怀特海对艺术与善的关系的论述，有助于认识美和艺术对于文明的意义。他认为："善不应是艺术的目的，因为善是属于实在结构的一种限制条件，这一限制条件在它的任何单个的实际表现中，都可是或好或坏的。善和恶在深度上位于现象之下，在广度上位于现象之外。它们只牵涉实在世界内的诸相互关系。当实在世界是美的时，它同时便是善的。与艺术有关的，主要是通过对现象的有目的的适应而达到的那些完善。"[①] 怀特海认为善是世界中的一种正面

---

① 怀特海：《观念的冒险》，周邦宪译，译林出版社，2012年，第295页。

的价值，但它受现实关系的制约却未必美。以美为目的的艺术在实在世界中却可能引起美而并非善，甚至是恶。他说："若观察得更宽且分析得更深，我们会看到，艺术完善的某种例子会减少善……不合时宜的艺术类似于不合时宜的玩笑，也就是说，在适当的地方它是善的，而在不适当的地方它便是一种肯定的恶。一个奇怪的事实便是：坚持'为艺术而艺术'学说的艺术爱好者往往会对因其他兴趣的缘故而禁止艺术的事表示愤慨。但是，指出其艺术上的完善，却并不能反驳批评其不道德的那一指控。这倒是真的，保卫道德是调动愚蠢来反对变化的最佳战斗口号。"① 他调侃道："也许，无数个世代以前，可敬的变形虫们拒绝从海洋迁往干燥的陆地——拒绝的理由是为了保卫道德。艺术对社会的附带贡献便在于它的喜欢冒险的精神。"② 美与善之间的冲突也成了艺术创造需要冒险精神的原因。在怀特海看来，美高于善，美是真正的大善、至善。他说："道德存在于追求理想的目标中。最低的道德也是要防止向下的沦落。因此，呆滞是道德的死敌。然而在人类社会中，竭力倡导道德的人总的说来都是竭力反对新理想的人。人类一直都在受道德家的折磨，他们反对人从某个伊甸乐园里被逐出。"③ 对于一定的社会状况来说，道德的规范固然有一定的合理性，有利于社会的稳定和文明，却往往阻扰审美生成中对于更加完善的理想的追求。

怀特海说："艺术作品就是来自幽冥处的信息。它从精确的意识无能为力的未开发地区释放出深沉的感受……艺术的秘密却在于它的自由性。"④ 因为对未开发区域的探寻和开发需要自由。"文明的艺术来自多个源头，物质的或纯粹想象的。但它们都是对朴素渴望的升华，以及对升华的再升华。这些朴素渴望就是要自由地享受生活，后者最初是出自必然的。……把艺术看成是追求'美'，这一概念是肤浅的。当艺术似乎在一刹那间揭示了关于事物性质的本质的、绝对的'真'时，它在人类经验中便有一种治疗病痛的功能。"⑤ 怀特海还明确指出："具有揭示事物本质这一伟大作用的艺术，是文明的精华。随着这种艺术的生长，精神的冒险超越了生存的物质基础。"⑥ 说艺术是文明的精华，就因为它不是再现已有的美，而是自觉地创造更加理想的美，把美这个文明基因中自我生成创新的机能在人的活动中自觉化。

---

① 怀特海：《观念的冒险》，周邦宪译，译林出版社，2012年，第295~296页。
② 怀特海：《观念的冒险》，周邦宪译，译林出版社，2012年，第296页。
③ 怀特海：《观念的冒险》，周邦宪译，译林出版社，2012年，第296~297页。
④ 怀特海：《观念的冒险》，周邦宪译，译林出版社，2012年，第299~300页。
⑤ 怀特海：《观念的冒险》，周邦宪译，译林出版社，2012年，第299~300页。
⑥ 怀特海：《观念的冒险》，周邦宪译，译林出版社，2012年，第299~300页。

美是文明的基因，揭示事物本质的艺术是文明的精华，这是人类文明的发展史特别是艺术史和审美文化史已经证明了的事实。这告诉我们，要成为文明化的人，必须有审美和艺术的修养，并爱护和创造自身的美。

（三）文明需要冒险精神与平和情怀相结合

要成为文明化的人，人就必须具有深入认知美和自觉创造美所要求的冒险精神，要敢于创新，敢为天下先，敢于试错，甚至敢于牺牲。这种冒险精神，基于对美和艺术的价值的深刻认识，基于对审美经验的创造性价值和生命之力的神秘体验，基于对宇宙整体生命存在的神圣性的虔诚和敬畏，也基于对自我生命价值的庄严自信。

文明之所以需要冒险精神，根本原因是世界审美生成本来的过程性。怀特海告诉我们，宇宙世界的自我生成是一个过程。在这个过去、现在和未来相连续的过程中，贯穿着创造新颖性的理想欲望。"过程便是在创造性爱欲（Eros）的作用下，将过去吸收进含有理想和预想的新的统一体中去。"[①] 同时，在这个过程中，每一个实际事态就基本性质而言都是有限的，任何整体都不是一切完善的和谐体。这首先是因为存在着多种可能的和谐，它们或者在共同实现时会走向反面而产生"恶"，或者不可能共同实现。历史好似一个舞台，各种理想主义者各自坚持着不能相容的理想。于是必然有矛盾、对立和冲突。怀特海在这里谈到"神的爱欲"，即宇宙审美生成对和谐和完善的无尽追求。而这是一个在有限的不断进取中去实现无限性的过程。创造新颖性的过程永远不可能停止。在这个过程中，自由的探寻会走错方向，会选择失误。这就有风险，有迷失，有挫折，有牺牲。因此，没有冒险精神，就永无创造的可能。归根到底，冒险的热情源于对宇宙存在之真的确信。相反，如果"感到现象与实在错位，这种感觉是最终的破坏力量，它剥夺了生命冒险的热情。它剥夺文明存在的理由，因而导致文明的衰落"[②]。

怀特海指出，在处于极盛时期的文明中，虽然还会发生一些次要的变异，使某一类型的完善得到很大程度的实现，"但是，当那些次要的变异被穷尽了，便会出现两种情况中的任意一种：或则该社会丧失了想象力，于是滋生了腐败停滞；或则重复导致生动鉴赏力的逐渐下降。常规惯例占了上风，学术上的正统观点压倒了冒险精神"[③]。在这个过程中，只有对以往的重复，在价值创造

[①] 怀特海：《观念的冒险》，周邦宪译，译林出版社，2012年，第304页。
[②] 怀特海：《观念的冒险》，周邦宪译，译林出版社，2012年，第323页。
[③] 怀特海：《观念的冒险》，周邦宪译，译林出版社，2012年，第306页。

方面没有新的成果。这种堕落也会有很强的生命力,但生命的价值的逐渐衰落,虽保留着文明的虚名,却毫无文明的实质。这种虚假的文明,逸乐成风,享受至上,消费主义大行其道,生命意志颓靡,既有的文明成果也逐渐被销蚀殆尽。

当然,这种停滞和堕落不会为社会的健康力量所容忍。等到有合适的时机,新的冒险者奋起冲破正统和惯例的束缚,新的文明才又迈开新的前进脚步。即使有时冒险只在一定的限度之内,也会激起文明进步的涟漪,以某种新鲜性唤醒社会的理想欲望和创新热情。冒险精神被激发起来,新颖的想象迟早都会越过该时期的底线,越过成规所允许的底线,于是文明化努力的新理想来临。怀特海指出:"一个种族要保持它的精力,就必须怀抱有既成现实和可能现实的真正对比,就必须在这一精力的推动下敢于跨越以往稳健保险的成规。没有冒险精神,文明就会全然衰败。"①

冒险精神依托于个体的生命活动,因此对于冒险精神来说,个体性原则非常重要。怀特海指出个体的原则"涉及关于和谐的学说"②。他认为,历史上关于和谐学说的讨论,忽略了个体性问题,这是极大的缺陷。和谐有各种各样的类型,而重大的和谐便是由众多持久个体组成的和谐,它们结合在一个统一的背景中。这是由更多的差异和对比造成的统一体,因此自由的观念常常出现在更高级的文明中。怀特海以艺术为例说明独特的个性对于整体美的重要作用。那些突出的个性,不仅可以加强整体,还可能挽救整体。这就是说,应该让个体有发扬冒险精神的自由,这样整体才能达到高级的和谐,形成更加积极有效的冒险合力,为理想的实现提供可靠的保证。

作为文明品质之一的冒险精神绝不是唯意志论的肆意妄为。海德格尔在写于 1946 年的《诗人何为?》一文中论述人作为存在者与作为存在者整体的"自然"(生命)的关系时,说人是被世界抛掷进世界的"所冒险者"。他说:"存在者存在,因为它始终是所冒险者。但是,存在者总是被冒险而入于存在,也即入于一种大胆冒险。因此之故,存在者本身就是冒险着的,它一任自己听冒险摆布。存在者存在,因为它随自身放纵于其中的冒险而行。"③ 由于科学技术的发展,现代人以自我的意愿为命令,企图用自以为万能的技术去制造对象,"把世界作为可制造的对象之整体设定起来"④,以建立起对世界的"无条

---

① 怀特海:《观念的冒险》,周邦宪译,译林出版社,2012 年,第 308 页。
② 怀特海:《观念的冒险》,周邦宪译,译林出版社,2012 年,第 308 页。
③ 海德格尔:《林中路》,孙周兴译,商务印书馆,2018 年,第 314 页。
④ 肖朗:《海德格尔现象学美学研究》,上海三联书店,2015 年,第 89 页。

件的统治"。"归根到底,这是要把生命的本质交给技术制造去处理。"① 海德格尔指出这样的冒险乃十足的危险:"这个危险就在于这样一种威胁,它在人对存在本身的关系中威胁着人的本质,而不是在偶然的危难中威胁着人的本质。这种危险才确实是危险。"② 这对于理解怀特海所说的作为文明品质的冒险精神,是必要的补充和深化。

对于文明所需要的精神品质,怀特海的思维是很缜密的。冒险精神不是莽撞,不能浮躁,不可擅妄。为了使冒险的探寻和实践更合理有效,社会要有平和的精神氛围,个人则要有平和的心态。否则,冒险精神就有可能在创新的名义下放肆横行而沦为愚鲁和野蛮。

从根本上说,平和是深刻理解和真诚信任宇宙审美生成本质的生命情怀和身心状态,是对美的创生力量的诚挚信仰。因此,平和首先是与真联系在一起的。之所以能够平和,是因为对世界之真的深刻认识。"平和所要求的基本的真便是现象与实在的相符。"③ 如果没有对世界审美生成之真的笃信,就不可能有平和的心态。

怀特海解释"平和"时说"它犹如一种气氛,依附在柏拉图的'和谐'这一观念上"④,却又充盈着"生命和活动"的气机。平和的经验远不受急功近利的目的控制,它犹如一种天赋。平和很容易变成麻木这种劣质的替代品,"换言之,得到的不是'生命和运动'的一种性质,而是对它们的破坏。因此,平和不是造成抑制,而是摆脱抑制"⑤。它使兴趣更宽广,视野更广阔,更开放也更自信。这是一种充满生命活力和创造性动机的精神氛围和心态,对一切可能的失误、挫折和牺牲都有充分的心理准备。

平和作为向世界乃至宇宙整体开放的一种超越性的天地情怀,在怀特海看来是对自我最大限度的控制。他说:"平和是最大限度的自我控制——这种程度大到了乃至于'自我'消失,兴趣转化为比个性更广泛的协调行为。"⑥ 怀特海特别说明:"这儿所谓的兴趣是精神的实在目的兴趣,而不是对散漫观念的表面化运用。"⑦ 所谓"实在目的"当是符合宇宙自我生成本质的目的,亦即审美生成的目的。这种实在目的兴趣,能够拓展眼界和胸怀以及思维空间。

---

① 孙周兴:《海德格尔选集》,上海三联书店,1996年,第430页。
② 海德格尔:《林中路》,孙周兴译,商务印书馆,1997年,第333页。
③ 怀特海:《观念的冒险》,周邦宪译,译林出版社,2012年,第323页。
④ 怀特海:《观念的冒险》,周邦宪译,译林出版社,2012年,第313页。
⑤ 怀特海:《观念的冒险》,周邦宪译,译林出版社,2012年,第314页。
⑥ 怀特海:《观念的冒险》,周邦宪译,译林出版社,2012年,第315页。
⑦ 怀特海:《观念的冒险》,周邦宪译,译林出版社,2012年,第315页。

"事实上,正是主要由于这一理由,平和对于文明才如此重要。它是防止狭隘的屏障。它的成果之一便是被休谟否认其存在的那种激情,即把人当做人来爱的那种感情。"[1]

怀特海深知,创造并不总是顺风顺水的事情。"衰败、变迁、损失、置换,这些都属于创造性进展的本质。目标的新方向是由自发性引起的,它是一个骚动的元素。"[2] 对于较高级种类的、有个性特征的动物生命来说,生命热情主要是通过兴盛衰亡的接续来维持的。"一旦达到了高级的意识,对于存在的享受便伴随有痛苦、挫折……它保持了对悲剧的生动敏感性;它把悲剧看成是一个活的因子,该因子说服世界去追求超越周围衰退事实的那种美好。"[3] 怀特海关于平和与悲剧的关系论述,体现了平和心态所具有的深刻内涵。他说:"只有将平和与属于事物天性中基本成分的那种悲剧性问题结合起来考虑,才会最清晰地理解平和。平和是对悲剧的理解,同时也是对它的维持。"[4] 他又说:"每一个悲剧都揭示了一个理想——它揭示了什么是本可能有而当时却没有的,什么是可能会有的。悲剧并非是徒然的。动力中的这种残存力量,由于其求助于美的储存,因而表明了悲剧性的'恶'与世俗的'恶'之间的区别。如此理解悲剧的作用,其内心的感受便是平和。"[5] 真正的悲剧是两种片面的合理性之间不可兼容的冲突,这实际上是抽象性与具体性之间的冲突。怀特海把这种融合了清醒而深沉的悲剧意识的平和称为"最美的青春之花"。他说:"对于青春,最深刻的定义莫过于:尚未遭悲剧触动过的生命。最美的青春之花就是在经验教训之前认识教训,趁它尚未变得模糊。"[6] 认识了悲剧的教训,才有真正的平和,这正是古希腊悲剧理论说的"升华"和"净化"。按照马克思的说法,古代希腊正是人类的"正常儿童"时期,也就是怀特海说的人类的青春期。那时的悲剧高度繁荣,正好印证了怀特海关于平和与悲剧意识关系的思想。这有助于理解"平和"品质的精神内涵。

总之,平和绝不是与冒险精神对立的东西。对于冒险精神与平和的关系,怀特海这样说道:"在事物性质的核心,总是存在着青春的梦想和悲剧的收获。宇宙的冒险始于梦想,而终于收获悲剧性的'美'。这便是热情与平和联合的秘密:痛苦终结于最和谐的时刻。对于这一终极事实的直接经验,连同经验对

---

[1] 怀特海:《观念的冒险》,周邦宪,译林出版社,2012年,第315页。
[2] 怀特海:《观念的冒险》,周邦宪,译林出版社,2012年,第315页。
[3] 怀特海:《观念的冒险》,周邦宪,译林出版社,2012年,第316页。
[4] 怀特海:《观念的冒险》,周邦宪,译林出版社,2012年,第315页。
[5] 怀特海:《观念的冒险》,周邦宪,译林出版社,2012年,第316页。
[6] 怀特海:《观念的冒险》,周邦宪,译林出版社,2012年,第316页。

青春与悲剧的联合,便是那平和感。就这样,世界接受了这样的信念:它的各种不同的个体事态要达到那种完善是可能的。"① 他又说:"个人目的与超越个人局限的理想相符,这就是那样的'平和'观,有了它,智者可以直面他的命运,成为自己灵魂的主人。"② 显然,平和乃是真正具有宇宙情怀的人性境界。

(四)冒险精神的爱欲包容和文明创进的社群意识

怀特海把冒险精神视为文明的本质,对冒险的精神内涵进行了深入的论述。他特别强调作为文明品质的冒险是在宇宙整体中进行的创造性活动,因此必须体现宇宙自我生成的基本精神,那就是在包容中达成多样统一所应有的爱欲。按照他的意思,如果冒险中缺了源于爱欲的包容,那样的文明就是不完整的。以美为核心的五种文明品质,都与爱欲相关。

关于爱欲的意义,怀特海这样说:"文明这一概念之所以尚不完备,和超验这一观念有关,后者是冒险、热情、平和的基本感受。为了要理解它,这感受要求我们补充爱欲这一观念,即把它包含这个概念中:在作为'一'的宇宙间进行的一次冒险。这个冒险囊括了所有的具体的事态,但是作为一桩实际事实,它却置身于它们中的任何一个之外。"③ 这里强调的"作为'一'的宇宙",就是作为多样统一体的宇宙整体。任何冒险的创造活动都在这个整体中进行,都应符合它的生成精神。这个"一"的存在是实际的事实,却又存在于任何具体事实之外。作为整体,它要影响这些具体的事态。按照细节是对整体的反应的原则,它"是一切事物的统一所需要的"④。宇宙自我生成的包容体现了宇宙整体神性的爱欲,是这爱欲把不同的因素集合在一起成为和谐的美学综合体。为创造的冒险就是出于这种爱欲以包容的活动追求和谐和完善。爱欲是追求一切可能性的活的冲动,它推动冒险者去努力"达到实现一切可能性的那一佳境",即生成更高的美。

美的创造是宇宙本质的生动表征和现实确证。"宇宙以它来证明了自身存在的合理性,这种'美'总是在自身中包含着从时间世界的运转中得来的那种更新。这一伟大事实包括了这一原初的爱欲以及这一终极的美。正是它的这种固有的包容性,构成了高度文明才具有的那种忘我的超验热情。"⑤ 作为文明品质之一的冒险精神,就是为宇宙自我生成的爱欲所激发和鼓舞的生命精神,

---

① 怀特海:《观念的冒险》,周邦宪译,译林出版社,2012年,第326页。
② 怀特海:《观念的冒险》,周邦宪译,译林出版社,2012年,第321页。
③ 怀特海:《观念的冒险》,周邦宪译,译林出版社,2012年,第326页。
④ 怀特海:《观念的冒险》,周邦宪译,译林出版社,2012年,第326页。
⑤ 怀特海:《观念的冒险》,周邦宪译,译林出版社,2012年,第326页。

它对终极的美的创造,成就了高级的文明。也正因为有这样对美的热烈信仰和热爱,它才能将冒险归于平和。

无论冒险还是平和,都源于对崇高目标的追求。"崇高目标值得追求,这一认识维持了文明社会的生气。生气勃勃的社会都怀抱着某些过高的目的,因此人便不安于个人的满足。"① 这种崇高目标给个人带来满足,而又超越个人的目标。② 同时,怀特海又指出:"在对平和的极端沉醉与极端的利己欲望之间还存在着另一个中间站,那便是对特殊个体事物的爱。如此的爱是一种圆满,对于有限的实在几乎是不可少的,而所有的实在在某种意义上都是有限的。"③ 但这种具体的有限会在世界生成的过程中被赋予无限的意义。冒险的创造犹如没有终点的接力,尽管每一棒的成绩有限,但都投入创进的过程。贯穿始终的是,所有的接力者都怀有对崇高目标的热情,都有对创造事业的爱欲,并把这爱欲投入到具体的活动之中。"对爱欲(Eros)的感觉,它徘徊在作为青春期顶端的平和与作为悲剧结果的平和二者之间。"④ 正是这爱欲,使平和充盈着生命的活力和热情,显得高贵而圣洁。

爱欲的超越基于人的社群性即群集性。因此,怀特海指出:"我们应当注意'群集'(society)这一概念的广泛含义。当它的意义从当前事态跳跃到个人存在这一概念时,便开始产生了超越。"⑤ 任何个体都是社群性的存在,意识到这种关系的个人就应该有对个人的超越意识,心存这个整体之念。对此,怀特海这样说:"所谓个人存在就是由诸事态组成的群集。说到人的生命,灵魂就是一个群集。无论是对个人存在的将来的关心,抑或是对其以往的后悔或自豪,它们都是超越了当前单纯实际的感受。'当前'应该如此超越自身,这是它的本性,因为它的内部含有'他者'。"⑥ 怀特海指出,对这一自然事实应该高度强调,因为这是属于意识文明的事。超越自身,念及他者,进一步关怀整体,这样的社群意识实际上就是生态意识,而生态意识总是融合着爱欲的。

由于个体之外还有其他种种社群,它们之间互补共生,一荣俱荣,一损俱损,所以应该求同存异,努力寻求不同社群特殊和谐要求之下的某种高度普遍的原则。"这样的一些普遍原则,应反映那样一些观念,它们协调诸和谐,并

---

① 怀特海:《观念的冒险》,周邦宪译,译林出版社,2012年,第318页。
② 怀特海:《观念的冒险》,周邦宪译,译林出版社,2012年,第318页。
③ 怀特海:《观念的冒险》,周邦宪译,译林出版社,2012年,第319页。
④ 怀特海:《观念的冒险》,周邦宪译,译林出版社,2012年,第319页。
⑤ 怀特海:《观念的冒险》,周邦宪译,译林出版社,2012年,第321页。
⑥ 怀特海:《观念的冒险》,周邦宪译,译林出版社,2012年,第322页。

协调作为唯一可靠实在的诸特殊个体实际物。"① 这些关于和谐和个体价值的那些普遍观念的原则是什么呢？怀特海说，关于和谐的普遍原则是"秩序"，关于个体价值的普遍原则是"爱"。"两者之间存在着一点对立，因为'秩序'是非个人的，而'爱'则主要是个人的。"因此，应当协调好两者的关系。"平和的实质就在于：由于个体的经验之力是建立在这一根本直觉上的，因而它就是在扩散一切秩序之源的影响。"② 这就是说，平和是对秩序和爱的兼容，它既是对秩序的深刻理解和遵循，又使之具有爱的温暖和柔情。这种情怀中包含的他者意识、关联意识和整体意识，把秩序与爱融为一体，正好体现了审美和谐与生态和谐的高度统一。中国古代儒家提倡的礼乐文化，就有把秩序与爱相融合的意向，问题只在于是什么样的秩序。

这一切最后都归之于对存在之"真"的深刻认知和信念。"达到'真'，这是平和的实质。"③ 而"率直的真"就是美。这就是说，我们的知觉把包含着"真"的那种和谐当作自己的目的，把美和审美生成当作自己的生命追求。如果这"真"中有缺陷，便是对和谐的一种局限。因此，"美"是不能容许把"假"隐藏在自身之内的。这样的"美"最终会因为"假"的暴露而走向反面。④ 天性即人心。只要守住宇宙本质之真，我心自然平和，世界也自然平和。

宇宙的自我生成对新颖性的创造，就是一个不断自我超越的过程。由于人的出现，这个过程从自发走向自觉，从自在走向自为。我们一方面要坚守世界审美生成的本性，另一方面要以平和的心态发扬冒险精神，以审美性和生态性有机统一的实践去推进宇宙的文明。在《观念的冒险》一书的结尾，怀特海写道："我们看到了艺术是如何生长的：它如何升华为对真和美的追求；利己的目的如何由于包容了超验的整体而得到升华；超验目标中的那种蓬勃的热情；悲剧感；对恶的感觉；对不满于既有完善的冒险精神的信念；最后则是平和感。"⑤ 作为文明化的人，我们应该有这样充盈"浩然之气"的平和情怀。

---

① 怀特海：《观念的冒险》，周邦宪译，译林出版社，2012年，第322页。
② 怀特海：《观念的冒险》，周邦宪译，译林出版社，2012年，第322~323页。
③ 怀特海：《观念的冒险》，周邦宪译，译林出版社，2012年，第323页。
④ 怀特海：《观念的冒险》，周邦宪译，译林出版社，2012年，第322~323页。
⑤ 怀特海：《观念的冒险》，周邦宪译，译林出版社，2012年，第325页。

第三节 文明发展过程中的宗教和科学

（一）宗教作为最早的文明形态与人的经验

宗教作为对"真"的精神探究，是最早的文明形态。这是因为人类来到这个世界，尽管自然界养活了人，但是对于生产能力低下的原始人类来说，自然环境是极为险恶的。人们要生存必须格外努力，备尝艰辛。因此不少人说自然界是人类的后母。大自然养育了人类，同时又是人类的炼狱。正是自然界对人类的这种两面性，成为宗教经验产生的原因。面对自己在艰辛处境中的生死祸福，人类感悟到有个至高无上的隐约存在主宰着自己的命运。对这个"天帝""神道"或"上帝"的感悟和敬畏就是文明的开始。因此"生命充满了宗教经验"[①]。自人类踏上了通向文明的旅途以来，宗教经验便一直相伴。

随着人类生活经验的丰富，人对世界的认知和思索也越来越幽远和深入，于是有了神学。怀特海认为："神学的任务便在于表明，世界是如何建立在超越暂存事实的某种事物之上的，是如何造成超越事物消亡命运的某物的。俗世是有限成就的舞台。我们要求神学表达消亡生命中的那一因素：它是不朽的，因为它表达了它适于我们有限天性的至善。就这样，我们会懂得生命是如何包括一种比悲喜更深的满足方式的。"[②] 他又说："在一个表面上以各种无情的强制冲突为基础的世界，让人们理性地理解文明的兴起以及生命本身的脆弱性，这正是哲理性神学的任务。"[③] 宗教经验和宗教就这样在现实的问题情境中产生。

对人类生存奥秘的这种终极性的探究是神学即宗教思想，而对这些思想的表达和应对，包括力求解决其间问题的方式，就是宗教的活动。

在论及文明的四大因素时，怀特海宣称："从长远的观点来看，行为模式是受情感模式和信仰模式维护和修正的。所以，宗教的主要任务便是专注于情感和信仰。"[④] 宗教也有自己的行为模式，包括各种规范和礼仪，但这些都是表达和传播其情感和信仰的方式。通过这一切，宗教既要揭示人的生命存在中的生死祸福的奥秘，告知生命存在的意义，还要安慰悲苦，警示狂悖，树立信

---

① 怀特海：《宗教的形成·符号的意义及效果》，周邦宪译，译林出版社，2014年，第30页。
② 怀特海：《观念的冒险》，周邦宪译，译林出版社，2012年，第187页。
③ 怀特海：《观念的冒险》，周邦宪译，译林出版社，2012年，第185页。
④ 怀特海：《观念的冒险》，周邦宪译，译林出版社，2012年，第186页。

念，焕发激情。分析在人类天性中最终形成宗教的各种因素可以看到，"宗教是以我们对那样一些永恒要素的理解为基础的，由于那些永恒要素，世界才有了稳定的秩序，而脱离了那些永恒要素，便不可能有变化的世界。"① 对这种"永恒要素"的探究和阐发以至信仰，就是宗教的终极关注。只有人才有这样的关注和思虑。

对于什么是正确的宗教信仰，所谓宗教究竟是什么意思，人们的看法很不一致。但是聚讼纷纭的观念毕竟存在着，并相互纠结至今。因此，怀特海认为有必要把宗教看成是人类的漫长发展过程中的一个不容置疑的因素，对其普遍原理的任何讨论都是与人类有关的。

怀特海高度重视宗教对人的心灵和品格的作用。他说："在某种意义上，有道理却是一切宗教的基础。"② 因此，"宗教是一种净化人内心的信仰力量。正因为如此，首要的宗教美德便是诚，一种渗透人心的诚"③。信仰以诚（诚信、诚实）为基础，而诚赋予信仰以力量。"就其教义方面而言，一种宗教可被定义为一系列普遍的道理。只要人们笃信之、深刻领会之，这些道理便具有转变人品格的效力。长远地看来，人之品格、人如何驾驭生命，均取决于其内心的信仰。"④ 人是身心统一体。与任何生命一样，人的生命也首先是一桩基于自身的内在事实，不然就根本没有人；然后他才成为一桩外在事实，将己身与他物联系。人如何加于外在生命，能够有什么作为，这要受环境的限制。但是思考和认知自身存在的终极奥秘及其价值，却是其内在生命的要求，是其对存在的自我实现，这就是对永恒的追求。怀特海说："宗教，由于要以人本身及事物性质中之永恒者为基础，因而是有关人内在生命的一门艺术和一套理论。"⑤ 又说："宗教是个人品质之价值的萌生地。"⑥

宗教对心灵的这种作用，源于宗教经验本来就是人对自己处境的反思。与那种认为宗教源于群体活动的观点不同，怀特海认为是"幽居独处的孤独感构成了宗教价值的核心。那些萦绕于文明人类想象的重要的宗教观，无一不是孤独时的产物：被锁于岩石的普罗米修斯，在沙漠里潜思的穆罕默德，佛的沉思冥想，以及耶稣——那个十字架上的孤独者。感到被遗弃了，甚至被上帝遗弃

---

① 怀特海：《宗教的形成·符号的意义及效果》，周邦宪译，译林出版社，2014 年，第 3 页。
② 怀特海：《宗教的形成·符号的意义及效果》，周邦宪译，译林出版社，2014 年，第 6 页。
③ 怀特海：《宗教的形成·符号的意义及效果》，周邦宪译，译林出版社，2014 年，第 6 页。
④ 怀特海：《宗教的形成·符号的意义及效果》，周邦宪译，译林出版社，2014 年，第 6 页。
⑤ 怀特海：《宗教的形成·符号的意义及效果》，周邦宪译，译林出版社，2014 年，第 6 页。
⑥ 怀特海：《宗教的形成·符号的意义及效果》，周邦宪译，译林出版社，2014 年，第 7 页。

了，这种感觉就是深层次的宗教精神"①。这种被抛弃的无助的孤独感并不只是这些杰出者才有的，而是面对艰难处境的任何人都会有的。在这种反思中，一种超验的力量成了自己的寄托和希望，并上升为信仰。

对于宗教的作用，怀特海是清醒的。他说："宗教非必然为善，而有可能邪恶之极……对于宗教，我们切不可为妄念所惑，以为它必然为善。这实在是危险的妄念。"② 在批判宗教中的偶像崇拜时，他指出迄今为止的历史令人沮丧地记载着伴随宗教的种种恐怖事件，比如以人做祭品，对儿童的屠杀，同类相食，纵情声色的狂欢，可怜的迷信，种族仇恨……"宗教是人类野蛮的最后一个避难所"③。因此，毫无批判地将宗教与善联系在一起是不符合事实的。"有人说宗教可以是而且也一直是造就进步的主要工具。但只要对整个人类作一考察，我们便会肯定地说：总的说来，它并非从来如此。"④ 在怀特海看来，宗教的意义令人值得注意的是其超验之价值，即超越于日常直接经验的对于世界的神秘主宰者即某种必然性的虔信和敬畏。

因此，怀特海特别看重宗教信念的作用。"在信念这个阶段，宗教表现为促使人上升的一种新的动因。如同仪式促使情感升华，使之不再仅仅是对实际需求的反应，宗教在信仰这一更深入的阶段，也产生了超越单纯生存斗争的种种思想。"⑤ 这种对眼前实际处境的超越，超出了对直接感官和知觉的那些东西的概念，这就促成了对超验价值和存在的探寻。这种探究必然会有迷误，因而影响文明的进步。怀特海说："虽然宗教可能是进步的一种来源，但它却并非必然如此，特别是当其出于这样一个阶段时，其中，它的主要特色表现为信念未经批判。一个部落很容易固守其仪式和神话，而不需要外部的刺激来促使其进步。事实上，在宗教的发展过程中，这是一个众多的半文明人类停止前进的时期——在这个时期，仪式令人满意，人们对信念也满足了，再无追求更高事物的欲望。"⑥ 怀特海还批判了那种产生自权力的荣耀之崇拜的野蛮的上帝观。这种上帝观造成人世间连绵不断的仇恨和杀戮。他说："世界之大也容不下那些人的尸骨，他们惨遭杀戮是因为有人受这一野蛮上帝观的蛊惑而丧失了理智。……对权力的美化，其打碎的心超过其治愈的心。"⑦

---

① 怀特海：《宗教的形成·符号的意义及效果》，周邦宪译，译林出版社，2014年，第8~9页。
② 怀特海：《宗教的形成·符号的意义及效果》，周邦宪译，译林出版社，2014年，第7页。
③ 怀特海：《宗教的形成·符号的意义及效果》，周邦宪译，译林出版社，2014年，第18页。
④ 怀特海：《宗教的形成·符号的意义及效果》，周邦宪译，译林出版社，2014年，第18页。
⑤ 怀特海：《宗教的形成·符号的意义及效果》，周邦宪译，译林出版社，2014年，第12页。
⑥ 怀特海：《宗教的形成·符号的意义及效果》，周邦宪译，译林出版社，2014年，第13页。
⑦ 怀特海：《宗教的形成·符号的意义及效果》，周邦宪译，译林出版社，2014年，第27页。

理性化作为宗教发展的最后一个阶段，"引入了孤居独处的孤独色彩"，对世界的必然性和秩序性有更深入的思考和探究，其结果是出现了理性的宗教。理性宗教把信念和仪式重新组织成为一种有条理的生活秩序中的核心要素，"它既可以解释思想，又可以指导行为，使之达到一个符合伦理的共同目标"①。经过理性洗礼的原始宗教，产生了一种新的综合，对那些部落习俗进行了个人的批判。这样，宗教便向更加个人化的形式发展下去，个人代替团体而成了宗教中的一个单位，个人的祈祷比部落的舞蹈更为重要，成了通过个人的洞察而释罪的方式。

怀特海认为："重要的理性宗教都是在一种普遍的宗教意识出现后产生的。这种普遍的宗教意识有别于部落宗教意识，甚至有别于社会宗教意识。正因为它是普遍的，它便含有一种孤独的调子。"② 对这种普遍性的沉思和探究，使宗教成为个人孤独时的事情。于是产生了普遍性和孤独感之间的联系。"所谓普遍性就是摆脱直接的环境。而摆脱直接环境就是努力去寻求某种永恒而清晰的东西，借它来廓清混乱的眼前琐事。……它们表现出了一种要领悟某些普遍原理的自觉努力。"③

普遍性与个人的孤独感的联系，深刻影响了宗教意识的变化："宗教意识的那一时刻始于自我评价，但它发展而为一个关于世界的概念。"④ 这个关于世界的概念，就是超越了部落意识和社会意识的世界整体的意识。怀特海说："至此，人类思想已突破了樊篱，眼界不再局限于一种社会结构。世界作为一个整体，已明确地进入了人的意识。"⑤ 加之现实生活中交通的便利和视界的扩大，"于是世界意识产生了"，终于有了宇宙视域的宗教经验。

怀特还指出："宗教的世界意识与宗教的社会意识相较，它们的不同点就在于，它们对'义'（rightness）这个概念的强调发生了变化。"社会意识关心的只是自己认识的人，是神对自己的保护。世界意识则不然，它不像社会意识那样狭隘，它发展成为一种关于事物的基本正义观。"那种关于上帝之善的、新的且几乎是非宗教的概念取代了旧有的对上帝意愿的强调。在一种公有的宗教中，你研究上帝的意愿以便他能保护你。而在一种净化了的宗教中（它是在世界概念的影响下而被理性化的），你研究上帝之善，目的是要像他一样。二者之间的区别在于：一个将上帝看成是自己欲与之和解的敌人，另一个则将上

---

① 怀特海：《宗教的形成·符号的意义及效果》，周邦宪译，译林出版社，2014年，第15页。
② 怀特海：《宗教的形成·符号的意义及效果》，周邦宪译，译林出版社，2014年，第23页。
③ 怀特海：《宗教的形成·符号的意义及效果》，周邦宪译，译林出版社，2014年，第23页。
④ 怀特海：《宗教的形成·符号的意义及效果》，周邦宪译，译林出版社，2014年，第29页。
⑤ 怀特海：《宗教的形成·符号的意义及效果》，周邦宪译，译林出版社，2014年，第19页。

帝看成是自己欲仿效的同伴。"①

宗教经验的核心是对于存在价值的探究和认可。怀特海认为宗教的基础就是三个性质相近的概念在自我意识那一时刻的协调作用。"这三个概念便是：1. 个体自身之价值。2. 世界之不同个体相互之间的价值。3. 客观世界之价值。"② 值得注意的是他对"客观世界"的解释。他说："所谓客观世界是指，从那些作为它的构成成分的众个体之间的关系中产生出的一个共同体，该共同体对于这每一个体的生存都是必要的。"③ 这个共同体的终极形态，就是宇宙整体。怀特海这样描述宗教经验中对价值的追问："精神在孤独的时候发问道：以价值来衡量，生命的成就是什么？只有当精神将自己个体的要求与客观宇宙的要求结合在一起时，它才能找到那样的价值。宗教是对世界的忠诚。"④ 可见，宗教经验就是从个体生命出发对世界存在整体价值关系的关切和叩问。个体的生命是有限的、必逝或必朽的，但这绝不是毫无意义和价值的。相对于个体的生命存在，天地自然是永恒的、无限的，它应该是个体存在价值的依托和赋予者。因此，有意识的人只有在精神上真诚地相信这种关联和结合，他的价值焦虑才能缓解和开释，他的灵魂才得以安顿于平和之中。对于人的心灵，这种精神追求具有丰富而深刻的意义。

（二）理性宗教的"上帝"概念及其人学意义

对于理性化的宗教来说，"上帝"的概念是根本的宗教教义。

在宗教经验的理性化中，超越了个人存在的世界意识上升到一种宇宙意识，它含有对宇宙中的某种特性的领悟——这种特性就是冥冥中主宰着世界和人类命运的"神性"。但这不是传统宗教中的那个超然世外的"上帝"或"天主"，而是实际存在的宇宙在整体上所具有的一种客观的力量，它就是世界自我生成的终极因和动力因。怀特海说："如此揭示出的宇宙彻头彻尾地是一种相互依存的关系。"⑤

怀特海分析了三种对"上帝"概念的简单处理。他认为，为了寻求上帝，"理性宗教必须求助于形而上学"⑥。这种形而上学是建立在直接经验所提供的自身贡献之上的。"这一贡献首先在于承认了我们的存在并非只是一连串的单

---

① 怀特海：《宗教的形成·符号的意义及效果》，周邦宪译，译林出版社，2014年，第20页。
② 怀特海：《宗教的形成·符号的意义及效果》，周邦宪译，译林出版社，2014年，第29页。
③ 怀特海：《宗教的形成·符号的意义及效果》，周邦宪译，译林出版社，2014年，第29页。
④ 怀特海：《宗教的形成·符号的意义及效果》，周邦宪译，译林出版社，2014年，第30页。
⑤ 怀特海：《宗教的形成·符号的意义及效果》，周邦宪译，译林出版社，2014年，第43页。
⑥ 怀特海：《宗教的形成·符号的意义及效果》，周邦宪译，译林出版社，2014年，第39页。

纯事实"①，而是一个共同的世界。在这个世界中，既充满了各种差异、矛盾和冲突，又充满了相互的关联、互补和协同，既有追求目的的热情、欢乐和悲伤，有对自身的关怀，也有失败与成功等不同层次的感受，以及对生活的厌倦或者对生活的热情。在这个世界中，人们并不满足于一般的幸福和快乐，而是要追求一种总是超越单纯的生活事实的更高的生活质量。"当我们把该质量包括在生活事实中时，我们仍然遗漏了该质量中的质量。更好的质量与明显的幸福或快乐相关，这一说法并不对。"②这说明这种更好的质量超越于日常的幸福和快乐；在这些幸福和快乐之上，它还有更高的精神寄托和追求。怀特海认为，"宗教就是对以下事实的明确领悟：在那样的幸福和快乐之外，仍然有实际而流变的东西在发挥作用，这些东西将它的质量作为一桩不朽的事实，贡献给那一使世界充满活力的秩序"③。这就是对赋予世界充满活力的秩序的那种终极本质的尊崇与信念。在这一不朽的事实中，心灵与天地宇宙大道合一，获得永恒的寄托和安宁。在这种精神超越中，心灵升华为形而上学的新质。应该说，这就是怀特海说的"质量中的质量"。赋予这种"质量中的质量"的不朽事实就是"上帝"的存在。于是，"上帝"这个概念也就成了宗教经验和教义的核心。

这里的关键，就是怎样认识"上帝"这个最高的存在了。

与过去的宗教观对上帝存在的超自然主义的阐释完全不同，怀特海的形而上学的有机宇宙论给"上帝"概念做出了自然主义的解答。在论及基督教的神学时怀特海说："我认为，新教神学应该这样阐释宇宙，即从宇宙的多样性中理解它的统一性。它应以这样的阐释作为它的基础。这种阐释就是要把表面上的诸多不兼容、不一致的东西统一起来。"④正是对宇宙自我生成的过程性、有机性和创造性本质的揭示，使怀特海提出了一种崭新的上帝观，把现实存在的"上帝"与传统神学中君临于世界之上的造物主概念从根本上区别开来了。

怀特海认为"原初的现实实有即上帝"⑤。"上帝是原初的创造物。"⑥又说"上帝不是先于一切创造物，而是与一切创造物同在"。⑦这是怀特海所说的宗教真理的核心观点。这里说的"原初的现实实有"，就是宇宙生成之初的那个

---

① 怀特海：《宗教的形成·符号的意义及效果》，周邦宪译，译林出版社，2014年，第40页。
② 怀特海：《宗教的形成·符号的意义及效果》，周邦宪译，译林出版社，2014年，第40页。
③ 怀特海：《宗教的形成·符号的意义及效果》，周邦宪译，译林出版社，2014年，第40页。
④ 怀特海：《观念的冒险》，周邦宪译，译林出版社，2012年，第184页。
⑤ 怀特海：《过程与实在》，李步楼译，商务印书馆，2011年，第137页。
⑥ 怀特海：《过程与实在》，李步楼译，商务印书馆，2011年，第50页。
⑦ 怀特海：《过程与实在》，李步楼译，商务印书馆，2011年，第518～519页。

现实实有。这个最早生成的宇宙整体，作为"大生命"成了后来一切事物在其中生成的母胎。这个原初的创造物，以创造性为本性，使宇宙的存在展现为不断超越的自我生成过程，成为后来的一切创造物的创造者。这个上帝作为现实的存在，不在世界之外，而就是世界本身。用怀特海的话说，上帝与现实世界是相互对置的。

怀特海这样说明上帝在实际世界中的存在：现实实有构成的世界是时间的世界，即是有限事件中的存在。这个时间世界及其构成要素构成囊括一切的宇宙。这些构成要素包括三种。一是创造性，它使实际世界能在时间上具有新颖性。二是由理想的实有或形式组成的那个王国，即表征出新颖性的理想愿景。这还不是实际的存在，但是在其与实际事物的关联中表现出来。由于这种关联，对新颖性的创造才可能成为现实。三是实际而非时间性的实有，即作为原初现实实有的宇宙整体。它是现实的，同时又没有时间性，是超越了具体事物的有限性的无限性存在。宇宙整体具有自我生成的本质，依赖它的存在和作用，单纯创造性的不明确性得以具体化为明确的实有。"这一非时间性的实际实有便是人们所说的上帝——理性化宗教的那个至高无上的上帝。"[①]

这个上帝的存在本质，决定了它对世界存在的性质和生成具有以下的作用：

第一，上帝一产生就包含了全部、多样的永恒客体，并以其整体性所具有的创造性本质，对所有永恒客体在世界自我生成的包容合生中的意义做出绝对的概念性评价，即原则上的规定和限制。

第二，上帝作为宇宙整体，是由各种时间事态即具有时间性的具体事物构成的实际共同体。这个共同体中的每一个单位在其本性上都与共同体中的每一其他成员之间相互关联。"因此每一个这样的单位都是表现无所不包的宇宙的一个微观世界。"[②]

第三，一切现实实有都具有原初本性，即都是最早由永恒客体合生而成的现实实有。但是，对全部永恒客体做出这种绝对的概念性评价，却只有作为宇宙整体的上帝才有可能。这种"上帝的"原初本性，使事物的生成具体化为确定的现实存在。

怀特海的上帝观念已经显示出鲜明的科学精神。就这样，怀特海把那个超然君临于现实世界之上的上帝拉回到现实世界之中，但它仍然具有神秘性因而

[①] 怀特海：《宗教的形成·符号的意义及效果》，周邦宪译，译林出版社，2014年，第45页。
[②] 怀特海：《宗教的形成·符号的意义及效果》，周邦宪译，译林出版社，2014年，第45页。

是神圣的。它虽然幽深、旷远而模糊，却无时无处不对现实世界发挥它的作用，把它的神性显示在万物身上。"上帝包含在每一创造物中。"① 这种具有新泛神论意蕴的上帝观被称为"万有神在论"，它对现代宗教发生重大影响，受到广泛的重视。

这个现实存在的上帝，对于人性的生成具有如下两个方面的重大意义：

第一个方面，也是最重要的方面，这个上帝以其创造性本质塑造了自己的产儿——人，使人成为具有意识的自觉创造者，并成为从动物性向神性生成的一个"动姿"。

具有时间性的具体事物都是上帝的创造物。这些创造物在被创造的同时也被赋予了创造的本性。"创造性与其创造物是不可分的，因此创造物是归于创造性的。据此，创造创造物的创造性成为了与创造物同在的创造性，它从而进入它自己的又一阶段。这时它便成了创造新创造物的创造性了。"② 人是上帝这个最高的创造者的创造物，因此也具有创造性。与其他创造物不同的是，人在被创造的过程中还生成了意识，他的创造性也就因此具有了自觉性。在人的创造活动中，上帝的创造性本质达到了自由自觉的新高度和新境界。

在怀特海看来，只有创造性才能使人成为人，那种泯灭了创造性的"善"并非真正的"善"。他说："善良而无广泛同情心之人易于感情冷漠，缺乏进取，往往独以一己之善为乐。这样的人，发展到更高的阶段便类似完全堕落为猪的那种人。就其内在生命而言，他们已经达到一种稳定善的状态。更广泛地看来，这类道德上的端正很像恶，它同恶的区别微乎其微。"③ 这使人想起孟子关于"善人"与"美人"的论述。

第二个方面，也是极为重要的方面，这个上帝以其决定力量赋予实际世界以道德秩序，进而赋予自己的产儿——人以生态精神和审美本质，还最终使人成为自然界和宇宙的自我意识。

上帝的创造呈现出一定的秩序，首先就是宇宙自我生成所遵循的那些范畴要求。对这些范畴性要求的遵循必然造成世界的共同秩序。"一切秩序都是审美秩序，道德秩序不过是审美秩序的某些方面而已。实际世界是审美秩序的结果，审美秩序则来自上帝的普在性。"④ 这种秩序根源于上帝的本质，作为走向和谐和完善的自我生成过程，具有使"恶"也能被消除和超越的力量。同

---

① 怀特海：《宗教的形成·符号的意义及效果》，周邦宪译，译林出版社，2014年，第46页。
② 怀特海：《宗教的形成·符号的意义及效果》，周邦宪译，译林出版社，2014年，第45页。
③ 怀特海：《宗教的形成·符号的意义及效果》，周邦宪译，译林出版社，2014年，第48页。
④ 怀特海：《宗教的形成·符号的意义及效果》，周邦宪译，译林出版社，2014年，第52页。

时，作为宇宙本质的创造性是审美性与生态性有机统一的创造性。"上帝便是衡量世界审美一致性的尺度。创造行为中存在某种一致性，因为它受到上帝普在性的规定。"① 审美性本来就具有道德批判的意义。美作为"率直的真"乃是真正的善。在今天，反生态之"恶"已经危及人类的生存，能够解救这一危机的只有人类普遍的生态化自觉和生态化实践。

（三）科学在宗教信念中成长及其两面性

在宗教和艺术之后，科学是近代以来对文明发展意义最为重大的人类活动。它既为人所创造，又塑造了人——包括人的生产方式、生活方式和思想意识，被怀特海称为"人类面貌古来第一次最深入的变革……实际上把我们的思想面貌完全改变了"②。

怀特海认为，在 16 世纪以后的三个世纪中，西方文明受到科学发展的深刻而巨大的影响。科学不仅以自己的活动体现了宇宙的创造性本质，并且以强调直接观察的科学精神形成了新的宇宙观。科学带来了现代思想的新面貌，这就是对于一般原则（普遍规律）与不以人意为转移的事实之间的关系产生了强烈的兴趣。科学对详细事实的兴趣和哲学对抽象结论的执迷同样倾心，构成了现代世界的新奇观。这样的精神面貌对于文明的进步极为重要。怀特海说"这是使生命甜蜜的糖"。他认为"大学的主要责任就是要继承这种传统，作为一种文化遗产而广泛传布，使之流传于万世"③。诚如怀特海所说，现代科学诞生于欧洲，它的家却是整个的世界，它属于全人类。"这种东西只要有一个有理智的社会，就能从一个国家传播到另一个国家，从一个民族流传到另一个民族。"④ 这个事实足以说明科学对于文明的意义。

科学的产生和发展源于人对世界和事物之"真"的执意探究。"我们如果没有一种本能的信念，相信事物之中存在着一定的秩序，尤其是相信自然界中存在着秩序，那么，现代科学就不可能存在。"⑤ 科学就是在对这种客观存在的秩序的探究中发展和兴盛起来的。怀特海认为，欧洲科学的发展主要有三个源头，一是古代希腊的哲学和悲剧，二是中世纪的经院神学，三是中世纪的艺术。这三个源头充分体现了科学活动中人的精神面及其对于人性生成的深刻意义。

---

① 怀特海：《宗教的形成·符号的意义及效果》，周邦宪译，译林出版社，2014 年，第 49 页。
② 怀特海：《科学与近代世界》，何钦译，商务印书馆，1959 年，第 5 页。
③ 怀特海：《科学与近代世界》，何钦译，商务印书馆，1959 年，第 6 页。
④ 怀特海：《科学与近代世界》，何钦译，商务印书馆，1959 年，第 7 页。
⑤ 怀特海：《科学与近代世界》，何钦译，商务印书馆，1959 年，第 7 页。

关于第一个源头，怀特海说希腊终归是欧洲的母亲，希腊天才的哲学为科学的发展提供了观念上的准备。在怀特海看来，像亚里士多德、阿基米德和培根等人本能地认为，事无大小无不是支配这整个自然秩序的那些普遍原则的体现。科学首先源于对自然界的兴趣。怀特海说："希腊人对自然的看法（至少是他们流传到后世的宇宙观）本质上是戏剧性的。"① 古代希腊的伟大悲剧家埃斯库罗斯、索福克勒斯和欧里庇得斯等人，可以说是今天科学思想的始祖。他们认为正是命运的无情冷酷地驱使悲剧性事件不可避免地发生。"这正是科学所持的观点。希腊悲剧中的命运，成了现代思想中的自然秩序。"② 希腊悲剧也正是围绕这个具有必然性的命运展开戏剧冲突的。亚里士多德认为希腊悲剧的首要特点就是严肃性。怀特海也强调说："悲剧的本质并不是不幸，而是事物无情活动的严肃性。……这种无情的必然性充满了科学的思想。物理的定律就等于人生命运的律令。"③

关于第二个源头，怀特海认为对科学产生最近的影响的是中世纪神学的秩序观念。这是一些明确规定的系统观念，而不仅是几句聪明的格言。怀特海说："中古世纪在规律的见解方面为西欧的知识形成了一个很长的训练时期。"④ 这个时期的一个十分明显的特点就是对世界秩序的执着。经院逻辑与经院神学长期统治的结果就是把严格规定的思想习惯深深地种在了欧洲人的心中。这种习惯在经院哲学被否定以后仍然一直流传下来，并形成了一种坚定不移的信念。这个信念认为，每一个细微的事物都可以用完全肯定的方式和它的前提联系起来，并且联系的方式也体现了一般原则。正是这个信念，给科学家的艰辛探索以希望。"这个本能信念活生生地存在于推动进行各种研究的想象力之中，它说：有一个秘密存在，而且这个秘密是可以揭穿的。"⑤ 这个信念之所以会这样明晰地印在欧洲人的心中，是由于"中世纪对神的理性的坚定信念。这种理性被看成是兼具耶和华本身的神力和希腊哲学家的理性"⑥。

关于第三个源头，怀特海认为是中世纪的艺术。在这里，中世纪前期、后期和晚期的艺术各有不同的作用。他说："科学并不仅仅是本能信念的产物，它还需要对生活中的简单事物本身具有积极的兴趣。"⑦ 它要关注的是事物本

---

① 怀特海：《科学与近代世界》，何钦译，商务印书馆，1959年，第12页。
② 怀特海：《科学与近代世界》，何钦译，商务印书馆，1959年，第15页。
③ 怀特海：《科学与近代世界》，何钦译，商务印书馆，1959年，第15页。
④ 怀特海：《科学与近代世界》，何钦译，商务印书馆，1959年，第16页。
⑤ 怀特海：《科学与近代世界》，何钦译，商务印书馆，1959年，第17页。
⑥ 怀特海：《科学与近代世界》，何钦译，商务印书馆，1959年，第17页。
⑦ 怀特海：《科学与近代世界》，何钦译，商务印书馆，1959年，第18页。

身——"'为事物本身'这一点很重要"①。在这里，中世纪前期艺术的象征化具有重要的意义。怀特海认为："中世纪前期的艺术具有一种无与伦比的、扣人心弦的迷人之处。它的使命超越了艺术自身为达成审美目的而存在的范围，成了深藏在自然界内部的事物的象征。这样便增强了它的内在品质。"②这种艺术所描绘的自然题材还只是对某种深层存在的象征。到了后期的艺术，这种间接性消失了。怀特海说："中世纪后期自然主义兴起之后，科学发展所必需的最后一种成分也就深入了欧洲的人心。这就是对自然物体与事态本身发生了兴趣。……各种艺术整个的气氛都反映出对周围事物的理解所产生的一种直接的喜悦。"③到了中世纪晚期的艺术，注意力聚焦于可以直接见到的朴素事实，"它在科学思想之中就变成了'无情而不以人意为转移的事实'"④。

探究自然事实本身的科学活动要真正成为实践，还需要其他的条件。诸如财富和闲暇时间的增加，大学的扩展，观察工具如罗盘、望远镜、显微镜以及印刷术的发明，还有君士坦丁堡的陷落以及哥白尼、哥伦布等天才和冒险家的出现等。由于这些条件的综合作用，科学才在对事物的直接观察和深入探究中真正发展起来。

对自然秩序的信念使科学得以成长，但这种信念是在对现存实际经验中所显示的事物本质做直接观察时产生出来的。这种信念之所以产生，是由于人的身心统一和与自然界的统一，它使人在直接的经验中意识到自然界的秩序和我们是血肉相连的。科学的直接观察之所以能够达到对自然的真实和深入的认知，就是因为人作为从自然界生成的一部分与自然界之间的这种联系。在这种血肉相连的经验中，自然的秩序及其必然性得以敞亮，并为人所体认和把握。

在这种血肉相连的经验中敞亮的自然秩序是怎样的呢？怀特海说："体验这一信念时就会发现以下几点：（1）我们作为自身而存在的时候不仅是我们自身而已，（2）我们的经验虽然不明确和零碎，但却说明了现实最奥妙的深处，（3）事物的细节仅只是为了要恢复它们的本来面目就必须放在整个事物的系统中一起观察，（4）这种事物体系包含着逻辑理性的谐和与审美学成就的谐和，（5）逻辑谐和在宇宙中是作为一种无可变易的必然性而存在的，但审美的谐和则在宇宙间作为一种生动的理想而存在着，并把宇宙走向更细腻、更微妙的事物所经历的残缺过程融合起来。"⑤上述五点，就是宇宙存在和自我生成的秩

---

① 怀特海：《科学与近代世界》，何钦译，商务印书馆，1959年，第18页。
② 怀特海：《科学与近代世界》，何钦译，商务印书馆，1959年，第18页。
③ 怀特海：《科学与近代世界》，何钦译，商务印书馆，1959年，第21页。
④ 怀特海：《科学与近代世界》，何钦译，商务印书馆，1959年，第21页。
⑤ 怀特海：《科学与近代世界》，何钦译，商务印书馆，1959年，第25页。

序。尽管科学并不是一下就达到了对这些秩序的全面而深刻的认识,但是科学的发展毕竟使这些秩序逐步显示。在现代科学成果的基础上建构起来的有机宇宙论,以最明晰而系统的形态把这些秩序敞亮出来。科学中形成的对自然秩序的上述经验极大地扩展和深化了人的意识,推动了文明的发展。

在怀特海看来,科学是与艺术一起推进文明发展的。他指出:"科学和艺术是人们对真和美的有意追求。人类有限的意识正以科学和艺术的方式在利用无限丰富的自然。在人类精神的这一运动中,发展起了各种各样的制度和职业。教会和礼仪,寺庙和那些为它们献身的人们,追求知识的大学,医学,法律,贸易方法——这些都代表了对文明的追求。凭借这一追求,人类的意识经验保存了为己所用的和谐的源泉。"[①] 一百多年来,不少科学家和思想家都在呼唤科学与艺术的联盟,这个呼声在如今更加强烈了。

(四) 科学与宗教在有机哲学中和解的文明意义

在怀特海看来,现代科学中对于文明的发展最为重要的是生物学(特别是达尔文的进化论)、相对论和量子物理学。这些学科的成就不仅体现了科学的长足进步,不仅一般地推动了文明的演进,还通过对哲学的影响而使科学和宗教走向和解——科学的精密和宗教的理性终于迎头相聚,显示出走到一起的趋势。

从宗教的襁褓中孕育的科学在抽象思维的推动下逐渐与宗教对立。在科学自身的发展中,出现了从抽象上升到具体的趋势,从物理学到化学再到生物学就是其生动的体现。正是这个趋势,一步步消解着两者的对立,使两者逐步走向和解。在论及科学的兴起和发展时,怀特海特别强调了生理学的意义。他认为生理学知识体系的建立是科学发展的一个转折点,它把科学的探究推进到有机的生命的世界,而不再是物理学那个死寂的世界。随着生理学的推进,世界自我生成的进化过程乃至宇宙世界存在的有机整体性被逐渐揭示出来,并最终直达世界的"率直的真",即世界最深邃的奥秘——美,从而深入世界审美生成的本质。至于相对论和量子理论对于世界深层奥秘的揭示,都极大地推进了人们对世界存在本质的认识,直接影响了有机宇宙论的形成。

怀特海在高度肯定科学对于文明进步的巨大作用的同时,更深刻地揭示了科学思维的抽象性所造成的局限。思维离不开抽象,科学更是如此。自然界作为现实事物的集合,总是整体性的、具体的。然而科学对事物的直接观察离不

---

① 怀特海:《观念的冒险》,周邦宪译,译林出版社,2012年,第300页。

开感官知觉和思维的抽象。在科学中，具体的存在往往被专业的眼光遮挡，被抽象的概念忽略。怀特海批判了"抽象的具体化误置的谬误"，即用事物的某一方面的性质代替它的多样统一的具体整体。他还坚持反对近代科学中流行的"简单位置"的概念。所谓"简单位置"，就是把事物的存在视为在确定的有限时空中的存在，似乎完全不必涉及该物质微粒跟其他空间区域以及时间延续的关系。怀特海认为这一概念是17世纪自然观念体系的基础，这也就是长期统治人们思想的"实体"观念。而实际上，"在我们直接经验所感知的自然因素中，没有任何一种东西具有简单位置这种性质"[①]。鉴于这些科学抽象所造成的弊端，有机哲学批判和摒弃了传统的"实体"概念，而代之以"事件""关系"和"过程"。

对抽象概念的辨析和对其消极后果的批判是怀特海科学哲学的重要内容，并成为贯穿其有机哲学的基本精神。他说："思想史总是不能没有抽象概念的。因此，最重要的是要经常以批判的态度检查你的抽象方式。"批判抽象对文明的进步非常重要。"文明如果不能超脱流行的抽象概念，便会在获得一些进步之后变得一无后果。"[②] 比如，18世纪机械论对科学的长期统治就是这样造成的。在这一世纪中，各种机械论的观念终于僵化为科学上的独断论。

怀特海极为重视包容的概念对于认识自然界的意义。他指出："包容体就是一个统一的过程。因而，自然是一个扩张性的发展过程，它必然从一个包容体过渡到另一个包容体。被达成的东西就被放到后面去了，但却仍有本身的位态呈现于未来的包容体中，因而又被保存下来了。因此，自然便是一个演化过程的结构。实在就是这个过程。"这个包容体的生成就是一个"事件"，包容是关系的建构，任何包容体都是一个关系性的存在。包容体的生成和演化就是一个自我生成的过程。[③] 这就是"自然机体观"，它正确表达了存在本质的概念是关系、过程、包容、统一和结构等。这些概念把对世界的认识上升到具体的整体存在。正是这种自然有机整体观即有机宇宙论，开启了科学与宗教和解的通道。

在被科学分割的世界景象中，18世纪后期的英国浪漫主义诗人们却"从自然出发"，揭示了科学的抽象背后的世界的整体性质及其存在。英国的浪漫主义诗人对抽象的科学思想进行了最有诗意的批判。怀特海以华兹华斯为例，说他"认为生物机体中存在着科学不能分析的东西。……他始终不能忘怀的倒是萦绕心头的山景。他的理论认为自然是一个整体。换句话说，他认为不论我

[①] 怀特海：《科学与近代世界》，何钦译，商务印书馆，1959年，第67页。
[②] 怀特海：《科学与近代世界》，何钦译，商务印书馆，1959年，第68页。
[③] 怀特海：《科学与近代世界》，何钦译，商务印书馆，1959年，第83页。

们把任何分离的要素作为单个自为的个体来确定,周围事物都会神秘地出现在其中。他经常把捉住特殊事例的情调中所牵涉的自然整体。这就是他为什么会和水仙花一同欢笑,并在樱草花中找到'涕泪不足以尽其情的审视'"①。这就是艺术对科学抽象的批判。对抽象的批判不仅要确立事物存在的"具体"观念,而且要进一步确立自然"整体"的概念。由于自然界只是宇宙中为人所认识的那一部分,因此,在此基础上,还应该树立宇宙整体的概念。

在对抽象的深刻批判中,有机哲学敞亮了宇宙整体性及其神性机能的存在和作用,并且进而从自然主义的科学视角揭示了"上帝"的现实存在。怀特海的形而上学本来就是以现代科学成果为基础的,从形而上学探寻"上帝"存在这一宗教真理也就必然与科学发生关系。怀特海说:"你不能让神学避开科学,或者让科学避开神学;你也不能让两者中的任意一者避开形而上学,或者让形而上学避开它们任意一个。不存在通向真理的捷径。"② 在怀特海看来,正是在有机哲学这种形而上学中,宗教与科学的尖锐对立才可能得到调和。换句话说,通过形而上学这个哲学环节,科学与宗教之间的鸿沟就有望填平。在怀特海看来,一方面宗教教义应该根据形而上学加以理性化的修正,另一方面宗教也可以对形而上学有所贡献。因此,他的形而上学,乃是包含了其特殊宗教观念的哲学。凭借这种有机宇宙论的形而上学,怀特海实际上已经填平了科学与宗教之间的这个鸿沟。

文明发展到现在,一个事实就是,宗教和科学在有机哲学的审美生成论中走向和解与融通,并且同时与艺术握手,艺术成了两者走向和解和融通的中介。这个事实对于人性的生成具有十分重大的意义。怀特海说:"科学的使命是求索大自然中运行的规律;古希腊人文主义的使命是求索人类本性中蕴含的价值;宗教的使命是求索世间万物的基本价值——这三者表达的是使人性臻于完美的三个因素。它们可以分别地加以研究,但是它们必须共同地存在于人的生命中。"③ 深入认识科学、宗教和哲学在宇宙视域中的关联和结合,必将使科学主义与人文主义、自然主义与人本主义的对立最终消弭。从怀特海的有机哲学来看,这种结合的最终目标就是审美性与生态性的统一和融合,也就是宇宙向美而生的本质在文明中的充分实现。著名的生态学家罗尔斯顿说生态学是一门终极性的学科。在审美与生态相统一的意义上,美学也是终极性的。而把

---

① 怀特海:《科学与近代世界》,何钦译,商务印书馆,1959年,第95页。
② 怀特海:《宗教的形成·符号的意义及效果》,周邦宪译,译林出版社,2014年,第40页。
③ 怀特海:《怀特海文录》,陈养正、王维贤、冯颖钦等译,浙江文艺出版社,1999年,第165页。

审美与生态高度融合的有机哲学更是体现了这种终极性的真正的"第一哲学"。长期对立和纠结的科学与宗教在这里走向了和解，在两者的综合和相互包容中，启示与理性的对立消弭了，人的生存和活动将充分艺术化，人的心灵终将在审美经验中达到天人合一的极境。

科学、宗教和艺术在宇宙视域和有机整体观中的综合，既相互包容，也相互限制。对于科学来说，这个限制不仅是对其抽象性的具体性转化，而且也是对现代科学抽象发展的反文明后果的限制和遏止。现代科学在高科技领域的超常发展，在推进人的生存的关联互动和整体性的同时，也给人类和地球的未来带来了严重的危机，甚至出现了具有毁灭性后果的危险倾向。核武器的超量生产与储备，地球乃至太空生态的严重破坏，基因人工改造造成的生命形态变异，对新型病毒的研究，以及利用高科技对人的意识的强制干预，在推进科学认知的同时都潜伏着对于文明的严重威胁。科学与宗教在有机宇宙论中的和解为科学树立起审美神圣和生态神圣的观念，有助于正确认识科学在人类生态中的地位，推动科学主义与人文主义的统一。科学作为人类实践活动的重要方式，与物质实践一样具有生态本性，从根本上说也是为了调适人与自然界的生态关系而进行的一种活动，具有超出预料的生态干预效果。因此，生态和谐应该是其终极目的。把科学从人类生态系统整体中抽象出来，片面发展，为所欲为，无所顾忌，其后果极为危险。如何使科学家具有深厚的人文情怀，建构文明的科学伦理，今天已是关乎人类命运的课题。

第四节　教育与人的文明化生成

（一）全部教育都是发展人的天赋

怀特海认为"儿童是人类漫长文明史的文化继承者"[1]，"我们必须将他们培养成为一代文明新人"[2]。

人类的教育活动最鲜明地体现了人及其自我生成作为文明的因和果的性质。教育的性质和水平，集中地表现出文明发展的程度，同时又通过对人的塑造而推动文明的进步。

出于对人和人性生成的关怀，怀特海非常重视教育问题。他的宇宙论宗教

---

[1] 怀特海：《教育的目的》，靳玉乐、刘富利译，中国轻工业出版社，2017年，第39页。
[2] 怀特海：《怀特海文录》，陈养正、王维贤、冯颖钦等译，浙江文艺出版社，1999年，第116页。

观在现代神学中产生了巨大影响,他的有机宇宙论被建设性后现代思潮奉为能指导实践的"深生态学",与之并列,他的教育思想也广为人们所重视。怀特海的教育思想,是表达其人学思想的一个特殊而重要的窗口。他关于教育目的的观念,表达了人性的应然理想;他关于教育方法的论述,既体现了他的人性自然生成的观念和人类自我成长的自信,还表达了他对人的本然性质即"天赋"的重视;而他对教育本身的关注,则说明了教育与人类文明之间互动共生的关系和教育对于人的自我成长和超越的非凡意义。可以说,审美创造的人学思想是贯穿在怀特海教育思想中的一条红线,也是展开其教育思想的轴心。

教育作为人类自我生成的一种自觉的活动,其目的是与宇宙自我生成过程的审美性质相一致的,那就是生成人性的审美和谐并推进世界的审美和谐。怀特海说:"文明是美好人生的理想,也是一所大学的理想。这个理想在于发现、了解和阐释万物潜在的和谐,而这种和谐引导出和激发出人类经验的每种模式。"① 他认为大学的活力应当展示出超越限制的某种途径,首先就是要超越各种急功近利和狭隘观念所造成的干扰和限制。"不论在行动方面,还是理解方面,抑或在美感方面,追求和谐都有不少困难。最终和谐的理想对人类来说是可望而不可即的。因此,任何文明社会中的文化展示的是一种和谐与不和谐的混合状态。"② 教育就是要帮助人们在这种"混合状态"中清醒而坚定地选择和谐的目的,并且为实现和谐而积极努力。为此,怀特海认为教育的主要任务就是要发展宇宙本质赋予人的"天赋",其核心就是自觉而积极的创造性以及创造所要求的其他品质。他满怀豪情地说:"总之,宇宙之大,浩浩无涯;学问之光,遍及世界。感情的源泉深藏在传统习俗的下面。你不可能桎梏伟大文明的源泉,也不可能固化它影响的范围。"③ 他说的"伟大文明的源泉"就是人的创造性天赋。

早在1919年怀特海就提出:"全部教育都是发展人的天赋。天赋是神圣的创造性本能,是贯穿于整个生命中的偶发事件,是先用左手或右手的习惯,它始终伴随并指引着活动。教育如果主要致力于开发天赋,此乃引起常识的最好教育。"④ 他指出组成天赋的三个因素是行为习惯、生动的想象力和训练有素

---

① 怀特海:《怀特海文录》,陈养正、王维贤、冯颖钦等译,浙江文艺出版社,1999年,第166页。
② 怀特海:《怀特海文录》,陈养正、王维贤、冯颖钦等译,浙江文艺出版社,1999年,第166页。
③ 怀特海:《怀特海文录》,陈养正、王维贤、冯颖钦等译,浙江文艺出版社,1999年,第166页。
④ 维克多·洛:《怀特海传》第二卷,杨富斌、陈功伟译,商务印书馆,2018年,第71页。

第三章 文明的因果

的判断。

怀特海明确指出"天赋是神圣的创造性本能"。对于这个"天赋",维克多·洛认为"其意思显然是指有训练可能的创造性"①。这是一个必要的补充,说明创造性作为天赋只是一种潜在的可能,它还需要教育的训练才能够充分发挥出来。教育对于创造性天赋非常重要。针对那种认为教育只是单纯的知识灌输的倾向,怀特海指出:"知识和天赋是实际人格的两个孪生因素,教育者面临的真正终极问题是如何通过传授知识而达到激发天赋的目的。"② 知识能启迪创造,为创造提供必要的材料和经验,更重要的是,知识还要通过合理的建构和综合转化为智慧,才能使创造性天赋成为实践活动的冲动和力量。

维克多·洛认为关于天赋的话题在怀特海的哲学思想中是非常珍贵的。怀特海在哈佛大学的演讲中,不仅有时会详细地讨论天赋问题,而且将其作为1937年5月6日演讲中唯一的话题。那次演讲正如他在1919年所做的演讲一样,他认为天赋是神圣的创造性本能,对天赋的教育是引起常识的最好的教育。"这里的常识,怀特海说,他的意思是指心智健全地处理日常生活中的相互关系的某些罕见的能力;它的对立面是日常例行的想法。如果这样解释,常识本身确实是一种天赋。"③

教育要怎样才能发展学生的天赋呢?怀特海主要关注的是以下几个问题:

第一,要培养抽象与具体互动结合的思维方式。怀特海认为,在学习掌握某门专业知识的过程中,学生会逐渐领悟知识的结构,由此形成一定的文化素养,使之具备俯瞰全局的眼光和由此及彼、触类旁通的思维。他特别指出:"在教育中我们所要实现的目的,就是要让学生的思维既能更加具体,又能更为抽象。也就是说,要让学生不但能够分析客观的事实,而且能够理解抽象的思想。"④ 能进行抽象的思维,才能分析事物,获得普遍性的认识。但是不能只是执着于抽象,而要能对抽象进行反思和批判,使之上升到具体的思维。怀特海还认为,为了未来的人们生活得自由而文明,教育要"能够引发他们关于整个宇宙的思考、希望和追求"⑤。这是抽象和具体结合的思维所应达到的终极视域。没有这个视域,一切的思维及其成果都还只是抽象。因此,教育应该引导学生的视域达到宇宙整体的广度和深度。

---

① 维克多·洛:《怀特海传》第二卷,杨富斌、陈功伟译,商务印书馆,2018年,第71页。
② 维克多·洛:《怀特海传》第二卷,杨富斌、陈功伟译,商务印书馆,2018年,第71~72页。
③ 维克多·洛:《怀特海传》第二卷,杨富斌、陈功伟译,商务印书馆,2018年,第72页。
④ 怀特海:《教育的目的》,靳玉乐、刘富利译,中国轻工业出版社,2017年,第15页。
⑤ 怀特海:《怀特海文录》,陈养正、王维贤、冯颖钦等译,浙江文艺出版社,1999年,第111页。

第二，要避免专业化教育将人生狭隘化的后果。论及教育中的专业训练时怀特海指出，专人专职的做法在古代社会是一种天赐之福，但在未来世界将对公众贻害无穷。他认为专家训练法和知识的专门化这种情形埋伏着一个危机，那就是把人们的思想限于一隅。尽管在某个专业领域会有进步，却只是自己在那一个角落里进步，而这个角落就将成为人们跨过原野的障碍，使人生变得狭隘。不仅如此，这种专业化的趋势还会使理智的指导力量减弱，看不到事物和生活的全面。怀特海认为"社会的专化职能可以完成得更好、进步得更快，但总的方向却发生了迷乱。细节上的进步只能增加由于调度不当而产生的危险"[1]。因此教育必须突破专业的局限，不能"见树不见林"。他说："我们教育中的困难所在就是我要强调的一个问题，即要让学生通过个别树木的存在而看到整个森林的存在。"[2]

第三，要反对惰性思维，教育的知识要"少而精"。随着科学的发展，教育的内容和形式越来越多。怀特海认为拘囿于惰性思维的教育是无用的，甚至是有害的。他说："历史上每一次引导人们走向伟大与崇高的知识革命，都是对惰性思维的强烈批判和抵制。"[3] 为了避免这种精神和思想上的僵化陈腐，他倡导两个教育原理：第一是不可教授过多科目，第二是教授知识务必精细透彻。"引入教育的主要知识要少而精，它们要能形成各种可能的组合。学生应内化这些知识并在他当下的真实生活情境中理解知识的应用。"[4] 所谓精细透彻的理解，就是要认识它的重要性，认识它与其他知识的关系和价值。他说："在科学训练中，学习某个概念时首要的事情就是要去证明它。这里所说的'证明'指的是要去证明这个概念的价值所在。只有当包含某个概念的命题是正确的时候，这个概念才有价值。"[5]"不求甚解、泛泛而谈的理论知识是很糟糕的。"[6]

第四，要努力学会把知识转化为实践的智慧。怀特海认为不加应用或不能应用的知识是非常有害的。"教育是教人们掌握怎样运用知识的艺术。"[7] 他说："教育应对的是人的思想，而不是没有生命的客观物质。因此，如何激发学生的好奇心，如何提升学生的判断力，如何提高学生驾驭复杂环境的能力，

---

[1] 怀特海：《科学与近代世界》，何钦译，商务印书馆，1959年，第217页。
[2] 怀特海：《教育的目的》，靳玉乐、刘富利译，中国轻工业出版社，2017年，第8页。
[3] 怀特海：《教育的目的》，靳玉乐、刘富利译，中国轻工业出版社，2017年，第2页。
[4] 怀特海：《教育的目的》，靳玉乐、刘富利译，中国轻工业出版社，2017年，第2页。
[5] 怀特海：《教育的目的》，靳玉乐、刘富利译，中国轻工业出版社，2017年，第4页。
[6] 怀特海：《教育的目的》，靳玉乐、刘富利译，中国轻工业出版社，2017年，第5页。
[7] 怀特海：《教育的目的》，靳玉乐、刘富利译，中国轻工业出版社，2017年，第6页。

如何帮助学生运用理论知识对重要事件做出预判，所有这些能力都不是靠体现在考试科目表中的既定规则可以培养的。"① 他特别指出，大学阶段的教育应该使学生的理论兴趣和实践应用统一起来，这就是要使学生掌握把知识转化为实践的智慧，而知识的力量正在于此。他说："教育的目的是把思想和行动结合起来。"② 大学教育的意义就在于让我们透过细枝末节来学习基本原理，即通过对具体知识的深入理解将其内化并形成习惯的思维。这种能够解决实际问题的思维，就是实践的智慧。因此，教育的理想目标不仅在于传授知识，更在于把知识转化为智慧，使之成为实践的力量，这样才能把一个孩子培育为一个成人。那种一味地不断向学生灌注僵化知识的做法，是教育中最致命、最错误、最危险的倾向之一。

第五，要紧紧抓住现在这个"圣地"，现在包含着所有的一切。现在是事物生成过程中连接过去和未来的环节，只有抓住现在才有可能向未来成长。怀特海说："没有什么会比轻视现在能给年轻人的智力造成更致命的伤害了。现在包含着所有的一切，是我们的'圣地'，因为它既包含着过去，又孕育着未来。"③ 过去的知识和经验应该与未来的理想汇合，它们集会的殿堂只能有一个，那就是"现在"。他说："不管你想激发学生对知识产生什么样的兴趣，这种兴趣都必须在此时此刻予以发展；不管你想训练学生什么样的能力，这种能力都必须在此时此刻予以锻炼；不管你想赋予学生什么样的思想，这种思想都必须在此时此刻予以展现。这就是教育的金科玉律，也是一条难以遵循的规律。"④ 只有抓住现在，当下的教育才能汇入文明发展的过程。

（二）教育的宗教性和艺术教育的作用

怀特海说："自人类文明开化之初，教育的本质就在于教育的宗教性。时至今日，我们依然应该坚守这一传统教育理念。"⑤ 人类最早的教育主要就是在宗教活动中完成的，后来的教育无非是宗教教育方式的世俗化。因此，教育自来就带有宗教的性质。西方的大学源于经院，中国把教育家孔子称为圣人，把"师"供奉在百姓香火的神龛上，都把教育看作崇高神圣之事。

那么，应该如何理解教育的宗教性呢？怀特海这样来回答自己提出的这个

---

① 怀特海：《教育的目的》，靳玉乐、刘富利译，中国轻工业出版社，2017年，第7页。
② 怀特海：《怀特海文录》，陈养正、王维贤、冯颖钦、王维贤、冯颖钦等译，浙江文艺出版社，1999年，第111页。
③ 怀特海：《教育的目的》，靳玉乐、刘富利译，中国轻工业出版社，2017年，第3页。
④ 怀特海：《教育的目的》，靳玉乐、刘富利译，中国轻工业出版社，2017年，第8页。
⑤ 怀特海：《教育的目的》，靳玉乐、刘富利译，中国轻工业出版社，2017年，第18页。

问题:"宗教性的教育在于其培养了人们的责任感和敬畏感。责任感源自人们对事物发展过程的可能掌控,学习知识有助于取得改变,而无视知识则害莫大焉。敬畏感源自人们对当下所有存在的感知,存在于过去与未来之中,存在于时间的永恒之中。"① 这是从教育在人性生成和文明发展的过程中的目的和功能来说它的宗教性。无论是对责任感还是对敬畏感的培养,都是神圣的:把从教育中掌握的知识变成创造性的力量去推进事物和世界的发展,这是宇宙自我生成本质的自觉化,这样的责任当然是神圣的;通过教育懂得自己和世界的存在本质,知道自己的存在与过去和未来的关系,懂得自身的价值只有在存在的过程中才能获得无限价值,进而体认世界存在的永恒性,这样的敬畏感本来就来自对宇宙神性的虔信,当然更是神圣的。人们认为教育是阳光下最神圣的事业,把教师称为天下最神圣的职业,就是对这种神圣性的感悟。只不过人们在这样说的时候,未必真正领会了其中具体而深刻的含义,更未必将其内化为诚挚的信仰。

无论是责任感还是敬畏感,教育都不应是从外面灌输和强加的,而应该是对人的天赋的开发和自我提升。在论述教育的节奏问题中的规训与自由的观点时,怀特海强调要从生命高级阶段节奏性发展的一般规律来认识教育的宗教性。在他看来,人作为生命的高级阶段,其创造性本质的觉醒和自我生成的规律本身就是具有宗教意味的,是应该被充分尊重的天性。他说,从最初的觉醒到之后的规训,再到更高层次的成就,这样发展文化的本能是内生的。能否有所发现要靠自己的体会,能否有所约束要靠自己的规训,能否有所收获要靠自己的主动。

怀特海指出:"一个教师有着双重的作用:一方面通过教师自己的学识来促进学生的思考,从而激发学生的学习热情;另一方面通过学习环境的营造来传授广博的知识,从而增强学生的学习信心。教师一定不能浪费,生命在较低的发展阶段中就要避免浪费,这是自然进化的一种方式。不管是科学、道德还是宗教,最终的驱动力都是价值感和重要性。"② 这种价值感和重要性的培育和生成,在人的心灵中成为虔诚的信仰。面对知识和在知识中呈现出的存在,人们会惊喜、好奇,进而敬畏、崇拜,甚至强烈渴望超越自我,这些就是价值感引起的表现。怀特海说:"这种价值感驱使人们付出辛勤的劳作,否则人们就不会有所进步,而会倒退到被动的、低级的类型之中。"③

---

① 怀特海:《教育的目的》,靳玉乐、刘富利译,中国轻工业出版社,2017年,第18页。
② 怀特海:《教育的目的》,靳玉乐、刘富利译,中国轻工业出版社,2017年,第48页。
③ 怀特海:《教育的目的》,靳玉乐、刘富利译,中国轻工业出版社,2017年,第48页。

向美而生是世界的本质，审美价值是一切价值的基础和尺度，这乃是宇宙整体神性的终极目的和生成方式。宗教从一开始就与各种形式的艺术和准艺术融合在一起。建筑、雕塑、绘画、音乐、舞蹈等都是传递和体认神性经验的有力手段。之所以如此，就因为艺术以生动的形式传达了世界存在的幽深奥秘。怀特海对此深有感受，因此，他认为具有宗教性的教育就一定要重视美感的培育和普遍性的艺术教育，以发挥艺术的神性化育作用。

教育的宗教性要求把学生培养成富于创造和审美和谐的人。在论及价值感所激发的进步力量时，怀特海特别指出："这种进步力量最突出的表现就是美感，即对已达到的完善程度的审美。"他进而提出疑问"在我们现今的教育中，我们是否充分地强调了艺术的作用"[1]。怀特海一再强调，学生在专业知识之外还应该有文化修养。他说："文化指的是思想活动、审美感受、情感共鸣，而支离破碎的信息与文化毫无关系。"[2] 在他看来，一个人仅仅见多识广，不过是普天之下最无用的人。教育应该培养既有文化修养，又在某个特殊方面具有专业知识的人。他指出："专业知识将会奠定他们的个人发展基础，而文化修养将会引领他们达到哲学思维的深度和艺术境界的高度。"[3]

美感的核心内涵是审美价值感，它关系到世界存在最深的本质，而这正是艺术教育所要加以培育的。怀特海认为艺术"是我们精神生活中的一个重要元素。我们的审美情感可以让我们获得最为生动形象的理解，而如果无视审美的价值，那么所有的思想认识就会大打折扣"[4]。他认为，人们在劳作之余的休闲中，不能过度沉溺于游戏，不然会陷入精神空虚。"从这个意义上说，文学和艺术在整个国家的有序组织中起着重要的作用。……文学和艺术对于我们的生活来说，宛如灿烂的阳光普照大地万物。"[5]

怀特海在专门反思商学院建设热潮时，特别强调了想象力的重要性。在他看来，想象力不仅关乎对事物和世界的深入认知，更关乎应用知识的智慧。他说："大学的确是要传授知识，但必须是以一种充满想象力的方式来传授知识。这是大学服务于社会的应有之义，否则就不能成其为大学。"[6] 他这样描述想象的活动及其作用："只有展开想象的翅膀上下求索，方能激发灵感、求得新知。如此一来，所见事实就不再是简单的事实，而能从中发现无限的可能。所

---

[1] 怀特海：《教育的目的》，靳玉乐、刘富利译，中国轻工业出版社，2017年，第48页。
[2] 怀特海：《教育的目的》，靳玉乐、刘富利译，中国轻工业出版社，2017年，第1页。
[3] 怀特海：《教育的目的》，靳玉乐、刘富利译，中国轻工业出版社，2017年，第1页。
[4] 怀特海：《教育的目的》，靳玉乐、刘富利译，中国轻工业出版社，2017年，第48~49页。
[5] 怀特海：《教育的目的》，靳玉乐、刘富利译，中国轻工业出版社，2017年，第69页。
[6] 怀特海：《教育的目的》，靳玉乐、刘富利译，中国轻工业出版社，2017年，第111页。

学知识也不再是记忆的负担,而是鲜活灵动、蓬勃欲发,犹如诗人一样吟诵我们的内心梦想,犹如建筑师一般勾画我们的人生蓝图。……只有想象力,那是傻瓜;而没有想象力,只有知识,那是学究。大学的功用即在于此,把想象力与经验完美地融合在一起。"[1] "有赖于如此这般的想象,我们才得以用知识去构筑一个新的世界,才得以用智慧去追寻人的生生不息。"[2]

用知识的强行灌输磨灭想象力是教育中常见的顽症,怀特海对此深恶痛绝。他指出,早早地将想象力磨灭,就扼杀了一个人在职业生涯后期所必需的素质。一个人的专业技能必须经过长期培训,但这往往会损害他的思想活力,这种思想的活力离不开想象力。[3] 没有自由的想象就没有对新颖性的创造,即使专业技术的发展也是建立在有活力的思维和想象的基础上的。怀特海指出:"这是我们教育中的一个关键问题,也是所有困难的症结所在。"[4] 教育要激发、保护和培养学生的想象力,对此,艺术具有不可替代的作用。

美作为宇宙整体神性的涌现是文明的基因,呵护这个基因至为神圣。因此,教育的宗教性就应该表现在,无论是它的目的还是方法,都应该统一在审美性与生态性的有机融合之中,用审美和生态共有的神圣性唤醒和培育学生向美而生的天性。中国古代所谓"兴于诗,立于礼,成于乐"的教育观念,就表达了对此的深刻感悟。

(三) 教育过程要符合人的智力成长节奏

怀特海认为:"最有价值的智力发展应该是自我发展。"[5] 世界的自我生成有自身的活动节奏,这是生命成长的节奏,也是自我发展所应遵循的节奏。怀特海专门撰文论述了教育的节奏问题。"所谓'教育的节奏',我指的是一个基本的原理。……所谓教育的节奏,就是在学生心智发展的不同阶段,寻找合适的时机,采用恰当的方法,实施相应的课程。"[6]

怀特海认为人的心智发展过程可分为浪漫阶段、精确阶段和综合阶段,他将其称为"三个周期":13岁或者14岁之前是智力发展的浪漫阶段。14岁到18岁之间是智力发展的精确阶段,18岁到22岁之间是智力发展的综合阶段。"教

---

[1] 怀特海:《教育的目的》,靳玉乐、刘富利译,中国轻工业出版社,2017年,第111页。
[2] 怀特海:《教育的目的》,靳玉乐、刘富利译,中国轻工业出版社,2017年,第111页。
[3] 怀特海:《教育的目的》,靳玉乐、刘富利译,中国轻工业出版社,2017年,第114页。
[4] 怀特海:《教育的目的》,靳玉乐、刘富利译,中国轻工业出版社,2017年,第114页。
[5] 怀特海:《教育的目的》,靳玉乐、刘富利译,中国轻工业出版社,2017年,第1页。
[6] 怀特海:《教育的目的》,靳玉乐、刘富利译,中国轻工业出版社,2017年,第19页。

育就在于这三个周期的不断重复。"① "教育的整个过程取决于这个三段式节奏。"②

先说浪漫阶段。"在这个浪漫阶段,学生的认识是直接的、感性的,然后产生了某些初步的理解,于是学生的思想就会形成一定的联系,这就是该学习阶段的浪漫情感的缘由。"③ 这个阶段的教育,在根本上就是要根据学生头脑中已有的所思所想来进行。如果面临空无一物的头脑,教育将无所作为。人们通常所理解的教育指的是教育的第二个阶段即精确阶段,而常常忽视此前的浪漫阶段的特征。"我们必须要搞清楚教育的整个过程,理解教育过程中学生的智力发展如何从懵懂到精确,终至开花结果。"④

再说精确阶段。"在这个阶段,学生的学习更为注重知识的精准一面,而不是像上个阶段注重知识的广泛联系。"⑤ 比如语言的语法体系、科学的结构条理。"在这个阶段的教育中,学生就会逐渐形成一定的分析能力。学生学习新的知识,但是此时新的知识必须要经过他们自己的分析。"⑥ 这个阶段是以前面的浪漫阶段为基础的。如果没有浪漫阶段铺就的基础,那么这个精确阶段就不会存在。"学生总体上对一些事实有了大概的认知,因此他们的分析才具有了一定的意义。否则,那将是一些关于客观事实的无意义的、牵强附会的陈述,没有什么进一步的相关性。"⑦

综合阶段是教育发展过程中的最后一个阶段,怀特海用黑格尔的"综合"概念来说明它的特征。"在教育的综合阶段中,学习的宗旨又回归到了浪漫主义,但是要基于各种知识和相关技巧的增益。这是精确训练所要实现的最终目标和所要达到的最终理想。"⑧

怀特海说:"在这个新的阶段,学生又开始了一系列浪漫阶段的那种自由探索。所不同的是,学生的思维不再是涣散松懈的'乌合之众',而是训练有素的'作战军团'。从某种意义上说,所有的教育都应该在研究中开始,在研究中结束,都是为了应对生活中的直接经验而做出准备……教育的最终目的就是培养积极的智慧。"⑨ 智慧就是运用知识的能力。"重要的知识在生活的每一个方面都能随处学到,但是一个人只有习惯于擅长运用大家都熟知的道理,才

---

① 怀特海:《教育的目的》,靳玉乐、刘富利译,中国轻工业出版社,2017年,第24页。
② 怀特海:《教育的目的》,靳玉乐、刘富利译,中国轻工业出版社,2017年,第45页。
③ 怀特海:《教育的目的》,靳玉乐、刘富利译,中国轻工业出版社,2017年,第22页。
④ 怀特海:《教育的目的》,靳玉乐、刘富利译,中国轻工业出版社,2017年,第23页。
⑤ 怀特海:《教育的目的》,靳玉乐、刘富利译,中国轻工业出版社,2017年,第23页。
⑥ 怀特海:《教育的目的》,靳玉乐、刘富利译,中国轻工业出版社,2017年,第23页。
⑦ 怀特海:《教育的目的》,靳玉乐、刘富利译,中国轻工业出版社,2017年,第23页。
⑧ 怀特海:《教育的目的》,靳玉乐、刘富利译,中国轻工业出版社,2017年,第24页。
⑨ 怀特海:《教育的目的》,靳玉乐、刘富利译,中国轻工业出版社,2017年,第44页。

能说最终拥有了智慧。"① 因此，进入综合阶段之后，学生感兴趣的不再只是细节的学习，而是会特别关注理论的灵活运用。"这个阶段的根本意义就在于培养一个人从相对被动的规训跃升到比较自由的运用。"②

"教育就在于这三个周期的不断重复。"在不同层次上的重复，使之成为螺旋式的上升模式和过程。"微观上的每一节课应该形成一个循环流，引向随后的过程。较长的阶段应该引向一定的结果，然后形成下一个新的循环的起点。"③ 在这个循环中，知识的扩展和深化、反思与接受、分析与综合、抽象与具体有节奏地推进，于是正确的思维方式逐渐形成，在对知识的深入理解和广泛联系中形成向智慧转化的内生力量。

这个教育的节奏呈现出自然界自我生成的深刻规律。怀特海不禁说："我在这里呼吁，我们应该努力在学生的头脑中编织出一幅知识的和谐图景，协助教育中的各个因素达成各个周期，使每个周期对学生的当下学习都有内在价值。古谚有云，在不同的季节要收获不同的庄稼。"④ 怀特海关于教育的节奏的思想还包括另一个方面的内容，那就是"自由与规则的节奏"。

怀特海认为，教育必须保护、培育并提升人的理想追求，而不是用大量的知识和对知识的攫取消泯了理想。他说："让人感到悲哀的莫过于理想的消逝。……从过去的神圣人类智慧降低到现今的若干学科知识，这标志着教育的失败。"⑤ 他谆谆告诫说，如果没有理想，只有实践，教化与人的进程就会停滞不前。因此，教育不能仅仅满足于一些非常机械的思维能力训练，或者仅仅停留在一些可资利用的条条框框的知识上，这样的教育就不会有所进步。

怀特海专门谈到了知识与智慧的关系。他说："知识的学习的确是智力教育的一个主要目标，但是智力教育还有一个目标，看似难以把握，实则意义重大，古人称之为'智慧'。没有知识的基础，一个人是不可能有智慧的；一个人虽然可以轻易地获得知识，但可能仍然没有智慧。"⑥ 他指出，智慧是掌握知识的方式。智慧关系着知识的运用、问题的解决、经验的升华，智慧是对知识的掌控，是我们所能获得的最本质的知识。"简单地说，智慧主宰知识。"⑦

---

① 怀特海：《教育的目的》，靳玉乐、刘富利译，中国轻工业出版社，2017年，第45页。
② 怀特海：《教育的目的》，靳玉乐、刘富利译，中国轻工业出版社，2017年，第45页。
③ 怀特海：《教育的目的》，靳玉乐、刘富利译，中国轻工业出版社，2017年，第24页。
④ 怀特海：《教育的目的》，靳玉乐、刘富利译，中国轻工业出版社，2017年，第26页。
⑤ 怀特海：《教育的目的》，靳玉乐、刘富利译，中国轻工业出版社，2017年，第35页。
⑥ 怀特海：《教育的目的》，靳玉乐、刘富利译，中国轻工业出版社，2017年，第36页。
⑦ 怀特海：《教育的目的》，靳玉乐、刘富利译，中国轻工业出版社，2017年，第36页。

怀特还指出:"通往智慧的唯一道路是对知识的自由把握,通往知识的唯一道路是对学习的不断规训。自由与规训是教育过程的两个基本要素。"① 于是,就有了"自由与规训的节奏"问题。

在怀特海看来,自由和规训并不是某些人所认为的彼此对立,两者的节奏是由学生本来的不断发展的有机体性质所决定的。他说:"学生的心智是一个不断发展的有机体,不是像一个空匣子那样可以随随便便地收纳什么新知识。但同时必须按部就班地学习新知识,这样才能给心智的发展提供足够的营养。"② 因此,在理想的教育之中,"规训"应该是学生的一个主动选择;在此基础之上,"自由"才能有所作为,才能促进学生的心智发展。两者的结合为有效的教育所必需,而并不是不可调和的。"我们所要做的,就是协调好教育中的自由与规训,使之符合学生心智的发展变化。自由与规训不断调适于人的心智发展的自然过程之中。"③

怀特海说他一直坚信不疑,教育实践中的许多挫败都是因为没有注重教育中的这个节奏问题。他认为,从教育的节奏来看自由与规训的主题,在教育的初始阶段和终结阶段应该以自由为基调;而在教育的中间阶段,则应以规训为基调,而辅以自由。教育的过程不应是一个简单的周期循环——从自由到规训再到自由。"实际上,在教育的过程中应该有许多这样的周期,而每一个大的周期之中又有许多小的周期。每一个小的周期都是一个细胞,教育发展的完整过程就是由这样的一个一个细胞所构成。"④ 而贯穿在这个节奏运动中的主线就是自由与规训的关系。他特别强调的是这个过程中的自由。他说:"脱离了浪漫阶段的自由,就无所谓领会理解。……如果没有浪漫阶段的自由探索,那么从教育中所获得的只是一些僵化的惰性知识。……过去的教育相当于是把智力发展的精确阶段过度延长了,其结果就是把学生教育成了书呆子。"⑤ 为了达成均衡的智慧,务必要培养浪漫精神。规训也很重要,但是"真正有效的规训是一种自我约束,而学生能不能做到自我约束取决于学生的心智是不是真的自由"⑥。

值得注意的是,在怀特海的教育思想中,两种"节奏"是融合在一起的。他在论及教育的整个过程时按年龄将其分为三个阶段,在论及自由与规训的节

---

① 怀特海:《教育的目的》,靳玉乐、刘富利译,中国轻工业出版社,2017年,第36页。
② 怀特海:《教育的目的》,靳玉乐、刘富利译,中国轻工业出版社,2017年,第36~37页。
③ 怀特海:《教育的目的》,靳玉乐、刘富利译,中国轻工业出版社,2017年,第37页。
④ 怀特海:《教育的目的》,靳玉乐、刘富利译,中国轻工业出版社,2017年,第37页。
⑤ 怀特海:《教育的目的》,靳玉乐、刘富利译,中国轻工业出版社,2017年,第40页。
⑥ 怀特海:《教育的目的》,靳玉乐、刘富利译,中国轻工业出版社,2017年,第42页。

奏时说教育过程的每一个细胞又包括三个阶段。他把初始的自由阶段称为"浪漫阶段",把中间的规训阶段称为"精确阶段",把最后的自由阶段称为"综合阶段"。大的节奏中包含着小的节奏,这样的教育实际上就是生命生成的自然规律的自觉再现。

教育所要培育的价值感以及人的自我生成天赋,本来就植根于宇宙自我生成的本质之中,是宇宙整体神性的个体表现。教育要激活和发展这种天赋,就必须忠实遵循宇宙生成的自然规律。他指出,教育中忽而冷漠、忽而急躁的态度,就是无视大自然设置的、不可抗拒的种种限制。他说:"关于教育的含义,'教育'的字面意思是引导出来的过程。因此,我们要谈谈如何循循善诱才能使你们的聪明才智增长起来,发挥出来。让我们想一想,大自然通常是用什么方法诱导世界万物生长的。"① 他对学生说:"实际上,在你们的成长过程中,至关重要的一切必须由你们自己去身体之,力行之。大自然的通常的方法是循循善诱的和轻松愉快的。如果不采用这种方法,很难说会有什么令人满意的成长。"② "我们必须谨记:最有价值的智力发展就是自我发展。"③ 像大自然那样循循善诱的诱导,也是教育的宗教性的重要表现。

文明的教育体现文明的本质,要像自然界诱导万物通过包容生长那样促进学生的自我成长。为此,要重视兴趣的作用,要重视对知识的运用,要学会吸收而不是灌输。怀特海说:"请记住,教育不是往行李箱里塞东西,教育根本就不是那回事。教育的过程有其固有的特质,可以更为贴切地比喻为生物体吸收营养的过程。"④ 这样的教育就是一个像自然界那样的生态生成的过程,不过更具有自觉的主体性。

(四)培养科学与人文审美和谐的风格意识

近代以来,由于自然科学的迅猛发展及其对人类生活的巨大影响,盲目的科学崇拜日益突出,科学与人文的分隔和对立成为一个重大的文化问题,而且直接影响着人类的生态处境。基于宇宙审美生成的和谐理想和对人的文明化的深切关注,怀特海对在教育中如何把科学和人文结合起来以培育和谐发展的人十分重视。他不仅反复论述两者合理结合的重要性,还具体论述了在教育中如

---

① 怀特海:《怀特海文录》,陈养正、王维贤、冯颖钦等编译,浙江文艺出版社,1999年,第107页。
② 怀特海:《怀特海文录》,陈养正、王维贤、冯颖钦等编译,浙江文艺出版社,1999年,第109~110页。
③ 怀特海:《教育的目的》,靳玉乐、刘富利译,中国轻工业出版社,2017年,第1页。
④ 怀特海:《教育的目的》,靳玉乐、刘富利译,中国轻工业出版社,2017年,第39页。

何实施人文教育的问题。针对现代教育的职业化和专门化分工越来越深入的情况，怀特海在重视职业技术教育的同时，一再强调重视人文教育，包括处理好科学与文学的关系。为此，他专门撰写了论述技术教育与人文教育关系的论文。

怀特海借萧伯纳的喜剧《英国佬的另一个岛》中一个疯狂的神父的话表达了一个应有的理想：这个神父说他梦想一个理想的国度，国家即教会，教会即人民，三位一体，一体三位；梦想一个理想的行业，工作即娱乐，娱乐即生活，三位一体，一体三位；梦想一个理想的教堂，神父即信徒，信徒即上帝，三位一体，一体三位；梦想一个理想的神性，生命即人性，人性即神圣，三位一体，一体三位。怀特海特地从这个"疯子的梦想"中挑出"一个理想的行业，工作即娱乐，娱乐即生活"这个梦想来加以阐述，他说"这种三位一体的思想就是我们的技术教育的理想"[1]。

怀特海认为，学生是活生生的人，不可以像拼图玩具那样随便拆解。机器的生产靠的是外在的构造能力，把一个个单独的零件组装上去。而一个活生生的人的成长靠的是自我发展的内在动力，这就完全不同了。内在动力可以从外部予以激发和引导，也可以被消除掉。但是不论从外部予以什么样的激发或者引导，一个人发展变化的创生性的内在动力总是源于他自己的内心深处，而且每个人都有自己完全不同的特点。教育就是引导个体去认识生活的艺术。他说："所谓掌握生活的艺术，就是当一个人在面对生活的真实情景的时候，他能充分发挥自己的潜能，灵活采用各种方式，熟练解决所遇到的种种问题。这就要求一种非常娴熟的技艺，把人的整个心智从低到高都联系起来，科学、艺术、宗教、道德这些领域的客观存在就有了价值和意义。"他特别强调说："每一个人的存在都需要一定的探索，生活的艺术就是要引导每一个人在探索中前进。"[2]

"人们的劳动应该与人们的心智和精神紧密结合，在相互渗透中共同发展。这样一来，劳动就成了一种快乐，不再是一种折磨。"[3] 如果真正做到了这样，"这将彻底改变我们人类存在的基本规律"[4]。把劳动艺术化，是世界审美生成的本来要求。怀特海从世界和人性的文明化的高度出发，认为"从劳动的折磨变为劳动的快乐，不管是以什么样的方式，终将成为我们劳苦大众得以救赎的

---

[1] 怀特海：《教育的目的》，靳玉乐、刘富利译，中国轻工业出版社，2017年，第52页。
[2] 怀特海：《教育的目的》，靳玉乐、刘富利译，中国轻工业出版社，2017年，第47页。
[3] 怀特海：《教育的目的》，靳玉乐、刘富利译，中国轻工业出版社，2017年，第52页。
[4] 怀特海：《教育的目的》，靳玉乐、刘富利译，中国轻工业出版社，2017年，第52～53页。

唯一希望。……这将关系到能否重塑国民精神。"①

在怀特海看来,即使是有创造天赋的人,在进行发明创造活动时,也需要快乐的精神状态。他甚至认为"需求是发明创造之母"这句话并不准确,甚至是愚蠢的。他认为严格地说"需求是奇技淫巧之母"。"当代发明创造增多的基础是科学,科学的发展源于人们的好奇和探索,而这种智力上的活动必然要基于快乐的精神状态。"② 以劳动为乐,以创造为乐,这就不仅需要改善这些活动的条件,更需要通过教育培育相应的人文精神。

怀特海指出:"人文教育的本质就是对思维的发展和对审美的培育。人文教育着重于哲学思想、文学艺术的传授,最终落实于理论在实践中的运用。"③ 所谓理论在实践中的运用,就是以实际的创造性活动去推进世界的审美生成。他特地指出,人文教育所要关注的虽然是人类文明成果中很小的一部分,但应该是最优秀的一部分。正是这最优秀的一部分,最集中地凝聚和体现了宇宙审美生成的精华。怀特海还说:"人文教育的过程也不仅仅局限于已有思想文化的被动接受,还应该强化其中的原创性。另外,原创性也不是单一维度的,可以细分为思考的原创性、行动的原创性、艺术想象的原创性,这三种原创性还可以再分为更细的分支。"④ 对既有思想文化的接受不只是记忆和积累,更重要的是要激活其原创性。只有在激活原创性的基础上,那些已有的文明精华才能继续活在创造性的思维和实践之中,才能实现其真正的价值。

怀特海从文明发展的高度出发,非常重视人文教育的实践性品格。在他看来,人文教育是为了创造的行动,为了实现审美生成的理想以推动文明的发展。怀特海指出:"我们的行为和我们在事物发展过程中所起的作用之间存在着因果关系,这是一个根本性的问题。而假如我们在教育中把智力活动或者审美活动与事物的发展脱离开来,回避这么一个根本性的问题,结果就有可能走向文明的衰退。"⑤ 这就是说,人文教育必须与事物的发展和文明的发展结合起来,要有实际的作用。他一针见血地指出:"从本质上讲,所有文化都是为了行动的文化,文化的意义就在于帮助人们摆脱劳动中的盲目折磨。很明显,艺术的存在就不是客观中立的,因为艺术可以让我们感受到这个世界的美妙,可以丰富我们的内在心灵世界。"⑥ 这就是说,人文教育绝不只是丰富知识,

---

① 怀特海:《教育的目的》,靳玉乐、刘富利译,中国轻工业出版社,2017年,第53页。
② 怀特海:《教育的目的》,靳玉乐、刘富利译,中国轻工业出版社,2017年,第53~54页。
③ 怀特海:《教育的目的》,靳玉乐、刘富利译,中国轻工业出版社,2017年,第55页。
④ 怀特海:《教育的目的》,靳玉乐、刘富利译,中国轻工业出版社,2017年,第56页。
⑤ 怀特海:《教育的目的》,靳玉乐、刘富利译,中国轻工业出版社,2017年,第57页。
⑥ 怀特海:《教育的目的》,靳玉乐、刘富利译,中国轻工业出版社,2017年,第57页。

而是要培育体现宇宙自我生成本质的人文精神——对人和人生活在其中的世界的文明化进展的真诚关切和热情行动。

怀特海坚信,真正的科学精神决不拒绝人文情怀。他说:"所谓客观中立的科学精神其实是一种科学热情,这种热情期盼在复杂关联的事物之间寻找到一个井然有序的理论构架。这种科学热情的根本目的是为了让思想与行动结合起来,这就形成了具体行动在思想体系中的某种干预,而这一点在抽象科学理论研究中常常被忽略。"[1] 他晚年的重要著作《数学与善》可以说就是对这种科学精神的具体阐释。他还指出:"在科学教育中需要传授思维的艺术,例如,如何形成清晰的概念并付诸直接经验,如何有效地假设命题,如何验证所做假设,如何应用一般原理去解决特殊问题。另外,也需要培养科学阐释的能力,以从纷乱的观点中梳理出相关的问题,从而找出重点,分清主次。"[2]

在论及技术教育时,怀特海说:"把技术教育和人文教育对立起来看待是错误的。缺失了人文教育,技术教育就不可能完整;离开了技术教育,人文教育也不可能达成。"[3] 这就是说,真正的教育都应该从这两个方面着手——既要传授技术,又要提升素养。对此,他特别论述了技术教育对于培养人文精神的作用,指出:技术教育可以教学生掌握必要的技艺,有助于克服心智和身体之间及思想和行动之间这两个错误的对立;因为"智慧不可能凭空产生,头脑里的创造性想法需要尽快地付诸实践,这对于一个青少年来说尤应如此"[4];技术教育可以充分发挥身体经验对于心智的作用,因为"在心智活动与身体活动之间的关联中,手的作用特别重要"[5];技术教育有助于思维从抽象到具体的提升,因为"技术教育的优势就在于其具体性"[6]。这是因为"技术教育中的实践活动具有创造性,能够把头脑中的想法转化为眼前的现实,引向思维和行动的协调,达到思想意识、假设预见和最终结果之间的统一"[7]。

怀特海认为,科学精神与人文精神的结合,最终要实现两者的审美的和谐,形成一种"风格意识",并将其置于教育素养的核心地位。他说:"从最为核心的意义上来讲,风格是教育素养中最重要的一部分,也是最有用的一部分。它渗透在我们存在的方方面面……风格是思想的最佳德性。"[8]

---

[1] 怀特海:《教育的目的》,靳玉乐、刘富利译,中国轻工业出版社,2017年,第57页。
[2] 怀特海:《教育的目的》,靳玉乐、刘富利译,中国轻工业出版社,2017年,第63页。
[3] 怀特海:《教育的目的》,靳玉乐、刘富利译,中国轻工业出版社,2017年,第58页。
[4] 怀特海:《教育的目的》,靳玉乐、刘富利译,中国轻工业出版社,2017年,第58页。
[5] 怀特海:《教育的目的》,靳玉乐、刘富利译,中国轻工业出版社,2017年,第61页。
[6] 怀特海:《教育的目的》,靳玉乐、刘富利译,中国轻工业出版社,2017年,第61页。
[7] 怀特海:《教育的目的》,靳玉乐、刘富利译,中国轻工业出版社,2017年,第64页。
[8] 怀特海:《教育的目的》,靳玉乐、刘富利译,中国轻工业出版社,2017年,第15页。

怀特海认为，"在教育中应该培育出一种最为本真的思想素养，即风格意识"[1]。"率直的真"就是美，最本真的思想修养就是审美意识。"所谓风格意识是一种审美意识，是对所遇事物的精彩之处的不由自主的、发自内心的欣赏。"[2] 他在回答"风格何用"的问题时，描述了风格的具体表现。那就是：在一定的风格的指引下，你可以专心致志、心无旁骛，直至实现既定目标；在一定的风格的指引下，你可以深思熟虑、谨言慎行，从而实现你的远见卓识；在一定的风格的指引下，你可以心有所驻、身体力行，直至达到你的最终目的。显然，这就是宇宙审美生成的极致境界，实际上就是审美人格的完成，也是文明化的人的真正实现。

怀特海说："艺术的风格、文学的风格、科学的风格、逻辑的风格、实践的风格，它们在根本上都有着共同的美学特质，即外显与内敛的共为一体。"[3] 这就是说，身心的统一、知行的一致，以及自由与规训的协调、知识与智慧的融合，乃是形成风格的必要条件，而贯穿其中的就是自觉而从容的创造精神和能力。"风格源自对事物本身的热爱和对风格本身的专注，不可能源自浮光掠影式的浑然不觉。"[4] 这是文明化的人在内心与行为于审美和谐的统一中表现出来的人格风貌，它以回复自然的特征生动地彰显了宇宙整体性的风韵，与艺术的极致境界同致。为了文明的发展，教育应当为此努力。每一个人也应该向着这个境界造就自己，使自己成为有风格意识的人，艺术化至于极境的人，充分体现宇宙审美生成本质的人——这就是完全文明的人。

---

[1] 怀特海：《教育的目的》，靳玉乐、刘富利译，中国轻工业出版社，2017年，第15页。
[2] 怀特海：《教育的目的》，靳玉乐、刘富利译，中国轻工业出版社，2017年，第15页。
[3] 怀特海：《教育的目的》，靳玉乐、刘富利译，中国轻工业出版社，2017年，第15页。
[4] 怀特海：《教育的目的》，靳玉乐、刘富利译，中国轻工业出版社，2017年，第15页。

第四章　终极的良知

引言：自觉的创造者应有创造性的思维方式

《思维方式》是怀特海晚年的重要著作，可以说是他留给后世的哲学遗嘱。他在这本书的前面题词道："谨将此书留给我的子孙后代。"怀特海的题词表达了他希望通过这本书让子孙后代学会自觉创造者所应掌握的思维方式。这本书把有机宇宙论从世界观转换成方法论，为其成为正确有效的创造智慧搭起一座坚实而便捷的桥梁。正如维克多·洛所说："怀特海根本没有把哲学当作专业知识，而是当作思想方式。"[①]

在怀特海看来，精神在宇宙发生时就存在，并在宇宙自我生成的过程中发挥着极为重要的能动作用。这个与物理极并存的精神极，乃是从现实实有开始的一切现实事物普遍存在的能动因素。没有这个因素发挥作用，现实事物便不可能自我创造和超越。怀特海明确地把意识确定为只有人的主体形式才具有的内涵，而意识主要就是思维活动。

在论及"文明的宇宙"时，怀特海指出："意识的清晰性的区分是人的存在的一个偶然因素。它使我们成其为人，但是它并不使我们存在；它涉及我们的人性的本质，但是它是我们存在的一个偶然因素。"[②] 这说明，生命并不都具有意识，只有人的生命才有意识。意识不仅使人区别于动物，而且使人与人相区别，因为每个人都会有自己的意识。说意识的清晰性的区分是人的存在的一个偶然因素，那是因为只有生命处于积极开放的状态，生命力才会表现出对外部世界的兴趣，才能在好奇心等生命欲望与外在事态的偶然遇合中产生思维的意识活动。这个意识具有与人的创造性本质相表里的特定内容和功能。这个偶然性是相对于生命存在的必然性而言的。既然如此，怀特海给这本书的题词

[①] 维克多·洛：《怀特海传》第二卷，杨富斌、陈功伟译，商务印书馆，2018年，第54页。
[②] 怀特海：《思维方式》，刘放桐译，商务印书馆，2010年，第107页。

所具有的哲学遗嘱的性质也就十分清晰了：他是要教给子孙后代符合世界创造性本质的思维方式，只有这样的思维方式才能正确而深入地认识世界的创造性本质，才能使人成为自觉而有成效的创造者，把宇宙自我生成的创造性本质发扬光大。

这里，需要对"思维方式"这个概念的含义加以辨析。一般说思维方式，主要是从思维活动所凭借的工具来说的。思维作为遵循一定逻辑秩序、从已有信息探求未知信息的活动，是对信息的组织和运演。信息不能独自存在，而必须有物质的载体，这就是负载信息的工具。信息的能动特性在于它可以从一种物质载体转换到另一种，这是它对物质的超越性。这种负载信息的必要载体就是思维的工具。在语言产生之前，身体姿势、各种物质材料和表象等，因曾用作信息的载体而成为思维的工具。按照思维的工具来区分，形象思维和理论思维就是两种最基本的思维方式：前者用表象做工具，后者用概念。当语言作为语词系统成为思维的工具时，语言表达信息的有效性大大促进了思维的进步，用概念性语词做思维工具的理论思维方式发展起来，而主要凭借表象或描述性的语词系统做工具的则是形象思维方式。马克思谈到人的头脑掌握世界的方式，除头脑所固有的理论的方式外，还有实践精神的、宗教的和艺术的方式。后三种方式都离不开形象，甚至主要采用形象思维的方式。人们把形象思维称为艺术想象，是因为艺术的想象中存在着形象思维所必具的逻辑运行。形象思维是思维与想象的结合，是在想象中进行的思维，而不能等同于想象。

常见一些人把理论思维称为抽象思维，把形象思维称为具体思维，这是错误的。严格地说，抽象和具体是属于逻辑范畴的概念，它们说的是两种不同而又密切关联的结构关系：抽象是对事物某一性质或方面的析取，具体指的则是事物多样统一的存在性质。理论思维需要抽象，形象思维也需要抽象；任何思维，没有抽象就不可能进行。区别在于，理论思维很容易止步于抽象，把理论与抽象等同起来，而不知道应从抽象上升到具体才能正确把握事物；而形象思维却必然要把多样的抽象加以合成，才能获得具体的认识，以理性的具体正确反映存在的具体。流行的观念还常常把具体等同于感性，把抽象等同于理性，进而把认识中从感性到理性的过程说成是从具体到抽象。这就把马克思和怀特海所说的抽象必须上升为具体的思维之路斩断了，使思维陷入怀特海说的"抽象的具体性误置的谬误"。抽象思维和具体思维，以及与之相关的分析思维和综合思维、归纳思维和演绎思维等，都是从逻辑性质划分的不同思维方式。

必须注意的是怀特海的《思维方式》一书所说的"思维方式"，既不是以思维工具划分的，也不纯是以逻辑性质划分的，而是包罗了所有的方式在内的一种总体性的思维方式——与有机哲学的存在本体论相表里、作为哲学方法论的思维方式。如果说有机哲学揭示了宇宙存在总体本质和秩序结构，那么，这个思维方式就是用有机哲学所揭示的存在本质和秩序结构组织成的逻辑去进行思维的方式。这个从哲学理论到思维方法的转换，就是黑格尔所说的从目的向手段的提升，具有极为重要的意义。

这样的思维方式，怀特海在《思维方式》的序中称为"文明的最高的理智"，在书末又称为"文明的终极的良知"。这就意味着真正文明的人必须具备这样"最高的理智"和"终极的良知"。质言之，这就是创造性的思维方式——既是审美创造的思维方式，也是生态优化的思维方式。作为宇宙产儿的人，必须学会这种思维方式，才可能成为一个具有创造精神和创造智慧的人，成为能够承继宇宙向美而生本质的人。应该说这个哲学遗嘱集中地蕴含着怀特海人学思想的精髓。

在《科学与近代世界》中，怀特海在论及那种把感觉世界与感知者分开的观点时说："我很难理解，如果没有感性的共同世界，思维的共同世界何以能成立。"[①] 同样，正因为有以创造性为本质的世界存在，这个创造性的思维方式才能成立，并发挥其应有的作用。这个思维方式与现实世界的真实存在之间的同一性，正是其生命力所在。

第一节　"创造的冲动"开启的思维过程

（一）"重要性"是基于创造冲动的思维的起点

创造性的思维开始于"创造的冲动"，也贯穿着"创造的冲动"。这样的思维方式，以创造为目的，探究创造的奥秘，运筹创造的路径，实际上就是宇宙自我生成的创造性本质在人的意识中的彰显。基于创造的冲动，生发出三个概念："重要性""表达"和"理解"。

在这三个概念中，作为思维起点的"重要性"（importance）是中心概念，讨论各种问题时都要回到这个概念。另外两个概念"表达"和"理解"是围绕这个中心而存在的：表达是对重要性的表达，理解也是对重要性的理解。这就是说，作为"创造的冲动"的重要性经验，不能只是朦胧、偶然、可有可无地出现于意识之中，而应当以一定的方式表达出来。因为，只有表达出来的才能

[①] 怀特海：《科学与近代世界》，何钦译，商务印书馆，1959年，第103页。

真正为思维所掌握，成为意识的内容，进而作用于创造活动。而为了表达，就得理解它为什么具有重要性，以弄清这重要性究竟是怎么回事。经理解过程中思维探究过的重要性，才被意识充分掌握。这样经过思维的理解而表达出来的重要性，由于蕴含了世界自我生成的某种超越性价值，才算是真正的"创造的冲动"。作为"创造的冲动"的第一步，重要性经验在起点上启动了思维的创造性进程，在其持续推动下才有表达和理解的努力。

怀特海认为，对于哲学来说最重要的不是追求体系化的思想，而应该是进行创造性的思维，即为创造的动机所激发和推动并积极作用于创造活动的思维。对此，怀特海说："我的目的是考察我们的经验的一些一般特征，这些特征是人类的直接活动中所预先设定的。这里不打算编造出一种体系哲学。"① 作为"创造的冲动"而提出的重要性等概念，就体现了这样的特征。

强调"创造的冲动"对思维的启动，说明人的思维是源于创造的欲望和冲动，创造性是人的宇宙本质，理所当然也应该是人的思维的本质。只有凭借这样的思维方式，宇宙的创造性本质才能为人所掌握，进而在人的活动中表现出来，成为一个自觉而有成效的创造者。这样的思维方式，实际上就是实现于人的意识之中的宇宙自然的自我意识。

在怀特海看来："哲学是对关于范围广泛（large）和适当的一般性概念的思考。这种精神习惯就是文明的本质。"② 他认为"文明生物是那些运用某些范围广泛的关于理解一般性来考察世界的生物"③。人就应该是这样的文明生物。"重要性"作为一种范围广泛的一般性概念，就体现了这种精神习惯。这说明人类的思维开始了对于一般性概念的思考，从而在对普遍性意义的追求中认识和掌握世界的秩序。以此为前提，创造性就达到了有意识的水平，从自发提升为自觉，这就是文明。

有机宇宙论认为，世界的创造从根本上说就是价值的创造。人的创造冲动，首先就是一种价值创新的经验，重要性经验就是对创造新颖性的价值经验的敏感。"价值经验构成现实事物每一冲动的本性"④，这就使"重要性一直在人类意识的边缘产生推动力"⑤。意识到某一事态的重要性，就是敏感到它对创造新价值的意义，从根本上说也就是对于宇宙自我生成的积极意义。正是这种重要性的价值经验，激发起创造的冲动。因此，它是"创造的冲动"的第一

---

① 怀特海：《思维方式》，刘放桐译，商务印书馆，2010年，第5页。
② 怀特海：《思维方式》，刘放桐译，商务印书馆，2010年，第7页。
③ 怀特海：《思维方式》，刘放桐译，商务印书馆，2010年，第7页。
④ 怀特海：《思维方式》，刘放桐译，商务印书馆，2010年，第103页。
⑤ 怀特海：《思维方式》，刘放桐译，商务印书馆，2010年，第43页。

要素，第一反应，第一动因。对于感觉中产生的经验来说，重要性本身就有其重要性。怀特海说："对重要性（或兴趣）的感觉体现于感觉经验的存在本身之中。一旦它失去了支配地位，经验就会变得琐碎，并接近于虚无。"①

怀特海认为"重要性作为宇宙中的一个一般因素"在文明的思想中具有支配的作用，这是为什么呢？怀特海的有机宇宙论中，自然和事物的价值都根源于宇宙自我生成的过程，而这个过程正是在重要性的价值导引下才能实现自我超越，不断创造新的价值。在宇宙的自我生成过程中包含重要性的作用。肯定性包容即"感觉"的第一个环节"反应"，就包含了重要性的作用。这样的普遍性就使之成为宇宙的"一般因素"。在重要性的价值导引下，宇宙中才最终生成了文明，文明也才凭此继续进步。因此，它又成了文明思想中起支配作用的因素。这就意味着，哪里有重要性的感觉，哪里就有可能向新颖性突破和创进。

重要性包括两个相互联系的方面：宇宙的同一性和细节的个别性。这两个方面对重要性的确认来说都是必要的条件。细节的个别性指的是引起重要性感觉的对象必须是明确的、具体的特殊个体事物及其特征。没有这种特定对象的重要性，只是朦胧、模糊而恍惚的幻觉，而没有实在具体的内容。宇宙的同一性指宇宙多样统一的有机整体性，它从根本上决定着个别事物的价值。没有这个宇宙统一性的整体背景和价值坐标，个别事物的价值就会是任意的、抽象的和琐碎的，意识所感觉到的重要性也许根本就不重要，至少是不确定的。正是重要性的这两个相互联系的方面，决定了"事实"与"环境"（或视域）对于确认重要性所具有的意义。重要性的对象是与环境密切关联的"事实"。重要性感觉是由实际存在的事物即"实事"（matter-of-fact）引起的价值关注。没有这样的"实事"，就没有实在的重要感。"实事"乃是重要性的基础。重要性之所以重要，正是因为它以实事为基础。虚幻和臆想的重要性毫无价值。

但是，并非任何实事都能引起重要性的感觉。重要感的发生总是意味着在各种实事中有所选择，而选择就关联着各种不同的因素及其价值。显然，重要性感觉就是对一种重要价值的经验。怀特海说："我们对现实事物的享受是价值（善或恶）的一种实现。它是一种价值经验。它的基本的表达是——注意，这里有要紧的东西！对——这是最好的用语，因为意识最初的闪光就发现有某种重要的东西。"② 在这"注意"所提示的经验中，作为价值经验的重要性的

---

① 怀特海：《思维方式》，刘放桐译，商务印书馆，2010年，第12页。
② 怀特海：《思维方式》，刘放桐译，商务印书馆，2010年，第108页。

感觉就彰显于意识之中。

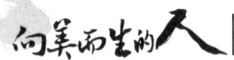

怀特海进一步指出："整体性、外在性和内在性是'重要的东西'的基本特征。"① 这三个特征不是一开始就在"注意"中明晰地出现的。但是存在实际事实的整体性，存在许多实事的外在性，存在整体内部的这种经验活动的内在性。重要性所指的对象不是孤立的、简单的和抽象的，而是一个具有复杂的外在呈现和内在关联的整体性存在。这些特征表现出不同的价值，它们都会在"注意"中或明或暗地呈现出来。

重要性的经验与事实的关联和环境密切相关，说明生态思维对于重要性经验的重要性。由于"任何一个事实都不仅仅是它本身"②，重要性就不是由事物孤立地引起的。一个实事是否具有重要性，是否能引起重要性的感觉，还取决于它所处的环境。因此，在重要性的感觉中，环境的观念必须在场。这个环境即"视域"，是事物之所以存在的关系场。在怀特海的哲学中，它最终指向宇宙的整体。由于重要性与环境相关，而环境在世界的社群结构中有不同的层次，所以，重要性的感觉是由其直接相关的环境层次决定的，又有各种不同的层级，而其终极的即最高的等级就是以宇宙整体为终极环境和视域的。

在现实生活中，重要性的感觉往往来自不同的角度，比如神话的、道德的、宗教的、科学的和艺术的以及实用功利的等。这些不同的视角，都是对世界整体的某一方面和维度的抽象。因此，由之出发的重要性感觉也必然具有片面性，即使合理也只是片面的合理性。在谈到科学对世界的认识时，怀特海说："具体的世界从科学的网眼中漏过去了。"③ 其实何止科学，道德、宗教和实用功利等也会把具体的世界漏过去。在人们的意识中，历史的概念似乎避开了各种抽象的弊端。但是，当历史仅仅局限于前后相续的事实陈述这种简单倾向时，或者人们对历史事实的结构关系认识不一样时，它还是逃不脱抽象的弊端。怀特海不赞成历史动机的线性因果的单一性，因为它把动机的多样性排除了。跟宇宙的自我生成是合"多"为"一"的包容合生一样，历史中的重要性也不是单一的。凡是企图以"单一性"取代多样合生的历史行为，最终都会造成悲剧的结果。而实际的情况是，在宇宙整体自我生成的目的即多样和谐、向美而生的目的之下，多层次、多方面的视角引起多种重要性感觉，因而形成多样的历史动机，它们作为合力通过包容而综合地推动历史的演变和创进。

重要性经验是基于创造的冲动的思维起点，这就意味着那些没有创造冲动

---

① 怀特海：《思维方式》，刘放桐译，商务印书馆，2010年，第108页。
② 怀特海：《思维方式》，刘放桐译，商务印书馆，2010年，第12页。
③ 怀特海：《思维方式》，刘放桐译，商务印书馆，2010年，第20页。

的人，那些没有价值理想的人，是很难有重要性经验的，即使偶尔产生，也很淡漠，甚至不过是昙花一现。一个具有创造天性的人，应该随时检视自己对事物有无重要性经验的敏感，并注意培养这种敏感。

（二）"表达"是对重要性经验的明晰和深化

重要性的感觉既然对于世界和事物的创造性生成如此重要，那就需要"表达"。

为什么需要表达？第一，只有表达出来了，重要性才在意识中肯定下来，才真正作为意识而存在；第二，通过表达，重要性的内涵才得以具体化、明确化；第三，表达即表现，表达出来的重要性才可能"撒播"，表达出于"撒播的冲动"。通过表达，对重要性的感觉传达到相关的生成活动过程，以发挥其对于创造性活动的实际作用。因此，重要性的感觉不能停留于主观的感受，否则它会因模糊和消极而逐渐虚幻湮没。可见，对重要性的表达，乃是创造的冲动的积极推进，是创造性生命精神的能动性有效实现的第一步。

对于重要性与表达之间的关系，怀特海有如下论述：

表达是对重要性的概念性设定。"更为一般的重要性概念是由表达所设定的。"[①] 这是说经验中对重要性的感觉还是模糊的、直觉的、私自的，而表达出来的重要性有概念加以设定，就有了较为明确的蕴含和呈示，能够为自己和他者所知悉。

对重要性的表达就是传达和"散播"。人是生活在一定的环境之中的。"在环境中，表达是起初在表达者的经验中所接受的某种东西的散播。它并不一定包含有自觉的规定，而只有散播的冲动。这种渴求是动物界最简单的特征之一。"[②] 这就是说，对重要性感觉的表达出于经验"散播"这种生命的本能。

"表达是以有限的情境为基础的。它是有限性将自身印记于其环境之上的那种活动。"[③] 这就意味着，从根本上说重要性是由与宇宙自我生成的价值需求关系决定的，真正的价值在其有限性中包含着无限的意义。而表达总是从个体的具体情境出发的，因此它对具体价值的感觉是有限的。对重要性的表达，不应当把自身绝对化，或说对有限价值的表达不能忘其源于宇宙整体的无限性。

对重要性的表达彰显出事物及其特征对于整体世界的意义。"重要性由作

---

① 怀特海：《思维方式》，刘放桐译，商务印书馆，2010年，第20页。
② 怀特海：《思维方式》，刘放桐译，商务印书馆，2010年，第22～23页。
③ 怀特海：《思维方式》，刘放桐译，商务印书馆，2010年，第22页。

为一的世界通向作为多的世界，表达则是由作为多的世界给予作为一的世界的礼物。"[1] 这是说，宇宙是合"多"为"一"的整体，它对价值的决定是一元的。但是，一本万殊，这个根本的价值又总是要通过构成整体的多样因素表现出来并发挥作用，因此又表现出多元的特性。"重要性"和"表达"两个概念都体现了"一"与"多"的关系。不过，重要性是从宇宙整体出发而通过"多"体现出来的，它体现的是"一"的决定意义。而表达则是从"多"中的具体个体出发表示其对于整体的价值，这是对整体的一种奉献，因此说它是"对于一的世界的礼物"。

表达实际上是一种选择，即"选择从属于表达"[2]。重要性的感觉本来就是价值经验中出于个体认知判断的选择。这种选择在表达中进一步通过概念的方式得到明确认定。由于选择从属于表达，"它在本质上是单个的"，所以，正确的表达应当鲜明地显示出这个单个的个体性，表明是"多"中的特殊存在所感觉到的重要性，又不至于掩盖和抹杀了有限性与宇宙整体这个价值本源之间的特定关系。

值得注意的是，怀特海十分重视身体经验在表达中的作用。在自然界中，色彩、声音、形体和味道等都有表达的功能。对于自然界来说，自然事物的美是生成性意义的表达，其内涵就是作为世界基础的审美价值。不仅不同的美表达了不同的重要性，而且所有的美都表达了一种共同的重要性，那就是宇宙整体的创造性的生命精神，即源于宇宙神性的生殖机能。由于表达，虫媒花招来了蜜蜂等昆虫传播（撒播）花粉，动物的美引起了异性积极追求的激情。由于身体作为自然界的一部分的生态联系，"人体是作为人的表达的基本领域的世界的那个部位"[3]。比如，由某种负面的价值引起的愤怒，会造成身体的异样激动，这种激动又以相应的语言以及其他激烈的行动表达出来。身体的表达作用根源于它与作为环境的外部世界互相包容的特殊关联。马克思说，自然界是人的无机的身体，中国古代哲学中更有万物一体之说。这些都意味着身体，包括人的身体，由于与外部世界的这种有机的密切联系，而成了对价值经验最直接、敏感而生动的表达方式。

生命体是宇宙创造精神的结晶，它把表达和感受敏感地结合起来，开创了世界创进生成的更高级的阶段和更加积极的形态。在这里，没有表达就不会引起感受，没有感受也失去了表达的意义。没有表达与感受的紧密结合，就没有

---

[1] 怀特海：《思维方式》，刘放桐译，商务印书馆，2010年，第22页。
[2] 怀特海：《思维方式》，刘放桐译，商务印书馆，2010年，第22页。
[3] 怀特海：《思维方式》，刘放桐译，商务印书馆，2010年，第28页。

生命活动中信息和价值交换的自反馈、自调节的机制。这样一来，生命也就没有了自我生成的活力。怀特海认为："转向表达正是感受的本性。因此这些不同感受的表达就导引出不同于动物行为的叙述的人类历史。历史是对人类所特有的感受的表达的记载。"①

对于人类来说，创造性在表达中具有突出的意义。"当我们涉及人类的时候，自然界似乎会突破它的诸界限中的另一界限。享受和表达的中枢活动会在它的各种不同的功能活动的重要性中假定一条相反的路线。从概念上采纳未实现的可能性变成了人类精神活动中的一个主要因素。使人极为惊异的新事物就这样导入了。"② 这就是说，比起动物来，人的表达会更加注意那些未实现的可能性，首先在意识中把它们作为概念性的包容，于是形成了对新颖性的相关意向。更加敏锐和自觉的创新，就这样体现在人的表达中了。

在这里，怀特海明确指出"人类的定义是：在动物的这一个种中，中枢活动是在他们与新事物发生关系时发展起来的"③。人类中枢的主导活动就是思维，创新是人类思维的本质特征。这个中枢对新颖性、新价值和新理想具有特殊的敏感。正是由于与新事物的特殊关联，人的中枢才发展起来，成为人的创造性本质的灵魂。思维的创新性在中枢活动与新事物创生的关系中发展起来，而表达的作用在这里首当其冲。

出现于人的思维中的新事物有两种情形：一是"得自身体的各种不同表达的聚集"；二是"从采纳未表现出来的可能性中导引出来的"。第二种情形"在其最高发展阶段上变成了对理想的采纳"。④ 作为理想，对模糊性的感觉尤应重视。"这种感觉表现于不同的属中，例如道德的感觉，宗教神秘的感觉，作为美的调节的微妙的感觉，作为相互联系的必要性的感觉，作为意识的每一个因素的区别的感觉。"⑤ 对新事物的表达就这样发生在人类生活的各个领域之中。

怀特海还论述了表达的方式的问题。表达的方式多种多样，对于人类来说，最重要的表达方式是语言。怀特海认为"语言有两种功能：与他人交谈和与自己交谈"⑥。他认为后一种功能往往被忽视了。关于语言与表达的关系，怀特海主要指出了以下几点：

---

① 怀特海：《思维方式》，刘放桐译，商务印书馆，2010 年，第 28 页。
② 怀特海：《思维方式》，刘放桐译，商务印书馆，2010 年，第 27 页。
③ 怀特海：《思维方式》，刘放桐译，商务印书馆，2010 年，第 27 页。
④ 怀特海：《思维方式》，刘放桐译，商务印书馆，2010 年，第 27 页。
⑤ 怀特海：《思维方式》，刘放桐译，商务印书馆，2010 年，第 27~28 页。
⑥ 怀特海：《思维方式》，刘放桐译，商务印书馆，2010 年，第 27~28 页。

第一，语言表达更具有效性。发声先于语言。由于发声时肺和咽喉都在起作用，将有机体存在模糊的内在感觉激发起来，"因此发声是有机体存在的深层经验的天然符号"①。发声负载着身体内在感觉的直接信息，因此作为"实在的感觉"对于符号的有效性至关重要。所以，口语表达相对于书面表达在传达信息的丰富性和直接性方面更加优越。

第二，语言对生命过程的深刻作用。语言存在于人的生命过程之中，它表达这个过程，也深刻作用于这个过程。怀特海说："语言是从一个人的过去到一个人的现在的表达。它是与过去的实在紧密相联的感觉在现在的再现。"②在语言的表达中，由于语言的作用被生命的过程赋予了清晰的记忆，这样，直接的、富有想象力的经验大大增加了，并且带有实现或可能实现的标记。这就大大有助于思维中创造因素的明确和推进。

第三，语言对于思维的重要意义。怀特海认为，如果没有语言，思维的维持、思维的从容恢复、思维的交织为更为复杂的东西、思维的交换，都要大大地受到限制。他说："人类文明是语言的结果，而语言又是向前发展的文明的产物。思维的自由是由于语言才得以可能，因为正是由于语言，我们完全摆脱了主观心情和客观条件的直接性的束缚。"③语言正是凭借其抽象表达的功能给思维带来了这些便利，使思维得以从很多因素的束缚中脱身出来，包括从经验的多义缠绕中脱身出来，才获得了自身的自由。

第四，语言的抽象性的利和弊。由于语言是用语词来概括地表达经验的，这无疑是一个对复杂模糊的经验的提纯，语言的表达就必然是对感觉经验的抽象。语言的抽象性深刻地影响着思维的过程和结果，怀特海对此极为重视。"语言的本质在于：它利用了经验中的这样一些因素，后者最易于抽象出来供人自觉接受，也最易于在经验中再现。……语言是表达的系统化。"④这就是说，一则语言对事实和经验的抽象，要直接影响到对重要性的表达；二则用语言表达的东西更为明确，更容易被人自觉接受；同时，语言的运用使表达系统化，这就更容易为人所理解和相信。因此，"在所有这些表达思维的方式中，语言无疑是最重要的"⑤。语言的发展所固有的抽象尽管有许多危险，但"文明的最后兴起还是由于这种抽象"。

---

① 怀特海：《思维方式》，刘放桐译，商务印书馆，2010年，第32页。
② 怀特海：《思维方式》，刘放桐译，商务印书馆，2010年，第33页。
③ 怀特海：《思维方式》，刘放桐译，商务印书馆，2010年，第35页。
④ 怀特海：《思维方式》，刘放桐译，商务印书馆，2010年，第34页。
⑤ 怀特海：《思维方式》，刘放桐译，商务印书馆，2010年，第34页。

（三）"理解"的特殊重要性和理解"理解"之难

作为"创造的冲动"的思维还有第三个基本概念，那就是"理解"。在这三个概念中，"理解"具有特殊的重要意义：没有对世界的正确理解，就不会有恰当的重要性知觉，也不会有恰当的表达。因此，怀特海说："我们探求的是理解理解。"① 这就是要对"理解"这种思维活动本身进行深入的理解。比如，为什么必须理解？理解有无可能？什么才是真正的理解？应当怎样进行理解？遵循什么思维路径去理解？等等。

对世界和事物的理解并不容易。因此怀特海一开始就告诫我们："整个说来，这是一项无法完成的任务。我们可以阐明理智的片断方面。但是，总是有一种理解不能为我们所领悟。其理由是：脱离被理解的事物的纯抽象的理智概念是一种神话。因为全面理解乃是完全掌握整个宇宙，我们是有限的存在，我们不可能有这种掌握。"②

这里包含了两层意思。第一，不存在抽象的"理解"。作为人类理智重要概念的"理解"，不是抽象的存在，而总是对具体的世界和事物的理解，这种理解也应当是具体的，否则就没有达到对事物和世界的理解。第二，事物和世界存在于宇宙之中，其性质受到宇宙整体的终极制约，它的有限性总是与无限性相关联，因此全面地理解必须完全地掌握整个宇宙，而我们只是有限的存在，不可能达到这种完全的掌握。这就是说，我们尽管可以不断深入全面地去理解宇宙的整体存在及其性质，但是绝对不可能完全掌握它。因此，无论我们的理解如何深入和全面，始终都摆不脱有限性的限制。在已经达到的理解背后，总是还有模糊的无限性在向我们招手，却又不让我们抓住它。"任何有限的东西的认识总是包含了对无限性的一种关联"③，说的就是这个意思。由于理解总是伴随着抽象，所以理解没有终点，这是理解自身的宿命。

文明的思想发展必需专门化分工，而这就是把整体的存在加以分解割裂的抽象化。这样的抽象在促进学术发展的同时，也发生了最为不幸的影响，那就是把人们理解宽度变窄了。"它未能产生对于各种各样的兴趣、各种各样的潜在的东西都有敏锐的认识的学者。它在应当力求理解的地方却做了批判和推翻的工作。"④ 这就是说，专门化的研究得出的成果，本来只具有某种片面的相

---

① 怀特海：《思维方式》，刘放桐译，商务印书馆，2010年，第41页。
② 怀特海：《思维方式》，刘放桐译，商务印书馆，2010年，第41页。
③ 怀特海：《思维方式》，刘放桐译，商务印书馆，2010年，第43页。
④ 怀特海：《思维方式》，刘放桐译，商务印书馆，2010年，第43页。

对的真理性，但是，由于理解宽度的限制，这些片面的真理被夸大为全体，特殊性的东西被认定为普遍性的东西。这就犹如盲人摸象，用局部代替了整体，甚至各执一隅之见而欲拟万端之变。其尤甚者则把从其他不同视域和角度得到的见解一律斥为异端谬见，而不愿意加以理解，更不愿去理解自己观点的有限性和有效性。这说明，抽象既是理解的利器，也可能是理解的魔障。但是，这绝不意味着理解就完全不可能，并因此堕入不可知论。正确的理解必须恰当运用抽象，深刻认识和处理抽象与具体的关系，随时警惕和尽可能避免抽象所带来的危险。

因此，"我们必须进一步努力来求理解……如果文明需要存在下去，那扩大理解是头等重要的事情"[1]。所谓"扩大理解"，首先就是扩大理解的范围，从而更全面、更深入、更具体地认识事物和世界。怀特海认为哲学是对支配特殊思维方式的抽象的批判，扩大理解就是对抽象的建设性批判。苏轼诗云"不识庐山真面目，只缘身在此山中"，恩格斯和海德格尔警告人们不要只见树木不见森林，说的都是这个道理。

理解的困难在于，对"理解"本身要有正确的理解，那么首要问题就是要懂得究竟什么是"理解"？

第一，理解就是认识和把握事物的联系性。存在的联系性所涉及的是理解的本质，理解就是对这种联系性的尽可能充分的认知和把握。有机宇宙论的相对性原理认为，不存在与别的事物没有关联的孤立自在的事物，而且"任何有限的东西的认识总是包含了对无限性的一种关联"。所谓理解，就是去认识和把握这些关联。由于关联总是结构性的，所以怀特海说"理解总是包含了结构概念"[2]。对于结构，有"内在的理解"和"外在的理解"，两者不可偏废，而应结合起来。

第二，理解就是认识和把握事物的过程性。在关联中理解事物，必须有"过程"的观念。存在就是过程，因此"我们把宇宙的过程纳入到了理解概念中。……只要与过程的关系未弄清楚，任何事物最后都未被理解"[3]。世界自我生成的过程，就是一个自我创造和超越的过程。世界的创造性本质就存在和体现在这个包容性的过程之中。正是这个自我创造过程中的关联，造就了事物的价值，事物也才因此有了它的重要性。离开这个过程和过程的价值生成内涵，就根本不能对重要性有任何真正的理解。

---

[1] 怀特海：《思维方式》，刘放桐译，商务印书馆，2010年，第43~44页。
[2] 怀特海：《思维方式》，刘放桐译，商务印书馆，2010年，第44页。
[3] 怀特海：《思维方式》，刘放桐译，商务印书馆，2010年，第44页。

第三，理解的完成就是达到自明性。对于理解的完成，怀特海提出了"自明性"和"渗透感"两个概念。怀特海说："自明性实际上就是理解。"① 所谓"自明性"指的是事物的种种关联和性质在理解中豁然敞亮。为了理解，证明是必要的。但是，证明只是达到自明性的手段和途径。证明低于自明，只有通过证明达到自明才算达到了理解。"证明以抽象性为基础"，往往会遮蔽事物的具体真实，也就遮蔽了自明性。怀特海以哲学类似于诗为依据总结道："理解主要不是以推理为基础。理解是自明的。"②

第四，理解必须正确对待明晰性和模糊性的关系。由于理解自身的宿命，就应当在明晰性之后看到模糊性，认识到明晰的东西只是模糊的东西中的一部分，是对那个模糊的整体的特定的抽象。怀特海说："没有理由认为混乱不及秩序那么重要。"③ 因为秩序只是混乱中明晰的部分，它在深层次上受到混乱的背景的制约和影响。宇宙的存在有两个方面，一是同一性，二是杂多性。而宇宙是这两个方面的结合。其中，"将多加总为一以及重要性从一到多的导引，就包含了关于无秩序、冲突、破坏的概念"④。显然，这个合"多"为"一"自我创生的过程非常复杂，有许多并不明晰的因素在隐约中发挥作用。要对这一切达到完全的理解是不可能的。怀特海一再强调这一点，他告诫说："我们绝不可能完全理解，但我们可以增加我们的渗透力。"⑤ 即不断加深和扩展我们的理解，从深度和广度上对事物的本真进行渗透，使其自明性得以增强。在已经达到的理解前面，总还存在着未知的东西。坦然面对这个模糊的世界，乃是对已经达到的理解的可靠性的一种理智的保护，并且为理智的创造性进取保存了空间。对模糊世界的承认，也是自明性的应有之义。

第五，理解的上进有两种类型，重要的是引进新模式的上进。随着理解的推进和深入，会产生上进感和渗透感。有两种类型的上进：一种是运用既定模式的上进，另一种是引入新模式的上进。前者在原有模式中进行细节上的调节，这种"从黎明时的清新气氛中开始的上进，沉落成了协调的雕虫小技的枯燥积累"⑥。这种上进是将细节集合成为既定的模式。怀特海认为这是愚蠢至极的有独断论倾向的人的平平稳稳的上进。后面这种方式对结构本身进行调整和改变，为新因素和新关系的进入提供更多的可能从而有更多创新的意义。这

---

① 怀特海：《思维方式》，刘放桐译，商务印书馆，2010年，第46页。
② 怀特海：《思维方式》，刘放桐译，商务印书馆，2010年，第48页。
③ 怀特海：《思维方式》，刘放桐译，商务印书馆，2010年，第48页。
④ 怀特海：《思维方式》，刘放桐译，商务印书馆，2010年，第49页。
⑤ 怀特海：《思维方式》，刘放桐译，商务印书馆，2010年，第49页。
⑥ 怀特海：《思维方式》，刘放桐译，商务印书馆，2010年，第55页。

样的上进被怀特海称为"关于伟大的未知世界（beyond）的一种新见解"①。在怀特海看来，在这两种上进方式即联系模式中，前者是封闭的，会导致独断论，而后者是开放的，可以产生新知。因此，他更看重的是后者。他说："思想史是充满活力的发现和无声无息的封闭的悲剧性的混合物。"② 从怀特海对理解的两种推进方式的论述可以看出，他强调的是理解中活跃的开放性，而反对僵化的封闭性。在过程中理解，是向过程中的联系开放，包括向未来开放；在环境中理解，是向与环境的外在关联开放；而对结构模式本身进行创新性调节，这是向关联的多样性和变异性开放，向更多更好的关系结构的可能性开放，也向未来和理想开放。

（四）思维推进的逻辑方式和审美方式

怀特海着重论述了思维进程中概念性经验协调的两种方式，即逻辑的方式与审美的方式。

概念性经验之间的协调首先遇到的是彼此之间是否相容的问题。明晰的世界之所以明晰，是因为它是有序的存在。理解遵循秩序推进，就有了逻辑的方式。在逻辑的方式中，关联、结构和过程以及模式化概念都具有极为重要的逻辑功能。在过程和结构中，形式逻辑所坚执的不相容性就不存在，那些被形式逻辑认为不相容性的东西在过程和结构中会相互关联。就过程来说，"由于过程，宇宙摆脱了有限者的局限性。过程是有限之中的无限的内蕴。由于它，一切界限都打破了，一切不相容性都消融了"③。

任何事物都与一定的环境相互关联、相互作用，事物的性质和功能总受到环境的深刻影响。如前所述，如果说结构指的是事物的内在关联，那么环境则指的是其外在关联。理解往往把对象从环境中抽象出来，忽略了环境因素对事物性质的影响，这样的理解必然走向误区。正如怀特海所说："环境的定义正好就是特殊的抽象所省略的东西。"④ 这就是说，这种抽象仅仅把环境看作事物所处的一种无关联性的空间。"有限的科学的清晰性和其外的黑暗的宇宙之间这种决然分裂本身就是一种撇开了具体事实的抽象。"⑤ 面对模糊的世界及其与明晰世界的深邃关联，理解的推进就以审美的方式推进。英国浪漫主义诗人们对自然界的诗性理解就是这种方式的范例。

---

① 怀特海：《思维方式》，刘放桐译，商务印书馆，2010年，第55页。
② 怀特海：《思维方式》，刘放桐译，商务印书馆，2010年，第56页。
③ 怀特海：《思维方式》，刘放桐译，商务印书馆，2010年，第52页。
④ 怀特海：《思维方式》，刘放桐译，商务印书馆，2010年，第53页。
⑤ 怀特海：《思维方式》，刘放桐译，商务印书馆，2010年，第53页。

第四章　终极的良知

怀特海通过如何解决不相容性的问题来揭示两种方式的区别。"相容性是随着从具体到抽象的增加而增加的。"① 他用一幅画为例来说明这个道理。一幅图画上的颜色形成了几何学的构图，如果仅仅考虑其中抽象的几何关系，那么红点可以改成其他颜色，而并不影响这种几何学的抽象，不同的色点显示的是同样的几何关系。但是，倘若更为具体地审视这幅图，把它从整体上看成一幅画，不同的颜色产生的效果会大不一样，对颜色的改变也许会破坏一幅杰作。对于这幅画的效果而言，不同的颜色就不能相容了。对此，怀特海这样解释："如果斑点是深红色，那它不可能同时是浅蓝色。这两个概念之不相容是由于红和蓝是两种绝然不同的颜色。在美的享受上也有不同。蓝色也许是作为一幅杰作的图中的一个因素，从而在同样的几何位置上以红代替会破坏整个审美价值。另一方面，如果人们感兴趣的是几何关系，那红和蓝都同样可以标出这个范围。"② 显然，这里的关键是理解如何对具体进行抽象——越是具体的理解，统一性要求的范围越高，相容性就越低。相反，随着对具体的抽象越多，统一性要求的范围越小，相容性也就随之增加。因此相容性是随着从具体到抽象的增加而增加的——越是抽象，相容性也就越大。

从这个例子可以看到存在两种理解的走向：一是从"多"到"一"，即从多样因素到统一整体；一是从"一"到"多"，即从统一整体到多样因素。怀特海说这就是不相容性的两种类型：逻辑的类型和审美的类型。逻辑的类型倾向于分析，对具体加以抽象，而审美的类型则是从具体整体出发，更重视对象多样统一的本性，也就更突出了不相容性。逻辑类型关注的是"一"中之"多"的内在关联，即"多"如何构成整体的"一"，而审美类型则关注的是"一"的整体特性和"多"对"一"的反应。

怀特海说："逻辑类型以不同事物之间的区分为基础，而不同事物被看作是构图中的不可兼得因素。"③ 在这里，不同事物被抽象地理解，其确定的逻辑定位使之互不相容。而审美的类型是从整体出发，不同事物在这个整体中的关联是自明的，从而保证了内在的相容性，同时也是与别的事物的不相容性。正是这种不相容性使事物的个体性得到维护，而不至于在抽象中失落。显然，审美类型对于理解的意义就在于它更能从整体的具体性去关注和维护事物独特的个体性。

怀特海很重视两种理解方式的区别。他指出："我觉得，美学和逻辑学之

---

① 怀特海：《思维方式》，刘放桐译，商务印书馆，2010年，第56页。
② 怀特海：《思维方式》，刘放桐译，商务印书馆，2010年，第56~57页。
③ 怀特海：《思维方式》，刘放桐译，商务印书馆，2010年，第57页

间的类比是一个尚未充分展开的哲学论题。"[1] 因此需要深入地加以探究。他说:"首先,它们都涉及一个结构的享受,而后者得自结构的诸因素的相互联系。存在着一个整体,它是由许多细节的相互作用产生的。"[2] 这里说"它们都涉及一个结构的享受",意思是两种方式都享受了结构的作用,因为通过结构才能达到具体。但是,逻辑的方式是从诸因素的结构达到整体的,这个整体是由结构联系起来的诸因素构成的,而审美的方式则是直接感悟整体并从整体去认识各构成因素。前者着眼于"多"如何构成"一",后者则关注"多"如何反应"一"。

很清楚,"逻辑和美学的不同在于它们所包含的抽象的程度不同。逻辑注重的是高度的抽象,而美学则根据有限的理解的必要条件的允许而与具体的东西保持接触。因此,逻辑和美学是有限的精神部分地渗透到无限者中这个难题的两极"[3]。逻辑从明晰的现实细节出发,审美从模糊幽渺的整体出发,这就是所谓两极。怀特海说得很明确:"逻辑理解的特有态度是从细节开始而及于所达到的结构。逻辑的享受是由多到一。"[4] 即从部分到整体,主要着眼于"多"的内在结构是否合理统一。在这里是部分先于并决定整体,由部分之间的结构去理解其所达成的整体。而"美的享受的迁移方向相反。我们为建筑物的美、画的动人、为文学的优美协调而倾服。整体先于细节"[5]。对美的观照和顿悟就是审美的理解方式,它是从整体的美出发去理解各个细节,考察细节对于整体所发生的作用。"在美学中,存在一种显示出其结构部分的整体。"[6]

怀特海以艺术为例来说明审美理解方式的进路。他说:"任何一种艺术形式的最伟大的范本都达到了一种不可思议的平衡。整体展现出它的结构部分,每一部分都有自己的提高了的价值。部分构成整体,整体在这部分之外,但并不损害它们。"[7] 这里说的每一部分"提高了的价值",就是由整体赋予的部分原本没有的整体质。审美的方式从整体入手,有助于理解部分从整体获得的价值,从而使理解更为真切。从这个比较可以看出,逻辑的方式所呈现的只是多个抽象之间关系的骨架,而审美的方式却因为整体的呈现而成为消融了抽象的有机统一。前者直接看到的是多,其思维进路是弄清"多"中各因素的相互关

---

[1] 怀特海:《思维方式》,刘放桐译,商务印书馆,2010年,第57页。
[2] 怀特海:《思维方式》,刘放桐译,商务印书馆,2010年,第57~58页。
[3] 怀特海:《思维方式》,刘放桐译,商务印书馆,2010年,第58页。
[4] 怀特海:《思维方式》,刘放桐译,商务印书馆,2010年,第58页。
[5] 怀特海:《思维方式》,刘放桐译,商务印书馆,2010年,第58页。
[6] 怀特海:《思维方式》,刘放桐译,商务印书馆,2010年,第59页。
[7] 怀特海:《思维方式》,刘放桐译,商务印书馆,2010年,第59页。

联；后者直接面对的是整体的"一"，其思维进路是领悟整体对各部分的价值影响及其原因。

审美的方式从审美经验去理解，而"审美经验有更大的具体性，因此它的论题比逻辑经验要广"①。这是因为它是从整体出发去审视和理解细节，这就比从细节出发的逻辑经验多包含了细节和结构的整体性的视野。先有了由整体所引起的审美经验，然后由此去理解各个细节和它们的结构。由于审美经验是完成了的合生成果，是世界自我生成的目的的成功实现，所以怀特海说："的确，如果美学论题得到了充分的探讨，那是否还有什么东西需要讨论就是可疑的了。"② 这就是说，只要"原天地之美"就可以"达万物之理"了。

世界是生成中的过程，对事物的理解不能局限于眼前的既成事实，还应该有过程的眼光，看到事物自我超越的生成趋向。怀特海接着指出："逻辑和美学都关注封闭的事实。我们的生活则是在关于发现的经验中度过的。一当我们失去了这种发现感，我们就会失去心灵所是的那种活动方式。我们就会沉落到仅仅与过去的平均值相符合。完全的符合意味着生命的丧失。剩下的是荒芜的无机界的存在。"③ 对于理解来说，无论是审美的还是逻辑的方式，在关注封闭的事实的同时，都还应该关注开放的关联——内在的关联与外在的关联，与过去的关联和与未来的关联。只有这样始终面向模糊世界和未来理想的理解，才以其创造性真正体现了宇宙的生命本质。所谓心灵，就是具有这样的价值关怀和创造欲望的意识活动。没有这样的心灵，生命当然就丧失了应有的创生本质。

第二节 把世界作为"活动"过程来理解

（一）深入理解"活动"的关系内涵和基本性质

究竟应该怎样理解我们生存其中的世界呢？怀特海认为，首先应该把世界作为"活动"来理解。

这里说的"活动"与"创造的冲动"相关，实际讲的就是创造性的活动。创造性的思维方式首先就是要把世界和事物作为创造性的活动过程来理解。可以说，这就是理解"理解"的具体化和深化，把前面所强调的"结构""过程"和"环境"三个概念放到活动中来认识，从这三个方面去理解活动的性质和

---

① 怀特海：《思维方式》，刘放桐译，商务印书馆，2010年，第59页。
② 怀特海：《思维方式》，刘放桐译，商务印书馆，2010年，第59页。
③ 怀特海：《思维方式》，刘放桐译，商务印书馆，2010年，第59页。

内涵。

怀特海在辨析和批评"无生命的自然界"的观念后说:"这一讲所讨论的只能算是回答下面根本性问题的尝试的序言,这个问题是:我们对纯粹活动概念补充了什么内容?是为了什么、产生什么的活动?是涉及什么的活动?"① 他明确指出对"活动"的理解是一个"根本性问题",说明其极端重要性。他指出,所谓"活动"绝不是"纯粹活动"概念那样抽象的东西,而是蕴含了丰富而重要的内容。这个活动有它的目的(为什么)和所要达到的结果(产生什么),进一步,这个活动还是在多元多层次的关联中进行的(怎么样)。在最深层级的关联中,它还微妙地涉及宇宙整体自我创造的生成机能及其文明进程。

"活动"概念有着极为丰富而深刻的内涵。怀特海特别敬重的哲学家威廉·詹姆士在论及活动与经验时说:"凡是在我们找到任何事物正在进行的地方,我们就禁不住要对于活动加以肯定。对某个正在进行的事物的任何理解,在最广泛的意义上,就是活动的一种经验。……在最广泛和最含糊的情况下,活动感和'生活'感是同义的。"② 这就是说,所谓"活动"不是一般的运动,而是活的运动,一种与他者和环境相互关联的运动,一种具有生成性和生殖意义的运动。詹姆士还谈到"活动"的主体性质。他说:"在我们的这个现实世界里,正如我们已知的世界,这种活动至少有一部分是按确定方向而来;它和欲望和目标感一道而来;它压倒抗拒的力量或者屈从于这些力量,而且抗拒的感觉又常常激起分外的努力,这就使得活动来得复杂了;因而在诸如此类的复杂经验里就出现了明晰的动因的观念以及与主动性相反的被动性的观念。这里还出现有原因的效力这种观念。"③ 他还说:"真实的活动是这个事实的'做'(doing)"……每一个活动经验只是广大世界的一部分,是构成历史的诸多过程的硕大锁链的一环。"④

怀特海把"活动"解释为"自生"(self-production)。他说:"活动一语是自生的别名。"⑤ 自生即自我生成,这就是"活动"的意思。怀特海说自己所采用的世界观就是"功能活动观"。他解释道:"我这样说的意思是,每一实际事物,都是由于它的活动而成为某物的;通过活动,它的天性表现在它与其他

---

① 怀特海:《思维方式》,刘放桐译,商务印书馆,2010 年,第 135 页。
② 詹姆士:《多元的宇宙》,吴棠译,商务印书馆,1999 年,第 211 页。
③ 詹姆士:《多元的宇宙》,吴棠译,商务印书馆,1999 年,第 212 页。
④ 詹姆士:《多元的宇宙》,吴棠译,商务印书馆,1999 年,第 217~218 页。
⑤ 怀特海:《宗教的形成·符号的意义及效果》,周邦宪译,译林出版社,2014 年,第 92 页。

事物的关联性中，它的个性则表现在它与其他相关事物的合成之中。"① 与其他事物的关联性，就是与其他事物的交互作用。说活动是自生，这就把前面说到的意思都包括了。相互关联和相互作用，与环境相关的整体性、主体性、自生性即创造性和超越性，这些就是活动的基本性质。由于这一切，活动才可能是自生。

为了深入理解"活动"的具体内涵，怀特海首先提出了"视域"的问题。他认为"活动"与"视域"直接相关。在思维中，是把对象理解为静态的孤立事实，还是理解为存在多种关联的活动，这直接决定于理解者的视域。因此，对于理解，"视域"概念非常重要。

（二）从宇宙视域理解世界和事物的"活动"性质

在思维中，视域即思维所达到的时空域限，直接关系到对事物和世界的理解。怀特海强调的是"宇宙的视域"。

任何事物都存在于与其他事物的关联之中，因此总与它所在的环境密切相关。但是，在怀特海看来，在纪元开始前后的12个世纪中人类文明虽然取得了光辉成就，却产生了一个不幸的结果，那就是都"暗示了一切撇开环境的完全抽象是可能的"②。这样，就容易使人们认为可以把哲学问题看作对于事物的相互联系的理解，而每一种事物离开任何其他事物的关系仍然是可以理解的。这种倾向在实体中心的思维方式中表现得最为突出。怀特海明确指出："这个预先作出的假定是错误的。我们将其撇开，并认定每一个实有，不管属于何种类型，在本质上都包含了它自身与宇宙的其他事物的联系。我们可以把这种联系看作是从这个实有看的宇宙，不管它是处于完成中还是处于潜在中。我们可以把这种联系称为这个实有的宇宙的视域。"③ 这个与一切事物都联系着的宇宙就是认识和理解任何事物都应持有的终极的视域，它囊括万物，无物不在其中，无物不与之关联，无物不受其影响，它是赋予万物以价值的终极存在。世界和事物的活动，无不是在宇宙的复杂构成和联系中展开的。

这里说的"每一个实有，不管属于何种类型"，指的是潜在的类型如永恒客体和现实的类型即现实实有及各种结合体乃至全部现实世界。它们相互关联，共同构成了宇宙，并都存在于宇宙之中，又受着宇宙整体的"卵翼抚育"。

---

① 怀特海:《宗教的形成·符号的意义及效果》，周邦宪译，译林出版社，2014年，第102~103页。
② 怀特海:《思维方式》，刘放桐译，商务印书馆，2010年，第64页。
③ 怀特海:《思维方式》，刘放桐译，商务印书馆，2010年，第64页。

在这个无限多维的宇宙之网中，具体事物作为网上的节点总是与整个宇宙相关联。因此，通过这些关联就可从实有看到宇宙，犹如通过一滴水、一粒沙就可看见大千世界。但是，并不是任何人对实有都具有宇宙的视域。由于各种原因，把事物从视域中抽象出来，孤立起来，成了日常思维的习惯，即使注意到环境，即使有较为开放阔远的视域，也未必达到了宇宙的广度。

视域不是空洞的抽象，而是由关联形成的，不同广度和结构的关联形成不同的视域。"宇宙的视域"这个概念，揭示了这种联系的终极性质，它包含了现实的联系和潜在的联系。怀特海说："任何一种质的抽象（例如一个数字、一种颜色）的每一种视域都包含了数量无定的不同的潜在事物。"[①] 数字三，或者蓝色，就与宇宙中无数的事物发生着潜在的联系，现实世界根本不存在孤立的三和孤立的蓝色。"另一方面，事实性情境的视域都必然要消除包含在与这一现有情境中的事实的实现相关的其他事实，还要减少未来的其他事实，因为这种情境作为其当代世界的一个成分，是制约其自身以外的未来的因素之一。"[②] "事实性情境的视域"，就是与确定的事实相关联的情境所展示的视域，每一事实性情境都有自己的视域。这种视域一经形成，就可能对实际存在于这个情境中的事物的某些联系有所遮蔽和忽视，因而也会遮蔽和忽视那些未来的因素。这就是人们常说的"已知屏蔽未知"的现象。这种遮蔽，是现实情境视域自身的封闭性的表现——既定视域敞亮了，却造成该视域以外的黑暗，从而使意识和理解处于昏昧之中。

说到"宇宙的视域"，怀特海警告说存在着一种危险，那就是把一定实践所涉及的宇宙的视域当作普遍使用的有效概念，不加批判地加以应用，而完全忽略不同实践中的视域存在着某种差异。这就是说，宇宙视域尽管具有终极性质，但是通过不同实践和事物所看到的宇宙视域还是有差异的，因为各个事物在同一宇宙中所发生的联系不可能完全一样。

怀特海为什么要强调宇宙的视域呢？怀特海说："我们需要哲学去解释各种秩序的产生，解释从一种秩序到另一种秩序的转化，解释表现在我们的经验中为自明的东西的宇宙中善恶的混杂。这样一个宇宙就是重要性的所在。凝固的、无运动的宇宙顶多只能加上'是这样'这个空洞的评语而作为纯知识的对象。"[③] 这里说"这样一个宇宙就是重要性的所在"，就是说任何重要性的感觉都与宇宙的创生本质有关。离开这个根本，任何重要性都可能是虚幻的、靠不

[①] 怀特海：《思维方式》，刘放桐译，商务印书馆，2010年，第64页。
[②] 怀特海：《思维方式》，刘放桐译，商务印书馆，2010年，第64页。
[③] 怀特海：《思维方式》，刘放桐译，商务印书馆，2010年，第76页。

住的。视域的扩展以至自觉地树立起宇宙视域的观念，对于深入理解事物的真实极为重要。对此，怀特海主要提到了以下几个方面：

——"我们需要理解不变的形式的单纯存在怎样需要它本身投入变化的历史世界的创造之中，存在着一种创造的形式。"① 这个"变化的历史的创造"作为世界自我生成的过程，是在宇宙视域中才能从根本上理解的。任何形式，作为活动的形式和创造的形式，都只有在宇宙自我生成的过程即"变化的历史的创造"中，才能显示出活动和创造的性质来。单纯的形式没有与这个过程的关联，也就不具有这种活动和创造的性质。

——"我们要理解宇宙的统一性怎样需要宇宙的杂多性。"② 杂多性即由差异性造成的多样性，它本来就是有机哲学的八个存在范畴之一。宇宙的统一性即宇宙的整体，作为终极的"一"本来就不是抽象的存在，而是由宇宙视域中所有的"多"在相互关联中形成的。没有宇宙的杂多性作为基础和前提，就没有宇宙的统一性内在的创生活力。宇宙的统一性不仅是杂多性的统一，而且是由构成统一的杂多在交互作用中生成特殊的创生机能。

——"我们需要理解无限性怎样需要有限的东西。"③ 无限性依存于宇宙的整体，它不可能抽象地存在，而只能存在于宇宙自我生成的无限过程之中，这个过程是由无数相互连续的有限的东西构成的。没有有限的东西，就没有这个世界，没有这个宇宙，当然也就没有宇宙的无限性。这跟宇宙的统一性需要宇宙的杂多性是同样的道理。

——"我们需要理解每一直接当下的存在怎样需要它的过去的存在、先于它本身的存在，也要求作为它本身之中的一个极其重要的因素的未来。"④ 从宇宙的视域看世界的自我生成，存在就是过程。过程是过去、现在和未来的连续和相互转化、演变。没有过去就没有现在，要理解现在就必须理解过去。而现在作为"主体-超体"性质的存在，又总是在自我超越中趋向于未来。只有在宇宙的视域中，过去、现在和未来的这种过程性联系才能充分而生动地展示出来，从而事物的性质在这个过程之中得到更加深刻的理解。

——"我们需要理解为何不允许从单纯实事中撇开其与处于其自身实现的现实性之外的潜在之物的关联。"⑤ 现实性是实现了的潜在性，因而往往是已经被经验到的实事。但是，从宇宙的视域看，现实世界总是存在于与潜在世界

---

① 怀特海：《思维方式》，刘放桐译，商务印书馆，2010年，第78~79页。
② 怀特海：《思维方式》，刘放桐译，商务印书馆，2010年，第108页。
③ 怀特海：《思维方式》，刘放桐译，商务印书馆，2010年，第79页。
④ 怀特海：《思维方式》，刘放桐译，商务印书馆，2010年，第79页。
⑤ 怀特海：《思维方式》，刘放桐译，商务印书馆，2010年，第79页。

的联系之中的，任何现实实有都是潜在的永恒客体合生而成的，因此，都与潜在实有之间有着多样的联系。正是这种联系，为事物的自我超越和演化提供了各种可能，也才从根本上使创造性本质有实现的可能。现实的事物绝不只是单纯的现实存在，在其自身的现实性之外，还与潜在之物有所关联。意识到这些潜在之物的存在，重视这些模糊的关联，使对事物的理解保持开放的势态，才能避免把既有认识当作绝对的理解而阻断深入认识事物的进路。正是宇宙的视域，把事物与潜在领域的深邃关联置于理解面前予以重视。

怀特海的结论是："如果没有视域，一切都会变得琐碎。"[①] 之所以琐碎，就因为失去了整体的关联，而宇宙的视域才是认识和把握这种整体关联的保证。视域就这样决定了对事物的认识。怀特海说："哲学的源泉以人类经验中所揭示的世界为限。"[②] 这个在经验中呈现出来的世界，就是视域的域限，它限制哲学对世界的理解。这说明视域对理解的制约作用是根本性的。这就是怀特海强调宇宙视域的原因。

怀特海指出，在人的意识中存在着两种对于宇宙视域的经验：感官的经验和身体的经验。认识这两种经验的关系对于"理解"极为重要。

人类对世界的较为直接的经验可分为两类。一类是"由质的经验的感觉构成……人体和直接经验的行为系统是密切捆绑在一起的"[③]。这是"身体的感受"。"这种经验的特征是复杂性、模糊性和强烈性。"[④] 这是作为"原始经验"的身体经验。第二类是"感性知觉"的经验，或称"感官经验"，即高等动物才有的由感官获得的经验。这种感官经验的基本特征是清晰、明白和无偏（indifference），而没有身体经验所具有的亲密性、强烈性和模糊性。[⑤] 由于这些特征，身体经验就常常遭到漠视和忽略。

由这两种类型的经验，就有了宇宙视域和自然界之间的区别。怀特海说："通过仅仅关注感性知觉的这些形式来解释世界，我称之为'自然界'。"[⑥] 这就是我们通常所持有和面对的视域。宇宙视域存在于这个自然界的背后并包含了自然界。人们常常只看到了自然界而忘了宇宙，或者把自然界当作宇宙。

怀特海指出："感性知觉是肉体性经验中的抽象的成就。"[⑦] 这是说，这种

[①] 怀特海：《思维方式》，刘放桐译，商务印书馆，2010年，第79页。
[②] 怀特海：《思维方式》，刘放桐译，商务印书馆，2010年，第68页。
[③] 怀特海：《思维方式》，刘放桐译，商务印书馆，2010年，第68~69页。
[④] 怀特海：《思维方式》，刘放桐译，商务印书馆，2010年，第69页。
[⑤] 怀特海：《思维方式》，刘放桐译，商务印书馆，2010年，第69~70页。
[⑥] 怀特海：《思维方式》，刘放桐译，商务印书馆，2010年，第70页。
[⑦] 怀特海：《思维方式》，刘放桐译，商务印书馆，2010年，第70页。

经验源于不同感官对肉体经验的抽象，眼睛只看到一定波长的光和色，耳朵只听到一定频率的声音，鼻子只闻到能感知的气味，等等。"这些抽象是由于对选择性关注的增加而产生的。"① 不同的感官各司其职，必然对对象的信息有所选择，在关注其某一方面的同时必然会漏掉其他的方面。比如，我们的耳朵就听不见超声波，眼睛看不到红外线和紫外线，等等。怀特海说这种诉诸感官的经验"给了人类生活三件礼物，即：一种对精确性的接近，一种对于各种外部活动性质上的区分的感觉，一种对本质联系的忽略"②。他说经验的这三种特征"共同构成了意识的核心，在人类经验中就是这样"③。前两种礼物都好理解，唯有第三种礼物即"对本质联系的忽略"初看起来似乎有点匪夷所思。其实这个忽略非常重要。感官经验往往并不注意事物的本质联系，即决定事物存在的那些基本的以及普遍的联系，而注意的是这些本质联系基础上的外部性质上的个体差异和独特特征，乃至一些细枝末节。这样一来，事物的差异性、独特性凸显出来，就有了发现新颖性的可能。如果经验只关注本质性的联系，就不可能通过关注独特性和差异性而发现新颖性。发现了新异处才可能创造新颖性。

感官经验一经产生，就深刻地影响和制约着人类经验的发展。人们把注意力集中在这类经验上，而撇开与这种经验方式无关的意识，以致对身体经验报以忽视甚至鄙视的态度。这样一来，那些更加深刻而幽微的关联就被屏蔽了。"整个科学就是建立在被忽视的关联方式的基础上的。"④ 科学研究越来越专门化，越来越依赖感官经验，视域就越来越狭隘，在抽象的道路上也就走得越来越远。怀特海说："由于一切事物都是相联系的，任何忽视了某些事物的体系都必然受到这些局限性的损害。"⑤ 说到底，两种经验存在着视域上的区别：感官经验的视域被限制在感官随机的范围之内，而身体经验的视域则是潜在的宇宙整体。这个视域上的区别必然影响两种经验对事物和世界的理解。

视域与经验的关系，造成经验中的三组对立：清晰与模糊的对立、秩序与无秩序的对立、善与恶的对立。怀特海指出，这三组对立是我们经验的基本特征。

视域的存在和扩展，以及对身体经验的重视，必然带来一些模糊的经验。重视模糊经验，对于理解事物性质，特别是理解世界的创造性本质非常重要。

---

① 怀特海：《思维方式》，刘放桐译，商务印书馆，2010年，第70页。
② 怀特海：《思维方式》，刘放桐译，商务印书馆，2010年，第70页。
③ 怀特海：《思维方式》，刘放桐译，商务印书馆，2010年，第70页。
④ 怀特海：《思维方式》，刘放桐译，商务印书馆，2010年，第71页。
⑤ 怀特海：《思维方式》，刘放桐译，商务印书馆，2010年，第71页。

怀特海说："人类知识的研究应当从考察可以在人类经验的转化中识别出来的模糊的变异开始。"① 模糊的经验是刚刚进入认知领域的未知世界。对世界的理解，是通过对模糊领域的探究而向未知世界推进、扩展和深入的。宇宙视域之所以重要，就因为相对于比较清晰的自然界，宇宙的存在及其与人的关系还是一个模糊的世界。怀特海从科学的发展中举出不少例子来证明，仅仅强调清楚经验到的事物的特殊方面这种做法，推进了科学却阻碍了哲学。他说："封闭的体系就是活的理解的死亡。"② 在怀特海看来，正是这个模糊的世界在幽暗处决定着人的生成和未来命运。

在宇宙的视域中，既存在着秩序，也存在着无秩序的状况，这就是有序与无序即混沌并存。两者结合并且互动才成为世界。在此两者之中，秩序固然重要，无序的混沌也很重要。秩序是从无序中产生的，并且受到无序的深刻影响。两者的互动会造成许多机缘和跃迁的可能，为必然性补充生动丰富的偶然性。在无序的混沌中深藏着世界自我生成的幽微的潜能。怀特海说："对于促进新事物来说，将经验中的模糊的和无秩序的因素结合起来的力量是特别重要的。对于宇宙的理解以这种促进的内涵为根基。离开它万物就没有意义，就会失去变化。"③

如前所述，模糊和无秩序属于身体经验，而清晰和秩序则属于感性知觉的经验。那么这是否就意味着后者对应于善，而前者就对应于恶呢？怀特海说："在秩序和善之间存在着一种自然而然的亲近关系。"④ 他举例道："考察一下人类清晰的经验从其混乱的动物性满足的基础上的发展，就会发觉数学理解是深入认识善的本性的首要例证。"⑤ 数学是对世界存在的数量和结构秩序的系统化抽象，它把这些秩序明晰地表达出来。正是这种特性使它能与善相亲近。因为正是这些秩序，特别是结构模式，是现实世界中对事物的生成和享受的重要因素，从量子到电子、原子、分子乃至有机生命体，都享受着这种秩序，而人不仅享有，还要对之加以研究和理解。怀特海说："作为人，需要研究结构；作为动物，仅仅需要享有结构。……人类能够看到事实之内的形式的功能，以及从这种相互作用中产生的价值。"⑥ 这就是说，人能认识到数学所揭示的包括结构在内的秩序的善。他后来专门写了《数学与善》这篇重要的价值论著述

---

① 怀特海：《思维方式》，刘放桐译，商务印书馆，2010年，第71页。
② 怀特海：《思维方式》，刘放桐译，商务印书馆，2010年，第78页。
③ 怀特海：《思维方式》，刘放桐译，商务印书馆，2010年，第75页。
④ 怀特海：《思维方式》，刘放桐译，商务印书馆，2010年，第72页。
⑤ 怀特海：《思维方式》，刘放桐译，商务印书馆，2010年，第72页。
⑥ 怀特海：《思维方式》，刘放桐译，商务印书馆，2010年，第73页。

来阐述这个问题。

但是,事情并不如此简单。明晰的和有秩序的经验对事物的规定毕竟有限。它们不同程度的抽象,在明确肯定事物的某些性质的同时,也就排除了其他未曾明晰的性质。我们说一个事物本性是这个而不是那个,这样的表达实际上是表达了排除,而排除意味着有限性。

在这里,怀特海告诉我们:"世界的全部庄严是从有限的东西的积极成就的感觉中产生的,它与超出每一有限事实以外的无限性方式的感觉结合在一起。这个无限性是每一事实为了表达超出它本身的限制的必然关联所需要的。它表达了宇宙的一个视域。"[①]

这就是说,理解和表达都不能止步于有限性,而应该同时表现出这有限性所关联的无限性。这是因为,正是这有限性与无限性的关联,才使具体的有限存在显示出世界的全部庄严。所谓"全部庄严",就是世界自我生成创进的事实及其意义,就是世界自我超越的无限性,就是世界创造不朽价值的壮丽和深邃。

怀特海明确告诉我们有一个宇宙的视域,这就意味着其他的视域都是不同程度有限的,只有宇宙的视域才能规定事物的根本价值,从而赋予其价值以无限性。怀特海说"它表达了宇宙的一个视域",这说明以宇宙为终极域限的视域也是多种多样的,不同事物在这个视域中呈现的联系各不相同。具有不同的结构,形成不同的关系场或关系场域。但是,无论这些视域有多少自身的特点和相互的区别,它们都是"宇宙的一个视域"。正是在这里,有限性与无限性相互关联起来。

有限性与无限性的这种密切关联,既然表达了世界的全部庄严,那就理所当然极为重要。怀特海指出:"重要性是从有限和无限的这种融合中产生的。"[②] 价值和对价值的感觉就是以这种融合为基础的。把两者割裂开来,无论是只看到存在的有限性,还是只关注无限性,都会失去世界的全部庄严。只看到有限性,当然没有庄严可言。只向往无限性,没有有限性为现实依托,庄严也只是虚妄。比如生活中有一种呼声:我们大吃大喝吧!因为我们明天就要死亡。这种呼声表达了单纯的有限的东西的平凡。怀特海说:"神秘的、没有效果的麻木状态表现了单纯的无限的东西的空虚。"[③] 既然有限与无限的关联牵涉到世界的庄严和生活的意义,那么把清晰和秩序与善联系起来的价值观念

---

① 怀特海:《思维方式》,刘放桐译,商务印书馆,2010年,第74~75页。
② 怀特海:《思维方式》,刘放桐译,商务印书馆,2010年,第75页。
③ 怀特海:《思维方式》,刘放桐译,商务印书馆,2010年,第75页。

就有问题了。在怀特海看来,清晰的秩序有助于预见并加以处理,是维持现存社会状况的必要基础,但是不能仅限于此。"对于处理不测事件、对于进步、对于刺激来说,有必要超出单纯的清晰和秩序。生命如果受到单纯的适应的束缚,它就会蜕化。对于促进新事物来说,将经验中的模糊的和无秩序的因素结合起来的力量是特别重要的。对于宇宙的理解以这种促进的内涵为根基。离开它万物就没有意义,就会失去变化。"①

显然,对宇宙的理解决定着宇宙视域的意义,只有在宇宙的视域中,才能真正理解世界的"活动"本质,充分理解"活动"概念的意义。怀特海强调对宇宙的理解以促进的内涵为根基,就是要求真切认识宇宙自我创造的进取本质和生命精神。在这种理解中,清晰和模糊、秩序和无秩序、善与恶这三组对立才会以其深刻、微妙的相互关系而得以消弭,并显示出它们彼此的结合对于世界自我生成的重要意义。基于此,也才能真正体认和理解到世界全部庄严的意蕴。

(三)从"过程的形式"理解世界的自我生成机制

活动的终极根源在于宇宙的活动本性,而具体事物的活动则源于过程的形式所具有的生成机制。怀特海抓住"形式"来说明世界的活动本性,因为形式"长期以来被看作属于永恒的领域"。他说:"每一种形式按其真实本性来说,都关系到某种实现。"② 所谓实现,就是活动的过程和结果。"多"合为"一",是通过形式的包容和调整把"多"建构和整合为一个统一体之"一"的。形式是包容合生的能动中介。由于形式的作用,事物才实现了自我超越和创新。因此,理解"形式"便成了理解"活动"的关键。

首先,形式本身只是抽象的潜在存在。怀特海说:"形式实际上关系到它们自身以外的东西。把任何没有本身以外的含义的'绝对实在'加于它们之上纯粹是幻想。"③ 这是说,形式只是对事物的联系及其结构的抽象,它本身像永恒客体一样存在于潜在的领域。在多个永恒客体结合为现实实有时,形式才作为现实实有的主体形式而成为现实的存在。形式作为结构因素,只是多种构成因素的结构关系,倘若没有这些构成因素,它本身就不存在了。这正是它与那些作为感觉材料构成因素的永恒客体不同的地方。永恒客体是潜在领域中的"绝对实在",而对于形式来说,除了那些相互关联为特定结构的外在因素之

---

① 怀特海:《思维方式》,刘放桐译,商务印书馆,2010年,第75页。
② 怀特海:《思维方式》,刘放桐译,商务印书馆,2010年,第66页。
③ 怀特海:《思维方式》,刘放桐译,商务印书馆,2010年,第66页。

外，它就什么都不是。这犹如把一张桌子的桌面和桌腿拆散开来，构成这张桌子的部件还在，而它的形式即结构却没有了。因此，形式本身并不含有其他任何存在，如果把这些东西加诸其上，当然就只能是纯粹的幻想。

其次，形式进入现实就参与了活动，具有活动性。怀特海说："形式的领域是一个潜在性的领域，而'潜在性'这概念本身就具有一种外部意义。它关系到生命和运动，关系到包含和排斥。它关系到希望、恐惧和意向。把这种说法说得更一般一些，它关系到欲望。它关系到将形式加以实现并且超越形式的现实性的发展。它关系到过去、现在和未来。"[①] 显然，存在于世界自我生成的活动过程中的形式，绝不是孤立的和静止的。抽象的形式只存在于潜在的领域里，一当进入现实世界，它就参与活动的过程，并且以自身的活动对包容合生的过程和结果发生决定性的作用。在这个连续的活动过程中，形式作为关联模式和结构，其自身也会发生变化，从而成为"过程的形式"。

最后，形式在宇宙视域中彰显活动性存在。在这里，对于理解形式的活动性和过程性来说，起直接决定作用的就是视域。首先是有无视域。如果没有视域的观念，就会把形式从复杂的关联中孤立起来、抽象出来，它就成了静止不变的，即非活动性的存在。其次，即使有视域，也要用相当的广度和深度，以至达到宇宙的终极域限，才能把形式的活动性本质充分显示出来。这样一来，理智通过视域达到对形式的活动性质的理解。"主体形式""活动形式""过程形式"和"创造的形式"这些概念，就是从不同角度对宇宙视域中的形式所具有的性质和功能的认识。

对于理解形式在活动中的作用，"过程的形式"概念极为重要。在论及我们需要理解不变的形式怎样需要把它本身投入变化的历史世界的创造中时，怀特海明确指出，需要一种"创造的形式"。"过程的形式"就是"创造的形式"，因为正是形式在事物生成过程中发挥了创造性机制。从宇宙的视域来理解世界的创造活动，"过程的形式"是思维的聚焦点，因为这个"过程的形式"乃是世界自我创造中关键性的能动因素。世界的创造性生成，就是这个"过程的形式"发挥其包容合生的建构和整合功能来进行并实现生成目的的。比起《过程与实在》来，《思维方式》对"过程的形式"的论述要集中和深入得多，足见其在创造性思维方式中的重要地位。

就其现实形态来说，这个"过程的形式"和"创造的形式"实际上就是怀特海有机哲学的八个存在范畴中的"主体形式"，即现实实有作为"主体－超

[①] 怀特海：《思维方式》，刘放桐译，商务印书馆，2010年，第66~67页。

体"所具有的自身结构模式——具有主体性的形式。从这个范畴名称可以看出，有机哲学所说的这个形式绝不是单纯的、静止的抽象存在，而是既活动在过程中又在过程中发生变化的形式。由于形式本身就是结构模式，"过程的形式"这个概念就把"结构"和"过程"两种性质结合起来，其创造性的能动本质也在其中了。

在《过程与实在》中怀特海解释"主体形式"时，没有直接说它就是结构模式，而是称之为"私自性的实际事实"，并直指其精神性内涵"诸如情绪，评价，目的，内转，外传，意识等"[①]。说它是"私自性的实际事实"，是因为它从自己的目的出发对永恒客体进行摄入和包容，使之合生为个体的现实存在。至于说它的各种精神内涵，则意味着它实际上是制导包容合生过程及其结果的一种具有主体能动作用的精神性机能。怀特海认为，现实实有本来就具有物理极和精神极两种能动因素，前者使之成为物理的存在，后者不仅制导物理性包容的实现，而且还有自我超越的欲望，使现实实有成为"主体－超体"。形式是精神极的载体，它具体地发挥着精神极的引领和组织作用。在世界自我生成的包容合生中，是这个具有主体能动性的活动的形式按照自己的目的、欲望和态度，对各种抽象的因素进行选择、结合、建构和整合，才创造出具有新颖性的新事物。这就是形式的生成性机制。

形式作为结构把各种抽象存在的永恒客体加以组织和整合。这个包容合生的过程，不仅使形式成为现实的存在，而且形式本身还可能发生变化，实现对自身的超越，于是创造性得以实现。形式通过自身的变化这种过程性的活动，把过去、现在和未来连接为一个自我生成的过程，因此说它关系着过去、现在和未来。没有形式的这种能动的连接作用，也就没有世界自我创造的生成过程，世界的创造性本质也就无从体现了。

显然，要理解现实的事物何以成为多样统一体，何以能够自我生成和创进，就必须理解过程的形式。怀特海认为，考察统一体的最后的方式，就是理解形式对于这个统一体的作用。他说："由于这种方式，在多种多样的潜在的东西的形式之中就存在着稳定的目的；也正是由于这种方式，在有限的现实事物的有限的重要性之外还有重要性。换言之，有限的东西的重要性何以需要无限的东西的重要性？"[②] 这就是说，是形式中存在的稳定的目的，才使事物生成为多样综合的统一体。一方面，由于形式的原因，现实事物成为有限的存

---

① 怀特海：《过程与实在》，李步楼译，商务印书馆，2011年，第40页。
② 怀特海：《思维方式》，刘放桐译，商务印书馆，2010年，第81页。

在，具有自身的重要性；另一方面，由于形式的过程性，事物又有超越自身的另一种重要性。这另一种重要性就是事物作为宇宙存在而被宇宙整体关联所赋予的无限性——这种重要性就是"宇宙的重要性"——一种赋予一切有限性存在以无限性意义和价值的重要性。宇宙整体的创造性机能，是通过形式的活动发挥作用的。倘若没有过程的形式的活动，事物的现实的有限性不可能达成，它的无限性就更是无从谈起。由此可见，只有从过程去理解形式，才能理解事物的合生性质和活动本性。

形式作为结构往往意味着秩序，于是有"秩序形式"的概念。但是，秩序不能固化，秩序形式应该有所改变和调节，创造的过程就是形式的秩序发生改变和转化的过程。"生命的本质要到既定秩序的破坏中去寻求。"[①] 因此，比"秩序形式"更重要的是"活动形式"的概念。"宇宙不受完全符合这种失去活力的影响，它通向新秩序，而后者是重要的经验的第一需要。"[②] 重要性经验常常是对新秩序的敏感。因此，对活动形式的正确理解离不开过程。

怀特海说："我们必须首先考察过程概念。领悟这个概念需要分析材料、形式、转化和结果的相互交织情况。过程有一种节奏，创造活动由此引起了自然搏动，每一搏动形成了历史事实的一个自然单位。通过这种方法我们就能够在相联系的宇宙的无限性中辨认出有限的事实单位。如果过程是现实事物的基本的东西，那每一个终极的个别事实都一定可以描述为过程。"[③]

形式的活动及其作用贯穿于过程之中。材料的选择和组织，整个的包容合生，都是形式在发挥作用。潜在的因素转化为现实的存在，抽象的因素结合为具体的实有，过去的存在向现在和未来转化，都靠形式活动的机制来促成。由于形式的能动的创造作用，才有包容合生和自我超越的结果。

事物的生成是一个过程，在过程中的活动前后连接和内外转化，这就必然形成自然的搏动，使过程显出节奏。这样一来，随着形式在过程中的变化，从过程的连续中就可以辨认出历史事实的自然单位。没有形式的这种节奏性的变化和调整，就没有这种自然搏动和由此呈现的单个事实。如果这样，也就不会有事物自我生成中新陈代谢的变化。

形式的活动造成过程的节奏，赋予世界的运动以秩序。只有通过对形式活动的关注和考察，才能把握和理解宇宙的无限性联系中的具体的有限的事实单

[①] 怀特海：《思维方式》，刘放桐译，商务印书馆，2010年，第82页。
[②] 怀特海：《思维方式》，刘放桐译，商务印书馆，2010年，第82页。
[③] 怀特海：《思维方式》，刘放桐译，商务印书馆，2010年，第83页。

位。"过程有其严格的形式。"① 事实单位之所有成为个别的存在，就因为形式作为私自性的实际事实才赋予事物独特的结构模式。如果没有形式活动造成的事物在具体形态上的差异，那就没有有限性的存在。这样一来，无限性就只能是混沌模糊乃至虚无缥缈的东西，没有现实世界中具体的现实和事实作为依托。

过程是现实事物的基本性质，存在即是过程。具体地说，事物的存在就是自我调整和转化的过程。这个过程在形式的转化中进行，因此活动的形式也就必然是"过程的形式"。它既活动于事物生成的过程之中，其自身的活动也是一个变化和调整的过程。这就是"过程的形式"的两个方面的含义。

显然，理解形式与过程的关系，就是理解形式与事物自我生成之间的关系，理解它在这个过程之中的作用。正因此，理解"形式"，包括理解"结构的形式""活动的形式""过程的形式"和"转化的形式"，就成了理解创造性活动极为重要的思维环节。怀特海说："任何一种存在的本性都只能按照它在创造活动中的含义来解释。"② 活动就是过程，因此，形式也只能在创造性活动的过程中理解。由世界的生成本性所决定，形式与过程是不可分的。离开了活动过程的形式就不是活的形式，就失去了创造性的机能和自己本来的生命品质。在这里，形式作为"结构的形式"，对于理解其创生机制极为重要。

形式是一种结构，它的功能是通过结构的变化来实现的。怀特海说："一切现实性都包含了从现实材料中导出的形式的实现。"③ 这是因为形式是现实材料相互关联结合形成的。如果没有形成一定的形式，现实材料也就是一盘散沙，仍然存在于潜在世界之中，而不可能成为现实的存在。在这个意义上，它们也就不能成为现实材料。现实材料要成为现实的存在，就必须各自以其特殊的位格按照一定的形式结合起来，从而具有形式。没有形式的这种结合和包容的作用，这些材料就只是抽象的存在。因此，作为包容合生而存在的事物，必然有其结构的形式。在有机哲学中，"结构"概念更具有动态即"活动"的意味，是进行结构、建立结构和形成结构的意思。怀特海说："结构的形式表示出在材料中实现的这些形式如何进入到一个有限的结构过程中，由此获得了具有自己的例证和放弃物的新现实事物。这是一种过程形式，它涉及一种复杂的材料形式，并引起一种关于现实性的新的完成。"④ 这里说的是"结构的形式"

---

① 怀特海：《思维方式》，刘放桐译，商务印书馆，2010年，第86页。
② 怀特海：《思维方式》，刘放桐译，商务印书馆，2010年，第87页。
③ 怀特海：《思维方式》，刘放桐译，商务印书馆，2010年，第84页。
④ 怀特海：《思维方式》，刘放桐译，商务印书馆，2010年，第84~85页。

第四章 终极的良知

与"过程的形式"的关系。形式是结构的,它作为建立结构的活动则是过程的,因此才能是转化的,从而发挥它的创造性作用。

过程的形式,作为转化的形式,也是连续的形式。"形式的意义就在它在现在具有双重活动性。它表示了现在的特征,从而它形成了未来过程的形式。"① 这种双重活动性就是在形式的连续的转化过程中实现的。正是由于这种双重活动性,形式才通过自身的变化推进和实现了实物的自我生成和世界的创造性进展。显然,理解形式的双重活动性,对于理解形式的创造性功能非常重要。

形式为什么能够具有双重的活动性呢?怀特海提出了"最高存在"的概念,以求理解静止的形式如何与活动的过程联系起来从而成了活动和过程的形式,这也就是理解形式进行建构活动的目的和动力的终极根源。怀特海是这样提出问题的:"在何种意义上,一个事实能够隐藏作为形式的实现能力的潜在性呢?换言之,按其本性来说,一个形式的实现何以能够包含与其他情境下的其他形式的实现的关系呢?"② 这就是说,在潜在性与其可能实现的现实世界之间,在形式从一种结构转化为另一种结构的情境之间,应该有一个把它们囊括在内并使之发生转换的力量。

在这里,怀特海阐释塞缪尔·亚历山大的《空间、时间与神》一书中的观点时说,"时间"指的是过程的潜在性的理想的魅力化,"空间"指的是每一种相互交织的存在形式的静止的必然性,"神"则表示作为直接事实之外的潜在性的理想的魅力,这是作为宇宙中一个因素的神,即作为宇宙整体的"上帝"。"由于这个因素,现实的东西之后存在着重要性、价值和理想。我们本身之外的价值的意义正是通过空间的直接性和神的理想的关联而引起的。超验的宇宙的统一性和实现了的现实事物的杂多性都因神的这种意义而进入我们的经验之中。"③ 这就是说,空间使事物显示出直接的有限性,而神所赋予的超验的宇宙统一性的经验才使这种有限的存在与理想的无限性连接起来。这个"超验的宇宙统一性的经验",就是宇宙整体的机能——也就是怀特海所说的"上帝"。说宇宙统一性的经验是超验的,这是因为它超出于任何具体的现实的经验而存在。在这里,宇宙的视域显示了终极性的意义。正是在这个视域中,它使宇宙整体的神性成了宇宙的一个现实的因素而存在,并发挥出最深邃幽渺的作用。在此,存在着共同结合的经验,即空间经验;存在着承前启后的经验,即时间

---

① 怀特海:《思维方式》,刘放桐译,商务印书馆,2010年,第94页。
② 怀特海:《思维方式》,刘放桐译,商务印书馆,2010年,第95页。
③ 怀特海:《思维方式》,刘放桐译,商务印书馆,2010年,第95~96页。

经验。在这两者之外，还存在着关于理想的经验，这是关于宇宙中的神的经验。"这样宇宙就被看作是包含了一种理想的泉源的东西。"①

把过程的形式的创生根源一直追溯到宇宙中这个"神"的因素，就抵达世界活动的终极根源了。形式的活动，不仅因为它是结构和过程，更由于它从宇宙之"神"获得了生成的目的和动力，因而成为享有宇宙神性的精灵。它作为事物和世界的精神极，感应身心，实现神性，使事物和世界在有限的现实存在中向无限超越。于是，宇宙通过自己的活动过程而走向文明，成为"文明的宇宙"。

要正确理解形式的活动性质及其机能，还必须警惕"接受形式"的局限。所谓"接受形式"（form of reception），指的是我们的感知经验所接受的形式。这种形式出自我们对事物的质的细节的纯粹主观的经验。"换言之，接受形式被归结为对我们自己的唯我论存在的估计。"② 这种形式只来自我们自己内部的活动，而不懂得或者说根本就意识不到在我们的活动之外还有活动，而且正是后者在深刻地制约和推动着我们的活动。于是我们只承认接受形式，而看不到此外的活动及其形式的作用。这样一来，我们就以为在接受形式之外别无他物。"如果抱着这种假定，那就没有材料来洞察一个有许多协调的现实事物的世界。"③ 这个接受形式作为进入经验的形式，即感官所感知到的形式，实际上并不是对象客观的形式本身，而只是经过感官的抽象而得到的"意中之象"，绝不能等同于实际存在的形式。认识这个接受形式的中介性质及其作用，对于正确理解事物非常重要。

形式也存在明晰性和模糊性的问题。从感性知觉经验中理解到的形式，带有明晰确定的性质。红色就是红色，正方形就是正方形。"这种确定的意识是努力集中和排除的结果。"④ 这是从事物变异的过程中取出的一个片断，"它有所强调。但是，如果我们忘记了背景，那结果就会琐碎"⑤，事物就失去了它的具体性和同一性，失去了它本来拥有的更多更广泛的联系。"这是通过注重意识的抽象取得一种鲜明的经验的结果。"但是我们所意识到的不能只是清晰性，如果我们不根据那些使我们隐隐约约地想到存在的完整性的大量问题来对清晰性作出解释，就不会出现清晰的重要性。"⑥ 离开整体就不能真正理解部

---

① 怀特海：《思维方式》，刘放桐译，商务印书馆，2010 年，第 97 页。
② 怀特海：《思维方式》，刘放桐译，商务印书馆，2010 年，第 100 页。
③ 怀特海：《思维方式》，刘放桐译，商务印书馆，2010 年，第 100 页。
④ 怀特海：《思维方式》，刘放桐译，商务印书馆，2010 年，第 100 页。
⑤ 怀特海：《思维方式》，刘放桐译，商务印书馆，2010 年，第 100 页。
⑥ 怀特海：《思维方式》，刘放桐译，商务印书馆，2010 年，第 111 页。

分，无论它如何清晰，对其重要性也无从把握。接受形式的清晰性，往往以其抽象性屏蔽了它背后那个隐隐约约的整体，也就不能对重要性有正确的理解。

（四）"文明的宇宙"概念对于理解文明生成的意义

在流行的观念中，文明是人的创造，是人类实践活动的结果。怀特海在这里提出"文明的宇宙"的概念，赋予文明的概念以宇宙的视域，这是什么意思呢？

怀特海的有机哲学认为，对新颖性的创造是宇宙自我生成的本质。宇宙在自我生成的漫长的过程中，最终创造了人，人又创造了自己的文明。从根本上说，人的生成和创造，是宇宙整体机能和终极目的的充分实现，而人又创造了文明，因此，归根到底，文明也是宇宙自我创造的。这个文明属于宇宙，作为宇宙自己的创造，使宇宙成为"文明的宇宙"。这个概念实际上是从宇宙的视域揭示了文明与宇宙本质的内在关系，也从文明的视角彰显了宇宙与人的生成性关系。

把文明视为宇宙的自我创造，是因为宇宙的自我生成就是向美而生即审美生成的过程。这个过程最终生成了以爱美为天性并能自觉地按照美的理想和规律创造美的人，这才开启了文明的进程。在人类最早的创造物和各种生命活动中，到处都有艺术即人工的美呈现出来。这些人工的美激励和引领人的创造活动和自我生成。于是，美和艺术成为文明的核心品质，把宇宙向美而生的过程推向自觉化的新进程。美作为文明基因的作用，贯穿在宇宙审美生成的整个过程之中。

把对文明的理解带回宇宙的视域，突破了流行观念仅仅将其归之于人的狭隘思路。这个视域，在与宇宙自我生成的联系中更深刻地展示了文明的本质，肯定了文明与宇宙自我生成及其过程之间的连续性。在怀特海看来，所谓"文明的宇宙"就是宇宙整体的理想目的和创进机能通过人的意识成为自觉的实践。将文明视为宇宙自我生成的结果，对于深刻认识包括生态文明在内的各种文明的本质，认识人类社会整体文明的性质和内涵，以及认识人的文明化生成，都具有极为重要的意义。

在讲到"文明的宇宙"时，怀特海一开始就指出："在这一讲中，我们探讨一个关于宇宙概念的证明。这个概念肯定了描述人类社会各文明阶段的特征的那些理想的正当性。"[①] 这里说的"宇宙概念"就是宇宙统一体。由于人类

---

① 怀特海：《思维方式》，刘放桐译，商务印书馆，2010年，第98页。

及其社会是生存和持续存在于这个宇宙统一体中的,人类社会各文明阶段的理想是否正当,就决定于是否与这个宇宙统一体的终极目的相符合,是否体现了宇宙统一体的理想。当17世纪科学发展起来以后,抽象思维破坏和屏蔽了自然界和宇宙的统一性,也就造成了许多理想的片面性和反人性。英国的浪漫主义诗歌把被科学思维漏掉的自然界存在的统一性揭示出来,就是对建立在当时科学的基础上的种种理想的质疑、批判和纠正。这就是说,只有那些符合宇宙统一体审美生成的终极理想,那些体现了向美而生的精神的理想,才有正当性。因此可以说,所谓"文明的宇宙"就是宇宙统一体的终极理想在地球上成为自觉的意识,并现实地生成于世界中。这是宇宙自我生成过程中一个崭新的阶段,即审美生成自觉化的阶段。这个阶段因自然界的自我意识在人身上开始成为现实而拉开了帷幕。

怀特海把美放在文明五种品质的核心和统领的地位,就是因为美以其魅力最生动地体现了宇宙统一体的生命精神。宇宙从开始生成起,就以审美的生成为理想,以审美价值的创造为基础。在宇宙自我生成的整个过程中,正是美和审美在推动着它的自我超越。我们说美是文明的基因,就因为美本来就是宇宙整体神性的"骤然体现"即涌现。通过美,宇宙整体神性的目的和动力具体而生动地表现出来,并实际地推动世界的自我生成。因此,正确认识"宇宙统一体"的概念,重视宇宙作为整体存在的性质和机能所具有的重要性,对于理解文明的本质极为重要。

认识"宇宙统一体",在思维方式上有五个层次的问题必须正视和明确。

第一,在明晰的感官经验之外,不能忽视模糊的身体经验。意识中明晰的经验是经过努力集中和排除的结果,是抽象的东西。模糊经验对于明晰经验是作为背景和环境而存在的,正是这个环境才决定着明晰经验的性质。怀特海说:"我们所意识到的不能只是清晰性,如果我们不根据那些使我们隐隐约约地想到存在的完整性的大量问题来对清晰性作出解释,就不会出现清晰的重要性。"[1] 明晰的感官经验往往使我们自外于宇宙,而隐隐约约的身体经验才使我们体认到自己与宇宙血肉关联的统一性。

第二,不能把整体理解为部分和细节的集合,而应该相反,细节乃是对整体的一种反应。人们通常把整体看作对清晰地察觉到的细节的一种反应,是这些细节的"合力"。怀特海指出,这种整体概念乃是虚假的。为什么说是虚假的呢?因为真正的整体是隐隐约约地存在的,它的细节未必就能被完全知觉。

---

[1] 怀特海:《思维方式》,刘放桐译,商务印书馆,2010年,第101页。

经验中的这个明晰的整体只是实际存在的整体的一部分。怀特海明确指出："应当把关系颠倒过来。细节是对于整体的一种反应。"[1] 这是一个极为重要的观点。这就是说，整体是细节以一定的结构形成的，它具有超越于各个细节的特殊性质并且要作用于细节，细节的性质反映出整体的性质，"是对于整体的一种反应"。这犹如肢体离开躯体就没有了生命。因此，任何事物作为细节都是对宇宙这个整体的一种反应，这是宇宙统一性的具体表现。

第三，宇宙统一体的概念之所以重要，是因为它作为存在的整体，从根本上决定着一切事物的价值——既决定其价值的有限性，也决定其价值的无限性。怀特海认为我们存在的基础是"价值"的感觉。而价值乃是"本身存在的意义"，没有价值就没有意义；它是"作为本身的真实地存在的意义"，价值自身的存在正是存在的意义；它是"具有本身的特征的存在的意义"，即它以自身独特的存在而具有意义。一句话，价值就是存在的意义，价值经验又分为"价值经验的整体、许多其他价值经验以及自我价值经验"。任何事物都有为自身、为他者和为整体的价值经验。从根本上决定这个存在的意义即价值，就是宇宙整体自我生成的过程。在这个创造性的过程中，事物才获得自己存在价值的极致。因此怀特海说："我们没有权利损害作为宇宙的真正本质的价值经验。存在按其本性说是价值强度（value-intensity）的保证。"[2]

第四，宇宙统一体虽然隐约朦胧，却是真实的事实和现实的存在。实际的情况是，"我们和我们的诸种关系处于宇宙之中"[3]。人的身体是自然界的一部分，人自己又是身和心的统一体。在身体的现实存在与人的经验之间，"存在着流进流出的因素，因此每一个因素都分有其他因素的存在"[4]。宇宙的统一性集中地体现于作为存在基础的审美价值。"宇宙中存在着享有价值和（通过其内在性）分享价值的统一体。"[5] 即使是原始森林中一块空地上的一朵小花的美妙，也是对这一事实的生动证明。宇宙整体的这种审美价值才是超越一切自我价值的最高价值，是一种超出任何个别事物自身重要性的一种根本的重要性。

第五，宇宙的统一性朦胧地呈现于人的意识之中，警示和推动着对思维的抽象性的克服和超越，即"抽象的逆转"。这种宇宙观念，最早只存在于宗教性的知觉、沉思和想象之中。后来，人们在世界之外去寻找这个终极的存在，

---

[1] 怀特海：《思维方式》，刘放桐译，商务印书馆，2010年，第101页。
[2] 怀特海：《思维方式》，刘放桐译，商务印书馆，2010年，第103页。
[3] 怀特海：《思维方式》，刘放桐译，商务印书馆，2010年，第105页。
[4] 怀特海：《思维方式》，刘放桐译，商务印书馆，2010年，第107页。
[5] 怀特海：《思维方式》，刘放桐译，商务印书馆，2010年，第111页。

于是创造了作为造物主的上帝。然而这是不真实的。"意识的发展就是抽象的上升。"① 抽象往往强调和突出了重要的东西,因此,它是着重点的发展。抽象造成经验的明晰性和多样性,它促进了整个经验的生动性和深刻性,它会逐渐把自己的探头深入到世界的深处。也因此,抽象逐渐让存在的具体性和整体性凸显在自己面前。这就是"抽象的逆转",即对抽象及其成果的一种批判性的反思。怀特海说:"这种部分为本能的、部分为意识的逆转,乃是可能为抽象所产生的那种高等生命的智慧。"②

对世界和事物的理解至此抵达终极起点,即从审美价值和审美经验出发的理解。这就是庄子说的"原天地之美以大万物之理"的意思。怀特海以原始森林中林间空地上的一朵小花为例,生动地说明宇宙整体如何造就了花朵的美。怀特海说:"在一切向上发展的文明中,这种神圣性的意义都有特别有力的表达。随着文明的每一个阶段濒于崩溃,它就会成为经验中一个倒退的因素。"③ 这就是说,对宇宙整体的神圣性的理解和表达,直接体现于文明之中,成为文明的生动标志。凡是向上发展的文明,都对这种神圣性有特别有力的表达,这种表达最直接的方式就是对美和审美的高度重视,文学和艺术中洋溢着对美的热烈呼唤,美被视为神圣的东西而受到普遍的珍爱和礼拜,而不是为别的有限目的服务的奴仆和婢女。欧洲的古代希腊、文艺复兴,就是最好的例证。而那些拒绝这种神圣性,对美和审美肆意贬斥和践踏的时代,必然是倒退的。反观历史,这乃是不争的事实。

在对"文明的宇宙"的讨论的最后,怀特海说:"在这个讨论中,我们支持一个论题,即外部实在的意义(就是说作为现实事物世界中的一个现实事物的意义)是由审美意义所赋予的。"④ 又说:"任何经验因素中审美的重要性具有它的直接当下的存在之外的证明。自我享有一种超出它本身范围的重要性。"⑤ 又说:"如果我们仅仅意识到质的形式上的关系,那在审美上就会失败。"⑥ 他在这里反复说明的都是审美经验对于理解重要性之重要,之所以如此重要,就因为在审美经验中可以知觉到事物自身之外存在着赋予其审美价值的整体即宇宙整体的存在。由此可见,所谓"文明的宇宙"就是宇宙整体的审美经验的神圣性受到有意识的尊重和发扬的宇宙时期。

---

① 怀特海:《思维方式》,刘放桐译,商务印书馆,2010年,第114页。
② 怀特海:《思维方式》,刘放桐译,商务印书馆,2010年,第115页。
③ 怀特海:《思维方式》,刘放桐译,商务印书馆,2010年,第111~112页。
④ 怀特海:《思维方式》,刘放桐译,商务印书馆,2010年,第112页。
⑤ 怀特海:《思维方式》,刘放桐译,商务印书馆,2010年,第112页。
⑥ 怀特海:《思维方式》,刘放桐译,商务印书馆,2010年,第113页。

第三节　从根本上理解自然界的生命本质

（一）根本的问题是自然界与生命的关系

把世界作为"活动"来理解，在怀特海看来就是要将其作为生命活动来理解。

有机哲学认为宇宙是有机的存在。自然界作为这个有机统一体中为人所感知的一部分，当然也是有机的。但是，流行的观念不仅把自然界分为无机界和有机界，还把生命的存在局限于生命个体的形态。这些问题首先涉及对自然界和宇宙的存在本质的认识，同时也涉及人的生命存在的性质。因此，自然界与生命的关系，就成了思维必须面对的重要课题。

怀特海说，"活动"的概念实际上涉及一个根本问题，那就是自然界中的活动与生命的关系，即自然界是不是有生命的活动。人作为"宇宙的产儿"，是自然界的一部分。自然界与生命的关系，也直接关系着对人与自然界的关系的理解，直接关系着对人本身的生命的生态本性的理解。因此，这个问题也是一个重要的人学问题。

对于把自然界分为无机界和有机界的观点，如果从宇宙整体的有机性看，所谓无机物与有机物之间就存在着联系、过渡和转化，于是整体的自然界就是一个有机的即有生命的存在了。在怀特海的有机宇宙论中，有机界和无机界绝然区分的界线被拆除。这道界线，是抽象思维的惯性造成的。这种思维方式，只把事物作为相互分离的实体来理解，把它们的关系也只是理解为个体与个体之间的外在关联。但是，在宇宙视域的眼光中，自然界也应该是宇宙这个有机统一体中的存在。宇宙整体的有机性说明，有机与无机的界线乃是人的经验中的主观设置：如果只看到实体的存在，那自然就有的是有机的，有的是无机的。倘若从宇宙整体的有机性看，所谓无机物与有机物的界线就被它们彼此之间的联系、过渡和转化所湮灭，于是整体的自然界就是一个有生命的存在了。

从19世纪初叶开始，出于对黑格尔理性主义的反拨，逐渐兴起了感性至上的哲学思潮。先是费尔巴哈的人本学唯物主义，接着就是直接标举生命概念的各种生命哲学把世界看作活泼泼的生命存在。狄尔泰、柏格森、叔本华和尼采等就是其中最著名的代表。他们以浪漫主义的眼光，揭示和高扬生命精神的普遍存在和生成意义。怀特海的有机哲学，视宇宙为生命的存在，对自然界与生命的关系进行了更深入的研究和阐发。

在怀特海看来，自然界与生命的关系，归根到底取决于用什么思维方式去理解。抽象思维中的自然界失去了整体的生命而只是存在着躯体形态的生命体，其余皆为无机物。而以整体的眼光看去，自然界就是一个生命存在，即使那些在感性直觉经验中没有生命征相的事物，也活在自然界整体生命中，成为这个终极的"大生命"中的一部分。

（二）无生命的自然界是抽象化思维的误解

对于"自然界"概念，怀特海有自己的界定。他说："自然界指的是根据清晰明白的感性经验（视觉的、听觉的、触觉的）所解释的世界。"① 这就是说，"自然界"这个概念，指的是进入了人的感性经验之中的那一部分。在它的背后，存在着整个模糊的宇宙。

早在《自然的概念》中，怀特海就这样界定"自然界"这个概念了。"自然是我们通过感官在感知中所观察的东西。"② 对于自然这个"东西"，怀特海还明确指出了其如下性质：第一，"自然在某种意义上是独立于思想的……可以在不想到思想时想到自然……自然对心灵是封闭的"③，它作为思想之外的客观存在具有自身的包容性；第二，"自然是作为存在物的复合体在感觉-知觉中被揭示的"④，而"存在物是在自然的复合体中作为关联物（a relatum）而显露出来的。由于存在物的关系，观察者会逐渐理解存在物，而且存在物是思想在自己的纯粹个别性中的目标。否则，思想就不能前行"⑤。这就是说，自然界作为宇宙中被人的感官所感知的那一部分，是思想之外的客观存在。这个自然界既是具有内部包容性的复合体，又是在复杂的相互关系中存在的关联物。它虽然是对思想封闭的"物自体"，不因思想而转移，但人的思想对关联性的认识可以深化对自然的理解。

这个界定把自然界与宇宙的关系揭示出来：自然界作为在感知经验中显露出来的世界存在，只是无限广袤而深邃的宇宙中极为有限的一部分；它以其感性性质清晰明白地显露出来，而它后面还有一个模糊隐约的无限存在。两者的区别极为重要。有了这个区别，就有了对自然界的抽象的和具体-整体的两种不同的理解。这正如怀特海所说："我们必须分析、抽象并理解我们的种种抽

---

① 怀特海：《思维方式》，刘放桐译，商务印书馆，2010年，第119页。
② 怀特海：《自然的概念》，张桂权译，译林出版社，2011年，第2页。
③ 怀特海：《自然的概念》，张桂权译，译林出版社，2011年，第2~4页。
④ 怀特海：《自然的概念》，张桂权译，译林出版社，2011年，第4页。
⑤ 怀特海：《自然的概念》，张桂权译，译林出版社，2011年，第7页。

象概念的自然地位。"① 只有分析清楚了这些抽象，才能理解自然界的本来性质。

对世界存在的抽象思维通常把自然界看作许多不同实体的聚合和相互关联。在这样的自然概念中，就出现了生命与精神在自然界中的地位和关系问题。"在这些进一步的问题中，最根本和最明显的问题是那些关于运动的规律、生命的意义、精神的意义，以及物质、生命和精神相互关系的问题。"② 严肃的思维必须正视和探究这些问题。这些问题仅凭抽象是解决不了的。17世纪的思想家们就已经预先设定"宇宙"这个作为一般常识的概念了，并力求从其中找到对上述问题的答案。关于自然界，尽管我们意识到了它的运动的规律、生命的意义和精神的意义，也提出了物质、生命和精神的相互关系的问题，但是自然界为什么会这样呢？应该怎样从宇宙这个更一般的概念来理解自然界？这说明，我们对于宇宙的特征的理解还存在着被常识性概念遮蔽的更为重要的东西。

随着科学在后来的发展，人们看到的只是各种专业视野中的不同的世界，前人提出的宇宙这个原始概念的作用也逐渐遭到漠视甚至被完全破坏了。这个概念在人文科学中还继续存在，但自然科学与人文学科的对立又使它陷入神秘主义。事实是"每一门科学都以某一片断的论证为限，并根据这一片断所提出的概念来建立自己的理论"③。于是，最终形成这样一种理论——"这就是关于作为自身完善的、毫无意义的事实的复合的自然界的重要理论。这就是关于自然科学的自律的理论"④，而这正是怀特海明确表示否定的理论。这种把自然界视为自律的封闭系统的理论，把自然界从宇宙中抽象出来，认为自然界就是各种自然科学所揭示的那些事实所构成的集合体。一切的运动和关系都在它们内部之间存在和发生。由此，科学的思想、哲学的宇宙以及认识论陷入混乱。对于理解世界来说最重要的宇宙整体的概念在抽象中失落了。

在对于"文明的宇宙"的讨论的最后，怀特海说："外部实在的意义（就是说作为现实事物世界中的一个现实事物的意义）是由审美意义所赋予的。"⑤又说："任何经验因素中审美的重要性具有它的直接当下的存在之外的证明。自我享受有一种超出它本身范围的重要性。"⑥ 他在这里反复说明的都是审美

---

① 怀特海：《思维方式》，刘放桐译，商务印书馆，2010年，第119页。
② 怀特海：《思维方式》，刘放桐译，商务印书馆，2010年，第121页。
③ 怀特海：《思维方式》，刘放桐译，商务印书馆，2010年，第122页。
④ 怀特海：《思维方式》，刘放桐译，商务印书馆，2010年，第123页。
⑤ 怀特海：《思维方式》，刘放桐译，商务印书馆，2010年，第112页。
⑥ 怀特海：《思维方式》，刘放桐译，商务印书馆，2010年，第112页。

经验对于理解重要性之重要,他因此特别重视理解推进的审美的方式。他指出,审美的重要性并不决定于它当下的存在,而是由于它享受着一种超出它本身范围的重要性,这就是宇宙整体的重要性,因为一切美归根到底都是宇宙整体创生机能的涌现。同样,离开了宇宙整体,也不能对自然界与生命、精神和心灵的关系等重要问题做出回答。

(三)宇宙中的自然界是有生命的存在

把自然界看作自闭的存在是抽象思维的结果。怀特海明确指出这样一种关于自然界的理论其实很不正确。针对自然界的感性特性问题,怀特海就指出,随着"第二性质"说的出现,颜色和声音不再存在于自然界中,它们是知觉者对于身体内部的运动的心理反应,而"感性知觉在暴露事物的本性上的全部实际作用是非常表面的"[①]。他把这称为"依附于感性知觉之上的欺骗(即虚幻)"[②]。怀特海认为感性知觉并不提供我们据以对其做解释的材料,包括牛顿提出各种的"力"的学说仍然没有给自然界以意义和价值。针对这种情况,怀特海指出:"他由此而说明了一个伟大的哲学真理,即僵死的自然界不能有任何理由。一切终极理由都依据价值的目的,而僵死的自然界没有目的。生命的本质就是它为它本身的目的而存在,作为价值的内在结果而存在。"[③] 这种没有目的的自然界既然是僵死的,也就没有生命。"生命的本质就是它为它本身的目的而存在",这就是说生命是以自身的持续存在和生成为目的的,为此它能够进行自组织和自调适。它的存在目的就是它的价值所在。机械论否认这个目的,视自然界为僵死之物,并认为人才是自然界价值的赋予者。

自然界是僵死的、没有目的的,因此没有生命吗?怀特海在这里提到康德把牛顿和休谟结合起来的努力。应该说,康德的哲学人类学对宇宙的生成性的重视,他关于"自然向人生成"的目的论观点,说明一个有生命的自然界的观念已经存在于他的思维之海中。这些观点后来直接影响到马克思和恩格斯的自然观。康德和马克思、恩格斯都是生成论的哲学家,在这一根本点上,他们与后来的生命哲学家们是一致的。"生成"已经成为19世纪中期以后世界哲学思潮中频繁出现的关键词,怀特海的"有机-过程"哲学,则总其大成。

针对牛顿和休谟,怀特海说:"他们忽略了经验到的宇宙和我们的经验方

---

① 怀特海:《思维方式》,刘放桐译,商务印书馆,2010年,第124页。
② 怀特海:《思维方式》,刘放桐译,商务印书馆,2010年,第124页。
③ 怀特海:《思维方式》,刘放桐译,商务印书馆,2010年,第125页。

式的那些方面，而这些方面共同导致了一些更深刻的理解方法。"① 这就是最深刻的直觉的理解方式。怀特海认为根据感性知觉而获得的广泛的概括是极其肤浅的，"物质已与能同一起来，而能是一种纯粹的活动"②。他说："现代观念是用能、活动以及时空的波动微分法的名词来表达的。任何局部的震动都会动摇整个宇宙。……根据现代概念，我们称之为物质的缠绕群已融入其环境中。分离的、自身包含的局部的存在是不可能有的。环境关系到每一事物的本性。"③ 自然界有一整套振动，这就造成一个基本事实："环境及其特性渗于我们称之为物质的联动群中，而联动群又把它们的性质扩及于环境。"④ 于是，一切归于振动波的存在及其作用。在这里，怀特海直接从"能"和"波"来说明自然界中复杂关联性的深层根源，这就从根本上摒弃了旧的"实体"概念，从存在本体的特性为自然界的生命性质找到了科学基础。

依据现代量子物理学，世界根本上是一个振动群的存在，连物质粒子的概念也只是一种抽象。由于宇宙渺观世界中存在的振动和波，任何事物都与环境相互作用。在自然界中是这样，在自然界与其环境宇宙之间也是这样。这就是说，由于振动和波的传递和相互纠缠与感应，自然界就成了一个有着复杂的内在生成机制的有机整体，作为自然界环境的宇宙也是这样的整体——自然界整个都是融入宇宙因而受宇宙自我生成机制深刻影响和制约的存在。

在这里，怀特海还针对生物学中的基因不变论提出了自己的观点。他强调生物学家们关于基因在某些方面为它们的环境所改变的新见解。他还进一步批评了物质的"单纯空间位置"的观点，强调活动、过程和结构的概念以彰显事物作为复杂关系存在的本质。自然界是活动和过程，这就意味着"自然界充满着生命力……应当把科学所研究的自然界看作是实在宇宙的实在事实之间的更稳定的相互关系的一种复合"⑤。这里说的生命力，不仅是质和能的结合，更是信息参与其中的更复杂也更灵敏的机能。就质、能、信三者的关系说，生命应该是以质和能为基础，而以信息为主导的一种活动性存在，并因为信息的主导地位和作用而成为主体性的存在。高度发展的信息机制敏感而灵活地控制着质料和能量的活动及结构变换，最高级的形态就是人类的意识和心灵。

这就是说，从"波"和"能"这样的生成性的宇宙去看作为宇宙一部分的自然界，这个自然界就是有生命的。那种无机的自然界，只是抽象理解的结

---

① 怀特海：《思维方式》，刘放桐译，商务印书馆，2010年，第126页。
② 怀特海：《思维方式》，刘放桐译，商务印书馆，2010年，第128页。
③ 怀特海：《思维方式》，刘放桐译，商务印书馆，2010年，第128页。
④ 怀特海：《思维方式》，刘放桐译，商务印书馆，2010年，第128页。
⑤ 怀特海：《思维方式》，刘放桐译，商务印书馆，2010年，第133页。

果。由于抽象的分割和遮蔽，我们看到了生命体，却看不到生命体与外在世界之间的有机联系，更不知道"波"和"能"把它们联结为生命整体的作用。怀特海特别提出生命存在中的"躯体事件"的概念，这指的是个体形态的生命存在。这就意味着，在这些躯体事件之外的自然界则是作为生命场而存在的。没有生命场就没有生命体，生命场是生命体得以生成的基础和环境。生命体作为感性的存在是对象性的存在物，如果没有生命场作为环境，生命体的生成和存在就没有对象，也就根本不可能有生命体这个伟大的生命事件的产生了。所谓生态系统，就是生命体和生命场相互关联的结构关系。

这个"波"作为"力"（"能"）的形式，直接涉及怀特海关于宇宙动力的阐释。他说："'力'（power）乃是我们关于种种'实体'概念的基础。……我们的经验开始于力的感觉，进而及于个别事物和它们的质的区分。"[1] 这就是说，"力"比"质"的区分更深层、更基础。一切感觉和事物的质的区别，实际上都是由力引起的。他又说："'现实事物'按其本质说是'结构'。力是结构的推动力。一切其他类型的结构都是达到现实事物的阶梯。"[2] 结构是由于力的作用形成的，这也是一切结构都具有一定张力的原因。怀特海于此得出结论说："最后的现实事物是力的统一性。力的本质在于推向自为的审美价值。一切力都是从达到自为的价值这个结构的事实中派生出来的。不存在别的事实。力和重要性是这一事实的两个方面。它构成了宇宙的动力。它是保持它的生存力的动力因，它是在创造物中保持其创造欲望的目的因。"[3] 力产生了结构，也就创生了价值，从其原初的性质来说就是审美价值。由于审美价值是世界的原初和根本的价值，所以它必然是这个世界的重要性之所在。

所谓"重要性"，就是对于世界的创进生成具有重要意义的价值。重要性体现超越的目的，体现理想，它也是一种力——一种诱导的力。它与自然本体的力结合起来，就成了宇宙的动力。这种宇宙动力，既是宇宙保持其自身生存力和生成力的动力因，又是在创造物中保持其创造欲望的目的因。有了动力因和目的因的结合，宇宙自我创进的过程就能够活力旺盛而持续地走向未来了。宇宙在生成中之所以创生出层出不穷的美和审美价值，全是靠这种有目的性的力。有了目的性，这种力也就有了精神的内涵，从而是物理力与精神力的结合。

理解自然界的生命性质，是思维对自然界的理解的深化。怀特海明确指

---

[1]　怀特海：《思维方式》，刘放桐译，商务印书馆，2010年，第110页。
[2]　怀特海：《思维方式》，刘放桐译，商务印书馆，2010年，第110页。
[3]　怀特海：《思维方式》，刘放桐译，商务印书馆，2010年，第110~111页。

出，引入生命的概念将会使我们得以更具体地而不是抽象地来认识自然界。把自然界看作无生命的存在，这是抽象理解自然界的结果。相反，如果具体地理解自然界，它在整体上就是一个有生命的存在了。这样理解自然界，在思维方式上，无疑是一个意义重大的提升，使我们能够更深入而真切地理解自然界的本质及其与人的生命存在之间的生态关系。

自然界与生命的关系，早就是现代哲学所面临的一个重大问题。用怀特海的话说，"它的确是一切体系化的思想倾向（人道主义的、自然主义的、哲学的）汇合的中心点"[①]。在这里，关键的问题就是要放弃笛卡尔把物质与精神两分为各自分离的实体的观念。

怀特海举例说："对于花卉上的昆虫的观察朦胧地暗示着昆虫的本性和花的本性之间的某种一致。"[②] 就是说，它们是具有相互适应的特性才成为对象性（亦即相对性）存在的。但是，"一个坚定的实证主义者势必满足于观察到的事实，即采花的昆虫"[③]，于是，忽略了昆虫与花之间的本质的联系。怀特海说："关于自然界中生命的整个理论都受到了这种实证主义的毒害。"[④] 人们只相信眼睛看到的事实，而不去思考为什么昆虫会采花，不去思考花的特征与昆虫采花的行为之间有什么内在的关系，也就放弃了对其间的本质关联的探究。怀特海认为，这种信条的根源就是笛卡尔的物质与精神二元论。这种二元论"忽略了较低级的生命形式，如植物和低等动物。这些形式中的最高者接近于人类精神，最低者接近无机界"[⑤]。在最高者和最低者之间，存在着亦彼亦此的叠合、交错、过渡和转化，存在着生成性的连续。

"自然界和生命之间的这种截然分割使全部往后的哲学都受到了损害。"[⑥] 它直接造成了身心之间的"灾难性的分离"。针对这种心物二元分离论，怀特海宣称，"我所主张的理论是：如果我们不把自然界和生命融合在一起，当作'真正实在'的事物中的根本因素，那二者一样是不可理解的；而'真正实在'的事物的相互联系以及它们各自的特征构成了宇宙"[⑦]。

自然界与生命的融合，就是物质与精神的融合。在融合中，物质的概念从单纯质料的概念包容进信息的因素，使精神极得以与物质极并生互动。怀特海

---

① 怀特海：《思维方式》，刘放桐译，商务印书馆，2010年，第136页。
② 怀特海：《思维方式》，刘放桐译，商务印书馆，2010年，第137页。
③ 怀特海：《思维方式》，刘放桐译，商务印书馆，2010年，第137页。
④ 怀特海：《思维方式》，刘放桐译，商务印书馆，2010年，第137页。
⑤ 怀特海：《思维方式》，刘放桐译，商务印书馆，2010年，第137页。
⑥ 怀特海：《思维方式》，刘放桐译，商务印书馆，2010年，第137页。
⑦ 怀特海：《思维方式》，刘放桐译，商务印书馆，2010年，第138页。

说这种融合乃是"真正实在"事物中的根本因素。有机宇宙论中关于现实实有是物质极和精神极并生互动的理论,就说明了这种根本的关系。由多种质料构成的现实实有的主体形式,就是精神极的存在形式,它具有欲望和目的,能够按其自身所需对材料进行选择和建构,能够通过包容使合生的成果成为美学综合体,成为具有自我超越机能的超体。正是精神极推动概念性的合生成为现实的可能,并促使物理极的活动,使这种可能最终成为现实。

自然界之所以具有生命性质是由于"波"和"能"的缘故。把这个思路扩展到整个宇宙,就自然而然会得到"宇宙生命"的概念。

(四) 对自然界与生命统一的四重论证

怀特海说物质与精神是相互融合的,自然界与生命是融合的,这个理论怎样得到论证呢?他说:"作为论证的第一步,必须形成关于生命能有何种意义的概念。此外,我们要求用自然界和生命的融合来弥补我们关于物质自然界的概念中的缺陷。另一方面,我们还要求生命概念包含自然界的概念。"[①]

对自然界与生命相融合的论证包含了三个方面,即三重论证。

第一重论证是,理解"生命"是具有何种意义的概念。要理解自然界与生命的关系,首先要理解"生命"概念的内在含义,也就是怀特海说的"必须形成关于生命能有何种意义的概念……作为一个初步的概念,生命概念蕴含着自我享受的某种确定的绝对性。……生命蕴含着由这个纳入过程产生的绝对的、个体的自我享受"[②]。在这里,怀特海明确指出这只是"一个初步的概念"。这个初步概念所指的生命,是作为个体存在的生命。这样的生命在感觉的包容中通过合生纳入(摄入)的过程把各种因素结合为具有特殊结构的统一体,由于目的的实现而获得最后的满足,这就是它的绝对的享受。这种享受就是自我生成目的即理想欲望的实现。自我享受的实质是创造性本质的实现。"自我创造的过程是由潜能到现实的转化,而这种转化的事实则包含了自我享受的直接性。"[③] 自我享受乃是生命的直接表现,其深层的本质则是创造目的的实现。这就是有机宇宙论的"创造理论"。按照这种理论,生命之向未来转化属于宇宙的本质。这就是说,一个个体生命的创造本质从根本上说就是宇宙的创进本质的个别体现。在这个层次上,生命不仅属于个体形态的生命体,而是首先属于宇宙,它乃是宇宙的创造本性的表现。由此来看,"离开转化就没有自然界,

---

① 怀特海:《思维方式》,刘放桐译,商务印书馆,2010年,第138页。
② 怀特海:《思维方式》,刘放桐译,商务印书馆,2010年,第138页。
③ 怀特海:《思维方式》,刘放桐译,商务印书馆,2010年,第139页。

离开时间的绵延就没有转化"①。在世界和自然界的自我生成过程中,"转化"是不争的事实。但是更重要的是转化的目的。因此,就"必须在我们关于生活的描述上还加上另一特征。这个被忽略的特征是'目的'"②。这就是说,要真正理解生命的创造性本质,就必须理解"目的"这个极为重要的概念。"'目的'一词的意思是排除无边无际的其他潜在的东西,包容一种确定的新要素。"③ 怀特海总结说:"因此,生命的特征是绝对的自我享受、创造活动和目的。在此,'目的'显然包含了接受纯粹理想的东西,使之成为创造过程的指导。享受也属于过程,而不是任何一种静止的结果的特征。目的就是达到属于这种过程的享受。"④ 生命概念所蕴含的上述三个特性,也是宇宙自我生成过程本身的内涵,因此,生命也属于宇宙。

第二重论证是,用自然界和生命融合的概念来弥补关于物质的自然界概念的缺陷。怀特海认为,在我们的经验中最为突出的是通过感官获得的感性知觉。但是,还存在着一套不确定的模糊的身体感受即身体经验。感官经验具有二重性,即一部分与身体有关,一部分与身体无关。比如视觉的经验就明显地与身体不相关。因此以感官经验为基础的科学也未能说明自然的真正特征。科学所理解的自然界是被分割的,自然界本来的生机被这种解剖式的研究扼杀了。幸运的是,被科学扼杀了的东西,依凭身体经验的神秘信念保留在哲学和诗歌中。结果如怀特海所说:"科学的推理完全为如下预先作出的假定所制约,即精神活动并不真正是自然的一部分。"⑤ 针对这种虚妄的否定,怀特海强调指出:"在我们的根本性的观察中,精神和自然界的这种截然分裂是没有根据的。我们发现自己生活于自然界中。第二,我们得出结论:我们应当把精神作用看作是属于构成自然界的因素。"⑥ 就这样,精神的概念补充了物质的自然界的概念,自然界成了物质和精神的统一体。因此,自然界应当是有生命的。在论证自然界的生命存在时,怀特海还提出了自然界的"显相"在决定其后的自然进程中的作用,指出在不同显相之间的连续中"存在着作为间隙的桥梁的两可之间的情况"⑦。这就如同恩格斯所说,在非此即彼的存在之外,还有亦此亦彼的东西。总之,只有把精神和物质融合起来,才能真正理解自然界内在

---

① 怀特海:《思维方式》,刘放桐译,商务印书馆,2010年,第139页。
② 怀特海:《思维方式》,刘放桐译,商务印书馆,2010年,第139页。
③ 怀特海:《思维方式》,刘放桐译,商务印书馆,2010年,第139页。
④ 怀特海:《思维方式》,刘放桐译,商务印书馆,2010年,第140页。
⑤ 怀特海:《思维方式》,刘放桐译,商务印书馆,2010年,第143页。
⑥ 怀特海:《思维方式》,刘放桐译,商务印书馆,2010年,第143页。
⑦ 怀特海:《思维方式》,刘放桐译,商务印书馆,2010年,第144页。

的复杂联系和它的种种转化，以及转化中的过渡。

第三重论证是，我们还要求生命的概念包含自然界的概念。这就是说，不仅自然界有生命，包含自然界在内的、比起诉诸感官经验的自然界来显得更加模糊隐约的宇宙，也是有生命的存在。既然宇宙也是有生命的，而自然界只是宇宙中呈现于人的感官知觉中的那一部分，因此可以说生命的概念包含自然界的概念。自然界是在这个更大的生命场中获得生命的。怀特海说："事物的集合性包含了某种相互内在的原理。……任何一个事件都不能是另一个事件的全部的、唯一的原因。整个先前的世界一起才能引起一个新的情境。"[①] 相对于自然界，宇宙就是先在的。自然界的生命是在宇宙这个广袤无涯的母体之内孕育的。在这个意义上，当然应该是生命的概念包含了自然界的概念。在这里，宇宙的生命性质得到认同，这不仅说明了自然界的生命的最终根源，同时也以自然界的生命来确证宇宙的生命存在。只有人的意识通过思维才能确证和理解这个模糊存在，才能意识到"我们和我们的诸种关系处于宇宙之中"，并且受到宇宙整体这个现实的"上帝"的终极制约。这种模糊的关系直接存在于人的身体经验之中，其原因就是人的身体与自然界的统一。

这样，怀特海从宇宙视域对自然界的生命性的论证，最终落脚于人与自然界生命的统一，包括人的存在的内外两种统一，即外在的与自然界的统一和内在的身与心的统一。

怀特海从身体经验来考察这种统一，认为"身体的经验是存在的基础。……我们对于身体的统一的感受是一种基本经验。……身体是我们的情感的和合目的的经验的基础。"[②] 在这个基础上身体与心灵达到统一，而心灵无非是身体经验的整合和统一的反应。因此他所强调的是人的身体与自然界的统一性。为此，他反复指出"身体是自然界的一部分"。身体作为生命的躯体事件与作为生命场的自然界之间的区分非常模糊，彼此之间总是存在着流进流出的因素，而且每一个因素都分有其他因素的存在。身体的皮肤是人体与外界的最后界线，但是它并不隔断两者之间的交流，如果隔断了这种交流身体就会窒息甚至死亡。身体与自然界的这种生态性的关系带来了三个结果："身体为情感和感性活动提供了基础，人的经验的振动传递为其后的身体活动"[③]；"它的种种活动非常协调，以致相应的人的经验的种种振动也相互协调。振动的各种

---

① 怀特海：《思维方式》，刘放桐译，商务印书馆，2010年，第150～151页。
② 怀特海：《思维方式》，刘放桐译，商务印书馆，2010年，第106页。
③ 怀特海：《思维方式》，刘放桐译，商务印书馆，2010年，第107页。

类型之间存在着转化……身体的种种活动和经验的种种形式可以设想为互为依据"[1];"我们最终把世界设想为我们的直接经验中所揭示的那种活动"[2]。这三个结果的综合,就是以身体为中介实现了新领域自然界的统一,于是人能够在自己的经验中感应世界的神性,探究世界的奥秘,乃至成为自然界的自我意识,开启宇宙的文明新时期。

为了对自然界的生命存在有更为真切的理解,怀特海还讨论了情感与生命的关系,指出其对于理解生命的重要意义。这可以看作对自然界生命性质的第四重论证——一种更具有美学意义的论证。

怀特海明确指出:"生命就是源于过去、指向未来的情感感受。它就是对过去、现在和未来的情感享受。"[3] 这是说,情感感受和情感享受是生命之为生命的鲜明特征,没有情感感受和情感享受的生命是匪夷所思的。对于生命来说,这种情感感受和享受的根本内涵就是追求理想的创造成就。因为这种创造是在生命的过程中进行和实现的,所以它包含着对过去的忆念,更有对未来的希望和憧憬,即对理想的追求。在这个意义上,生命的存在就是一个"情本体"——不是只有人的生命才是情本体,一切有生命的存在,包括有生命的自然界和宇宙,都是情本体。万物有情,这可以说就是怀特海的"有情宇宙观"。怀特海指出:"精神性的作用基本上应当看作是能流的转向。……建立这种宇宙论所应由以出发的关键概念是:物理学中所研究的有能量的活动就是生命中所采纳的情感的强度。"[4] 深入认识这两个论断,对于理解情感和生命的科学基础和本体性质非常重要。

怀特海主张把"能"("力")的概念纳入哲学来弥补"物"的概念的不足。所谓"能",无非是一种有方向的力。这个有能量的活动,就是量子物理学所揭示的作为渺观世界存在形态的振动和波。所谓情感的强度,实际上就是这种振动和波的强度。这个振动和波贯穿一切事物,存在于不同层级、形态的显相之中,也就是把物质和精神统一起来,进而也使人的身心统一起来,把身心与自然界和宇宙整体统一起来。于是,振动和波的节奏和韵律(节律)就成了宇宙生命和万物生命的根本特征和彼此关联互动的普遍中介,并最终涌现为世界和万物的美。而美的魅力和感染力,就来自这个有内在能量的情感调子。这就是中国古代美学所说的"气韵""风神"和"境界"。

---

[1] 怀特海:《思维方式》,刘放桐译,商务印书馆,2010年,第107页。
[2] 怀特海:《思维方式》,刘放桐译,商务印书馆,2010年,第107页。
[3] 怀特海:《思维方式》,刘放桐译,商务印书馆,2010年,第153页。
[4] 怀特海:《思维方式》,刘放桐译,商务印书馆,2010年,第154页。

在怀特海的有机宇宙论中，情绪和情感本来就不只是人才具有，而是普遍存在于事物中的。首先，主体形式就具有情绪和情感内涵。其次，作为肯定性包容的感觉的过程包括反应、摄入和满足三个环节，其间也贯穿着情感的作用并表现出情感。最后也更重要的是，事物还由于振动和波的节律而形成一定的"情感调子"。包容过程中的经验强度，就是这样形成的。可以说，事物普遍存在的波和能，正是造成情感调子的深层根源。正因为如此，笔者才把同时具有表现性和动力性的节律形式确定为审美对象的本体特性。

第四节 创造性思维与文明化的人

（一）创造性思维方式是"文明的最高的理智"

怀特海把自己主张的思维方式称为"文明的最高的理智"，并一再指出这种思维方式的诗性特征。对此，他是这样说的："必然的东西是不可移易的，由于这个原因，它们隐约而模糊地处于思维之后。因此，哲学真理应当到语言的假定中去寻求……由于这一原因，哲学与诗相似，二者都力求表达我们称之为文明的最高的理智。"[①] 在《思维方式》的最后他又说"哲学类似于诗"[②]。

在怀特海看来，"明确的陈述"都是抽象的结果，它能表达的只能是有限的存在。然而，真正的哲学应该更多关注的乃是这"明确的表达"之后的模糊而神秘的存在，因为只有它才是具体的趋向无限的过程。由于思维的固有局限，主要是抽象化的结果，这个隐约模糊的存在总是处在思维之后。既然如此，明确的语言不能说明它，就只有求助于"语言的假定"。之所以说它是假定，因为它还需要在深入而全面的探究中去发现、求证和辨伪，以尽可能使之彰显真相。一个模糊的存在，一个语言的假定，就使思辨形而上学的哲学与诗相似了；或者说，这样的哲学就具有诗性了。

显然，作为文明的最高理智和终极良知的这种思维方式，也就以自己的诗性面对隐约而模糊的世界的深邃奥秘。怀特海有机宇宙论认为世界本来就是审美地生成的，诗性是它本来的性质。用诗性的思维方式去探究诗性的世界，这就是文明人所应有的本色。这种诗性的思维方式可以称为"美生思维"或"臻美思维"。

---

① 怀特海：《思维方式》，刘放桐译，商务印书馆，2010年，第1页。
② 怀特海：《思维方式》，刘放桐译，商务印书馆，2010年，第162页。

第四章 终极的良知

怀特海说有机哲学的思维方式是"文明的最高的理智",说的就是这种思维方式所达到的"真"的品质,即它反映的实际存在的真实本质和秩序达到了文明的最高水平。这一概括,表达了他对自己思想的高度自信。那么,为什么说这一思维方式是"文明的最高的理智"呢?

总体来说,是因为这种思维方式作为"存在之思"揭示和肯定了宇宙的存在是自我生成的过程。怀特海的思维方式正是从这个"西方哲学之极点处"和"形而上学完成之极端处"出发,赋予生成以存在之特性,认为宇宙存在就是生成的过程。怀特海的创造性思维方式可以说就是这个内容的展开。这些内容,主要包括十个方面。

第一,从根本上说,它以最广阔的视域和最深入的探究直抵世界自我创造的本质。可以说,这乃是思维所能达到的最大的广度和深度。它以宇宙的视域,上及于宇宙的整体及其神性机能,下潜入渺观领域的"波"和"能"的存在及其作用。这样的视域,在广度上超越了社会历史,超越了地球,还超越了自然界,真是至大无外;在其深度上,也与现代科学所达到的认知同步。近代以来科学所达到的最重要的成果如进化论、相对论和量子理论,都融入了有机哲学。其对宇宙生成本质的揭示还与中国古代的"道"论相通。如此致广大而尽精微,就使它具有人类文明发展中思维精华之集大成的格局。

第二,它对世界通过包容合生活动过程的论述,聚焦于过程的形式的生成机制,揭示了这个过程是审美性与生态性的统一,以和谐及其完善为世界自我生成的最高目的,用具有生态思维内涵的美学完成了"第一哲学"的理论形态。在有机哲学的范畴体系中,"主体形式"只是八个存在范畴之一,但是它在生成过程中发挥着轴心的作用。形式遵循审美的要求进行建构,也是遵循着生态生成的规律。由于生态学的终极性质,这就在最深的层次上揭示了世界生成的终极性质价值趋向。

第三,这种思维方式彻底抛弃了旧哲学的"实体"和"简单位置"的概念,而代之以"事件""关系""形式"(结构、模式)和"过程""环境""社群"等概念,认为"存在即过程""实有即关系",把事物和世界的生成看作包容合生的结果。这些概念如实地反映了世界存在的真实,能够更正确和深入地理解世界的本质和复杂关联,把世界作为自生的"活动"来理解。在这样的理解中,自然界不再是僵死的存在,而彰显出互动生成的活力和生气。

第四,这种思维方式不局限于感官经验中呈现的明晰世界,指出还有一个模糊世界的存在并对明晰世界有决定意义,从而以理性的态度对待世界的复杂性、神秘性。这种对存在的无限性的清醒认识表现了思维的高度开放性和对理性的自信心。在怀特海看来，模糊的、无秩序的经验关系着世界的生命和创造，其中隐藏着大善，因此不能把它们与恶对应起来。只有在与模糊和无秩序的经验的结合中去理解世界，才能解释世界源于宇宙本性的创造性本质。

第五，这种思维方式高度重视存在的整体性及其作用，在指出整体的多层级以至宇宙视域的同时，特别强调细节是对整体的反应。这样的整体观对于理解世界存在和生成的复杂性具有极为重要的意义。这里最重要的是"细节是对整体的反应"的观点，揭示了事物生成的真实而具有终极意义的规律，最深刻地指出了整体的性质和功能。

第六，这种思维方式把价值世界统一于活动世界，认为价值的存在和创造是宇宙自我生成过程中的事实，审美价值是存在的基础，要求从宇宙整体的本质理解经验的价值内涵，并把"重要性"这种价值感觉视为创造冲动的起点。这样把价值论与存在本体论高度统一，为世界和人的价值存在找到了最深刻的基础，并从根本上确认了审美价值与生态价值的统一。对价值的认知和判断离不开整体，其中最根本的是宇宙的整体。在人与宇宙整体的生成本质的关系中，人的价值和生命存在意义在根本上确立起来，这才有了人的存在的珍贵和庄严。

第七，这种思维方式把人和自然界的生命有机地统一起来，以身体的经验为基础深入论证了人由心灵与身体统一而成为人，不仅解开了心物分离这个"世界的死结"，而且为认识人的意识和自觉创造性提供了科学的依据。人与自然界生命在身体经验基础上的统一，从根本上说明了人作为自觉的创造者所具有的审美性与生态性融合的品质。这有助于从自然界和宇宙的本质去深刻认识人的本质和推进人的文明化。

第八，这种思维方式凭借有机哲学的理论不仅解开了心物两分这个死结，而且把传统宗教观中那个超然世外的上帝挪到自然的现实之中，从"原生的现实实有"即宇宙整体确认其现实存在，确定其为世界自我审美生成的终极因和动力因，指出美就是宇宙整体神性的"骤然体现"。这就为科学与宗教在美学中走向和解开启了大门，为科学主义与人文主义的深度统一敞亮了进路，极大地深化了对世界的理解，对推进文明发展的意义极为重要。

第九，在这种思维方式中贯穿着抽象与具体互动推进的思路，既重视抽象在思维中的重要作用，又高度警惕它的灾难性后果，通过抽象对具体的逆反避免陷入抽象的具体性误置的谬误，始终保持对具体—整体的尊重和探究。这一根本逻辑反映了合"多"为"一"和审美生成的本性，不仅是思维的创造性的逻辑保证，更是创造性实践必须遵循的根本原则。为此，就要求在运用抽象时保持着向具体的逆转,即"向具体的东西回复",使感官知觉的经验理性化,把抽象上升到具体。

第十,这种思维方式高度重视物理学的"振动和波"特别是量子物理学的"波粒二象性"的理论,从自然界与身体的统一性中揭示了节奏和韵律在身体经验中的作用,为从根本上认识审美活动的本体特性以真正解开这个神秘的"美学之谜"打开了大门,也揭示了审美活动内在的生态奥秘,使作为"第一哲学"的美学学理空前深化。向美而生是世界的本质,审美价值是世界存在的基础,审美方式是理解世界的重要方式。这一切都有助于从根本上理解审美活动和审美关系的本体特性,也有助于更深入地认识宇宙自我生成的审美本质。

以上是这种思维方式的主要特征。如果从总体来看,那就是它作为彻底的自然主义而内在地包括了人本主义的精神。怀特海把自己的有机哲学称为自然主义的哲学,实际上已经具有彻底的自然主义的性质,这就如马克思所说,等于人本主义了,也就具有自然主义与人本主义统一的性质。马克思曾经指出:"彻底的自然主义和人道主义,既不同于唯心主义,也不同于唯物主义,同时又是把这二者结合的真理。"[①] 这种思维方式就是这样的真理。于是,哲学史上自然主义与人本主义分离对峙的历史至此结束,唯心主义和唯物主义之间的生死对立也被超越。马克思、恩格斯以现实的活动着的人为出发点的实践的唯物主义,作为彻底的或者完成了的人本主义,也是等于自然主义的。而怀特海的有机哲学就是彻底的自然主义。按照马克思的说法,这样的哲学既不是唯心主义也不是唯物主义,而是二者结合起来的一种超越心物二元对立的新哲学。在不少人还为唯心唯物争论不休的情况下,创造性思维方式作为"最高的理智"自然彰显出耀眼的光彩。

综上所述,怀特海说自己主张的思维方式称为"文明的最高的理智",是符合事实的,它确实站到了文明理性的制高点。

(二)是"最高的理智"也是"终极的良知"

怀特海说自己主张的思维方式是"文明的最高的理智"。在对这种理智的基本内容阐述之后,他又说这是"文明的终极的良知",这是进一步指出它作为"创造的冲动"所具有的价值内涵和实践性品格。

怀特海把他所主张的思维方式称为"良知",不禁使人想起王阳明的"致

---

① 马克思:《1844年经济学哲学手稿》,中共中央马克思恩格斯列宁斯大林著作编译局译,人民出版社,1985年,第124页。

良知"。据传,在王阳明那里,"知善知恶是良知"。怀特海把善包容在审美的价值中,认为美就是最大的善。王阳明的良知关怀的是道德价值的实现,局限于现实社会的伦理领域。而怀特海所说的良知,把审美价值作为世界存在和生成的价值基础,进而作为创造的冲动的重要性感觉首先就是对审美价值的经验。

说这是"文明的终极的良知",因为它以宇宙为终极视域,以作为上帝的宇宙整体神性的爱欲的实现为终极目的,并以宇宙神性为终极的动力。天地一体之仁的大善在审美和谐的积极生成中得以实现。世间一切事物的价值都由宇宙整体这个终极的价值根源所赋予,宇宙整体不仅赋予事物现实的有限价值,也以宇宙自我生成的过程使之获得无限的价值。宇宙向美而生的自我超越本质乃是一切价值的终极尺度。

说这是"文明的终极的良知",还有一个潜在的理由,那就是它全面而深刻的生态思维内涵。如前所述,有机哲学所说的世界自我生成的审美性是与生态性深层统一的。有机哲学的这一内涵受到建设性后现代哲学家们的高度评价,被称为对环境问题有实际指导意义的"深生态学"。美国著名生态哲学家罗尔斯顿在《哲学走向荒野》中说生态学是终极性的学科,只因它揭示了人类生命的存在的根本关系。从这个角度看,这种思维方式包括其价值内涵当然也具有终极的性质,是一种"终极的良知"。

说这是"文明的终极的良知",因为它体现了文明的宇宙所达到的理性精神和生命理想。怀特海说:"哲学是对关于范围广泛(large)和适当的一般性概念的思考。这种精神习惯就是文明的本质。它就是文明。"[1] 对重要性和宇宙视域、过程形式和生命等概念的理解就是这样的思考,它深入揭示和敞亮了抽象的屏障后面的具体的性质,从自然界和宇宙的统一理解了世界的有机生命、创造性本质和价值基础。这种思维方式所体现的精神习惯就是文明的本质,或者说它就是文明。

说这是"文明的终极的良知",还因为它作为"创造的冲动"必然要诉诸创造现实新颖性的实践性品格。怀特海说自己对世界本质的学说"不只是一个形而上学的难题。它是一个关于我们对事件的日常判断中的实际良知(good sense)问题"[2]。这是因为视域决定善恶的实际价值判断,而宇宙视域的终极性决定了价值判断即重要性感觉的终极性。这个"实际良知"的概念表明了将

---

[1] 怀特海:《思维方式》,刘放桐译,商务印书馆,2010年,第7页。
[2] 怀特海:《思维方式》,刘放桐译,商务印书馆,2010年,第64页。

其在现实中加以实践的要求。这种"最高的理智",绝不满足于对世界存在的真知,它更要作为"创造的冲动"成为实践的智慧去积极地参与创造性实践。

正是这样的内涵,怀特海的思想与王阳明的"致良知"说相通了。

王阳明的心学实际上是"知行合一"说,其核心观点"致良知",就是强调要把良知付诸实践,使之成为现实的具体事实。这个知行合一的思想,在实践的层面上说明了身心统一的关系。在王阳明看来,既然心是身的主宰,那么对于一个真诚的人来说,心之所知的善意就应该在身上表现出来,转化为实际的行动。在心的主宰之下,知与行就不是两个东西,而是一个东西的两面:知应见之于行,行则为知的体现。

徐爱曾就知行合一的问题请教王阳明:很多人都知道孝悌之义,却不能践行,这知与行不就是两件事吗？王阳明回答说:"此已被私欲隔断,不是知行的本体了。未有知而不行者。知而不行,只是未知。圣贤教人知行,正是要复那本体。"① 他还用《大学》中的"如好好色,如恶恶臭"来说明这个道理:"见好色属知,好好色属行……只闻那恶臭时已自恶了,不是闻了后别立个心去恶。如鼻塞人虽见恶臭在前,鼻中不曾闻得,便亦不甚恶,亦只是不曾知臭。"② 这是说,心既然是身之主宰,那么,心既已知就会引起身体的行动。如果没有行动相随,那是因为并非真知。比如只是知道了事物的表象,并不知道其对人的作用和后果。只有在行为上有了相应的反应,才算是真正的知。王阳明说:"就如称某人知孝、某人知弟,必是其人已曾行孝、行弟,方可称他知孝、知弟。不成只是晓得说些孝弟的话,便可称为知孝弟。"③ 基于上述事实,王阳明结论道:"知行如何分得开？此便是执行的本体,不曾由私意隔断的。圣人教人必要是如此,方可谓之知。"④ 知是心之所知,行是心之所趋。王阳明看来知行原是两个字说一个工夫,这一个工夫,须著此两个字方说得完全无弊病。知与行本是一件事的两面。知行之所以合一,皆本于心。正因为身心一体,知行才可能合一。由此可知身与心的统一对于人之能否参赞天地化育乃是关键。在这个意义上,可以说正由于身心的统一,人才具有创造的本质,才可能自觉地投入宇宙自我生成的创造行动之中,也才是一个真正的人。怀特海说心与身的统一才成为人,心是人的"主体形式",因此在"知行合一"的认识上他与王阳明是一致的。

---

① 怀特海:《思维方式》,刘放桐译,商务印书馆,2010年,第230页。
② 王阳明:《传习录》,北京联合出版公司,2017年,第8页。
③ 王阳明:《传习录》,北京联合出版公司,2017年,第8~9页。
④ 王阳明:《传习录》,北京联合出版公司,2017年,第9页。

"致良知"之说，是王阳明新学的核心和根本。他说："知是心之本体，心自然会知。见父自然知孝，见兄自然知弟，见孺子入井自然知恻隐。此便是'良知'，不假外求。"① 这就是说，良知乃是人心自然禀有的天理之知，是与生命本体结合在一起的精神品质。"良知"之语出于孟子。《孟子·尽心上》中说："人之所以不学而能者，其良能也；所不虑而知者，良知也。"不学而能，不虑而知，是人之天性使然；使人源于天性天理的本心，即道心。人性本善，自然就具有正面的价值内涵。"人心天理浑然"，此心在人的社会实践中往往受到遮蔽，被人的私欲污染和扭曲，因此需要"正心""诚意"，需要学习，才能祛蔽复明，才能做到"致良知"，将其化为自己的道德行为。

知与行的统一，最根本的原因在于真知乃是对行的体认，即懂得行乃是天理所在。王阳明再三强调"知天地之化育"，这"化育"就是天地之"行"的具体内容。正因此，才有"天道"之说——所谓"道"即"行"的路径和方向。既然知道了"行"乃天理之根本，知行合一就是理所当然了。在怀特海这里，"天地之化育"就是宇宙自我生成的包容活动。人作为宇宙的产儿秉承了宇宙的这一本质，当然要把"最高的理智"化为"终极的良知"，在自己的实践活动中努力实现。

在《观念的冒险》中，怀特海说了这样一段话，有助于理解他关于"终极的良知"的论述："人类现在正处于转换其世界观的那些少见的心境之一。单纯的传统强制已失去了力量。我们——哲学家、研究人员以及从事实际工作的人——的任务便是重新创造以及重新设计一种对这个世界的看法，其中包括那些充满了无畏理性的、没有它们社会便会陷入混乱的、令人敬畏的以及必须遵守的东西。对世界的这种看法便是被柏拉图看做是德行的那种知识。那些时代，在它们的发展范围内广泛流传着这种看法的那些时代，便是人类难以忘怀的时代。"② 被柏拉图看作德行的那种知识就是"良知"。显然，怀特海所主张和阐述的有机哲学的思维方式，就是对世界的这种看法和认识。

（三）哲学的目的是把神秘主义理性化

怀特海所主张的思维方式，最终把对世界的理解归结于自然界和宇宙生命的创造性本质。这个思维的方式以宇宙为视域，进入思维世界的不仅有明晰的实有还有模糊的存在，而且这个模糊存在还非常重要。这样一来，神秘性就在

---

① 王阳明：《传习录》，北京联合出版公司，2017年，第14页。
② 怀特海：《观念的冒险》，周邦宪译，译林出版社，2012年，第108页。

所难免。那么，思维应该怎样对待和处理这种神秘性呢？

思维必须重视经验。人类活动产生了不同的经验，既有感官的经验，又有身体的经验，而且两种经验相互交织，彼此影响，发生了复杂的关系。哲学首先要重视对这些经验的收集和整理。怀特海以柏拉图、莱布尼茨和威廉·詹姆士为例，说他们都是重视收集的大思想家。在谈到威廉·詹姆士时，他特别指出："他做过建立体系的工作，但他首先是从事收集。他的理智生活的特点就是反对为了体系而忽视经验。"[1] 这就意味着哲学的思维必须从实际的经验出发，并且使理解达到自明性。在怀特海看来，"哲学总是自明的，否则它就不是哲学"[2]。这就是说，真正的哲学所揭示的应该是事物和世界的本性，即其多样统一的具体性。有机哲学的终极范畴"多""一"和"创造性"，作为直接指向和敞亮了事物的本性，就属于这样的自明性——事物本来就是这样，它自己证明自己，无须外来的证明。如果要证明，就得分析，就要抽象。而抽象只有上升到具体才能达到对事物自明性的理解。

真正的哲学，就要从这种具体的合"多"为"一"的创造性去批判种种抽象的认识。然而，感官经验与身体经验的复杂关系，特别是感官经验的表象作为一种符号指称的抽象性，使经验中总是在明晰性之外还存在着模糊性，在呈现于感官经验中的明晰表象之后还有模糊的背景。因此，思维要达到自明性并不容易。面对这样的世界情景，哲学就不能无视模糊隐约的存在及其对明晰事物的深刻影响。基于此，怀特海就得出了"哲学与诗相类似"的结论。

哲学和诗都是用语言来表达的。如前所述，语言作为表达理解的常用方式，必然伴随着抽象，"哲学的最大困难就是语言的失误"[3]，这就是语言的抽象对事物具体性的屏蔽和干扰。怀特海说："语言处于直觉之后。哲学的困难在表达自明的东西。"[4] 这里说的"直觉"指的是感官的知觉。说"语言处在直觉之后"，是因为先有知觉然后才有语言的表达。这样一来，对于实际的存在就有了双重的抽象：先是感官的抽象，后是语言的抽象。这就使哲学对自明的东西的表达遇到困难。中国古代哲人说"道可道，非常道"，又说"意在言外"，西方哲人说"形象大于思想"，感慨于"真理不可言说"，就指的是这种困难。因为这样，怀特海才说："哲学与诗相类似。哲学是寻找诗人作出生动暗示的惯用语汇的努力。"[5] 与诗一样，哲学也必须关注那个至为重要的模糊

---

[1] 怀特海：《思维方式》，刘放桐译，商务印书馆，2010年，第7页。
[2] 怀特海：《思维方式》，刘放桐译，商务印书馆，2010年，第47页。
[3] 怀特海：《思维方式》，刘放桐译，商务印书馆，2010年，第47页。
[4] 怀特海：《思维方式》，刘放桐译，商务印书馆，2010年，第47页。
[5] 怀特海：《思维方式》，刘放桐译，商务印书馆，2010年，第47页。

世界，而不能致力明晰而抛弃和无视它的存在。只不过在诗歌中用比兴、隐喻和象征来暗示的东西，哲学要努力用理论的语言加以表达，尽可能使人们能够理解。

《思维方式》谈到"哲学的目的"，怀特海将其作为全书的"结束语"。在这个结束语中，怀特海以简练的词语告诉我们什么是哲学的目的。他对来听讲座的听众说："就理性思维以及文明的评价方式能够对创造未来发生影响来说，大学的任务就是创造未来。"① 这就是说，哲学应当对创造未来产生影响。在这个意义上，哲学就是要高扬宇宙生命的创造精神，对人的创造性活动发生积极的影响。

那么，什么样的哲学才能发挥这样的影响呢？怀特海说得很明确："研究哲学是一种对全知加以否定的工作。"② 面对无限的世界，哲学家"总是在突破有限性的界限"③。一方面要否定全知的狂妄和自负，在无限广阔和深邃的世界面前始终保持敬畏和谦虚，承认世界的奥秘不可能为我们所全部明晰认知；另一方面，又要有所作为，努力发挥理性的力量，去不断地突破有限性的既有界限，把对世界的认识和理解推向新的广度和深度。只有这样，哲学才能对创造未来发挥影响。

哲学要达到这样的目的，需要有真正的哲学家。怀特海在这里指出："哲学家作为哲学家与学者不一致。学者借助词典来研究人类思维和人类成就。他是文明思想的主要支持者。一个人没有学识可以是一个有道德、有宗教信仰并且非常愉快的人，但他不是一个完全文明的人，他会缺乏非常精准的表达力。"④ 他说，科学和学识都只是哲学的辅助工具。哲学家应该有所创造，那就是总是突破有限性的界限。他在这里提出了"完全文明的人"的概念，为自己的人学确立了关于人性生成和人格塑造的理想。

怀特海把哲学家分为两派，即摒弃思辨哲学的"批判学派"和包含了思辨哲学的"思辨学派"。他说这两个学派之间的分歧是安全与冒险之间的争执。在怀特海看来，冒险精神乃是文明的五大品质之一，世界要审美地生成，人类要创造新的美和艺术，都离不开冒险。他认为美的本质在和谐，但是他并不欣赏那种平庸的无所作为的和谐，而推崇在不协调中去努力实现新的更高级的和谐即"完善"。这种通过冒险而实现的美表现出宇宙生命精神更高更壮丽的强

---

① 怀特海：《思维方式》，刘放桐译，商务印书馆，2010年，第159页。
② 怀特海：《思维方式》，刘放桐译，商务印书馆，2010年，第159页。
③ 怀特海：《思维方式》，刘放桐译，商务印书馆，2010年，第160页。
④ 怀特海：《思维方式》，刘放桐译，商务印书馆，2010年，第160页。

度,乃是"终极之美"。真正的哲学家要突破有限性的界限,就必须有所发现、有所创造,而这就离不开冒险的精神,既有青春的梦想又敢于争取悲剧的收获,并最后达到平和之境。哲学对无限而神秘的世界的探寻,需要的就是这种精神——"完全文明的人"所应有的精神。

哲学家所面临的世界无限广袤而且复杂,存在着不可穷尽的奥秘。怀特海说:"如果谁想把哲学用话语表示出来,那它就是神秘的。因为神秘主义就是直接洞察至今没有说出来的深奥的东西。"① 人类之所以需要哲学,就是要努力去探寻这个无尽的奥秘。怀特海说:"哲学的目的是把神秘主义理性化:不是通过解释来取消它,而是引入有新意的、在理性上协调的对其特征的表述。"② 这就是突破原有有限性的界限,把有限性推进到新的广度和深度,尽最大的努力趋近无限性,尽可能彰显世界深邃幽渺的奥秘。

但是,"我们的经验的东西比我们能够分析的东西要多。因为我们经验着宇宙,而我们的意识中分析的只是从宇宙的细节中选出的一小部分"③。世界的奥秘终究不可穷尽,更不可能都呈现为明晰的经验和概念。因此"哲学类似于诗",最深的终极奥秘总是隐藏在明晰的表达的后面,朦胧而又幽深。哲学与诗"都力图表达我们名之曰文明的终极的良知,所涉及的都是形成字句的直接意义以外的东西"④。无论哲学怎样突破有限,与无限的距离总是存在。哲学应该承认和正视模糊世界后面那个隐秘的终极奥秘,努力把神秘主义的存在理性化。

"哲学类似于诗"的观点使人想起意大利哲学家维柯说的"诗性思维"。维柯的《新科学》认为,原始的人类对世界的认识是诗性的,他称之为"诗性思维"。这种思维把人的生命和情感特质赋予世界万物,星辰、大海、风雨、石头,都成了灵性的存在,人的生命与万物的生命融合在一起。这种思维在后来的浪漫主义思潮中演化为"泛神论",更进一步理性化地启迪和激发了人的心灵。怀特海在《思维方式》的开头和结尾都强调了哲学与诗的一致和类似,表明这种诗性思维在经历了几千年间哲学、科学和宗教的发展之后所达到的综合性超越,这是一种在理性成长基础上的创造性回归。

这种回归,否定了哲学可以全知的虚妄,肯定了明晰与模糊同在、有序与无序并存、有限与无限互动的世界存在真相。在此基础上,哲学重新直面世界

---

① 怀特海:《思维方式》,刘放桐译,商务印书馆,2010年,第161页。
② 怀特海:《思维方式》,刘放桐译,商务印书馆,2010年,第161~162页。
③ 怀特海:《思维方式》,刘放桐译,商务印书馆,2010年,第83~84页。
④ 怀特海:《思维方式》,刘放桐译,商务印书馆,2010年,第162页。

的神秘性,把对神秘主义的理性化作为自己的任务,把诗性思维迎回自己的怀抱,并为其注入被科学和艺术提升了的理性精神。

这种回归,把世界自我生成的审美性和生态性融合起来,充实了世界诗性的科学内涵,也使其浪漫主义的精神特质找到了现实的基石和土壤,强化了理想欲望的现实根基。这样向世界深处的探究,必将滋生出思维推进的新的生机和力量。

这种回归,把精神和生命还给自然界,敞亮了世界向美而生的创造性本质,在物质与精神、身体与心灵、宇宙自然与人的有机统一中揭开创造性的终极根源和目的,使我们能够空前真切地理解和体认世界和人共同的创造性本质,并在自觉创造的努力中追求人与自然界之间的和解和统一。

这种回归,为人文精神与科学精神的统一、人本主义与自然主义的统一开创了崭新的思想平台。中国哲学追求的"天地境界"和西方心理学追求的"超越人格"在此遇合一体,昭示出一种最能表现人的尊严的创造性人格精神,创造性因此也就成为人学的核心内容。

这种回归,把世界的神性还原到世界的现实存在之中。由于对宇宙整体神性的认识,宗教经验的宇宙敬畏感没有失去,只是把这种神秘主义理性化了。这样一来,一种更加现实和科学的神性观念必将以更加虔诚的敬畏去感悟宇宙的全部庄严,并把这种庄严塑造为人的真正品质。

(四) 创造性思维是文明化的人的自觉意识

创造性的思维发轫于创造的冲动,这种冲动不仅推动思维的演进,而且通过思维的理解对宇宙创造性本质达到自觉意识。作为价值经验的重要性感觉,实际上就是对世界和事物自我生成过程的价值意义的敏感。正是由于对创造性价值的敏感,重要性才成为重要性。显然,对重要性的认知直接关系到人的文明水平。

首先,一个人是否有出于创造的冲动的重要性感觉,直接体现了他对生活和世界、对世间事物是否有强烈而明确的价值关怀。人本来就是一种极其重要的价值存在,生命的生成和存在就是价值的享受。如果漠然无视价值经验,甚至拒绝对事物存在的价值考量和价值追求,那么,这样的人就从根本上背离了"文明的宇宙"所应有的精神。在这个意义上,人泯灭了良知,也就说不上是一个真正的人。

其次,这里说的重要性感觉,是一种生成性的经验。这种感觉的产生不仅依赖于人的价值追求,还依赖于人对事物及其细节的价值认知和评判的能力。

对于生活和事物，不同的人们有不同的重要性感觉，这些感觉具有不同的价值内涵。有的重要性感觉只关乎个人的生存，不一定关乎世界生成的无限价值。任何一种重要性感觉，实际上都体现了价值认知的判断水平和态度。在这个意义上，对世界事物及其细节的重要性感觉，实际上体现了人对其对象的价值关系上的视域的广度和深度，表现了他与宇宙本质达成统一的水平。只有能够从宇宙的视域和根本精神进行生成性价值判断的人，才算得上是真正自觉的"宇宙的产儿"。

再次，怀特海把重要性感觉归于"创造的冲动"，这是很深刻的。诚然，由于各种原因，有重要性感觉，未必就有创造的行动，可能只是旁观和欣赏而已。但是，没有重要性感觉，就绝对不会有创造的冲动和努力。所谓创造的冲动，就是创造新颖性、创造新价值的欲望。没有重要性感觉的人，就不会是有创造冲动的人；归根到底，就不会有创造的精神，更不会有创造的行动。这样，他也就不会是一个自觉承继了宇宙创造性本质的真正的人。

思维对新事物的创造性追求，充分体现了它的重要性。"人的生命的价值、它的重要性是通过未实现的理想借以使其目的具体化并使其行动具有色彩的那种方式取得的。"[①] 在自然界中出现的各种现实事物的集合体中，尽管植物就已经对重要性有感觉和表达，但是人作为有意识的高级生命集合体，对重要性最关注、最敏感。这正是人对新事物创生的理想自觉关注并积极实现的努力。在这个意义上，作为文明的终极良知的这种思维方式，才是人性的本质所在。这正如怀特海所说："人类与具有类似能力的动物的区别在于他们有直接接受新事物的能力。这要求有一种能够想像的概念的力量和一种能够发生作用的实际力量。"[②] 这直接通过对重要性的表达体现出来。而在这个想象的概念背后，就有能够发生作用的实际力量在推动着。这个概念表达得越是具体，实际力量就越是能够发挥作用。对于真正的人来说，他的意识绝不像植物或者低等动物那样只注意与自身生存直接相关的感性经验，只顾自身身体正常生活。在怀特海看来，人的心灵作为有机体的核心，其所关心的主要是人的存在的细微末节，而并不轻易去沉思身体的基本功能，除非身体的机能出了问题。正是在这些"细微末节"之中，存在着种种出其不意的新颖的因素，有可能引发创新的灵感和欲望。对这些细微末节的兴趣，就是对事物奇异新颖之处的关注。世界和事物的美，常常被人视为细微末节的东西，而正是美在启示、激发和引领着

[①] 怀特海：《思维方式》，刘放桐译，商务印书馆，2010年，第28页。
[②] 怀特海：《思维方式》，刘放桐译，商务印书馆，2010年，第30~31页。

人的好奇心，进而推动着人们对新颖性的发现和重视。

人作为宇宙的产儿，不仅要有这种价值敏感，更要运用有效的思维方式去深入理解这种重要性经验，把它作为指导自己的创造性实践的有力工具。因此，这种思维方式应该是文明化的人的自觉意识。它作为自然界和宇宙的自我意识，就是文明化的人的心灵中的"小宇宙"。

要使这种思维方式成为文明化的人的自觉意识，当然需要深入理解有机哲学的核心内容和根本精神。对于深受传统文化的思维方式影响的中国人来说，正确认识和处理推进理解的两种方式——审美的方式和逻辑的方式——的关系显得特别重要。这是因为在我们的文化中，诗性思维的传统影响深远，这为怀特海所看重，他为自己的哲学与中国古代的"道"论相通而深感欣慰。中国古代哲学的道论对天道的敬畏、对自然之道的颖悟、对天地万物一体之仁的信念、对天道与人心统一的认同等，都是对天地自然整体思维的成果。怀特海关于宇宙审美生成的理论更是与庄子说的"天地有大美而不言""原天地之美以达万物之理"神会。但是，中国古代的这种诗性的整体思维，是朴素的、直觉的，其中积淀了古代哲人深厚的身心整体的经验。与怀特海有机哲学的整体思维即审美方式的思维相比，这种诗性的思维保留着更多的原生特性，缺少科学抽象和分析思维的基础和逻辑方式的解释性支撑。严格地说，这种整体思维中的整体还不是多样统一的具体，而是一个未加分析和理解的混沌的整体。这种整体思维的诗性传递了世界本体存在幽深而神秘的信息，但还有待充分理性化。与之不同，在科学的抽象中发展起来的逻辑思维，开启了从部分和细节的综合及其结构认识整体的道路，使具体的概念渐趋明晰。正是这个从抽象上升到具体的思维道路，推动了科学的进步。从数学中算术、代数到几何学（从平面几何到立体几何等）的发展线索，从科学中物理学、化学、生物学到生命和生态学的发展线索，就体现了这种上升之路。尽管其间贯穿着抽象到具体的提升，但其所达到的具体仍然是某种层级的抽象。在这种科学抽象遮蔽了宇宙这个模糊本体的时候，怀特海重新把宇宙整体呼唤到思维面前，指出思维必须有宇宙的视域。他要求重视这个虽然模糊但具有决定意义的整体存在的实在性，并指出细节是对整体的反应。怀特海说审美方式由于逻辑思维的帮助，依然有整体的神秘性，但却在理性之光的照耀下逐渐现身。怀特海特别重视的量子物理学关于振动和波的理论。关于精神基于物理极并生互动的观点，关于明晰世界与模糊世界关系的观点，关于过程形式在包容中的生成机制的观点，特别是关于关系和过程的观点，都是从抽象走向具体的阶梯。因此，我们在珍视传统诗性思维中的整体观念的同时，应该像怀特海说的那样把神秘主义理性化，积极汲取现代科学的成果,掌握从抽象上升到具体的逻辑思维方法,深入理解马克思所主张的思维道路,以促进对神秘整体的更加深入的理解。对宇宙的理解将深刻影响 21 世纪人类的命运,我们理应用逻辑思维这个理性的利器推进对世界整体存在及其机能的认识,以扩展和加深对宇宙的理解。

怀特海把世界的自我生成视为向美而生的过程,而美作为一种整体性的经验却向来就极为神秘,被称为"美学之谜"。其神秘难解使不少美学家望而却步,甚至蛮横地否认美的存在,要人们放弃对美的本质的思考和研究。在有机哲学中,由于逻辑思维的帮助,人们却可以通过对抽象的包容达到相对深入具体的认识。"宇宙中存在着享有价值和(通过其内在性)分享价值的统一体"[①],这些就是引起重要性经验的事实。接下来,怀特海以原始森林中一块孤立的空地上的一朵花的美妙为例,说:"任何动物都永远没有享受它的整个美的敏锐经验。但是,这种美仍然是宇宙中一个重要的事实。如果我们考察一下自然界,想一想动物对它的享受怎样短促和肤浅,如果我们理解到为何每一朵花的孤立的细胞和颤动不可能享有整体的效果,那我们关于细节对整体的价值的感觉就会在我们的意识中明确起来。这是对于神圣的直觉,是对作为一切宗教的基础的神圣的东西的直觉。在一切向上发展的文明中,这种神圣性的意义都有特别有力的表达。"[②] 一花一世界,这个极为普通的事实,包含着丰富而幽深的内涵。这里表达的思维对这朵花的理解,包含了以下几点:

一是说美的存在是宇宙中的一个重要事实,其重要性就在于它是享有价值和分享价值的统一体。美基于自身达成了和谐的包容的满足,这是对自我价值的享受,因此真正的美都显得自在、自足、自得而自信。同时,它的美又是对他者和整体的价值的分享,并且把自己的价值分享给他者和整体。因此美又总要把自己的重要性生动鲜明地表达出来,显得那么灿烂夺目,那么风姿绰约,那么摄魂夺魄。

二是说尽管任何动物都不可能欣赏它的整个美,但这个美的存在仍然是宇宙中存在的一个重要的事实——不仅是一个事实,而且是重要的事实。怀特海在这里说的是动物不能欣赏其整体的美,却可以为其外在的感性特征,比如花的颜色所吸引,并由此发挥出推进生殖的作用,实现其创造新生命的功能。这当然是宇宙的一个重要的事实。动物对美的经验短促而肤浅,就是说它们只能感觉到美的外在感性信息,而只有人才可能领悟其幽深的内涵,并沉浸于对美

[①] 怀特海:《思维方式》,刘放桐译,商务印书馆,2010 年,第 111 页。
[②] 怀特海:《思维方式》,刘放桐译,商务印书馆,2010 年,第 111 页。

的深刻品味之中。

三是说花的感性细节与整体存在之间的关系。这朵花的美不在于花的孤立的细胞和颤动这些细节本身,而是由于这些细节(除了颜色还有它的形体和姿态)构成的整体是对宇宙整体的生命精神的生动反应(而不只是反映),因为美作为一种整体质乃是宇宙自我生成的产物,是宇宙整体生命精神在这个整体上的"骤然体现"即"涌现"。这就意味着,绝不能只是局限于事物本身去考察美的存在和价值,而应该由宇宙视域的眼光,由细节是对整体的反应的理解,由对宇宙生命精神的认可和感悟,把这朵花与宇宙之道即"天道"联系起来,才能达到对美的本质的深入理解。

四是说美的神圣性,对美的经验是对神性的直觉。不能用轻佻的眼光去对待美和审美经验,不能把美看作可有可无的东西,甚至也不能用功利的眼光去看待它,仅仅把它看成某种狭隘目的服务的工具。美所表征的神秘的爱欲和生成精神,对生命存在及其自我超越显示出微妙的魅力,这乃是作为一切宗教的基础的神圣的东西。美是上帝之光,不过这个上帝是作为原生的现实实有而包孕万物的宇宙整体。因此,美实际上就是宇宙整体生命精神在现实事物上的涌现。通过美,我们感应世界终极存在的生命节律,使自我的小宇宙与大宇宙相遇合,有限的存在因此融入无限的至美之境。

五是说美与文明的关系。在一切向上发展的文明中,这种神圣性的意义都有特别有力的表达,这是为人类文明史(无论东方还是西方)所证明了的事实。这就是说,美作为宇宙审美生成精神的直接表现,始终在引领和推动着文明的进展。每一种向上发展的文明,都有对美和审美的神圣性的表达。因此,美不仅是文明的核心品质,而且也是文明的基因。珍爱和敬畏这个基因,文明就发展昌盛;贬损和践踏这个基因,文明就会衰败和蒙难。这才是美的最深刻而重要的价值所在。

六是说联系怀特海关于"波"和"力"的观点来理解美作为生命表征本来的活动性质,它原是具有内在动力性的存在。美绝不只是意义的表征,像通常对"意象"和"有意味的形式"的理解和阐释的那样。跟意义表征一样重要却更为本真的是它的生命动力性,它因此具有"情感调子"和"感觉强度",具有能量组织的作用。这不仅是美能够引起审美感应的直接原因,而且依此可以理解审美活动本体特性这个真正的"美学之谜",为美学奠定可靠的生命基础。

这真是一花一世界。如果把各个层次和方面的内涵展开来,对这一朵花之美所做的从抽象到具体的阐释,可以覆盖和透视几乎创造性思维方式的全部重要内容。尽管如此,可意会而不可言说的东西还是存在,就像陶潜说的,"此中有真意，欲辨已忘言！"在逻辑方式尚不能推进的地方，只有借助审美的方式了。所谓"在语言停止的地方，艺术开始了"，说的就是这个意思。

怀特海对创造性思维方式的论述，整个就是本着从抽象上升到具体的路径展开和推进的。作为理论阐述的形态，基本上是逻辑的方式。没有逻辑方式的思维，不仅理论的研究不可能进行，创造性的实践活动更是一筹莫展。我们看到，自然界中生命体的生成，无不重复着宇宙的自我生成从原生的整体开始的路径。胚胎就是原生的生命整体，躯体的各部分是在这个整体中共生发育而成的。这就是典型的审美生成的方式。人类实践活动中的创造活动则走的是相反的路径——从部分到整体，即先造出各种部件，然后组装成整体。这里也有整体在先的指导作用，不过那是作为蓝图和意象而存在的，实际的创造都是从部分开始的。其中每一个部件都具有对整体做出反应的性质和功能，即符合整体的需要，为整体服务，但整体却是最后才成为现实的存在。这个制作的过程遵循的就是逻辑的思维方式。即使现在被热炒的智能机器人，也是这样按照逻辑制造出来的。怀特海认为，逻辑的方式也可以达到和谐而成为美，但是它绝没有审美生成的生命体的美那么精细、巧妙和圆融，那么富有天然的生气和神韵。

创造性思维方式的生命在于创造，应该充分重视审美的方式和逻辑的方式在功能上的互补，把艺术的思维和科学的思维结合起来，这乃是终极的良知转化为现实实践的必然要求。只有这样，这种创造性的思维方式作为"文明的最高理智"和"文明的终极良知"才成为人的自觉意识，人也才因此成为"文明化的人"，或者"完全文明的人"。

附录：从"自然向人生成"到"宇宙向美而生"
——论曾永成人本生态美学思想的发展理路*

2010 年，学者党圣元在其《新世纪中国生态批评与生态美学的发展及其问题域》一文中指出："曾繁仁的'生态存在论美学观'、曾永成的'人本生态美学观'和袁鼎生的'审美生态观'是目前生态美学研究中已成体系、相对成熟且影响较广的集中代表性的生态美学观。"① 十多年过去了，如今曾永成先生已年逾八旬，但依旧思维活跃，勤耕不辍，精进不休，坚守其一贯学术主张，发展完善其人本生态美学理论，在学界持续产生影响。中国的生态美学经过了三十余年的发展，依然还在寻求建构具有普适性、基础性的元理论。曾先生在人本生态美学观的基础上，从历史与逻辑中提炼的"向美而生"的理论范型，与袁鼎生教授系统建构的美生学理论体系一起，呈现出作为当代生态美学元理论的潜力与态势。

曾永成的人本生态美学观有其明晰的理论发展轨迹，首先是以马克思主义哲学思想为理论元点，形成以生成本体论为理论基石的人本生态观，进而以人本生态观为哲学基础，形成越来越完备的人本主义生态美学思想体系。20 世纪 80 年代起，曾永成对马克思、恩格斯的论著及思想进行了深入的探索与分析，抓住了马克思思想中的"自然向人生成""自然界的人的本质""自然界的自我意识"等核心命题，并将其提炼概括为马克思主义生态思想的核心范畴，亦作为其生成本体论的基础。2000 年，他出版了在学界影响很大的《文艺的绿色之思》，成为中国文艺生态学、生态美学研究重要的奠基作之一。② 2005 年，他出版了《回归实践论人类学——对马克思主义文艺学新解读》，对马克

---

* 本文作者：龚丽娟（1981— ），女，广西民族大学文学院教授，生态美学方向博士生导师，研究方向：生态美学与民族文艺学。原载《成都大学学报（社会科学版）》，2023 年第 4 期，第 116~128 页，此次出版有删改。

① 党圣元：《新世纪中国生态批评与生态美学的发展及其问题域》，《中国社会科学院研究生院学报》，2010 年第 3 期，第 123 页。

② 曾永成：《文艺的绿色之思：文艺生态学引论》，人民文学出版社，2000 年。

思主义文艺学进行了新的解读。① 2012 年，他发表《作为自然界的自我意识的人本生态观及其美学》一文，从思维视域的整体性、本体存在的对象性、主体精神的全面性、自我超越的生成性和艺术追求的自然性等角度阐释了人本生态美学的基本内涵，进一步阐发了其人本生态美学理论。② 后期的他致力于杜威的经验自然主义美学与怀特海的有机－过程哲学美学思想的研究，2018 年出版《杜威经验论美学的生态精神研究》（与艾莲合著）和 2021 年出版《向美而生的人》，最终创造性地总结出宇宙与自然界的审美生成，即世界向美而生的生态美学至高原理，进一步深化了其人本生态美学理论内涵。③

一、自然向人生成：生成本体论的发现与人本生态美学观的建构

自近代哲学主体性转向以来，研究者开始将视点聚焦于人的主体性本质、人与自然的关系等问题上。当代美学在实践本体论的基础上，走向了以人的客观实践为本体的主体论美学。李泽厚的"自然的人化""人的社会化"与"社会的人化"，以人类学历史本体论为依托，强调实践与审美的主体性，将美的属性确定为客观性与社会性的统一，基本上确立了当代中国美学的主体论人学根基。因此，最近四十多年流行的中国美学观认为，只有人才有审美意识，人的实践创造了美，离开人的美并不存在，离开人的审美与美学更不存在。

20 世纪 80 年代，著名文学评论家钱谷融先生一篇《论"文学是人学"》奠定了人学论文艺观的学理基础。④ 中国生态文艺学的先驱鲁枢元教授以生态文艺观重新解读钱先生的人学文艺观，认为其文艺思想中的"人类中心主体"的成分，与当代的生态文明形态并不相合。鲁枢元教授认为在人类的现代化进程中，理性主义与其衍生的科学技术原来是一柄双刃剑，人类对自然的进取与改造已经到了疯狂的地步，最终不仅要失去自然，还要失去作为自然的人。在"人类纪"，人类当务之急是要建立一种生态文明和生态主义的生活方式。⑤ 因此，人类应当从精神生态入手，以自然法则、社会法则、艺术法则规约人的主

---

① 曾永成：《回归实践论人类学——马克思主义文艺学新解读》，人民出版社，2005 年。
② 曾永成：《作为自然界的自我意识的人本生态观及其美学》，《河北学刊》，2012 年第 32 卷第 1 期，第 24~29 页。
③ 艾莲、曾永成：《杜威经验论美学的生态精神研究》，中国社会科学出版社，2018 年。曾永成：《向美而生的人：怀特海有机哲学的人学内涵》，四川大学出版社，2021 年。
④ 钱谷融：《〈论"文学是人学"〉一文的自我批判提纲》，《文艺研究》，1980 年第 3 期，第 7~13 页。
⑤ 鲁枢元：《自然与人文：生态批评学术资源库》，学林出版社，2006 年，绪论第 24 页。

体性，从远离现代文明的前现代田园牧歌中去寻求精神生态的安宁，创造理想和谐的诗意生存方式。

可以见出，当代美学观的时代发展促使研究者放弃既有的主体论思维，开始从整体思维出发，对审美现象和美的本质进行更深入的逻辑探讨。20世纪90年代以来，以生态美学为代表的生态人文学科，首先接受了科学方法中的系统思维与生态哲学中的整体观念，开始对美学问题进行深入探讨。这种研究有的基于对西方环境美学理论的吸收与借鉴，强调对客观环境的审美改造，有的则从本土理论出发对文艺理论、审美活动、审美现象等进行生态学化的改进与思考。曾永成属于后者，他较早主张文艺学、美学研究的生态学化。袁鼎生教授在2022年发表的《中国生态美学的四种形态》一文中评价道："曾永成教授提出的美学生态学化不是美学的局部性改良的要求，而是美学响应生态文明的呼唤，改头换面与脱胎换骨，形成新的逻辑结构和新的理论体系，是谓美学的革命性主张。"[①] 这一评价应该说是客观中肯的。

曾先生生态美学思想的哲学根基——生成本体论与人本生态观，吸收了近现代诸位大思想家从宇宙自然与人类社会的历史发展中抽象出来的规律与范式，形成了个人化的转化与创新。朱寿兴教授在《美学的实践、生命与存在——中国当代美学存在形态问题研究》中指出，"曾永成的人本生态观生态美学本体论建构的根本价值在于：不但指出马克思在《1844年经济学哲学手稿》中反复论述了自然与人的关系问题即人是自然界的一部分这一世界本体的基础问题，而且从历史与逻辑的双重维度展现出：马克思还进一步揭示了'自然向人生成'的规律，指出人是从自然界生成的"[②]。后来在杜威的经验论自然主义美学和怀特海的有机-过程哲学的研究中，他进一步深化了人本生态观的理论内涵，从而构建起人本生态美学的理论体系。

基于马克思"自然向人生成"的理论元点，可以明晰人作为自然的一部分的客观事实。对象性关系确立了人的主体性地位，也确立了生态思维中最为根本核心的关系原则。自然因此才会成为人的物质生存、社会发展、精神升华的客体对象，同样，人也因此才能成为体现自然意识的客体对象。"自然界是人的对象，如果离开自然界，不仅人的种种需要就没有对象来满足，而且根本就不可能出现在自然界中成为一种独特的生命存在。同时，自然界经过漫长的自

[①] 袁鼎生、夏文仙：《中国生态美学的四种形态》，《广西民族大学学报（哲学社会科学版）》，2022年第44卷第4期，第154页。

[②] 朱寿兴：《美学的实践、生命与存在——中国当代美学存在形态问题研究》，中国文史出版社，2004年，第243页。

我生成最终创造了人,从而实现了自己生成为人的本质,在人身上表现和确证了自己的向人生成的能力。这就是说,人在自然界中的生成,乃是自然界的人的本质的现实表现和确证。"① 人不仅是从自然中生成的,也在自然中走向自然自我意识的确证,更在与自然的关系协调中,走向文明化。因为人是在自然、宇宙的进化中历史生成的,人类本来就是一种生态存在。人的生成是自然意志的显现,他作为自然的一部分,在地球上又承担着主体性的责任。人首先作为一种自然存在,然后在审美生成过程中,才发展为一种社会性存在,进而发展为一种审美化存在,整体性地协调着与自然的关系。现代生态危机源于人类在现代化进程中因迷失方向而造成自我定位发生偏差,所以,他既不可能是自然和世界的中心,也无须回到前现代文明中缓解与自然的关系,而是需要在新的生态世界观的规约与引导下,重回正常轨道,重构和谐一体的天人关系。

由此可见,曾永成从康德、黑格尔、马克思、恩格斯、杜威、怀特海等人的辩证自然观与历史观中,以整体性视野与系统性思维理清了人类的审美生成路径,既超越了现代以来单纯肯定人的主体性、社会性的人本主义思想,也超越了生态文明时代单纯强调回归人的自然性的生态主义倾向。这种生成本体论,在历史与逻辑的双重维度下,强调了人的生成是自然生成的结果,也是其高级意志的体现,更是自然走向文明化的终极目标之一。同时也强调了自然对人的生成的本质趋向,人在生态文明时代作为类存在的整体性价值及系统世界观与方法论在当代生态美学研究中的作用与意义。他在新著《生成与审美:马克思〈1844年经济学哲学手稿〉导读》一书中,继续从生成本体论的角度,更加系统深入地阐述了马克思哲学思想中所蕴含的人的生命存在的自然生成性、对象性关系、实践性等多层级性质,人类在自然生成中的审美生成,由审美活动而对人类审美存在的确证。"要深入理解人的生命活动,就必须将其置于'自然界生成为人'的'自然—人'大系统之中,以理解其生成性和与自然界生命本质的关系,并最终理解审美生成的意义。"② 因此,该书是在对马克思主义原典中生态精神系统发掘研究的基础上,对其生成本体论及人本生态美学的持续深化研究。

---

① 曾永成:《马克思"对象性关系"说的生态意蕴和美学意义》,《鄱阳湖学刊》,2021年第3期,第7~8页。
② 曾永成:《生成与审美:马克思〈1844年经济学哲学手稿〉导读》,江苏凤凰文艺出版社,2022年,第11页。

二、节律感应：人本生态美学的核心范畴

当代美学研究的核心问题在于，审美得以发生的根源何在？美的本质何为？这也是普遍存在的美学难题。流行实践美学在马克思主体实践论哲学原理基础上，确立了"劳动创造了美"的基本论点。然而，这种基于人类学历史本体论的美学观，将美的起点与重点都归结于人的实践活动。它不仅难以解决自然美问题，更难以解释乃至解决当下美学学科所面临的人与自然的关系问题。李泽厚先生在《批判哲学批判：康德述评》中论及实践美学的重要范畴"自然的人化"时谈到，人类征服自然的历史尺度调适着人与自然的关系。[①] 当社会发展到一定程度，人与自然的关系就会发生重要变化。认识、道德、审美如何可能，完全取决于人类如何可能。这其中包含着人类如何由使用生产工具的社会存在的工具本体，形成超生物族类的心理本体、情本体的奥秘。李泽厚先生的人类学历史本体论哲学美学思想虽然在后期有走向整体论的趋向，但是，这种起步于人也止步于人的人学世界观，将美和审美混融一体，将人与自然、世界的复杂性对象性系统体系抽象为作为实践本体的人，因此，在涉及系统整体、对象性关系的生态问题上，显出不合时宜的疲乏之态。而李泽厚先生在批判生态美学时认为生态美学"以生物本身为立场"，是"无人美学"[②]，显然，他所构建的实践美学体系的哲学世界观与新的以生态世界观为指导的生态美学观大相径庭。对此，当代生态美学大家曾繁仁先生也做出回应："以审美的态度对待自然，就必须敬畏自然，关爱自然，走向人的美好生存。生态美学不是'无人美学'，而是使人在与自然的和谐共生中诗意栖居的美学。"[③] 曾永成的人本生态美学一开始就高扬"人本"观念，更与"无人美学"无关。

曾永成自20世纪80年代初开始进行文学、美学研究，20世纪80年代中期结合中国古典美学思想与量子力学的"波粒二象性"理论，提出将"节律感应"作为人本生态美学的核心范畴，以理清审美活动的本体特性与生态本性，阐明节律作为审美中介的表现功能与动力功能，廓清审美活动发生的内在机制

[①] 李泽厚：《批判哲学的批判：康德述评》，生活·读书·新知三联书店，2007年，第427页。
[②] 李泽厚：《从美感两重性到情本体——李泽厚美学文录》，马群林编，山东文艺出版社，2019年，第278页。
[③] 曾繁仁：《我国自然生态美学的发展及其重要意义——兼答李泽厚有关生态美学是"无人美学"的批评》，《文学评论》，2020年第3期，第33页。

与价值。这样的理论建构为国内美学研究的生态学化开了先河。[①] 他在2005年发表的《人本生态美学的思维路向和学理框架》一文中，将"节律感应"作为一点，将审美对象、审美主体、审美对象与审美主体的互动及其成果美感视为三个维度。这一范畴的提出与展开，不是基于对审美现象特点与表征的概括与抽象，而是基于对审美活动的内在生态机制与生态本性的探寻。[②] 在我的理解中，他正是在这种反向溯源的学术探索中，才自然而然地与马克思、恩格斯、杜威、怀特海等人的自然哲学、有机哲学产生共鸣，并进而以宏阔的宇观视野，独辟蹊径，探索出自然宇宙向美而生的大道天理。

在曾永成看来，宇宙自然的审美生成，是从人类的审美活动中推演出来的深刻结论。然而，在人类的审美活动发生与进行中，其生态本质与脱胎于中国传统文艺思想、发展于西方现代文艺理论中的"节奏""气"等范畴有着深层的内在关联。因此，节律感应作为曾永成生态美学思想的核心范畴，"理所当然地是审美活动的生态本性的本体性特征所在"[③]。他认为，一方面，节律感应客观存在于世界的生态整体性与生态进化中；另一方面，节律感应客观存在于人类的审美活动中，成为审美活动的本体特征，也是审美的奥秘所在。可以说，审美活动在本质上就是一种节律感应。"在审美活动中普遍地存在着节律感应这样一种特殊的生命活动方式，这正是审美活动区别于别的生命活动方式的地方，是审美活动的原生特性。"[④]

曾永成认为，节律感应范畴的抽象，不仅可以在西方文艺思想中寻找到理论源头，比如古老的摹仿说、近代内摹仿说、移情说、格式塔心理学、"有意味的形式"等，更与中国传统文艺美学思想中的气论、天人感应、物感等范畴有直接关联。现代美学家宗白华先生对中国传统艺术充满灵韵的美学分析，正是把握住了其中的节奏韵律、情感形式等因素。节律感应不仅存在于自然运动中，也存在于音乐、舞蹈、建筑、绘画等各种门类艺术的审美创造与审美欣赏中。节律感应是一种生命的感应，自然作为一个生成的大生命系统，与作为自然生成的审美生命的人，在审美生成与审美活动的过程中，形成了形质的耦合对应。节律感应作为人本生态美学核心范畴的确立，应该说是曾永成从人类生

[①] 袁鼎生教授在其《中国生态美学的四种形态》一文中，将中国生态美学分为审美生态学，生态审美学，生存存在论美学与美生学四种理论形态。
[②] 曾永成：《人本生态美学的思维路向和学理框架》，《江汉大学学报（人文科学版）》，2005年第24卷第5期，第5~10页。
[③] 曾永成：《节律感应：人本生态美学的核心范畴》，《江汉大学学报（人文科学版）》，2007年第26卷第2期，第45页。
[④] 曾永成：《感应与生成——感应论审美观》，成都科技大学出版社，1991年，第45页。

态系统与活动机制中去寻找学理根源的成功学术实践。对此,王世德先生曾给予很高评价,认为节律感应"是对古今中外的相关观点进行综合并验证各种类型的审美活动得出的结论,使美学终于有了真正属于自己的本体范畴,因此特别值得重视、整理和深广发掘……"①

美学问题的核心在于审美生成,这似乎是谜底。但是学界对于这一谜底的阐述却千姿百态,人言人殊,甚至于在根本逻辑上是相互冲突的。曾永成基于马克思主义的生成本体论,探寻审美活动的根本机制,在其中抽象出的"节律感应"像一个理论波心,关联震动着其周边命题乃至于审美生成的终极问题,具有非常自觉的整体性思维。因为,他明确指出节律首先存在于客观世界,然后和合于人的审美感性,进而生成具有生态整体意味的审美价值。节律感应可以说对美学史上各种关于审美特性、美感生成的重要观点都进行了有效综合与提炼,以求在生态文明时代从人类生态系统的内在构成和活动机制去寻求学理支撑,从而凸显生态美学的科学性与人文性的统合,进而服务于当代生态文明建设。

三、向美而生：人本生态美学的理论拓展与逻辑演进

17世纪至18世纪西方哲学界著名的大陆理性主义与英国经验主义之争,不仅仅是学派之间关于认识论的论争,而且是人类对于认识世界方式的深度探讨。现代认识论以人的认识能力、人与自然的关系为认识核心,崇尚科学与理性,在本质上是一种极具革命性的进步。而传统的认识论都是以人的经验或理性来适应物质的客观本质与属性。但是,康德反其道而行之,以物质的客观属性来适应人的先验认识心理结构,构建了蔚为大观的先验论哲学体系。他自称其为认识论上"哥白尼式的革命"。这种哲学转向,在一定程度解决了经验主义与理性主义无法实现逻辑自洽与整体升级的理论困境,更是给传统哲学认识论带来了巨大冲突。

怀特海的有机-过程哲学中的生态思想,实际上也完成了类似的认识论转向。曾永成自20世纪90年代接触到怀特海思想,并关注到其在现代性思想发展中的重要影响。在此之前,他已经抓住了马克思和恩格斯的思想体系中"自然向人生成"的牛鼻子,已然形成了人本生态美学的哲学基础。怀特海思想中

---

① 王世德:《应当重视曾永成美学研究的独特建树》,《美与时代(下)》,2013年第5期,第11页。

深刻的生态内涵,在曾永成的研究中得到系统呈现。从怀特海深邃复杂的过程哲学思想体系中,曾先生以深刻的洞见,条分缕析,追根溯源,发现了其中所蕴含的丰富的生态美学思想资源,尤其是创造性地抽象出来的怀特海"向美而生"的宇宙审美生成奥秘,也可以说是当代哲学美学观的又一次"哥白尼式的革命"。这种发现与转向是根本性的,带有革命性质,是对流行美学观的彻底反思与批判。对这种理论所具有的超前性,他其实有着认识上的自觉:"世界自我生成中审美性与生态性有机融合的本质……对于中国当代美学几十年来各种名目的观点来说,就显出综合超越的理论态势。"[①]

1. 向美而生的世界:宇宙遵循审美生成的自然规律

在 20 世纪 50 年代至 20 世纪 80 年代的美学大讨论中,除了占据主流的实践美学强调美的客观性与社会性之外,还有蔡仪主张的"美是典型"的观点。"美是客观的""美即典型"的美学观带有突出的唯物主义反映论的印记,虽然这种美学观在某种程度上强调美的客观性,有其历史贡献,但机械唯物论的哲学基础忽略到了美的生成性与变化性等自然属性,而且也并未从学理上有效论证"美"的生成的内在逻辑及审美活动的内在规律,其局限性较突出。曾永成对于生态美学的研究起始于传统的文艺美学,深化于马克思和恩格斯的实践论人类学,升华于杜威、怀特海的过程哲学与有机哲学。这个过程在时间与空间上都呈现出渐次拓展、延伸的态势,也就是说,由人类的文艺审美活动为原点,去溯源美与审美的本体,去探寻世界的生态本源。由此,才能顺其自然地探索出宇宙具有审美性、创造性与生态性等特性,宇宙作为自然本体是一个审美生成过程的生态规律。

在曾永成看来,怀特海的有机宇宙论及过程哲学思想,在自然生成问题上,从自然主义原理出发,是对马克思与恩格斯生态思想的继承与发展。他否定了流行观点中关于"抽象的自然界"的说法,强调自然界之于人,不仅仅也不止是实践对象,在本质上是由对象性关系而形成了一个生态整体。马克思与恩格斯、杜威、怀特海的哲学思想,恰好殊途同归地确证了自然界的人的本质、人与自然界的生成性关联,以及人与自然的生态本性。传统经典哲学中"人为自然立法"的逻辑,也需要颠倒还原为"自然为人立法"。在这样的生态哲学框架下,人的生成具有了生态本性、审美价值与文明意义。从生成本体论到人本生态观的逻辑贯通,为人本生态美学理论的建构与阐发奠定了严密而深

[①] 曾永成:《向美而生的人——怀特海有机哲学的人学内涵》,四川大学出版社,第 243 页。

厚的生态哲学基础。

宇宙不仅具有生态本性，而且具有审美的本质与向性。怀特海通过创造性、多、一这三个"终极性范畴"来阐明世界的存在本质，通过对现实实有、包容、主体形式、永恒客体、多样性等八个"存在范畴"揭示了世界存在的基本类型、结构方式和活动机制。这样的逻辑体系展开实现了庄子所说的"原天地之美而达万物之理"，宇宙自然的美学目标与生态奥秘变得明晰起来。

"对世界生成的审美本质的认定和揭示，是怀特海有机哲学的根本特征。所谓包容合生的创造，就是对美的创造。所谓对新颖性的创造，就是对新的美和新的审美价值的创造。流行的哲学和美学，把美的存在与人类的艺术创造等同起来，而在有机哲学的宇宙论看来，从宇宙诞生的那一刻开始，对美的创造就起步了。世界的创造就是审美的创造，就是对美的创造；宇宙自我创造的过程实际上就是向美而生的过程。"① 世界生成与审美价值之间的耦合互进，以及审美性在生态性中占据方向主导的生态发展本性，有了逻辑自洽的可能性。传统美学中争执不下的自然美问题及美与审美的混融性问题，都迎刃而解了。哲学中的美学是抽象概念的逻辑展开，艺术中的美学则是抽象概念的对象呈现。审美性是世界的一种本质属性，美同时也成为世界生成的核心价值之一、最高目的之一。

2. 向美而生的人：从"人创造美"到"美创造人"

近现代人文科学与社会科学的研究聚焦于"人"的问题。笛卡尔的"我思故我在"将人的本质聚焦于"我思"，标志着哲学主体论的转向，而"我思"正是自我理性精神的表征。康德则将先验的主体意识作为自我的本质，超越了作为直观存在与对象概念的自我。因此，人作为终极目的，可为客观自然立法。胡塞尔在康德的基础上，将人的本质定义为在时间中构成自身的构成者。海德格尔进一步发展了胡塞尔的现象学人论思想，将此在作为具有整体性的实存对象。笛卡尔的"向内转"具有启蒙近代个体主体性的历史价值，推动了近代科学实践活动，但是他确立的身心二元论导致了人的理性的片面发展，无益于人的整体性的建构。康德的先验主体意识则凸显了自我的主体性，并粘合了对象意识，在形式上构建了精神健全的"自我"。不同于康德在自然本体论中构建完整的"自我"，胡塞尔在社会本体论中构建整体性的"自我"。而海德格尔则用"此在"统领人的存在的整体性关系与内涵。

---

① 曾永成：《向美而生的人——怀特海有机哲学的人学内涵》，四川大学出版社，第21页。

附录：从"自然向人生成"到"宇宙向美而生"

随着近代科学的发展与技术的进步，人类在生产实践与社会实践诸领域都有了长足的发展。理性片面发展、身心二元分离的现象越来越突出。20世纪最伟大的哲学家之一怀特海对此提出了批判，他认为身体和心灵统一才成为人。传统哲学与流行哲学受限于既有的认识论，将人归为精神性的一端。然而，按照马克思的"自然向人生成""自然界的人的本质"等理论，人首先有其从动物性的生命活动，然后才在劳动与语言的进化中发展为社会性的类存在。怀特海的哲学思想表明人的自然生成过程包含着精神进化的维度，因此，人作为高级物种才能成为自然意识的自觉实现，才能在生态进化中实现审美进化。曾永成非常明确地指出："在怀特海的人学思想中，宇宙在其向美而生的自我超越过程中最终生成了人，这个由美生人的观点，既是人学的元逻辑，也应该是美学的元逻辑。于是流行几十年并权威化的'人创造美'即'由人生美'的逻辑被颠倒过来。一言以蔽之，那种认为美源于人的创造的观点是根本错误的——不是人首先创造了美，而应该颠倒过来，是美首先创造了人。"① 这种从流行美学观的核心问题出发，人类为何需要审美、审美何以产生等问题，反其道而思考，确实为一种全新的思维路径。

当代新实践论美学观是对传统实践美学的反思与重构，其认为传统实践美学过于重视作为类存在的人类审美活动及其社会属性，而忽略作为个体的审美体验及其自然感性，因此主张将审美活动还原为以生命为本体的人类存在。但是，这种观点依然偏于人的本质的精神极，而忽略了其物理极，缺乏系统眼光与整体思维。人类作为现实实有世界的最高级存在，不仅是从自然中生成的，具有极其重要的生物性基础，而且在根本上是宇宙审美创造的重要生成物。因此，在现有的生态美学理论与怀特海的生态思想共同观照下，作为自然界的自我意识的人类，是此前所有无机物、有机生命进化的结果，也是自然宇宙泛主体性创造机能的产物，是宇宙迄今为止一切时间与空间维度的结晶。曾永成认为这种生态进化与审美选择，正是美作为文明基因的最强有力的明证。

值得注意的是，与生态美学界流行的"深绿"观点有所不同，曾先生在对马克思与恩格斯思想生态哲学内涵的系统观照中，坚持人本生态观，认为生态问题的解决最终还是要靠人类自己，需要高扬人类实践的主体精神。其中的辩证关系在于，人类在自然进化和自我生成中，形成了人与自然、人与自身的历时关联与共时关系，当人与自然界、人与人之间出现问题的时候，从实践人类学出发，需要人类以自然为本。当然反推过来，自然问题的解决也要以人为

① 曾永成：《向美而生的人——怀特海有机哲学的人学内涵》，四川大学出版社，前言第4~5页。

本，因为作为自我意识的显现，自然也离不开人类。在曾永成对怀特海有机哲学的系统深入的研究中，人类与自然的生成性关联，人类与自然的内在辩证关系，以及现有的生态中心主义与人类中心主义之辩，都变得清晰起来。

3. 文明的宇宙：美作为文明的基因贯穿于宇宙审美生成的过程之中

在曾永成看来，怀特海的有机哲学包含着宇宙自我生成的本质，文明的宇宙既是由人创造出来的，更是由宇宙本身创造出来的，体现出宇宙的创造本性与泛主体性。"宇宙在自我生成的漫长的过程中，最终创造了人，人又创造了自己的文明。从根本上说，人的生成和创造，是宇宙整体机能和终极目的的充分实现，而人又创造了文明，因此，归根到底，文明也是宇宙自我创造的。"[①]这和中国古代儒家思想中的"天地境界"、道家思想中的"万物与我为一"有些相似。但是，儒家的"天地境界"表达的是一种兼济天下的政治襟怀，道家"逍遥游"的理想表达的则是独善其身的艺术人格。他们并不从宇观视野对世界与人的生成机制与内在本质做哲学思考。因此，有限而具体的文明属于人类，无限而辽阔的文明属于宇宙。

1977年，美国发射的"旅行者号"航天太空船载有一张铜质镀金激光唱片，可历经十亿年，依然音质如新。金唱片上收录的27首世界音乐名曲中，就包括中国的古琴曲——《流水》。美籍华裔作曲家周文中先生在推荐词中说道：《流水》这首曲子表现的是人的意志与自然之间的交融。当代科学哲学家霍金认为，"鉴于我们现在处于初级发展阶段。也许有充分理由认为，让我们分享时间履行的秘密是不智的。除非人性得到彻底改变，非常难以相信，某位从未来飘然而至的方可会贸然泄露天机"[②]。因为，这种向域外文明发送地球信息的做法，有将地球文明暴露于更先进的域外文明物种，并进而带来地球毁灭的潜在风险。但是，文明的创造遵循着宇宙审美生成的规律，也实现着自然宇宙的目的。因此，文明交汇的结果不仅有物种之间的生态竞争，更有它们共同遵循的系统整体化的生态审美进化规律。

文明的宇宙是宇宙通过人的意识，将其理想目的与创进机能转化为现实。因此，只有文明的人才能深刻理解并维护世界的文明内质，也才能真正把握世界的审美向性，进而在审美生成的规律与目的相互统合中创造融汇了真、善品

[①] 曾永成：《向美而生的人——怀特海有机哲学的人学内涵》，四川大学出版社，第209页。
[②] 史蒂芬·霍金著，许明贤、吴忠超译：《时间简史》，湖南科学技术出版社，2014年，第206页。

性的大美。美作为文明的基因引导着人类朝着自然原本的审美生成的趋向发展，朝着宇宙理想的目标发展。唯其如此，文明的人类才是自然需要的人类，文明的宇宙才是自然向往的宇宙。文明的人类才能真正理解自然宇宙的本质，才能真正尊重它、爱护它、建设它。

四、生态美学作为元美学：人本生态美学观的理论升华与当代发展

曾永成在他一系列的生态美学研究中，守定宇观视野，对世界的审美生成法则与人的审美活动规律进行了深度阐释与分析，从马克思、恩格斯的实践论人类学的生态内涵，确立了对象性关系基础上人的主体性地位。在杜威的过程哲学、"艺术即经验"中找到人的生态发展的目标与方向，在怀特海的过程哲学中，进一步确证了世界与人向美而生的根本奥秘，也进一步确证了他数十年坚守的人本生态美学观的历史来路。他曾经在访谈中说到，自己坚守的人本主义生态美学观，不是凭空产生，也不是牵强附会，而是从对历史上众多大思想家的深入研究中探索出来的，这种学术观有其历史来路，更有其丰富深邃的逻辑内涵与发展理路。[①] 宇宙自然、人类社会包括作为族类被创造出来的人自身都是向美而生的。与其说世界的最高科学是哲学，毋宁说美学才是哲学顶上的桂冠，在生成本体论基础上形成的人本生态美学观，既立足于人，又以宏阔的宇观视野超越于人类社会。

曾永成在谈及怀特海对宇宙视域的审慎态度时说到，"一个宇宙的视域"与"宇宙的一个视域"之间的辩证关系，强调了有限性与无限性的相互关联。从生成本体论到人本生态观，再到向美而生的人本主义生态美学观，他的生态美学观内涵和外延在不断扩大。他找到了哲学与美学之间的关联点，并以此为契机，将审美活动的生态本性作为构架人本生态美学的重要理论内核。他对马克思、恩格斯、杜威、怀特海等人哲学原典中的生态内涵与生态智慧进行了系统阐释与整合，具有深刻的学术洞见。面对当下的生态危机，最重要的是世界观的转换。事实证明，人类在近代主体论世界观里面打转，对真正有效解决生态问题意义甚微，甚至是背道而驰的。马克思生态思想中的"对象性"关系，不仅确立了自然界的"人的本质"，而且确证了人在自然生成中的特定生态位，

[①] 艾莲：《向美而生——曾永成教授生态美学研究访谈录》，《鄱阳湖学刊》2016年第6期，第32~40+126页。

以及人与自然内在的深层辩证关系。可以说,"对象性"将世界万物关联为一个整体。杜威的经验论人本主义美学观强调了人的生态属性,怀特海更是将人与自然宇宙的生态本性与审美价值做了根本上的统合,解释了其"向美而生"的规律。曾永成抽取并总结出的这些哲学家们在自然哲学、社会哲学中所创生的生态哲学思想,符合自然与人类的发展规律与目的,超前性地为当下生态问题的出现与解决指明了方向。

时至今日,人本生态美学持续释放出其理论价值,这种生态美学观不是人本生态观的自上而下的演绎,"它更是基于审美活动的生命模态和生态本性在生态思维的视野中由下而上、由中心到边缘地展开"[①]。他的人本生态美学与当代生态美学大家袁鼎生教授的生态美学殊途同归,都走向了以"美生"为核心的当代生态美学理论的新形态。"通过研究杜威(John Dewey)和怀特海(Altred North Whitehead),他从自然向美而生的过程中揭示出世界的生态性与审美性相融合的自我生成性,显示出美学的元理论质性,呈现出人本生态美学的美生向性。"[②] 美生学不仅突破了美学等同于审美学的定式,而且具备了元理论的潜质,可以凭此回归到世界观,真正实现作为第一哲学的学科价值。

纵观曾永成四十余年的美学研究历程,不难窥见其学术思想的生发理路。他自认为在审美生成及审美价值问题上是彻底的客观派。他从早年对审美问题的主体性根源的探索出发到对马克思与恩格斯哲学思想中被"遮蔽"的生态内涵的剖析与阐释,再到对杜威、怀特海、海德格尔等人的哲学思想中生态价值与内涵的深度发掘,线性有序地形成了对学术史上人本生态美学思想资源的系统性挖掘与聚合式再创造,最终形成具有理论创新价值的人本生态美学思想。

在曾永成作为美学研究者数十年的坚守中,他打通了近现代思想史上人类对于自然、世界、宇宙最为宏阔深邃的哲学成果,进行了独辟蹊径的聚合研究和理论再创。他将其运用到对文艺现象、美学问题、生态危机的思考与研究中,以生成本体论为哲学基础,构建了以节律感应为核心范畴的人本生态美学理论体系。综合哲学辩证方法、自然主义科学哲学方法,基于人的审美活动的生态本质,他从特定逻辑理路反推、反证出宇宙自然审美生成的内在法则,世界与人向美而生的生态目标。这是作为当代美学研究者所发现的至高原理,让来者在已有的地球生态系统、地球文明乃至宇宙生态系统的发展进程中可有迹

[①] 曾永成:《节律感应:人本生态美学的核心范畴》,《江汉大学学报(人文科学版)》,2007年第26卷第2期,第44页。

[②] 袁鼎生:《中国生态美学的四种形态》,《广西民族大学学报(哲学社会科学版)》,2022年第44卷第4期,第153页。

可循、有据可依。他从审美生成的规律中发现了美和审美的生态本性,也因此提倡将生态美学原理作为美学基础原理建设的可能性与必要性。"宇宙自然是向美而生的,社会和人生也该是向美而生的,这是天道。"[①] 幸遇学术前辈,悟此大道天理,唯愿世界与人欣欣然,循善而行,向美而生!

[①] 艾莲:《向美而生——曾永成教授生态美学研究访谈录》,《鄱阳湖学刊》2016年第6期,第40页。

主要参考文献

伯奇，柯布，2015. 生命的解放 [M]. 邹诗鹏，麻晓晴，译. 北京：中国科学技术出版社.

布坎南，2017. 万物有情论：怀特海与心理学 [M]. 陈英敏，刘玉，译. 北京：北京大学出版社.

达尔文，2003. 人类的由来 [M]. 潘光旦，胡寿文，译. 北京：商务印书馆.

达尔文，2005. 物种起源 [M]. 周建人，叶笃庄，方宗熙，译. 北京：商务印书馆.

笛卡尔，1986. 第一哲学沉思录 [M]. 庞景仁，译. 北京：商务印书馆.

杜威，2005. 经验与自然 [M]. 傅统先，译. 南京：江苏教育出版社.

恩格斯，1971. 自然辩证法 [M]. 中共中央马克思恩格斯列宁斯大林著作编译局，译. 北京：人民出版社.

方东美，2013. 华严经哲学：上 [M]. 北京：中华书局.

方东美，2013. 生生之德 [M]. 北京：中华书局.

高新民，2012. 心灵与身体——心灵哲学中的新二元论探微 [M]. 北京：商务印书馆.

格里芬，2012. 解开世界之死结 [M]. 周邦宪，译. 贵阳：贵州人民出版社.

格里芬，2013. 怀特海的另类后现代哲学 [M]. 周邦宪，译. 北京：北京大学出版社.

海德格尔，1997. 林中路 [M]. 孙周兴，译. 上海：上海译文出版社.

黑格尔，1980. 小逻辑 [M]. 贺麟，译. 北京：商务印书馆.

怀特海，1959. 科学与近代世界 [M]. 何钦，译. 北京：商务印书馆.

怀特海，1999. 怀特海文录 [M]. 陈养正，王维贤，冯颖钦，等译. 杭州：浙江文艺出版社.

怀特海，2011. 过程与实在 [M]. 李步楼，译. 北京：商务印书馆.

怀特海，2011. 自然的概念 [M]. 张桂权，译. 南京：译林出版社.

怀特海，2012. 观念的冒险 [M]. 周邦宪，译. 南京：译林出版社.

怀特海，2013. 思维方式 [M]. 刘放桐，译. 北京：商务印书馆.

怀特海，2014. 宗教的形成·符号的意义及效果 [M]. 周邦宪，译. 南京：译林出版社.

怀特海，2017. 教育的目的 [M]. 靳玉乐，刘富利，译. 北京：中国轻工业出版社.

霍兰，2006. 涌现：从混沌到有序 [M]. 陈禹，等译. 方美琪，校. 上海：上海科学技术出版社.

康德，1985. 判断力批判：下卷 [M]. 韦卓民，译. 北京：商务印书馆.

拉兹洛，1998. 系统哲学引论 [M]. 钱兆华，熊继宁，刘俊生，译. 北京：商务印书馆.

林方，1987. 人的潜能和价值 [M]. 北京：华夏出版社.

林同华，1994. 宗白华全集：第 2 卷 [M]. 合肥：安徽教育出版社.

林语堂，1992. 苏东坡传 [M]. 海南：海南出版社.

罗斯，2002. 怀特海 [M]. 李超杰，译. 北京：中华书局.

洛，2018. 怀特海传：第二卷 [M]. 杨富斌，陈功伟，译. 北京：商务印书馆.

马克思，1985. 1844 年经济学哲学手稿 [M]. 中共中央马克思恩格斯列宁斯大林著作编译局，译. 北京：人民出版社.

莫兰，2002. 方法：天然之天性 [M]. 吴泓缈，冯学俊，译. 北京：北京大学出版社.

内格尔，2017. 心灵和宇宙 [M]. 张卜天，译. 北京：商务印书馆.

普里戈金、斯唐热，1987. 从混沌到有序 [M]. 曾庆宏，沈小峰，译. 上海：上海译文出版社.

萨根，2017. 宇宙 [M]. 陈冬妮，译. 南京：广西科学技术出版社.

唐力权，1998. 脉络与实在 [M]. 宋继杰，译. 北京：中国社会科学出版社.

田中裕，2001. 怀特海有机哲学 [M]. 包国光，译. 石家庄：河北教育出版社.

王锟，2014. 怀特海与中国哲学的第一次握手 [M]. 北京：北京大学出版社.

王阳明，1992. 王阳明全集：上 [M]. 上海：上海古籍出版社.

王阳明，2018. 传习录［M］. 北京：北京联合出版公司.

詹姆士，1999. 多元的宇宙［M］. 吴棠，译. 北京：商务印书馆.

中共中央马克思恩格斯列宁斯大林著作编译局，1995. 马克思恩格斯选集：第 1 卷［M］. 北京：人民出版社.

中共中央马克思恩格斯列宁斯大林著作编译局，1995. 马克思恩格斯选集：第 2 卷［M］. 北京：人民出版社.

后 记

四十年前,当我抓住"自然向人生成"的命题努力理解马克思在《1844年经济学哲学手稿》中表达的美学思想时,在当时美学三派四方激烈论争、尖锐对峙的语境中,升起一种"会当凌绝顶"的感觉。退休后这十几年,我集中精力先后研读了杜威和怀特海的著作,了解了他们的美学思想,这才知道,在这个绝顶之上,不只有马克思和恩格斯,后来还站上去了杜威和怀特海,可能还有海德格尔。他们都是以自然界和宇宙为终极视域的思想家,以不同的方式、从不同的角度深入揭示了世界自我生成中审美性与生态性有机融合的本质。这些思想,宏深精微,为美学探究奠定了最深厚的存在根基,开启了可靠的思维进路。

《向美而生的人》作为《向美而生的世界》的续篇,实际上就是一种审美人学或者说关于人的美学,它的副题可以直接就是"怀特海有机哲学的审美人学"。这两本书所解读的美学思想,还有杜威的经验自然主义的艺术美学,如果在马克思的"自然向人生成"说彰显的生成本体论和人本生态观及其美学的基础上加以融合,那么,对于中国当代美学几十年来各种名目的观点来说,就显示出综合超越的理论态势。经过提炼包容与中国古代美学智慧有效融通,形成真正敞亮美和审美奥秘的元美学,这是我的半生祈愿,也是我脚下蹒跚的履痕。

这本书能够顺利写作和出版,首先要感谢成都大学提供的精神鼓励和经费支持。特别是成都大学文学与新闻学院谭筱玲教授不惮烦劳的多方筹划。此外,还要感谢四川省社会科学院文学研究所艾莲研究员在资料方面的及时援助和四川大学出版社王静编辑热情严谨的工作,以及海南保亭仙岭郡的空气、阳光、蓝天和绿树。

四川大学是我的母校,在那里长达七年(其间因病休学两年)的学习和磨炼,为我后来的学术成长注入了最初的营养。二十六年前,我在四川大学出版社出版了《文艺政治学导论》,现在又出版了这本书,欣慰之余,就算是对母校的一次汇报。

1947年11月11日，怀特海在与友人例行谈话的最后说道："创造原则无处不在，在有生命或所谓无生命的物质中，在以太、水、泥土，以及人心中。但这一创造是一个持续的过程，而且'过程本身即实际'，因为你一旦到达某地，就意味着你开始了新的旅途。只要人参加了这一创造的过程，他便分享了神性，分享了上帝，而且，那一参加即他的不朽，这使得'他的个性是否会在他的肉体死亡后存在'这一问题化为乌有。他在宇宙中作为共同创造者的真正命运，就是他的尊严和体面。"[①] 12月30日，怀特海就去世了。上面这段话应该就是他生前最后的哲学遗言，弥足珍贵。

对出生于1941年底的我来说，已是耄耋之年。日月忽其不淹兮，且以此书自寿，亦复自励！

曾永成
2024年3月

[①] 卢西恩·普奈特：《怀特海谈话录》，周邦宪译，商务印书馆，2020年，第393页。